I LOVE ELIZABETH II

DU MÊME AUTEUR

Jeremstar, star à tout prix, Textes gais, 2010
Les Grandes Amoureuses du Gotha, Express Roularta, 2011
Les Folies amoureuses qui ont fait l'Histoire, Express Roularta, 2012
Les Romanov, Pygmalion, 2015

BERTRAND DECKERS

I LOVE ELIZABETH II

Robert Laffont

ISBN : 978-2-221-26540-6
Dépôt légal : novembre 2022
Éditions Robert Laffont – 92, avenue de France 75013 Paris

À Thierry

À mon père, Marc Deckers

À Bertrand, sans qui ce livre n'existerait pas

Thank you, Lilibet

Depuis soixante-dix ans, elle a incarné la fonction royale contre vents et marées. À croire qu'elle a inventé ce drôle de métier qui était le sien : régner. À croire qu'elle allait porter le sceptre pour l'éternité. Pourtant, que de tempêtes, que d'éclairs, que d'orages ! Que d'ouragans ! À quatre-vingt-seize ans, toujours seul capitaine à bord du navire Windsor, inoxydable, Sa Majesté tenait bon. Qu'on se le dise, qu'on le répète : avant que le Dieu qui l'a bénie sous les voûtes de Westminster, seul maître qu'elle reconnaisse, ne l'appelle à trôner à ses côtés[1], jamais elle n'avait lâché la barre. Sa seule obsession ? L'avenir de la Couronne. Qu'importent les sacrifices ! Et tant pis pour son clan, les membres de la dynastie la plus célèbre du globe. Des pions !

Jamais Elizabeth II n'a eu d'état d'âme. Elle était l'État ! Si elle avait dû se soucier des frustrations de son époux, des chagrins de sa sœur, des mauvais mariages de trois de ses quatre enfants, des dépressions nerveuses de sa trop célèbre belle-fille, des larmes et des griefs d'une actrice devenue duchesse, des petites (et des grandes) déceptions des uns et des autres, elle aurait été une épouse, une sœur, une mère, une grand-mère comme les autres. Or Elizabeth II fut tout sauf une femme comme les autres. Elizabeth II n'était pas seulement une reine. Elizabeth II était

1. C'était le 8 septembre 2022.

LA reine. La reine des reines. La reine du siècle. La reine du monde. Unique. Iconique. « Extra ordinaire ». Elizabeth II était géniale. Je suis amoureux d'Elizabeth II. Mais je ne l'ai pas toujours su.

Je devais avoir six ans, sept ans peut-être, lorsque j'ai dit à ma mère, pour la première fois : « Plus tard, je serai l'ami des rois... » D'emblée, ce fut une évidence, presque une religion. En Belgique, dans l'ancienne principauté de Liège, là où j'ai grandi, sur le perron de mon château en Lego© virevoltait l'éternelle Sissi, belle, légère. Je revois les étoiles dans ses cheveux noirs, ses robes à cerceaux. Enveloppé dans un plaid que j'imaginais être une cape de couronnement, au sommet du donjon de ma demeure faite de cubes et de blocs, régulièrement, je recevais aussi l'énigmatique Grace de Monaco. Pour moi, le plus beau film de la muse d'Alfred Hitchcock est celui de son dernier rôle, en avril 1956, où Helen Rose, la styliste star de la Metro-Goldwyn-Mayer, lui fait revêtir la robe blanche la plus royale du gotha. De la dentelle de Valenciennes (à en pleurer), quarante-six mètres de taffetas, quatre-vingt-dix mètres de tulle, un bustier de soie, un col droit et montant... Une robe Renaissance, une robe cinéma, qui braque les caméras du monde entier sur ce minuscule État qu'est Monaco, un confetti en lisière de mer, et ouvre aux Couronnes de la vieille Europe les portes d'Hollywood. J'ai regardé ce mariage en boucle. Les séquences manquent un peu de couleur. Mais je le connais par cœur.

Les jours de pluie – ils sont fréquents dans le royaume où je vis –, à travers les beaux mots de quelques spécialistes que j'idolâtrais (Léon Zitrone, Frédéric Mitterrand, Stéphane Bern...), mon palais d'enfant recevait la princesse aux yeux tristes Soraya d'Iran, la sulfureuse Wallis Simpson, Margaret d'Angleterre, la sacrifiée, et Diana, bien sûr, l'icône blessée, dont je suivais les peines de cœur, jusqu'aux Enfers.

En grandissant, j'ai abandonné mon château imaginaire, mais pas ma passion des Couronnes. Et, en 2012, ce fut la révélation !

L'Angleterre, l'Écosse, le pays de Galles, l'Irlande du Nord et les dominions au-delà des mers (ces chers pays du Commonwealth) s'apprêtaient à fêter, avec panache, les soixante ans de règne d'Elizabeth II. Quelle frénésie ! Messe d'action de grâce, parade sur la Tamise, courses hippiques, *garden-parties*... À coups de chevaux, de carrosses, de *God Save the Queen*, de bonnets en poil d'ours, d'Union Jack, de festons, de vivats... la Rolls-Royce des monarchies allait nous offrir une superproduction *made in England*, réjouissances délicieusement rétro et intensément royales dont seuls les Windsor ont le secret. En attendant le *D-Day*, celui du défilé aux couleurs – jour qui marque officiellement l'anniversaire de la reine, chaque année en juin –, dans toutes les cuisines de l'ancien empire, coiffées de bibis acidulés, les *ladies* cuisinaient des *puddings* gélifiés, tartinaient des kilomètres de *toasts*. C'est en cet instant précis qu'a débuté ma *love story* avec Elizabeth II.

Oserais-je l'avouer ? Dans mon château d'enfant, j'ai rarement reçu *The Queen*. Elle était trop fière, trop froide. Trop amidonnée. Trop acidulée. Elle était un peu trop tout. *Too much*, disent les Anglais. Et puis, à onze ans, comme des millions de téléspectateurs, le cœur brisé moi aussi, j'avais suivi les funérailles de Diana : le coussin de roses posé sur le catafalque, l'affût de canon, les chevaux blancs, le costume noir des deux princes, la détresse du monde... et la raideur de la reine. Sans le savoir, sans vraiment le comprendre, je m'étais rallié, malgré moi, aux côtés de la princesse des cœurs, martyre des Windsor.

Dix ans avant *The Crown*, le *soap opera* diffusé par Netflix qui allait ravir des millions de téléspectateurs, ce Jubilé de diamant, cette fureur anglaise, tous ces mots d'amour envoyés à Sa Majesté aiguisèrent ma curiosité et, bientôt, comme ses cent cinquante millions de sujets aux quatre coins des hémisphères, j'allais, moi aussi, tomber *in love* de la femme la plus célèbre du monde. Car... si, par la grâce de Dieu, Elizabeth Alexandra Mary Windsor, descendante de Charlemagne, du roi Egbert, de l'empereur Barberousse, chef du Commonwealth et de l'Église anglicane, défenseur de la foi, généralissime des forces armées, propriétaire de tous les cygnes de la Tamise, de tous les dauphins, baleines et esturgeons qui nagent dans les eaux royales, était la quarantième monarque à régner en Grande-Bretagne depuis la conquête normande, elle n'en demeurait pas moins une femme. Une femme d'un mètre soixante-trois pieds nus (c'est pourquoi elle portait toujours des talons). Une femme au sang bleu et glacé. Une femme de devoir et de sacrifices. Une femme grave, consciencieuse, raide, conventionnelle, hors du temps. Mais tellement *rock'n'roll*.

Tout chez cette royale *granny* était antinomique et fascinant. Infiniment royale, elle était, en fait, terriblement ritualisée, presque ennuyeuse. Sa Gracieuse Majesté n'aimait changer ni d'habitude ni d'entourage ! Chaque matin, c'était cornemuses, thé de Chine (un nuage de lait, pas de sucre), *Times*, *Daily Telegraph* et *Sporting Life*, pour les résultats des courses hippiques.

Le midi, après les audiences et deux heures de lecture de ses *red boxes* – coffrets de cuir rouge renfermant rapports secrets, analyses des services de renseignements civils et militaires et dépêches diplomatiques – qui faisaient d'elle, depuis soixante-dix ans, la femme la mieux informée du globe, elle s'octroyait un sherry ou une orange pressée (et amère). Vers 13 heures s'ensuivait un déjeuner léger (dont le menu était rédigé en français), servi autour d'une table en acajou (ovale).

Elle raffolait de côtes d'agneau, de filets de haddock, de terrines de saumon, de rognons au bacon, d'œufs brouillés aux anchois, adorait les artichauts, les chocolats noirs à la violette, les framboises. Tout comme les charades, la musique militaire, les corgis (mais uniquement s'ils étaient gallois !) et les chevaux de course. Elle détestait les fruits et légumes qui ne sont pas de saison, le caviar, le foie gras, les huîtres. Tout comme les caprices, les conflits, la vulnérabilité, les tables trop encombrées, l'eau trop chaude ou trop froide et la couleur pourpre nuancée de rouge que l'on appelle « magenta » ! Contrairement à sa mère, *Queen Mum* la magnifique, elle n'appréciait pas trop le fromage. Superstitieuse, elle maudissait le chiffre treize. Pas une seule fois elle n'a présidé un déjeuner ou un dîner de treize convives – quitte à inviter un écuyer à la dernière minute ! –, et, point tout aussi anecdotique (mais révélateur), en quarante-quatre ans de carrière, le *Britannia*, le yacht royal, véritable ambassadeur flottant de la Grande-Bretagne et du Commonwealth, n'a jamais compté de cabine treize !

Enfant, celle qui n'était encore que la *princess of York* préférait la géographie aux mathématiques et a appris plus aisément le français que l'allemand. Au seuil de sa vie, elle chérissait davantage le Scrabble que la lecture, la télévision que les jeux de cartes, privilégiait les œillets aux roses (trop épineuses), les freesias aux glaïeuls (trop encombrants) et marquait une nette attirance pour les grands chevaux et les petits chiens.

À table toujours, elle s'interdisait les tomates (par peur des taches), l'ail et les oignons (pour leur goût prononcé), la viande crue et les crustacés (trop dangereux), les petits pois (trop ronds). Jamais non plus de pizzas ni d'eau du robinet ! Son eau minérale de prédilection, la Hildon, surgit dans les campagnes verdoyantes du Hampshire. Elle l'emportait dans ses bagages, l'utilisait même pour le thé. Pour son whisky. Et… les gamelles de ses corgis !

Chaque dépêche était signée à l'encre noire sur du papier armorié. En revanche, son journal intime, qu'elle rédigeait chaque soir avant de se coucher (seule et très consciencieusement), et son courrier personnel, abondant (dont elle libellait elle-même les enveloppes), étaient écrits à l'encre bleue et au stylo Parker. Le soir, si elle n'exerçait pas son métier de reine (en robe longue, broche et collier d'apparat, diadème et décorations, sa tenue de travail), au traditionnel champagne, dans un long drink, elle préférait un tiers de London Dry Gin, deux tiers de Dubonnet et trois glaçons (mais de forme ronde). En public, elle trahissait son impatience en faisant tourner autour de son doigt sa bague de fiançailles. Depuis le 10 juillet 1947, ce solitaire de trois carats flanqué de dix petits diamants ronds ne la quittait jamais. Réceptions ou pas, elle se couchait toujours avant les douze coups de minuit et, lorsqu'elle changeait discrètement son sac de bras (qui ne contenait qu'un *lipstick* rouge vif Elizabeth Arden et des biscuits pour corgis), c'était le signal du départ : dans moins de trois minutes, Sa Majesté se sera retirée dans ses appartements.

À qui savait l'observer, la radiographier, elle était infiniment familière, mais sa véritable personnalité demeure pourtant un mystère. Et si, au fond, on a cru la connaître ? Si on avait rêvé de la connaître ? Clement Attlee, ancien Premier ministre travailliste, a superbement illustré le propos : « À toujours mieux vouloir la saisir, chacun de nous veut, en vérité, mieux se connaître lui-même ! » En soixante-dix ans de règne, la femme la plus influente de la terre n'a accordé aucune interview. Jamais elle ne s'expliquait, jamais elle ne se plaignait – *Never complain, never explain* – et ne se confiait à aucun de ses collaborateurs. Seul le prince Philip, son roc, ce lointain cousin qu'elle connaissait, et qu'elle aimait depuis qu'elle avait treize ans, pouvait, en sa qualité de premier chevalier servant, lui tendre une oreille attentive et, parfois, oser émettre quelques « pistes de réflexion ». Pâle privilège pour ce prince de Grèce et de Danemark par naissance, beau, désargenté, viril, spontané, terriblement viking, ce commandant, lieutenant, lord-grand amiral de la *Navy* devenu, par mariage, duc d'Édimbourg, comte de Merioneth et baron Greenwich puis prince consort et, surtout, l'homme marchant dans l'ombre de la femme la plus célèbre du ciel et de la terre. Un vassal des temps modernes !

Antinomique, on l'a dit, plus le temps a passé et plus Elizabeth II a fasciné et a surpris. Privilégiée, elle resta simple. Sacro-sainte, presque d'essence divine parce que bénie par Dieu, elle a eu jusqu'à son décès – et aujourd'hui encore – la stature d'une pop star. Plus électrique que les Rolling Stones. Plus iconique que Marilyn. Plus Warhol que Warhol. Globe-trotteuse, elle n'aimait, au fond, que ses châteaux perdus dans les brumes : Windsor, la plus vieille et plus vaste forteresse habitée du monde et son côté gothique à la Poudlard – devenu lieu de résidence permanente de la reine –, Balmoral et ses trente-deux mille hectares de forêts et de landes, Sandringham, la propriété des séjours hivernaux, qui a vu naître et mourir George VI, ce père qu'elle chérissait tant. C'était à l'aube du 6 février 1952. Elle avait vingt-cinq ans.

Mais ne vous y trompez pas : malgré le temps qui passe, sous ses tailleurs guimauve se profilait toujours une charpente d'acier. Si on la pensait parfois fragile, la reine des reines conservait la dureté d'un diamant !

Sa carrière, incomparable, lui a appris à ruser comme personne. Ainsi, puisque la Constitution lui interdisait de prendre officiellement la parole pour faire connaître son opinion, Elizabeth la merveilleuse usait de stratégie. Un exemple : en mars 2022, alors que Vladimir Poutine vient de déclarer la guerre à l'Ukraine, lors d'une entrevue avec Justin Trudeau, Premier ministre du Canada, qu'elle connaît depuis qu'il est enfant – son père, Pierre Elliott Trudeau, fut déjà l'un de ses Premiers ministres –, elle demande que soit posé, de façon négligée mais visible, un bouquet de tulipes jaunes et de freesias bleus, couleurs de l'Ukraine. Elle savait que les photos allaient devenir virales. De la ruse élisabéthaine !

Il est une autre habitude à laquelle jamais Sa Majesté ne dérogeait. Depuis 1952, chaque mardi, à 17 h 30 sonnantes, elle recevait le chef du gouvernement. Liz Truss était la quinzième. À sa naissance, en 1975, elle régnait déjà depuis plus de vingt-trois ans ! Le premier de ses Premiers était sir Winston Churchill. À l'annonce de la mort de George VI, quand le destin a choisi de basculer, c'est lui, le vieux lion, qui, sur le tarmac, à la descente de l'avion, avait accueilli ses premiers pas de jeune reine. Au pied de la passerelle, il a retiré son chapeau melon, s'est incliné profondément. Sur les archives sépia, frêle silhouette noire, calme et détachée, un brin insensible déjà, on la voit lui tendre la main. Un autre monde.

Reine de tous les records – les chiffres donnent le vertige –, si, au palais de l'Élysée, Emmanuel Macron fut son dixième président français, à Rome, derrière les hauts murs de la cité du Vatican, le pape François fut le septième souverain pontife à qui, en mars 2013, la chef des quatre-vingt-cinq millions d'anglicans a adressé ses *congratulations* pour sa montée sur le trône de saint Pierre.

Ce livre qui est une déclaration d'amour est aussi, est surtout, l'occasion de dire merci à Lilibet. (Je prends ici quelques libertés, parce que l'emploi de ce *nickname* n'est autorisé qu'aux membres du clan Windsor.) Depuis dix ans maintenant, elle ne me quittait plus. Comme tout Anglais, je la connais aussi intimement que si elle était ma propre grand-mère. Alors, bien sûr, je ne suis pas l'un de ses humbles sujets, mais mon métier de journaliste m'a permis de plonger dans sa vie, au quotidien. Et tout ce qui la touchait semblait un peu faire partie de ma propre histoire. Peut-être parce que, au fond, Elizabeth II fait partie de mon histoire.

J'entretiens avec elle, vous l'avez compris, un lien particulier. Et plus particulier encore depuis le mois d'avril 2021. Alors que cette monarque que je chéris tant s'apprêtait à enterrer son roc, le prince Philip, duc d'Édimbourg, un autre roi, celui du divertissement, Cyril Hanouna, m'invitait dans son émission « Touche pas à mon poste », diffusée sur C8. Ce fut, pour moi, le premier épisode d'une folle – et royale – aventure. Chaque jour, le *talk-show* de Cyril et ses chroniqueurs draine près de deux millions de téléspectateurs, et beaucoup d'entre eux, très jeunes, ne connaissaient que peu, voire pas du tout, Sa Gracieuse Majesté. Au fil de mes interventions, quel ne fut pas mon étonnement de me rendre compte qu'Elizabeth II – ses joyaux, ses robes ourlées de plomb, ses parapluies transparents, ses bibis jaune citron, rose bonbon, vert gazon, ses châteaux, ses landaus, ses corgis, son palais… – parvenait, en véritable icône planétaire, à toucher ce public jeune et, en général, peu enclin à s'intéresser à l'Histoire ! Jusqu'à son décès, en France ou en Belgique, lorsque j'étais dans la rue, dans les rayons d'un magasin, chez le coiffeur, le boulanger, à la terrasse d'un bistro, il était fréquent que je sois interpellé par un très jeune garçon ou une très jeune fille qui, véritablement inquiet, me demandait… des nouvelles de la reine. Le jour même de sa disparition, sur les réseaux sociaux de « TPMP », des centaines, pour ne pas dire des milliers, de téléspectateurs ont voulu savoir comment, moi, je vivais ces tristes heures. Elle était entrée dans toutes les générations !

Grâce à mon statut de *royal watcher*, j'ai l'occasion – pour ne pas dire le privilège – de téléphoner régulièrement à Buckingham Palace. Quand je compose le 00 44 303 123 7300, j'ai, à chaque fois, le cœur qui palpite, les mains qui se crispent. À la voix de la standardiste, toujours très distinguée, un peu nerveusement, je décline mon identité et demande à être mis en relation avec le service de presse. « *The press office, please.* » Le jour, dont je rêvais, celui où peut-être j'aurais osé un crime de lèse-majesté en adressant à mon opératrice un impérieux « *Her Majesty The Queen, please* », ne se présentera, hélas, jamais. Pourtant, je l'ai tellement imaginé que je peux voir la scène : le grelot du téléphone retentit sous les plafonds lambrissés du premier étage et, à la voix familière qui me répond, un peu frêle, un peu basse, cette voix chevrotante dont je connais la moindre intonation, je lance ce cri du cœur : « *I love you, Elizabeth II !* »

Bienvenue chez les Windsor

Les Windsor sont, de loin, les membres du clan le plus médiatisé, mais aussi le plus fermé du globe. Pour tenter d'approcher cette race unique, cette lignée au sang bleu, tenter de mieux la comprendre, les membres de cette galaxie à part entière – la galaxie Windsor – pourraient être comparés… à des acteurs.

La superproduction dans laquelle ils évoluent est historique. Produite depuis 1952, elle ne se limite pas à ses propres frontières (la Grande-Bretagne, le Royaume-Uni, l'Irlande du Nord et quinze royaumes du Commonwealth), elle s'exporte à l'infini et, saison après saison, fascine aujourd'hui des millions de téléspectateurs aux quatre coins du monde. Il faut reconnaître que son casting est éblouissant. À faire pâlir d'envie Robert Sterne[1] en personne ! Sa star incontestée est la plus géniale des héroïnes, Elizabeth Alexandra Mary Windsor, « Elizabeth II » pour le monde entier, « Lilibet » pour une poignée d'intimes. C'est cette saga de tous les records qui a fait d'elle l'icône absolue qu'elle a été, qu'elle demeure aujourd'hui.

Mais, comme dans toute série, pour mieux être mise en lumière, paraître plus extraordinaire encore, cette héroïne de devoir et

1. Directeur de casting parmi les plus célèbres du cinéma. Il a, entre autres, supervisé la distribution de la série *Game of Thrones* et travaille actuellement sur *The Crown*.

d'abnégation est entourée d'une distribution savamment étudiée. Au premier plan, évidemment, à tout seigneur tout honneur, le premier de ses chevaliers, l'homme de son cœur, son mari, Philip. Un héros un rien trop charmant. Les photos des premières séquences, en noir et blanc, datent un peu (la scène du mariage a été tournée en novembre 1947), mais, sous l'uniforme à galons d'or, on devine un corps d'athlète. Il n'est pas prince de Grèce (et officier de la *Royal Navy*) pour rien ! Ce jour-là, en l'abbaye de Westminster transformée en véritable studio télé, un prince pauvre et exilé épousait le plus beau parti de la planète gotha et effectuait, sans encore le savoir, ses premiers pas de future star.

Autre fabuleuse protagoniste de cette saga planétaire : la petite sœur, Margaret, tellement belle, tellement seule. Si Elizabeth évolue sous la lumière, dès l'enfance, sa cadette va apprendre à marcher dans l'ombre. Que la vie est injuste ! Que le destin s'amuse ! Elle aurait été parfaite, Margaret, en star internationale. Elle a tant rêvé du job, des palais, des laquais, de la lumière blanche des projecteurs. Elle sera pourtant le second rôle. Depuis l'enfance, Elizabeth lui envie sa liberté. À cette sœur, représentante de Dieu sur terre, Margaret, elle, voue une véritable jalousie. Derrière les hautes portes de Westminster, tandis que les caméras de la BBC retransmettent, en direct, le sacre d'Elizabeth deuxième, dans sa robe de cour, Margaret tombe amoureuse du beau Peter Townsend. Un amour impossible. La saga vient à peine de débuter et déjà la jalousie se transforme en haine. Le synopsis est écrit. Margaret sera une princesse belle, trop belle, trop célèbre, trop tout. Une princesse branchée. Mais malheureuse.

Et si l'amour avait oublié nos vedettes couronnées ? Aux premières lignes du générique figurent aussi les enfants de notre mégastar : Charles, le prince de Galles, l'héritier, celui sur qui tous les regards se posent, tous les espoirs reposent. Il y a Anne également, la princesse royale, l'indomptable cavalière ; Andrew, duc d'York, le héros de guerre marié à la flamboyante Sarah

Ferguson qui, au fil des saisons, va devenir un paria ; et il y a Edward, comte de Wessex, le fils sensible, différent, un prince qui semble s'être trompé de conte. Tous (à l'exception du benjamin) vont contracter des mariages scandaleux. Mais tellement spectaculaires ! Hollywood ne peut mieux faire. *The Crown* n'a rien inventé. Sous les lumières blanches des projecteurs s'avance maintenant Diana Spencer. Quelques épisodes, et la blondissime princesse de Galles devient une étoile, un astre, une princesse des cœurs qui oublie, un peu vite, qu'il peut être fatal de trop s'approcher du soleil. Toute fiction – c'est acté – ne comprend qu'une seule star. Et celle de cette série est Elizabeth II ! Ce second rôle devenu gênant, nos scénaristes vont devoir le faire sortir. Une sortie, à toute allure, par une chaude nuit d'été, à Paris (une fois n'est pas coutume !), qui entrera dans l'Histoire. Aucun des auteurs n'aurait osé imaginer un tel scénario ! Un peu trop fort sans doute, à tel point que l'audimat dégringole.

Mais… c'était compter sans une autre histoire d'amour qui, déjà, pointe le bout de son nez. Avec l'arrivée d'une nouvelle protagoniste, Camilla Parker Bowles. Diana n'est plus – la flamboyante Sarah Ferguson non plus, puisque divorcée – et la nouvelle venue est loin de rafler tous les cœurs. Alors, magie du cinéma, c'est maintenant une certaine Kate Middleton – rebaptisée en « Catherine » – qui signe avec le prince William, nouveau duc de Cambridge, et le clan le plus célèbre du monde un contrat pour l'éternité. Deux milliards de téléspectateurs assistent, éblouis, à l'épisode du *royal wedding*. Dans son manteau jonquille, jamais notre diva couronnée n'a paru aussi heureuse, aussi épanouie. Mais le bonheur ne fait pas vendre, alors, les lieux de tournage spectaculaires – les salons de Buckingham, la tour ronde du château de Windsor, les landes de Balmoral, de Sandringham – accueillent cette fois une véritable actrice, Meghan Markle. Dès sa première scène, le doute n'est plus permis : jouer la comédie est un métier de professionnel ! Trois petits tours de landau et, pour la nouvelle recrue, sonne déjà le clap de fin. Le *Megxit* va générer près de huit milliards d'articles sur la Toile et faire entrer, de plain-pied, cette saga débutée en 1952 dans l'ère 2.0.

En annonçant leur départ de la fiction la plus *bankable* de la terre, sans avoir pris soin d'en avertir personnellement son premier rôle, sa clé de voûte (ni d'avoir obtenu sa bénédiction), *Harry and Meghan* giflent publiquement la reine et rappellent étrangement l'histoire d'une autre Américaine devenue duchesse, mariée et divorcée elle aussi, une certaine Wallis Simpson. Fidèle à sa devise, Elizabeth II ne se plaint pas, ne s'explique pas, ne panique pas. Elle a vaincu tant et tant de tempêtes. Sans trembler, sans hésiter, sans regretter, elle scie la branche Sussex pour que l'arbre Windsor continue de grandir, plus grand, plus fort encore.

En juin 2022, l'Angleterre et le monde fêtaient, avec faste, les soixante-dix ans de cette saga couronnée. Au palais de Buckingham, durant trois jours, le balcon le plus célèbre du globe est devenu la scène de toutes les convoitises. Dans les tribunes de la parade militaire, sous le triple dôme de la cathédrale Saint-Paul, au cœur de la *Royal Box* du concert de légende, derrière des sourires de circonstance, les acteurs de notre série dissimulaient mal une certaine appréhension.

C'est que la fin approche… à pas de géant. L'épisode ultime. On l'a déjà répété. Chacun connaît sa place. Chacun connaît son rôle. Cette dernière séquence a eu pour décor – on l'a vu – les voûtes millénaires de l'abbaye de Westminster. Et pour titre : *London Bridge is down*[1]. La mort de leur héroïne, les téléspectateurs la redoutaient, mais ils s'y attendaient. Le 19 septembre 2022, l'audimat a pulvérisé tous les records. La scène finale avait déjà été enregistrée : un écran noir et le mot « Fin » – « *The End* » – écrit en belles lettres anglaises. Avant de lancer le générique, sur un *God Save the Queen*. Pour la toute dernière fois.

1. Nom de code donné au décès de la reine.

DEMAIN,
LILIBET,
TU SERAS REINE…

I love baby Elizabeth
Une enfance très *toffee pudding*[1]

Printemps 1933. Lilibet vient de fêter son septième anniversaire. Pour l'occasion, les ducs d'York ont choisi de passer un week-end prolongé dans leur résidence de campagne, le pavillon de Royal Lodge, dans le parc du château de Windsor. C'est le lieu favori des deux princesses. Elles adorent tout particulièrement leur petit logis, « *The Little House*[2] ». Elizabeth et Margaret peuvent y passer des journées entières. Cette maison de poupée pas comme les autres, véritable demeure miniature, est installée dans les jardins depuis l'année dernière, à l'occasion du sixième anniversaire de l'aînée. Il s'agit, en fait, d'un cadeau du peuple gallois. Lors de la remise très solennelle des clés – en présence de son architecte, Edmund Willmott, très fier, et de toute la presse, hilare –, l'heureuse propriétaire étant encore trop petite, ce sont ses parents qui ont inauguré cette demeure de deux étages au toit de chaume et à la façade bleu pâle. Mais ils n'ont pas pu y entrer ! Que de rires ! Mesurant sept mètres sur trois, la toiture de ce joujou unique au monde ne culmine qu'à un mètre cinquante ! Sa cuisine tout équipée (fourneaux et frigo compris !), son petit salon aux rideaux fleuris, sa chambre et sa salle de bains (avec eau chaude et eau froide) sont formellement interdits aux adultes ! Marion Crawford, la gouvernante en chef des deux princesses, le sait mieux que personne. Elle a l'interdiction formelle de franchir le pas de la porte.

1. Pudding au caramel.
2. « *Y Bwthyn Bach* », en gallois.

Comme à chaque fois (c'est désormais un rituel), Crawfie frappe trois coups et patiente. Les secondes s'égrènent. La porte ne s'ouvre pas. À nouveau, elle se saisit du heurtoir et, cette fois, ose pousser la porte. Cette chaumière à la Blanche-Neige l'a toujours fascinée. Assise à la table de la cuisine drapée d'une nappe à carreaux, le visage posé sur ses bras croisés, la princesse Margaret s'est endormie. À quelques pas, face à l'évier débordant d'eau savonneuse, Elizabeth, en revanche, est bien active. Devant elle, une pile de vieux journaux et des couteaux, des cuillères, des fourchettes, une pince à sucre, une pelle à gâteaux… Le palais de poupées est aussi équipé de sa propre argenterie, frappée aux monogrammes de la princesse.

— Lilibet, il faut rentrer désormais. C'est bientôt l'heure du thé. Nous regagnons Londres en fin de journée.

— Crawfie, je n'ai pas terminé. Vous le voyez. Il me reste…

Un instant, la voix d'enfant demeure en suspens. Sans s'interrompre, ses yeux gris-bleu ne perdant rien de ses mains qui s'activent, elle compte.

— Il me reste… trois couteaux et douze cuillères.

Miss Crawford comprend qu'elle va devoir patienter. La princesse astique ses couverts. Et elle ne quittera pas son cottage avant que toutes les pièces de sa ménagère ne luisent comme des miroirs. Elle se livre à cet exercice chaque semaine. Encore et encore. Avec une application, une ardeur, une méticulosité qui confinent à l'acharnement. Quand tout sera propre, net, rangé, parfaitement à sa place, elle tapotera les oreillers, saupoudrera d'Ajax la cuvette de porcelaine des toilettes et recouvrira les tables puis les petites chaises de housses cousues sur mesure. Avant de faire de même avec la mini-commode, le fauteuil de chintz, l'horloge… « Pour ne pas les salir. » Alors seulement, elle sera prête à partir.

Ces traits de caractère – l'obsession de l'ordre et de la propreté –, Elizabeth ne les perdra jamais !

21 avril 1926. Un mercredi. Nous sommes au 17 Bruton Street, dans le très sélect quartier de Mayfair, au premier étage de la résidence londonienne du duc d'York, second fils du roi George V. Il est précisément 2 h 40. La capitale est plongée dans le noir quand notre héroïne choisit, avec quelques jours d'avance, de pointer le petit bout de son nez. Celle qui, un jour, sera Sa Très Gracieuse Majesté Elizabeth deuxième, quarantième monarque (et sixième femme) à régner en Grande-Bretagne depuis la conquête normande, ma dame de cœur, naît, après plus de vingt heures de travail, par césarienne, sous l'étroite surveillance de deux médecins : sir Henry Simon et le docteur Walter Jagger. Les témoins qui, comme c'est d'usage depuis 1688, assistent à l'événement (le ministre de l'Intérieur, par exemple, William Joynson-Hicks, dont la présence a pour but de s'assurer qu'il n'y ait pas de substitution) sont frappés, d'emblée, par ses grands yeux ardoise, ses longs cils noirs, sa peau laiteuse et sa tête joliment modelée. Une véritable poupée. Dans la nuit, le grelot du téléphone résonne à Buckingham Palace pour avertir personnellement le roi George V et la reine Mary de l'heureux événement. Ce bébé qui vient de naître, troisième dans l'ordre de succession au trône (après son oncle, David, prince de Galles, et son père), est le premier de leurs petits-enfants.

Aussi jolie soit l'enfant, cette naissance royale au foyer du duc et de la duchesse d'York ne revêt aucune importance particulière. Même si elle reçoit le titre de princesse, la première petite-fille du souverain ne s'inscrit pas en ligne directe dans la succession. En fait, pendant les dix années qui vont s'écouler, les York vont être relativement peu exposés à la curiosité publique. Un bien pour lui, le prince Albert[1], fragile et effacé, tandis qu'Elizabeth, Écossaise pure souche issue de l'une des plus vieilles familles de l'empire, est encore jugée un chouïa provinciale aux yeux de la presse londonienne.

1. Il régnera sous le nom de George VI.

Elizabeth Alexandra Mary[1], que chacun va, très vite, appeler « Lilibet », moi et quantité d'autres biographes compris, est baptisée cinq semaines plus tard, le 29 mai, par l'archevêque de Cantorbéry, dans la chapelle privée du palais de Buckingham. Pour l'occasion, les messieurs ont revêtu des queues-de-pie, les dames, de longues robes blanches, et on a tout spécialement acheminé les fonts baptismaux en forme de lis du château de Windsor. Comme l'exige la tradition, l'enfant – qui a été revêtue de la robe de baptême en satin et dentelles créée pour la fille aînée de la reine Victoria – reçoit quelques gouttes d'eau du Jourdain. Comme le Christ ! Cette eau sacrée a été prélevée une poignée de jours plus tôt en Terre Sainte par la comtesse d'Airlie dame d'honneur de la reine. Selon la croyance, elle serait pourvue de certains pouvoirs. Le flot déversé de l'aiguière d'or par l'archevêque provoque, chez notre *royal baby*, un véritable torrent de larmes.

Dans la presse, on se questionne sur la façon dont la princesse doit être élevée. Doit-on opter pour une éducation moderne ou, au contraire, maintenir des principes très conventionnels ? Un grand sondage plébiscite une éducation « raisonnable », mettant l'accent sur l'ordre et les bonnes habitudes. Les lectrices, friandes d'actualités heureuses, se félicitent d'apprendre que les vêtements de Son Altesse Royale sont cousus à la main et taillés dans les meilleures étoffes. Lady Strathmore et la reine, les deux grands-mères, ainsi que l'heureuse maman, sont applaudies pour avoir confectionné elles-mêmes la layette du bébé. On omet juste de préciser que les pensionnaires d'institutions charitables ont, elles aussi, beaucoup œuvré !

La petite enfance de Lilibet va compter un personnage clé : Mrs Knight, que tout le monde, d'emblée, surnomme « Alah », déformation enfantine de son prénom, Clara. Ancienne nounou du duc et de son frère, David, c'est une grande femme (pour ne pas dire une vieille jeune fille) d'allure noble, avec un air calme,

1. Prénoms respectifs de sa mère, de son arrière-grand-mère et de sa grand-mère.

bienveillant et une assurance d'infaillibilité et de sécurité si nécessaires aux tout-petits qui font d'elle une nurse parfaite. Sous les bons soins de Clara, le bébé grandit dans l'harmonie estivale de l'imposant château de Glamis, fief de sa famille maternelle, les comtes de Strathmore et Kinghorne, dans l'Angus, entre Dundee et Aberdeen, sur la côte de la mer du Nord. Ambiance et décor à la Julian Fellowes[1]. Les après-midi, en tablier blanc amidonné, Mrs Knight pousse le landau sous les ifs centenaires où Lilibet s'endort, bercée par le bruit de l'eau qui jaillit d'un des bassins du parc.

Avec ses jolies boucles à l'anglaise et ses grands yeux, *Elizabeth of York* grandit, apprend à marcher. Bientôt, les deux chiens chow-chow de sa grand-mère, dont la langue bleue l'amuse beaucoup, lui servent d'ours en peluche.

Le 27 juin 1927, Lilibet fait sa première apparition sur le balcon du palais. Elle est âgée de quatorze mois. Le *Sun* et les tabloïds à grand tirage n'existent pas encore. Mais l'événement est de taille. Partis, sur ordre du roi, en visite en Australie et en Nouvelle-Zélande pour y inaugurer, entre autres, le nouveau parlement australien du Commonwealth à Canberra, le duc et la duchesse d'York rentrent d'un voyage de cent vingt jours. Cent vingt jours durant lesquels la petite fille n'a pas vu ses parents. Les reconnaît-elle ? Pas sûr ! En tout cas, elle applaudit des deux mains et rafle, par la même occasion, le cœur de la foule. En ces minutes précieuses, peut-on, un seul instant, imaginer qu'elle reviendra, encore et encore, sur ce lieu si symbolique ? Imaginer qu'elle va saluer, être applaudie, être acclamée tant et tant de fois au cours d'une vie qui s'annonce longue et légendaire ? Pas une seule seconde, même si, pourtant, déjà, le destin est en route.

Mais ne brûlons pas les étapes. Pour l'heure, le couple d'York et leur charmante fille quittent le quartier de Mayfair pour emménager au 145 Piccadilly, un imposant hôtel particulier

1. Créateur de *Downton Abbey*.

de cinq étages (et vingt-cinq chambres), en pierre blanche, surplombant Green Park. Dès l'entrée, un couloir aux colonnes corinthiennes décoré d'énormes défenses d'éléphant dessert d'innombrables pièces, dont le bureau du futur roi. Impressionnant pour une petite fille qui sait à peine marcher. Les salons aux tapis persans et aux profonds canapés recouverts de chintz donnent sur le jardin, une grande pelouse ombragée par de hauts arbres, pourvue d'un banc et d'une petite maison de bois. La salle à manger peut asseoir trente convives, et la bibliothèque, dotée de livres anciens, expose de nombreuses photos de famille et un gramophone. Il faut monter au dernier étage, où l'on accède par un bel ascenseur aux grilles en fer forgé, pour atteindre le paradis de la petite fille. Dans ces pièces très ensoleillées (un salon, une chambre et une salle de bains), sur de longues étagères, une foule de cadeaux et bibelots venus de tout l'empire sont exposés aux regards des visiteurs. Parfaitement alignés, ils fascinent l'enfant. Elle peut passer des heures, assise, les jambes croisées, à les observer.

Pour son troisième anniversaire, elle décroche la une du *Times*. On prend soin de préciser que la robe « est de couleur jaune ». Princesse, certes, mais proche du peuple, Lilibet se voit obligée de partager son gâteau avec les enfants du village de Naseby. Fort heureusement, en privé, pour la consoler, elle reçoit son premier vrai poney, cadeau du roi, et, pour Noël, de superbes chevaux de bois, certains à roulettes, d'autres à bascule. Ils prennent place dans la pouponnière. D'emblée, elle voue une véritable passion à ses chevaux. Dans le jardin de Piccadilly, elle roule allègrement autour de la maison. Une fois l'entraînement terminé, la cavalière emmène sa monture dans l'ascenseur, direction sa chambre à coucher, au dernier étage, pour un bichonnage en bonne et due forme. Elle peut y passer des journées entières : « panser » l'animal, nettoyer les selles, faire briller les harnais. Et tant pis si certains des poneys n'ont plus de poils. Ils ne doivent pas être propres, ils doivent être parfaits. Ce sont des chevaux de rois !

Les animaux vont occuper une place déterminante dans son enfance. C'est d'ailleurs juchée sur un poney que, dès son plus jeune âge, Lilibet est immortalisée, en cire, au musée de Madame Tussaud, le musée Grévin de Londres.

Dans l'intimité de la nursery arrive maintenant Margaret MacDonald, dite « Bobo ». Âgée de vingt-deux ans, pour l'heure, la jeune dame s'occupe essentiellement des jouets de l'enfant, mais va, très vite, devenir la confidente, puis la meilleure amie, de la princesse héritière puis de la reine.

Chaque jour, à la maison des York, par malles entières, arrivent des cadeaux. Charmés par la princesse, des inconnus la couvrent de présents. Si elle n'a le droit de garder que quelques poupées et deux ou trois ours en peluche, déjà, elle prend conscience d'un statut différent. Elle n'est pas vraiment une vedette, pas encore. Toutefois, très régulièrement, la petite-fille du roi a son nom étalé dans la presse. On imprime son visage sur des mugs en porcelaine, des boîtes de chocolats. Un hospice porte déjà son nom. Pour son anniversaire, on pavoise les rues de drapeaux, et un timbre de six cents est lancé à son effigie. Le portrait réalisé sera exposé, en majesté, à la Royal Academy.

Elizabeth ne reste pas enfant unique très longtemps. Elle a quatre ans et quatre mois quand sa sœur, Margaret Rose, voit le jour, le 21 août 1930, au château de Glamis. C'est la première naissance royale, en Écosse, depuis plus de trois cents ans. Émerveillée par cette poupée grandeur nature, en se penchant sur le berceau, elle lui donne un charmant diminutif, « *Bud* », « bouton de rose ». Très sérieusement, elle explique à son entourage : « Ce n'est pas encore une rose, juste un bouton. » Bien que saluée par la presse, cette seconde naissance chez les York n'affecte pas l'ordre de succession au trône, comme cela aurait été le cas avec la venue d'un petit frère. En réalité, en cette année 1930, ce qui désarçonne le plus la petite princesse, c'est l'arrivée, dans ses appartements, d'une troisième gouvernante, miss Marion Crawford. De souche écossaise elle aussi, elle a été au service d'une charmante lady, miss Rose Leveson-Gower, et a fait merveille avec les enfants de lord Elgin : lady Marthe, lady Jean et l'Honorable Jamie. Lors d'un *lunch*, lady Rose a vanté les mérites de sa gouvernante à la duchesse d'York, et, deux semaines plus tard, Marion Crawford apprenait que le deuxième fils du roi et son épouse désiraient lui confier l'éducation de leurs filles. En réalité, Bertie, surtout, souhaite que Lilibet et Margot soient entourées d'une personne assez jeune pour pouvoir jouer et courir avec elles. Durant son enfance, celui qui bientôt sera le roi George VI a grandi sous la férule de maîtres statiques, voire pompeux, et redoute que ses propres enfants souffrent également d'une éducation trop victorienne.

Pour fuir l'agitation de la capitale, dès que leur agenda le leur permet, le duc et la duchesse d'York prennent le chemin de Windsor. George V a mis à leur disposition un charmant cottage, Royal Lodge[1], dans le parc qui s'étend au pied du château. Mais le véritable trésor de ce pavillon à la campagne se trouve dans l'incroyable maison de poupée de taille humaine, le paradis des deux petites princesses.

George V, que Lilibet a baptisé « grand-papa Angleterre », aime beaucoup ses petites-filles, surtout Elizabeth, mais, comme le rapporte Marion Crawford dans ses mémoires, son affection n'est que lointaine. « L'un des seuls conseils qu'il me donnera pour l'éducation des jeunes princesses fut le suivant : "Pour l'amour de Dieu, Mademoiselle, donnez-leur une bonne écriture. Mes quatre fils écrivent de la même façon, et cela ressemble à du gribouillage !" » D'ailleurs, les visites des souverains au duc et à la duchesse d'York sont si peu fréquentes que la gouvernante note encore : « George V et la reine Mary sont venus prendre le thé. Quel événement ! La famille royale ne se rend visite que rarement et, pour les réunir, il faut des occasions telles qu'un couronnement, un baptême, un mariage ou une mort ! »

1. Royal Lodge est aujourd'hui habité par le prince Andrew et Sarah Ferguson qui, malgré leur divorce prononcé en 1996, continuent de vivre ensemble.

Il faut admettre qu'au sein de la galaxie royale, les York font bande à part. En dehors de la cour, ils mènent la vie calme d'une famille de grands bourgeois britanniques. S'ils ne reçoivent quasiment jamais à dîner, ils sortent également très peu et ne vont que rarement au cinéma ou au théâtre. Leur plus grand bonheur ? Lorsque la journée s'achève, s'asseoir paisiblement de chaque côté de la cheminée, où le duc peut s'adonner à une passion peu commune pour un homme : la tapisserie au petit point. Il adore tellement ce travail de l'aiguille qu'il recouvrira douze chaises du cottage qu'ils occupent à Windsor !

Au début des années 1930, au sein de la famille royale, le père des deux petites princesses n'est pas vraiment mis en valeur. Son air adolescent et délicat et, surtout, sa difficulté d'élocution (un très lourd bégaiement qu'il ne réussira à contrôler qu'avec l'aide d'un génial orthophoniste) lui valent d'être tenu à l'écart de la sphère royale. À Albert le bègue, on ne confie que des inaugurations secondaires, des ventes de charité, des rubans à couper. La vedette incontestée du clan, c'est, évidemment, le si bel oncle David, un futur roi aux cheveux d'or et aux yeux bleu céruléen. Une véritable gravure de magazine.

Mais revenons à notre héroïne. Dès le plus jeune âge, Lilibet se montre très studieuse. Elle a six ans lorsque miss Crawford est chargée de lui enseigner l'histoire des dynasties, les généalogies de familles royales ainsi que la géographie des dominions et des lands. Les leçons débutent à 9 h 30 précises, juste après un petit déjeuner servi dans la nursery, avec Alah. Le repas de midi est très gai. Miss Crawford, toujours elle (la publication de ses mémoires lui vaudra d'ailleurs de sortir *ad vitam aeternam* du cercle royal), nous confie encore : « Nous le prenions à quatre. Chaque jour, mon élève voyait, d'un air morne, paraître un certain *pudding* au lait qui, après avoir été refusé par le duc et par la duchesse, lui était servi avec fermeté.

— C'est bon pour toi, disait sa mère.

— Si c'est si bon pour moi, répliqua Lilibet un jour en me fixant, je crois que Crawfie ferait bien d'en prendre aussi. Ce serait bon pour elle. »

En général, Margaret ne les rejoint qu'à la fin du repas. Elle ouvre doucement la porte, passe son petit visage rond dans l'entrebâillement. Le duc lui demande régulièrement ce qu'elle a mangé. La cadette tend alors une main, et son père y verse une cuillerée de *rock of ages*, sorte de sucre d'orge concassé. L'aînée aussi a un faible pour cette friandise traditionnelle. Chacune des petites filles la mange à sa manière : Margaret, en une seule fois; Elizabeth, en triant soigneusement, petits morceaux par-ci, moyens et gros morceaux par-là. Cette tradition du sucre d'orge se maintiendra, même lorsque les princesses seront devenues grandes.

Par les confidences de miss Crawford, on sait aussi qu'en général les sœurs Windsor s'entendent plutôt bien. Si Margaret est plus facétieuse et plus farceuse, la future reine est une enfant d'une sagesse remarquable, bien que, parfois, ses rébellions puissent s'avérer violentes. Très différentes, toutes deux sont dotées d'un tempérament vif et curieux. « Un jour que nous passions à Hyde Park Corner, devant la sortie du métro, raconte miss Crawford, Lilibet contempla d'un air d'envie la foule qui débouchait en trombe.

— Comme ce doit être amusant, murmura-t-elle, de voyager dans ces petits trains.

Je me dis "Pourquoi pas?" et j'en parlai le soir même au duc. Il accepta, à condition qu'un détective nous accompagne et que lady Helen Graham, dame d'honneur de la duchesse, fasse également partie de l'expédition. » On imagine l'aventure ! Les deux petites filles achetèrent elles-mêmes leurs tickets, avec des pièces sorties tout droit de leur propre bourse.

Au 145 Piccadilly, les princesses prennent le thé à 17 heures. Contrairement à la coutume anglaise qui veut qu'avant de se coucher, les enfants n'avalent qu'un verre de lait et quelques biscuits, elles dînent copieusement. Leur repas se termine par une pomme, qu'elles mangent au lit. Après le thé, elles rejoignent leurs parents et jouent à toutes sortes de jeux, en particulier au *racing demon* (le diable qui court). C'est un jeu de cartes dans lequel il faut se montrer très rapide. Les images étant étalées sur la table, chacun doit saisir celles qui complètent son jeu. Les nombreuses égratignures sont qualifiées d'« honorables blessures de guerre » ! Vers 18 h 30, Alah vient chercher Margaret. Puis arrive l'heure du bain. Le duc et la duchesse montent alors dans la nursery. On entend rire, barboter, l'eau jaillir de partout. Après la salle de bains, c'est la chambre à coucher des deux sœurs qui devient maintenant la scène d'un autre jeu : une bataille générale de polochons. La porte de la nursery se referme sur les « *Good night*, papa, bonne nuit, maman », et les jeunes parents redescendent, bras dessus, bras dessous, échevelés, essoufflés et bien souvent trempés.

Le trait de caractère le plus flagrant de la future monarque est, sans conteste, son extrême minutie, dans tout ce qu'elle entreprend. Elle est une jeune fille terriblement soigneuse. Trop soigneuse ! Presque maladivement. On ne peut totalement saisir son incroyable caractère si l'on ne comprend pas la notion de devoir. C'est, chez elle, le résultat d'une éducation rigoureuse, appuyée sur des traditions aussi vieilles que la monarchie. Alors qu'en grandissant Margaret se montre spontanée, railleuse, terriblement fantasque, Elizabeth est de plus en plus consciencieuse, digne, exemplaire. Si la benjamine est loin d'être soigneuse, *a contrario*, tout ce qui appartient à l'aînée est immaculé, à l'instar de la trentaine de chevaux mécaniques qui patientent dans la nursery. « Ce sont nos écuries », explique fièrement Lilibet à chacun des visiteurs qui franchissent les hautes portes.

Chaque cheval possède, en effet, sa selle et sa bride soigneusement astiquées. Leur écurie s'est constituée d'année en année. Lorsque l'on hésite sur le cadeau à leur offrir pour Noël ou pour un anniversaire, on leur choisit un cheval, sachant que son arrivée sera toujours applaudie avec enthousiasme. Plus tard, ces vieux amis ne seront pas oubliés. Ils suivront les petites filles jusqu'à Buckingham Palace, où ils demeureront de longues années, alignés dans un corridor. Au regard de l'enfance, comment encore s'étonner que le cheval soit devenu l'une des grandes passions de son existence ?

La première vraie leçon de cérémonie officielle de celle qui sera bientôt la plus cérémonieuse des monarques va lui être inculquée par la reine Mary. Lors d'une manifestation où elle accompagne sa grand-mère, Lilibet se met à tirer impatiemment la manche de la vieille dame. Agacée, Sa Majesté lui demande si elle ne préférerait pas rentrer. Et l'enfant de répondre, innocemment, mais le plus naturellement du monde : « Oh non, Granny, je ne peux pas partir avant la fin. Pensez donc à tous ces gens qui attendent de me voir ! » L'austère et consort souveraine, consciente que le rôle de cette petite effrontée ne sera jamais de se comporter comme une vedette, la fait renvoyer immédiatement chez ses parents, par une porte de service.

Si la duchesse d'York apprend à ses filles la lecture, l'écriture, le dessin et le chant (Marion Crawford se chargeant de l'histoire, des mathématiques, de l'anglais et du français), outre les leçons de maintien et de protocole, c'est la reine Mary qui va, à nouveau, prendre en charge leur culture. Elle les emmène à la tour de Londres, au zoo, au British Museum, au musée de cire de Madame Tussaud et, plus étonnant, chez les antiquaires, où elle leur enseigne… l'art de chiner ! Les deux princesses sont également très jeunes encore lorsqu'elles reçoivent leurs premiers cours de musique. D'emblée, s'il paraît évident que Lilibet est dotée d'une oreille musicale et d'une étonnante mémoire, à l'inverse, Margaret, elle, déteste faire ses gammes et ses exercices.

Longtemps, on va prêter à la future reine une réputation d'enfant modèle. On sait aujourd'hui qu'il n'en est rien. Très tôt, on l'a déjà dit, la petite fille a pris conscience de son statut différent, d'une importance particulière. L'anecdote où, un jour, elle oblige une de ses petites camarades à s'agenouiller devant elle en signe d'hommage, ne révèle-t-elle pas déjà un sens outré de son importance ? Autre écho : un matin, le chambellan de la Maison du roi croise l'enfant dans les couloirs du palais et, affectueusement, lui adresse un « Bonjour, ma petite dame ». La réplique de Lilibet fuse immédiatement : « Je ne suis pas une petite dame, je suis Son Altesse Royale, la princesse Elizabeth. » Marion Crawford nous narrera également comment, ayant emmené incognito Lilibet et Margaret en promenade dans Londres, elle décide de s'arrêter pour prendre le thé. La serveuse, qui n'a pas reconnu ses illustres clientes, prend à partie l'aînée qui ne rapporte pas la théière au comptoir. La réponse de l'altesse est tout aussi instantanée : « Si vraiment vous la voulez, venez donc la chercher vous-même ! »

I love the young princess
Quand le destin bascule

Dear Bertrand,

Merci d'avoir pensé à moi pour votre livre sur Lilibet. La plupart des biographes oublient totalement mon existence. C'est un peu injuste. Je garde un souvenir privilégié de mon apprentissage avec la reine. Je m'appelle miss Amy Daly et j'enseignais la natation au Bath Club, l'établissement chic du 34 Dover Street, à Londres. Quand, en 1935, la direction vint m'annoncer que j'allais avoir pour élèves les princesses Elizabeth et Margaret, j'ai été un peu surprise. Un peu anxieuse surtout. Qu'allais-je devoir faire ? La révérence ? Fermer la piscine durant les leçons ? Et comment les traiter ? Au téléphone, leur gouvernante m'a rassurée, en ironisant : « Ce ne sera pas nécessaire, non. Dans l'eau, nous sommes tous égaux. »

Pour leur première leçon, leur nurse les avait préparées comme si elles partaient sur une île déserte. Peignoirs de bain (bleu marine avec leurs initiales brodées en blanc), talc, peignes et brosses, eau de Cologne, petite boîte de chocolats... Le tout dans une valise. Quel cirque, la royauté ! C'est tout juste s'il ne manquait pas deux bouées de sauvetage. Ces petites chéries allaient prendre froid, avoir peur, perdre pied, se noyer. Il fallait voir leur nanny *aller et venir sur la galerie protégée par une rambarde en fer forgé, jouant presque les maîtres-nageurs, prête à donner l'alerte et à envoyer un canot.*

À la vérité, mes deux nouvelles recrues n'étaient pas sans appréhension. Était-ce l'air chaud, les émanations de chlore ? Ou la pudeur de petites filles peu habituées aux lieux publics ? Comme nous approchions de l'eau, une jeune femme apparut, très droite, à l'extrême bord du plongeoir supérieur. Elle tendit les bras. Je sentis deux petites mains serrer les miennes. La jeune Elizabeth était presque horrifiée et retenait son souffle. J'ai crié : « Allez, go ! » Et nous assistâmes à un plongeon des plus impressionnants.

— Jamais je ne serai capable de faire cela, déclara Lilibet, avec une spontanéité touchante.

Je ris à l'avance de ma réponse qui l'impressionna :

— Vous le ferez certainement et, sans doute, avec plus de facilité que cette personne. Elle, elle est aveugle.

La jeune élève resta sans voix.

Pour tout apprenti nageur, j'avais une méthode excellente. J'étendais les enfants sur un banc de bois et leur demandais de dessiner avec leurs bras et leurs jambes un Y, puis un I, puis un T et, enfin, un X. Elizabeth réussit immédiatement. Margaret, qui était un peu trop dodue à l'époque, vacillait sur son banc. Lilibet, très mademoiselle donneuse de leçons, lui cria :

— Mais tiens-toi donc ! Tu as l'air d'un avion qui chavire.

Si l'aînée s'ébattait joyeusement dans le grand bassin, la cadette avait tendance à s'attarder sur la dernière marche avant d'entrer dans l'eau, les orteils recroquevillés sur le rebord. Sa sœur lui cria alors :

— Allez, Margot. Arrête de faire la poule mouillée.

Elle attrapa sa sœur par la cheville et, hop, Margaret atterrit dans l'eau. Quelle gamine énergique ! Elle savait ce qu'elle voulait. Et la petite avait intérêt à suivre son exemple. Je pense qu'elle la maternait, à sa façon. Et sa sœur lui était résolument loyale.

Chaque séance de piscine représentait une grande récréation pour toutes les deux. C'était le moment fort de leur semaine. Elles plaisantaient joyeusement dans le vestiaire. Elles étaient si complices. Elles obtinrent leur brevet de sauvetage, ce qui n'est pas une mince performance, puisqu'il comprend une épreuve de plongeon. Lilibet « sauva » Margaret, et les deux filles reçurent leur diplôme, avec fierté.

Tout s'est arrêté en décembre 1936. D'un seul coup. Le 11 décembre, j'ai reçu un petit mot de Lilibet écrit sur une carte de ses parents.

Je revois l'en-tête, l'emblème des York gravé et le tracé de son écriture encore enfantine : « Daddy devient roi : nous ne pourrons pas aller à la piscine ce vendredi. »

Elle eut raison. Ni ce vendredi ni aucun autre vendredi. Je n'ai jamais plus revu mes deux petites nageuses[1].

Chaque année, il est une période que les fillettes attendent avec impatience : Noël. Elles s'y préparent des mois à l'avance, dressent des inventaires de cadeaux, écrivent, déchirent, réécrivent leur liste. Quand, enfin, la duchesse les emmène aux grands magasins Harrods, c'est déjà la fête, mais la majeure partie de leurs achats provient des enseignes Woolworth, où tous les articles sont à prix unique. Munies de leur porte-monnaie, les princesses s'y rendent avec leur gouvernante et achètent elles-mêmes bonbons, bibelots, images à colorier ou à découper. Elles sont loin de développer un tempérament de petites filles riches et gâtées, le moindre cadeau qu'elles reçoivent leur procure à chaque fois un vrai plaisir. Passé l'âge des chevaux de bois, leur grand-mère, leurs oncles et leurs tantes leur offriront principalement des livres. Il est amusant de les voir déballer leurs présents. Ça prend des heures. Il s'agit de ne pas froisser le papier d'emballage, de ne rien abîmer. Elizabeth et Margaret ne connaissent pas le verbe « jeter ». Ça ne fait pas partie de leur éducation. Le plus petit ruban ornant un bouquet ou une boîte de bonbons est soigneusement plié et mis de côté. Dans un joli coffret, Lilibet conserve même chaque papier de soie ou de couleur qui lui a plu.

Durant les fêtes de Noël, les *Windsor Sisters* ont également droit à un autre plaisir : descendre aux cuisines pour aider

1. Miss Amy Daly, excellente professeure de natation, est morte en 1971. Au Bath Club, elle a formé énormément d'enfants à sa méthode. L'auteur remercie son neveu, Peter Bird, de s'être plongé dans les souvenirs familiaux qui ont permis d'écrire cette lettre imaginaire.

Mrs Sarah MacDonald (qu'elles appellent « Golly », « tête de loup », à cause de sa tignasse) à préparer des *Christmas puddings* destinés aux soldats blessés. Dans sa cuisine, Golly la magicienne a de grands cartons remplis de clochettes, de fers à cheval, de petites pilules argentées ou de savoureux fruits confits. Après avoir bien œuvré, assises dans l'office, les princesses ont le droit de goûter à leurs préparations.

Autre période particulièrement attendue : les vacances. À cette époque, durant l'été, les York séjournent à Birkhall[1], petit château datant des Stuarts, construit en 1715 au bord de la Muick, en Écosse. Les chambres à coucher, très simples, avec leur mobilier de sapin, sont pourvues, selon la tradition victorienne, d'une cuvette et d'un broc. Seule la chambre du roi fait exception à la règle. Comme à Buckingham Palace et au château de Windsor, elle est équipée d'une salle de bains dotée de trois lavabos. Sur chacune des vasques, alimentées en eau chaude et en eau froide, une petite plaque de porcelaine indique son usage : « dents », « mains » et « visage ». La cage d'escalier est tapissée de caricatures de tous les personnages célèbres depuis le règne de Victoria. Les jours de pluie, avec miss Crawford, les demoiselles s'amusent à les observer, une façon divertissante d'étudier l'Histoire.

Avec ces clichés fleur bleue, les York constituent un atout sérieux pour l'image de marque de la Couronne, une preuve vivante, tangible que la monarchie – hormis, peut-être, l'oncle David, un prince de Galles un peu trop mondain, un peu trop intéressé par les femmes mariées – incarne encore les paisibles et radieuses vertus domestiques que l'époque souhaite trouver chez une famille royale idéale. Sans le savoir, les York sont prêts, déjà, à se transformer, d'un coup de baguette magique, en jeune famille anglaise modèle des années 1930, semblable à l'image véhiculée par la presse et les réclames du moment : un père mince et attentif, toujours tiré à quatre épingles, l'air grave,

1. Résidence de vacances du roi Charles III et de la reine Camilla.

vaguement soucieux, flanqué d'une mère aimante, arborant le plus beau des sourires, et de deux charmantes filles, bien élevées, qui font la joie de leurs parents. Bien que quatre ans séparent Elizabeth de Margaret, la duchesse les élève un peu comme des jumelles et les habille de la même façon : chaussures Oxford couleur marron glacé, manteaux à col de velours et chapeaux ajustés. Une vraie pub pour petites filles modèles. L'image d'un rêve en somme, auquel la nation peut sentimentalement souscrire.

Et l'image de ce rêve est prête à changer de visage. Nous sommes à l'automne 1935. Depuis quelque temps, il devient évident que la santé de George V décline. Alors qu'il est usé par d'épuisantes obligations, un sujet particulièrement sensible l'inquiète au plus haut point : le dossier Wallis Simpson, du nom de l'Américaine, roturière divorcée, que son héritier, toujours célibataire sans enfant, vient de rencontrer et aux côtés de qui il s'affiche de plus en plus publiquement. Tout cela va avoir raison de ses dernières forces. Affolé à l'idée que le futur monarque envisage d'épouser cette intrigante, c'est en proie à de sombres pensées qu'il s'éteint au château de Sandringham, le 4 janvier 1936, quelques minutes avant que ne sonnent les douze coups de minuit.

Dans la chambre mortuaire, face à la dépouille de son époux, anéantie, la vieille reine Mary plonge en révérence devant son fils, le nouveau roi, et, telle la statue du Commandeur, lui rappelle, en des termes plutôt directs, qu'en tant que souverain, il est désormais responsable de la nation tout entière et doit, par conséquent, mettre fin à des comportements uniquement guidés par des intérêts égoïstes ! Dans les mois qui suivent, l'épisode, on le sait, va se conclure par une abdication. Néanmoins, pour l'heure, personne, pas même le moindre magazine, n'est au courant et ne se fait l'écho de l'orage constitutionnel qui va bientôt faire trembler la cour.

En Écosse, miss Crawford est en vacances lorsqu'elle reçoit un télégramme lui demandant de rejoindre Royal Lodge au plus vite. C'est la première fois que les deux sœurs vont vivre l'expérience de la mort d'un parent proche, et le cérémonial est plus impressionnant encore lorsqu'il s'agit du roi d'Angleterre. Après de longues hésitations, les York décident qu'Elizabeth, alors âgée de neuf ans, assistera au départ du cercueil de son grand-père et à une partie de la cérémonie. Le 28 janvier, à la gare de Paddington, sous la musique et les honneurs militaires, son petit visage se crispe. Elle vient de comprendre qu'elle ne reverra jamais « grand-papa Angleterre ». Cette nature réservée, elle la tient de son père et elle la conservera toute sa vie, ne manifestant ses sentiments en public qu'à de très rares exceptions.

Aux quatre coins du royaume, l'affaire Wallis Simpson est bientôt dans tous les esprits. Cette femme au passé trouble est très souvent conviée par le nouveau roi dans sa résidence de Fort Belvédère, dans le parc de Windsor. Si la presse étrangère s'est, depuis longtemps déjà, emparée de cette idylle royale au parfum de scandale, en Angleterre, ce n'est que depuis le décès de George V que les journaux (que l'on n'appelle pas encore tabloïds) osent mentionner la présence, pour le moins gênante, de « l'Américaine ». Le personnel de la Maison royale n'ignore déjà plus rien (dont des détails assez croustillants) de la relation que leur nouveau souverain, jugé un peu instable, entretient avec cette roturière qui s'habille chez Schiaparelli. La femme la plus élégante du monde sera bientôt aussi la plus haïe.

Vous l'avez compris, chers lecteurs, les dés, qui ne tarderont plus à être jetés, vont, très vite, changer le jeu, mais, pour l'heure, celle qui va occuper une place de choix, une place de reine, sur le futur échiquier, mon héroïne, n'a encore aucune conscience des bouleversements à venir. Dans leurs salles d'étude, tout ce que savent Elizabeth et Margaret, c'est que, depuis la disparition de grand-papa, le bel oncle David (qui s'est choisi le prénom d'Edward VIII pour entrer dans l'Histoire) ne vient plus jamais s'agenouiller sur l'épaisse moquette pour jouer. Maman dit qu'il a trop de travail. *What a pity !*

Avril 1936, l'étau se resserre. Ma Lilibet fête son dixième anniversaire. La couronne de princesse héritière n'a pas encore marqué ses boucles sages de son cercle d'or. Dans le drame shakespearien qui, bientôt, va se jouer autour du trône d'Angleterre, si le rôle de la petite altesse aux yeux bleus n'est pas tout à fait écrit, il se précise chaque jour davantage. Pour l'instant, seuls Edward et Wallis sont véritablement sous la lumière.

Côté jardin, dans le parc de la maison du 145 Piccadilly, Elizabeth joue avec sa sœur, ignorant que son entrée en scène est toute proche. Côté cour, la tragédie sera bientôt à son comble. Entre Buckingham, Fort Belvédère et le château de Windsor, Edward VIII lutte désespérément pour sauver son bonheur égoïste. Et une bataille se livre rarement sans bruit. Le dialogue de sourds entre le souverain trop amoureux et le revêche et intraitable Stanley Baldwin, Premier ministre, finit par franchir les murs de la forteresse. Les radios du monde entier tentent de capter les scènes déchirantes qui opposent, jour après jour, un souverain énamouré à un chef de gouvernement très pragmatique. L'amour ne peut rien contre la politique, contre la raison d'État, contre mille ans de tradition et de monarchie.

L'évidence paraît de plus en plus flagrante : pour continuer à aimer cette femme qui fait battre son cœur, Edward VIII va devoir renoncer à son métier de roi. Et chacun, évidemment, a un avis sur la question. Du haut de sa chaire, l'évêque de Bedford fustige ce souverain qui veut prendre pour épouse une Américaine mariée à deux reprises déjà et à nouveau en instance de divorce. «Je recommande notre roi à la grâce de Dieu, dont il aura grand besoin pour accomplir fidèlement son devoir. Espérons qu'il en est conscient. Puisse-t-il donner des signes d'une telle conscience.» Celui qui fut prince de Galles, l'enfant chéri du royaume, le *golden-boy* de toutes les petites Anglaises, n'a plus qu'à s'incliner devant la coalition du clergé et de ses ministres.

Nous sommes le 10 décembre 1936, au château de Windsor. Il est 10 heures. Pour qui sonne le glas ? Après trois cent vingt-cinq jours de règne (et surtout de tractations), en présence de ses trois frères (le duc d'York, le duc de Gloucester et le duc de Kent), de deux avocats et de deux hommes de cour, le souverain appose sa signature sur sept exemplaires d'un traité d'abdication. L'acte est inédit. Jamais un monarque n'a abandonné volontairement la couronne de l'empire. Le geste restera, à jamais, gravé dans les mémoires. Même le bureau sur lequel il vient de parapher son abdication entre dans l'Histoire.

C'est officiel, désormais ! La Grande-Bretagne, l'Irlande et les dominions britanniques au-delà des mers ont un nouveau roi. Les Indes ont un nouvel empereur. Albert Frederick Arthur George. Il régnera sous le nom de George VI. Ils ont aussi un nouvel héritier présomptif, une princesse de dix ans, notre Lilibet. Le monde entier se réveille abasourdi. Qu'en est-il au 145 Piccadilly ? Comprend-elle, notre héroïne, que sa vie vient de basculer en un paraphe ? Qu'elle sera bientôt la femme la plus scrutée, l'une des femmes les plus influentes du monde ? Il semble que ce soit sa mère, la douce duchesse devenue reine consort, qui prenne le temps de le lui expliquer.

Nous sommes maintenant le 11 décembre. L'oncle David va, une dernière fois, s'adresser à ses sujets. Captée au château de Windsor, l'allocution est diffusée, en direct, sur les ondes de la BBC. Jamais la chaîne n'a enregistré pareille audience. Dans des millions de foyers à travers le monde, sa voix s'élève, grave, belle. « Voici arrivée l'heure où je peux enfin ouvrir mon cœur. Je n'ai jamais voulu vous dissimuler quoi que ce soit, mais jusqu'ici la Constitution m'interdisait de vous dire la vérité. L'homme qui vous parle aujourd'hui a renoncé, au profit de son frère, le duc d'York, à sa charge de roi et d'empereur. Mes premiers mots, sincères, sont ceux de mon allégeance à sa personne. Vous savez parfaitement pourquoi je renonce au trône, mais je veux que vous compreniez que cette décision ne signifie nullement que j'oublie mon pays et l'empire, ce pays, cet empire, que depuis vingt-cinq ans j'ai servi comme prince de Galles, puis comme roi. Mais je vous demande instamment de comprendre qu'il m'est impossible de continuer à supporter l'énorme fardeau de ma charge et d'accomplir mes devoirs de roi sans l'aide et le soutien de la femme que j'aime. Que Dieu vous bénisse. Que Dieu garde le roi. »

Au moment où résonnent les paroles de leur oncle, les filles du duc d'York, hier encore relativement méconnues, deviennent, dans l'instant, les nouvelles stars du vieux royaume et du Nouveau Monde. Elizabeth, dont la naissance ne fut annoncée, dix ans plus tôt, que sur une seule colonne des grands quotidiens, décroche la manchette principale de tous les titres de presse. En l'espace d'une signature, son sourire, ses beaux yeux gris-bleu et ses boucles blondes sont accrochés dans tous les cottages de Grande-Bretagne, comme le symbole même de l'avenir de la nation. Enfant certes parfois espiègle, mais tellement réservée, elle est propulsée en Shirley Temple de la royauté !

Une abdication ! L'heure est grave, néanmoins. Cette situation inédite au pays des traditions fait souffler un vent de panique sur le royaume tout entier.

— Lilibet, tu crois qu'on va couper la tête à oncle David ? interroge Margaret, apeurée, devant les mines déconfites du personnel de maison.

Que répond notre future reine ? Mystère. Pour l'heure, ce qui la tracasse, ce qui tracasse tout le monde, c'est le déménagement. Pour Buckingham Palace. Depuis le message d'oncle David, au 145 Piccadilly, on ne dort plus, on s'agite, on court. Dans les couloirs, les escaliers, on croise des ministres, des écuyers, des chambellans. Les valises sont bouclées en quelques heures seulement. Mais il faut encore s'occuper des cartons. Deux gardes du corps, immobiles, sont désormais postés, nuit et jour, devant les portes de la maison. Quant aux princesses, interdiction formelle leur est faite de sortir. Papa est devenu roi ! Et la situation ne fait rire personne.

Révolution de palais : Elizabeth et Margaret sont maintenant obligées de s'incliner devant leur père. À tour de rôle, elles scrutent les portes, tant elles redoutent leur ouverture. L'aînée se plie à l'exercice de la révérence avec beaucoup d'application. Pour Margaret, c'est autre chose. Papa est devenu si distant, si inquiet. Autour des deux fillettes, chacun se comporte comme au théâtre. Et d'ailleurs, à propos de théâtre, le nouveau décor, glacial, gigantesque, paraît plus vrai que nature ! Des centaines de pièces, en enfilade, plus grandes, plus majestueuses les unes que les autres. Buckingham Palace : des kilomètres de galeries, des couloirs qui ressemblent à des avenues, des domestiques qui se courbent derrière chaque porte, des cheminées si hautes qu'elles semblent toucher le ciel.

— Allons-nous vraiment vivre ici ? demande Margaret, inquiète, en traversant l'interminable Galerie des tableaux : plus de cent mètres de murs couverts de Rembrandt, Van Dyck, Vermeer… Elizabeth est dubitative.

— Je ne crois pas. On ne peut pas vivre dans un musée !

I love the Windsor Sisters
Guerre et Paix

« Hello Bertrand, dans le chapitre précédent, nous avons déjà fait connaissance. Mais vous ne me connaissez pas encore suffisamment. Que cet appel téléphonique me permette de mieux me présenter à vous. Je suis Margaret MacDonald, dite “Bobo” pour les intimes ! Pendant soixante-quatre ans (oui, oui, vous avez bien lu, soixante-quatre ans, une vie durant !), j'ai été l'habilleuse de la reine. Moi, l'Écossaise, fille de cheminot, née en 1904, je suis rentrée au service du duc et de la duchesse d'York en 1926. Souvenez-vous, vous avez suivi mes premiers pas au 145 Piccadilly. J'avais vingt-deux ans ! Qui pourra en dire autant dans ce livre ? Personne, Bertrand, absolument personne ! “Habilleuse”, c'est un terme trop restrictif pour qualifier mon rôle et mon influence auprès de celle que j'ai toujours nommée “Ma Lilibet”. Cela nous fait un point commun, d'ailleurs. Je sais que, vous aussi, vous aimez ce *nickname* si affectueux. Soulignons toutefois, cher Bertrand, qu'il n'est réservé qu'au cercle très intime. Depuis la mort de Philip, pas sûr qu'il soit encore beaucoup utilisé.

Dieu que vous m'avez fait rire avec la dernière chronique de votre première saison sur C8. Très original votre numéro : “À quelques jours des grandes vacances, faites vos valises comme la *Queen*.” Et... très osée, votre tenue[1] ! À noter que le rose fuchsia vous va très bien. Et ils avaient raison, vos acolytes, vous avez des

1. Pour sa dernière chronique de la saison 2021-2022, séquence diffusée le samedi 9 juillet et consacrée aux valises de la reine, l'auteur est arrivé sur le plateau tout de rose vêtu, déguisé en Elizabeth II.

jambes incroyables. Des jambes de danseuse ! Un siècle de moins, et je vous aurais déshabillé ! Moi, j'ai beaucoup aimé cet hommage, mais croyez-moi – et vous parlez à une pro –, faire les bagages de Sa Majesté pour Balmoral, objet de votre "Palais royal", prenait bien plus de temps que les dix minutes de votre séquence ! Vous aviez raison sur bien des points : les valises de chez Launer, le papier de soie avec lequel on bourrait les manches des tailleurs pour ne pas les froisser, le parfum Yardley avec lequel on vaporise les vêtements pour les voyages, le collier de perles, les bouteilles d'eau Hildon, la bouillotte que l'on n'oubliait jamais, tout comme un tailleur noir. D'ailleurs, sachez qu'il y avait toujours deux tailleurs noirs !

Je suis comme vous, Bertrand, j'aime les sentiments forts, l'enthousiasme, la passion. Pas de place pour la tiédeur envers ma reine. Nous sommes un peu de la même race, vous et moi. J'ai disparu le 22 septembre 1993, à l'âge de quatre-vingt-neuf ans. Toute une vie au service d'Elizabeth II. Pas vraiment un sacrifice. Ce fut mon choix. Elle était ma religion. J'ai eu tant de satisfactions à ses côtés.

Je vais vous livrer un épisode de ma Lilibet que les gens connaissent peu. Il concerne la guerre. Cet uniforme qu'elle a revêtu, j'aurais préféré qu'elle ne l'endosse jamais. Il ne lui seyait pas, d'ailleurs ! Notre Lilibet avait seize ans lorsqu'elle fut appelée, en même temps que les jeunes filles de sa "classe", à se faire inscrire à la Bourse du travail de Windsor. Elle insista pour rejoindre une formation militaire féminine : "Je dois faire ce que font toutes celles de mon âge", déclara-t-elle avec résolution. On aurait dit un titre de film : *Lilibet entre dans l'armée*. Je ne pouvais que lui donner raison, même si l'inquiétude me rongeait, je l'avoue. Il fut décidé qu'elle serait engagée dans le service territorial auxiliaire, en qualité d'officier subalterne. Je me souviens encore de son matricule : 230 873.

L'arrivée de son uniforme fut un petit événement ! Elle en était fière. Mais je me souviendrai toujours du moment précis où elle a soulevé le couvercle de la boîte en carton, ôté le papier de soie. À vrai dire, la couleur kaki était très mièvre. Hideuse, même !

Le tissu, rêche et épais. C'était moche ! Quand elle a posé la casquette à visière noire sur ses boucles brunes, ça allait déjà un peu mieux. Heureusement, les poches supérieures de la veste soulignaient un peu sa poitrine, et la ceinture, une fois bien serrée, mettait ses hanches en valeur. L'habilleuse que je suis était un peu rassurée.

Durant des semaines, elle s'initia à l'art de mettre un moteur en pièces détachées et de le remonter. Le jour où elle passa sa dernière épreuve, le roi et la reine étaient présents. Elle était vive, capable, soigneuse. Elle changeait les bougies, les pneus, graissait les essieux... Elle était incroyable. Elle apprenait à lire les cartes, à conduire un trois-tonnes ou un convoi, à réparer un moteur... Alors si, en effet, il est vrai qu'elle fut l'une des seules femmes au monde à conduire sans avoir jamais passé son permis, je peux vous dire qu'elle appréciait, comme personne, le silence et le confort d'une Rolls-Royce. »

Avec cet appel de l'au-delà aux éléments néanmoins purement avérés, vous l'avez compris, bientôt, c'en sera fini de l'insouciance. Envolés, les étés en Écosse, les séjours au château de Glamis chez leurs grands-parents, lord et lady Strathmore. Que l'atmosphère de la vieille demeure était pourtant enchanteresse ! Dans les immenses cuisines, les deux princesses se pressaient de venir goûter les gâteaux tout droit sortis du four. En attendant qu'ils refroidissent, elles quémandaient du sucre d'orge. À l'heure du thé, toute la famille était réunie, paisiblement, dans la chambre bleue. La comtesse de Strathmore fait partie de ces personnes dont émane une aura paisible, bienveillante.

Dans ce décor de tourelles et de vieilles pierres, avec Crawfie, les deux fillettes ont passé des journées entières à fouiller des coffres poussiéreux emplis de vieux manuscrits, de photographies, de tapisseries, de robes d'autrefois. « Nous allions de pièce en pièce, de couloir en couloir, montant, descendant et jouant à cache-cache. Pour des enfants, Glamis était un séjour de rêve », se souviendra la gouvernante, avec nostalgie.

Mais ça, c'était avant. Maintenant, les *Windsor Sisters* sont un peu les prisonnières de Buckingham. Dans ses mémoires, miss Crawford note : « On s'imagine volontiers que les palais royaux représentent le summum du luxe et du confort. Rien n'est plus loin de la vérité. » Ce palais qu'elle a déjà connu du temps de ses grands-parents n'inspire que terreur à Lilibet. Elle en redoute l'immensité, l'austérité. Pour elle, Buckingham, c'est un vieux musée ! Et l'hiver, il y fait aussi froid que dans une cathédrale. Avec Margot, durant des heures, elles ont observé les hauts plafonds, les gigantesques cages d'escalier, les couloirs interminables. Elles ont remarqué qu'ils sont arpentés inlassablement par un fonctionnaire chargé du courrier. Au fond, c'est moins un palais qu'un village fantôme. C'est un joli décor pour y jouer, mais, au bout de quelques heures, les fillettes voudraient regagner Piccadilly. Elles ne le peuvent pas. Parce que Buckingham est la maison du roi. Et le roi, désormais, c'est leur papa. Toutes les installations datent du règne de Victoria : l'éclairage électrique y est plus que rudimentaire puisque certaines pièces, pourtant immenses, ne sont munies que d'une seule ampoule, mais c'est ainsi ! Lilibet et Margot ont bien compris que jamais elles ne retourneraient à Piccadilly.

Le pire, ce sont les souris, par dizaines, qui se nichent dans les plinthes à cause des trous creusés dans les parquets. Elles sont tellement nombreuses qu'un *verminsman* est employé à plein temps pour les tenir éloignées. Il fascine Elizabeth. Pour les attraper, il pose un gros bloc d'anis au milieu d'un carton enduit de mélasse.

La famille royale s'est installée à Buckingham le 17 février 1937 dans les pièces précédemment occupées par le roi George et la reine Mary. La nouvelle souveraine hérite de neuf dames de compagnie et de quatre femmes de chambre. La belle affaire ! Ce qu'elle voudrait vraiment, c'est réussir à recréer un vrai foyer. Si toutes les attentions du souverain sont tournées vers les préparatifs de son sacre, son épouse se transforme en chef de chantier. Les murs sont retapissés, les dorures rafraîchies, les lourdes tentures décrochées, lessivées, parfois jetées. Dans les salles de bains, on installe de nouvelles baignoires.

Les appartements des princesses se situent au deuxième étage. Désormais, Elizabeth dispose également d'un salon. Il y a une chambre pour la gouvernante Crawfie, une autre pour l'habilleuse Bobo MacDonald, une nursery de jour et une nursery de nuit, sur lesquelles règne toujours Alah Knight. Lilibet dispose aussi de deux salles de bains. En tant que princesse héritière, elle perçoit désormais une pension annuelle de 6 000 livres, prélevée sur la liste civile de 140 000 livres allouée au roi. De quoi faire tourner la tête d'une fillette de onze ans ? Pas du tout ! Elle n'est pas même informée de cette allocation. En revanche, ce qui l'enivre, ce sont les préparations du couronnement. Et dire qu'un jour, ce sera pour elle ! La date a été arrêtée au 12 mai 1937.

Au fil des semaines, elle voit l'inquiétude de son père. Il est vrai que les premiers pas du nouveau monarque sont plutôt laborieux. Le chef du gouvernement le juge sévèrement : « On a beaucoup de préjugés contre lui. Il n'arrivera pas à captiver l'imagination populaire aussi bien que son frère. » Si le propos est quelque peu injuste, il faut toutefois reconnaître que George VI n'a ni les traits fins, ni la prestance, ni la culture de l'éphémère Edward VIII. Et que dire de son aisance ? Parfois, ce bégaiement dont il souffre énormément le tétanise.

Au matin du sacre, les deux fillettes revêtent de vraies robes de princesses. En qualité d'héritière, Lilibet a même le droit d'arborer une traîne de cour, privilège refusé à Margaret, qui fond en larmes ! Âgée de onze ans maintenant, elle peut comprendre, apprécier ce qui se déroule. Sous les voûtes de Westminster, elle trouve que les bras superbement gantés de blanc des pairesses du royaume « ressemblent à des cygnes ». Elle saisit aussi que la journée est harassante. Jamais elle n'oubliera l'image de sa mère, enfin délivrée de sa lourde robe de brocart, qui, exténuée, laisse échapper : « Voilà qui est fait ! J'espère maintenant qu'ils nous aimeront… »

À l'été 1938, George VI et Elizabeth sont en visite en France. C'est leur premier grand déplacement officiel à l'étranger. Elizabeth et Margaret ne sont pas du voyage. Dommage ! Lilibet aurait tellement aimé découvrir ce château de Versailles dont on lui a tant parlé, l'œuvre d'un roi qui avait pris pour emblème le soleil.

Les deux princesses ne se rendent pas non plus au Canada ni aux États-Unis où cent cinquante tonnes de confettis sont lancées au passage des souverains. Elles finissent de profiter des plaisirs quotidiens de l'enfance. Il faut reconnaître que, lorsque leurs parents ne sont pas en voyage – « en déplacement officiel », précise l'aînée à sa cadette –, le palais de Buckingham est régulièrement le théâtre de belles réceptions. Les fillettes adorent s'asseoir face à une fenêtre et observer très discrètement – ou parfois un peu moins, c'est selon – l'arrivée des convives. C'est tellement amusant !

Évidemment, durant ces grands soirs, une certaine agitation règne au palais. De leur poste d'observation, Elizabeth et Margaret, en robe de chambre, guettent le flot des voitures et les *Beefeaters*, les « mangeurs de bœuf », d'anciens combattants pensionnés qui vivent à la tour de Londres. Leur uniforme rouge est pittoresque car surmonté d'une fraise élisabéthaine.

— D'ici, nous avons une vue d'ensemble, dit Margo, très satisfaite.

Dès son plus jeune âge, Lilibet qui, jusqu'à son décès, disposait toujours d'un CD de musiques militaires dans sa voiture, s'intéresse vivement aux soldats, aux uniformes, à la vie martiale. Préférable, me direz-vous, quand on sait toutes les parades qu'elle a présidées, tous les régiments dont elle est le colonel en chef, toutes les tuniques qu'elle a dû revêtir !

À Buckingham Palace, elle est servie. Tous les jours, à 10 h 45, débute la relève de la Garde. Dès qu'elle le peut, elle observe le spectacle, le commente, s'amuse même à en mimer les différents personnages. En particulier celui de la sentinelle, raide, marquant le pas avec une grande dignité. À sa gouvernante, elle confie : « Comme ils sont beaux ! » Notre Lilibet apprécie déjà les hommes à la carrure imposante et se montre sensible à l'esthétique d'un uniforme coupé avec finesse. Les mauvaises langues vous diront que, huit décennies plus tard, elle n'avait pas changé !

Nous sommes maintenant en 1939. Elizabeth vient de fêter ses treize ans. Elle va faire la rencontre la plus importante de sa vie. Une rencontre qui va tout changer, tout bouleverser. La découverte de Philip de Grèce, jeune élève officier de la marine, sonne clairement la fin des années tendres de l'enfance. Ce rendez-vous, elle le doit à l'oncle du prince, Louis de Battenberg (renommé Mountbatten avec le reste de son clan en 1917). Arrière-petit-fils de la reine Victoria, lord Mountbatten est le cousin du grand-père d'Elizabeth.

Le 22 juillet, George VI et son épouse visitent à Dartmouth, dans le South Devon, le Collège maritime, une école pour aspirants de marine. Ils emmènent leurs deux filles. Les bâtiments, immenses, sont accrochés à la colline qui surplombe la rivière Dart. À l'arrivée de la famille royale, le directeur de l'établissement s'excuse : bon nombre de postulants marins souffrent d'une épidémie de grippe. « Je ne vous conseille pas de faire visiter l'école aux deux jeunes princesses, elles pourraient être contaminées. J'ai sélectionné trois de mes élèves pour leur montrer les environs. Ils ont toute ma confiance. Ils les accompagneront également sur les terrains de tennis et sur le golf, si les princesses le souhaitent. » L'un de ces guides – vous l'avez deviné – est évidemment notre Philip. Prince de Grèce et de Danemark, il abandonnera ses titres lorsqu'il se fera naturaliser britannique, le 28 février 1947, devenant alors Philip Mountbatten.

Difficile de décrire un coup de foudre. Parce que ça ne s'explique pas, ça se vit. Philip impressionne beaucoup par sa grande taille, sa posture, son élégance, ses volées au tennis. Lilibet est bouleversée par ce qui émane de lui : une force tranquille, mais une énergie virile, de la puissance et de la douceur, de l'autorité et de la gentillesse. Le soir, elle murmure à miss Crawford :

— As-tu vu comme il saute haut et comme il joue bien ?

Lilibet est tombée amoureuse au premier regard. Comme dans les comédies romantiques ! Quand on regarde les photos d'époque, la silhouette de l'athlétique Philip, on comprend l'attirance de la jeune fille. Éduquée dans un univers fermé (pour ne pas dire renfermé) avec des précepteurs très vieille école, elle n'a connu aucun flirt, croisé le regard d'aucun garçon. En tout cas, il faut admettre qu'elle a bon goût. Pour une première pêche, c'est une très belle prise ! Le *boy* de son cœur a des yeux piscine à se noyer dedans, les traits d'un apollon et un physique d'adonis ! Perso, sur le carnet de notes des prétendants à un futur mariage, je mets 20/20 à éducation (physique).

Mais zéro pointé côté finances. Le beau Philip est peut-être prince, mais sa Grèce natale est devenue une république et, surtout, il est fauché comme les blés ! Du coup, la perspective d'un mariage auquel elle va vite songer va être semée d'embûches. Au moment où survient cette première rencontre, il y a fort à parier que George VI espère un prince régnant pour son héritière. Mais trop tard… les dés sont déjà jetés. La *love story* royale ne va plus tarder à s'écrire. Pour l'heure, laissons encore un peu de temps à notre amoureuse transie. Et souvenons-nous de l'aphorisme de Pascal, tant de fois répété par la duchesse de Windsor qui en connaissait un rayon en la matière : « Le cœur a ses raisons… que la raison ne connaît point. »

Sacré Philip, tout de même ! Lorsque le roi et sa famille repartent du collège, le yacht royal qui remonte la rivière Dart est suivi, un instant, par un petit bateau qui se propulse à la rame. Et ce rameur, c'est Philip ! Le prince nous la joue très efficace. Je suis le meilleur ! Je suis le plus beau ! Et… je ne me fais surtout pas remarquer ! Le roi lui crie de s'éloigner, mais ce grand malin n'abandonne pas la partie. Tous muscles dehors, riant de ses grandes dents blanches, il s'accroche maintenant au yacht royal et adresse de petits signes (et de coquins clins d'œil) à la princesse héritière, qui, évidemment, n'en perd pas une miette. Va-t-elle jusqu'à y répondre ? Pas sûr ! Son cœur bat si fort qu'elle a l'impression qu'il va s'arrêter !

Pendant longtemps, le joli postulant marin et la future reine vont s'écrire des lettres… de plus en plus intimes ! Et, bientôt, Elizabeth posera dans sa chambre un portrait de Philip, en uniforme. Un véritable roman à deux *pennies* car, quelques jours après cette rencontre coup de foudre, une bombe éclate : Hitler envahit la Pologne ! L'Angleterre et la France entrent en guerre. Les petites princesses partent pour Balmoral. *Bye bye* Philip et le souvenir si tendre, si chaud, du fringant marin des collines de Dartmouth.

Pourquoi seuls les grands ont-ils le droit de rêver ? Le droit d'avoir des sentiments ? D'aimer ? De toucher ? D'embrasser ? Elle voudrait, elle aussi. Elle voudrait qu'il l'embrasse. Pas avec tendresse. Pas comme une enfant. Elle voudrait qu'il l'embrasse sur les lèvres. Elle voudrait revoir Philip. Ses cheveux blonds, ses yeux, son corps. Entendre sa voix. Sentir son parfum, son odeur. Elle voudrait devenir une femme. Plus seulement une princesse.

Au mois de décembre, comme chaque année, la famille royale passe les fêtes à Sandringham, dans le Norfolk. Mais, pour les princesses, c'est leur dernier Noël d'enfant. Bientôt, l'apocalypse s'abat sur l'Europe et le monde. Les nuages ne cessent de noircir. La Hollande, la Belgique et la France sont envahies. Ce sont Dunkerque et l'exode. L'Angleterre insuffisamment armée est menacée d'un débarquement. Pourtant, les gouvernements en exil de tous les pays occupés arrivent à Londres. La capitale du vieux royaume devient celle de la liberté, et, bientôt, la capitale du courage.

Hitler, ayant abandonné l'idée d'attaquer par la mer, décide de frapper par les airs. Au *blitz*, les Anglais répondent par leur flegme légendaire. À Londres, la nuit, dans les abris, ils s'efforcent d'organiser leur vie et même leurs réjouissances : on danse sous les bombes. Et, le lendemain matin, on déblaie les ruines. Peter Townsend est l'un de ces jeunes aviateurs qui devient un héros en risquant sa vie pour pulvériser les avions nazis. Le roi et la reine ont refusé de quitter leur ville meurtrie, mais les petites princesses, elles, sont évacuées *in the country*, par sécurité, dans la vieille forteresse de Windsor.

Dans l'immense bâtisse, dont les fenêtres ont été protégées par des planches, la vie se déroule de manière monotone. Leur seul plaisir est de s'aventurer dans des endroits où elles ne vont jamais. Que de découvertes ! Tout compte fait, Windsor aussi est un musée ! Dans une vitrine, il y a la chemise dans laquelle Charles Ier fut exécuté, dans une autre, le boulet qui tua Nelson, le sabre de Bonnie prince Charles, l'armure d'Henri VIII… Elles ne le savent pas encore, mais dans le renfoncement d'une tour, emballés dans de vieux cartons, ont été ensevelis les joyaux de la couronne.

Le temps coule. Les bombes pleuvent. Et Lilibet aspire de plus en plus à se rendre utile. Un jour, il lui vient une idée : le château, avec ses tentures de brocart et ses vieilles armures, offre le cadre idéal pour un théâtre. Dans les greniers, des malles débordent de vieux costumes. Avec l'aide d'un maître d'école, elle organise une petite troupe. Elle tient l'un des rôles principaux, et Margaret lui donne la réplique. Ce théâtre royal apporte une touche de gaieté dans la grisaille de ces jours de guerre.

Le 13 octobre 1940, âgée maintenant de quatorze ans et demi, ma Lilibet fait ses débuts à la radio. Sur la BBC, *of course* ! Il s'agit d'un message qu'elle adresse aux enfants évacués en ces premiers mois de guerre. Quelques jours avant, sa mère l'a aidée à préparer son allocution. Ensemble, la reine et sa fille ont répété le texte, l'ont modifié, trouvé le mot juste, celui qui sonne, qui résonne, qui convainc. Surtout, la reine l'a aidée à placer sa respiration. Quand elle se présente face au micro, Lilibet connaît son intervention presque par cœur. Aux quatre coins de l'empire, des millions d'enfants entendent une voix émue les exhortant « à prendre leur part du danger » et « à affronter la tristesse de la guerre ». Durant toute l'allocution, Margaret, neuf ans, se tient à ses côtés. Lorsque sa sœur aînée a terminé, elle se penche à son tour vers le micro et conclut : « Bonne nuit, les enfants. »

À l'occasion de ses quinze ans, Elizabeth signe son engagement au service de la nation et, en dépit de l'obtention du grade de colonel des grenadiers de la Garde qui lui est octroyé par son père, elle entend bien faire partie, elle aussi, des auxiliaires de l'armée de terre. L'héritière du trône devient bientôt la sous-lieutenante Elizabeth Windsor, sous le numéro matricule 230 873. Au service du transport de Camberley, elle acquiert vite du métier dans l'entretien des poids lourds. Dermot Morrah confirmera plus tard ses capacités, notamment lors de sa conduite à bord d'un camion en pleine heure de pointe à Londres.

On a souvent dépeint les années de guerre à Windsor comme une période de claustration. C'est faux ! Cette image n'est aucunement représentative de la réalité. Elizabeth ne semble pas conserver un mauvais souvenir de cette période. D'ailleurs, ne fit-elle pas de ce château sa résidence permanente ? En fait, c'est le père d'Elizabeth lui-même qui, à travers une phrase anodine, écrite dans son journal le soir de la victoire, exagère l'austérité des années qui s'achèvent : « Les pauvres chéries, elles ne savent pas encore ce que veut dire se distraire. » D'autres témoins vont amplifier cet écho, comme Peter Townsend, qui, lors de sa première audience chez le roi, rencontre les deux princesses et note : « Elizabeth, qui avait alors dix-sept ans et Margaret, qui en avait quatorze, menaient à cette époque pleine de périls une vie de recluses, au château de Windsor le plus souvent, le moindre objet de curiosité, tel que moi en l'occurrence, devenait pour elles une distraction. » La princesse Margaret démentira cette opinion exagérée : ni elle ni sa sœur n'estiment avoir eu une enfance triste et isolée.

Le jour de la libération arrive enfin. C'est dans sa tenue de simple soldat que les Londoniens retrouvent leur « brave princesse ». Ma Lilibet n'est pas peu fière. Avec Margaret, totalement incognito, elles vont déambuler dans les rues de Londres, ivres de monde, ivres de joie. Et faire la fête toute la nuit.

Qu'il est doux, le retour à la paix ! Après un long séjour d'été à Balmoral, Elizabeth regagne Londres en octobre et témoigne d'une certaine volonté d'indépendance. Elle prend possession d'un appartement privé à Buckingham Palace, obtient ses premières robes de vraie *lady* et ne se prive plus d'exposer, sur son bureau, la photo de son marin épistolier. Le retour de l'armée du prince de Grèce et de Danemark est d'ailleurs imminent, et elle laisse libre cours à ses sentiments. Certains aristocrates se glisseraient bien, eux aussi, dans le costume. Mais Philip surpasse de loin ces jeunes ducs pâlots et trop raffinés. Lui, qui ne possède ni Daimler ni château, est de plus en plus actif, et sa tournure d'esprit agace parfois l'*Establishment*. Dans une interview, le duc de Windsor lui-même vantera l'indépendance du jeune homme et le félicitera d'avoir vaincu ce symbole d'autorité sclérosante.

Bientôt, la presse se saisit de l'idylle princière. Le grand parc de Windsor témoigne de leurs longues marches complices. Une cousine les y rencontre un jour par hasard : « Ils se promenaient tout seuls, semblant avoir envie d'être tranquilles. Ils se tenaient par la main et se séparèrent à notre arrivée… Le décor forestier était enchanteur. » Marina de Grèce, chez qui les deux jeunes amoureux viennent souvent déjeuner, note : « Je crois que, pour Philip, le temps des amourettes est passé. C'est lui qui serait la victime, s'il ne s'agissait que d'un flirt ou s'il ne devait rien en résulter. » La reine Mary commente elle aussi l'attachement de sa petite-fille pour son pâtre grec : « Ils s'aiment depuis un an. Depuis plus longtemps même. » Mais le roi et la reine la trouvent trop jeune pour se fiancer. Ils souhaiteraient qu'elle rencontre d'autres hommes avant de s'engager. Il est vrai qu'elle n'a encore que dix-neuf ans !

Elizabeth assiste maintenant aux réunions du Conseil et apparaît de plus en plus souvent en public. Avec son père, elle est formée petit à petit aux rouages de l'État. Le rôle important qui, bientôt, va lui incomber est désormais officiellement reconnu. C'est d'autant plus évident lorsqu'elle reçoit une secrétaire, une dame d'honneur et qu'on lui dessine un étendard portant ses propres armes.

Winston Churchill, tout surchargé de besogne qu'il est, trouve le temps, lorsqu'il vient au palais, de passer en revue la situation générale avec cette toute jeune fille. Sa grande sagesse et sa vaste expérience ont dû être, pour elle, d'une valeur inestimable. Le fait qu'un si grand homme d'État puisse lui accorder autant de temps, en dépit de ses lourdes responsabilités, a sans doute contribué à convaincre Lilibet de l'importance du rôle qu'elle aurait à jouer un jour dans les affaires de son pays.

On l'a dit, Elizabeth dispose maintenant de son propre appartement. Une femme de chambre et un valet de pied sont spécialement affectés à son service.

Sa chambre à coucher est rose et beige, ornée de chintz. Le mobilier, blanc, est classique. Rien de luxueux ni de trop élaboré. Contrairement à Margaret, férue d'art, Lilibet ne s'est jamais intéressée de près à l'ameublement ni à la décoration. Elle a accepté avec gratitude ce qui avait été pensé pour elle.

Meubler une pièce à Buckingham Palace se réduit le plus souvent à tirer le meilleur parti de ce qui s'y trouve déjà ! Le palais est encombré d'une masse de bibelots, de meubles et d'objets souvent démodés. Il serait évidemment déraisonnable de dépenser davantage. L'on finit donc par utiliser les moyens du bord en y ajoutant, par-ci, par-là, quelques antiquités précieuses qui compteraient parmi les plus belles merveilles d'un musée. Mais leur présence dans un appartement de jeune demoiselle demeure plutôt déprimante !

Pour ses vingt et un ans, elle reçoit une voiture, cadeau de son père. Ça fait longtemps qu'elle en rêvait ! En montant pour la première fois à bord, elle est enchantée par son matricule HRH 1 (Son Altesse Royale n° 1). Les Londoniens apprendront bientôt à reconnaître le véhicule et à klaxonner au passage.

De sortie en sortie, Lilibet change. Elle gagne en assurance, devient plus femme, plus belle. Il n'y a pas de hasard. Nous sommes en 1946 : cette année constitue la véritable année des fiançailles. Même si elles ne seront annoncées que l'année suivante ! Au cours de cet été, le prince vient en permission à Balmoral. En août et en septembre, les paysages écossais sont romantiques à souhait, il est donc naturel que le jeune couple se sente attiré par de longues escapades. Si l'on en croit les proches, c'est au milieu d'un décor de landes et d'eaux que Philip se déclare : « Près de son lac préféré, sous un ciel de nuages blancs et non loin d'un courlis qui criait », confiera l'heureuse élue. On imagine son bonheur, son ivresse même. Emportée par les paroles de son séducteur, la jeune princesse ne résiste pas une minute, pas une seconde. Elle répond sur-le-champ. Au diable protocole et bienséance !

Pour l'heure, seules la famille et la Maison du roi en sont informées. On a souvent prétendu que George VI avait mal accueilli la nouvelle. La preuve de son hostilité au projet viendrait de sa décision de n'annoncer les fiançailles qu'après un long voyage prévu en Afrique du Sud au début de l'année 1947. Sir John Wheeler-Bennett est celui qui a le mieux exprimé la position du souverain. C'est celle d'un père comme les autres : « Il avait toujours éprouvé de l'affection pour le prince Philip et le tenait même en haute estime ; mais il lui était difficile d'admettre que sa fille aînée pût réellement tomber amoureuse du premier jeune homme venu. »

On l'a compris, pour l'instant, la discrétion reste le mot d'ordre. Un communiqué de presse de Buckingham Palace dément même tout projet de fiançailles. Après un dîner d'adieu chez l'oncle Dickie, le 1er février 1947, à Portsmouth, Elizabeth embarque, avec Margaret et ses parents, pour un long voyage de trois mois en Afrique du Sud. Séparée de l'homme qu'elle aime, elle fait un commentaire sans ambiguïté sur la perspective du voyage : « J'espère que nous survivrons, c'est tout ! »

Le 28 février, quand la *London Gazette* annonce la naturalisation de Philip de Grèce, chacun comprend que le dernier obstacle vient d'être franchi. Elizabeth, en visitant une usine, est même accueillie par un chœur d'ouvriers qui entonne sur l'air des lampions : « Où est Philip ? » C'est bien la seule fois que l'héritière du trône rougira en public. Le cœur de mon héroïne avait raison : l'heureuse nouvelle est annoncée le 9 juillet suivant.

La bague de fiançailles, cadeau de Philip à Lilibet, est la principale attraction de la *garden-party* que le roi donne le lendemain, à Buckingham, en l'honneur de l'*engagement* de sa fille. Sept mille invités se pressent dans les jardins du palais. La princesse tend sa main à une centaine de reprises pour faire admirer le diamant carré entouré de deux petits brillants, véritable surprise de la part de son fiancé. Depuis le retour de sa promise d'Afrique du Sud, Philip vient la voir chaque jour. Au volant de sa voiture de sport décapotable, il franchit, en trombe, les grilles de Buckingham et fait crisser ses pneus sur le gravier des allées. Vêtu d'un pantalon de flanelle et d'une chemise aux manches retroussées, il monte quatre à quatre les degrés de marbre du palais victorien, nullement intimidé par la pompe royale. Il incarne la fraîcheur, la nouveauté, la joie de vivre.

Elle est aux anges, notre héroïne ! Mais lui, a-t-il sérieusement hésité avant de s'engager ? Parfois, hésite-t-il encore ? Pour l'heure, la guerre est finie depuis moins de deux ans. Avec Elizabeth et Philip, Londres, l'Angleterre et le monde vont bientôt connaître, à nouveau, les heures bénies d'un vrai, d'un beau mariage d'amour. Les préparatifs sont déjà en cours. L'union sera célébrée dans cinq mois. Bien plus qu'un échange de vœux pour l'éternité, elle va redonner espoir et goût du rêve à des millions d'opprimés sur la planète. C'est devenu une question d'urgence !

I love her marriage
Pour le meilleur. Et pour l'empire !

Novembre 1947. Sur Pall Mall, dans le quartier de Westminster, la file s'étire, interminable. Malgré le froid glacial et en dépit de l'heure matinale, ils sont des milliers à s'être donné rendez-vous en direction du palais Saint-James. L'atmosphère est presque joyeuse et, devant l'entrée principale, bien au chaud sous leurs bonnets en poil d'ours, les *Horse Guards* faisant office de sentinelles ne semblent pas vraiment prêts à devoir recourir à la force. C'est que la foule est bon enfant. Tellement enthousiaste. En ce matin gris et froid, ils attendent, avec impatience, l'exposition de l'année : « Les cadeaux reçus par SAR la princesse Elizabeth à l'occasion de son mariage. » Les billets d'entrée sont à un shilling[1], « au profit des bonnes œuvres ».

Au premier étage du palais de Barbe-Bleue, Elizabeth, toute pimpante dans une robe lilas, presse sa sœur Margaret. La cadette des sœurs Windsor vient de s'arrêter net. Comme envoûtée. La salle de bal de Saint-James s'est transformée en caverne d'Ali Baba.

— Margot, dans une demi-heure, ils ouvrent les portes au public. Dépêche-toi, je t'en prie. À ce train-là, nous y serons encore ce soir.

— C'est inouï. C'est... extraordinaire ! Combien as-tu reçu de cadeaux ?

1. Le succès est tel que, dès le lendemain, le prix des billets sera fixé à 5 shillings par personne.

— Deux mille six cent soixante-six ! répond Lilibet, le plus naturellement du monde. Dont cent trente-quatre paires de bas nylon !

En vrai, elle *essaie* de rester la plus naturelle du monde. Mais Margot a raison. C'est inouï ! Couvertes de longues nappes blanches, les tables, immenses, peuvent à peine contenir tous les objets exposés.

L'or et l'argent scintillent, le cuivre et le laiton chatoient. Margaret est toujours immobile. Face à elle, dans un sublime écrin entrouvert estampillé Cartier, un diadème et un collier en diamants. Ils brillent d'un éclat singulier.

— C'est le cadeau du nizam d'Hyderabad, dit Elizabeth, en haussant légèrement le ton.

— Le nizam quoi ? D'où ça ? réplique Margaret.

— Le prince le plus puissant et le plus riche de toute l'Inde, Margot. Tu devrais savoir ça.

— C'est tellement beau, Lilibet, renchérit Margaret.

Difficile, pour la cadette, de cacher un brin de jalousie.

— As-tu vu ma jolie boîte Fabergé ? lance Elizabeth, quelques mètres plus loin, espérant ainsi faire avancer sa sœur de quelques pas. Granny, qui s'y connaît, est persuadée que c'est une fausse. Elle vient pourtant de sir Henry Channon. Je ne sais pas si je dois admirer sa soudaine générosité ou, si c'est vrai, son incroyable culot ?

— Tu crois vraiment qu'il aurait osé ? pouffe Margaret avant de se tourner vers un autre présent. Et ça, c'est quoi ? Ça sert à quoi ?

— C'est le Mahatma Gandhi qui a tissé cette pièce, répond Elizabeth, ravie, enfin, de faire bouger sa sœur. C'est plutôt gentil d'avoir pris le temps de s'y consacrer, je trouve. Évidemment, *granny* juge cela injurieux. Elle a qualifié ce tissu de « pagne ». En revanche, Philip et oncle Dickie, eux, trouvent ce geste touchant.

— Ils ont raison, Lilibet. Granny est tellement vieux jeu ! Et là ?

— Aaah, ça, c'est le cendrier en argent offert par Eisenhower !

— Très Tiffany's, en effet ! Et là, Lilibet… Mon Dieu ! Ce n'est pas… ? Oh si ! (Margaret ne peut retenir un rire franc. Il éclate sous les hauts plafonds.) C'est une dinde, Lilibet ! Tu as reçu une dinde !

— En effet, soupire la future reine. Ce sont des Américains. Ils sont persuadés que les Anglais meurent de faim !

Margaret est à présent face à des tables entières débordant de couverts.

— Que vas-tu faire de toute cette argenterie ? As-tu vu le nombre de petites cuillères ?

— Oui, elles arrivent des quatre coins du monde. Maman est ravie. Elle dit qu'au palais, régulièrement, nos invités les volent.

— Vu leur nombre, tu pourras régner mille ans ma sœur !

Subrepticement, Elizabeth lève le rideau d'une des fenêtres. La foule est de plus en plus dense, une véritable marée humaine.

— Et qu'a envoyé notre cher Churchill ? demande Margaret en se dirigeant vers elle.

— Des tonnes de livres reliés, soupire Elizabeth, en lâchant le rideau blanc. Parfaits pour décorer les bibliothèques ! Ils doivent être... je ne sais pas où.

— Je n'ai jamais vu autant de cadeaux de ma vie, conclut Margaret, presque exténuée.

— Moi non plus ! Et, tu sais, tout n'est pas exposé. On nous a offert un relais de chasse au Kenya et... un pur-sang, aussi. Une pouliche alezane, cadeau de l'Aga Khan. Elle est à l'écurie. On a eu peur qu'ici, elle casse les services de porcelaine. Il y en a une bonne centaine, dont celui du président chinois, composé de cent soixante-seize pièces, paraît-il !

— C'est génial, Lilibet. Si tu te disputes avec Philip, tu auras l'embarras du choix.

Les deux sœurs s'esclaffent joyeusement et continuent de longer les tables. Sous leurs yeux défilent encore un projecteur de cinéma, une chemise de nuit en dentelle de Calais, une cithare arrivée d'Inde, des dizaines de mouchoirs en batiste... C'est un tel bazar que l'œil finit par ne plus rien y voir. Que cette pause détente fait du bien dans l'agenda minuté de la future mariée ! Quelle pression, tout de même, ces noces royales !

À nouveau, les jeunes femmes sont devant des joyaux. Cette fois, elles les observent avec un peu plus d'intérêt. La parure de saphirs et diamants qui est face à elles est un des cadeaux de leur père. De même que deux colliers de perles qu'Elizabeth portera le jour du mariage. La paire de girandoles pavées de diamants et un collier de rubis sont les présents de leur mère. Et que dire de l'avalanche de bijoux historiques offerts par la reine Mary ! Face à ce déferlement de pierres précieuses, cette folie surréaliste, indécente, Elizabeth a soudain un pincement au cœur. Et dire que, pour la bague qu'elle arbore aujourd'hui à son doigt, celle des fiançailles, cadeau de Philip, son futur mari, si pauvre, a été obligé de faire démonter un diadème de sa mère, la princesse Alice de Battenberg, pour en récupérer les pierres : un solitaire de trois carats, flanqué de chaque côté de cinq diamants plus petits. Lilibet lève sa main gauche et admire l'anneau de platine. Il a été rapetissé à plusieurs reprises. Comme si… il avait fallu entre la bague et la jeune femme le temps de s'apprivoiser. Ce bijou est sans doute le plus simple des cadeaux royaux, mais il est, de loin, celui qu'elle préfère. Dans une poignée de jours, aux yeux de Dieu et des hommes, Lilibet sera l'épouse de Philip. Enfin, elle va connaître les choses de l'amour[1].

Entre l'annonce officielle des fiançailles, le 10 juillet, et la date arrêtée pour les noces, le 20 novembre, dans une Angleterre encore en proie au rationnement, les futurs époux n'ont eu que quatre mois pour préparer ce *royal wedding*. Et, en cette année 1947, mon héroïne est sur tous les fronts. En l'absence du duc de Gloucester, son père la missionne pour le représenter dans diverses cérémonies officielles. Et, le 21 octobre, aux côtés de George VI et de la reine Elizabeth, dans un froid mordant, elle participe à l'ouverture de sa première saison parlementaire. Elle se rend au palais de Westminster dans le fabuleux carrosse de verre d'où sa dame d'honneur, lady Margaret Egerton, l'aide à descendre pour ne pas froisser sa belle robe. Une foule immense s'est massée sur le parcours. Que d'enthousiasme ! Que de vivats ! C'est déjà comme une répétition du mariage.

Cela fait seulement deux ans que la guerre est achevée. Le pays vit à l'heure du rationnement et George VI, très pragmatique,

1. Cette saynète, si elle n'a pas existé – et qui sait ? – ne s'appuie que sur des détails véridiques.

craint une réaction de colère de la population si, en cette période d'austérité, l'on voit la famille royale profiter d'un spectacle somptueux. Clement Attlee, le Premier ministre plutôt maussade, s'est d'ailleurs opposé à décréter un jour férié, jugeant cela « peu judicieux ». Et le roi a accepté qu'aucun souvenir commémoratif ne soit produit. Pas une seule décoration ni un seul stand ne seront installés le long du parcours de la procession. Comment oublier que des usines ont fermé par manque de combustible et qu'il ne reste déjà quasiment plus rien du prêt pharaonique accordé par les États-Unis pour la reconstruction ?

Les médias n'en font pas encore écho, mais, bientôt, pour aider la nation à surmonter le manque de liquidités, de nouvelles restrictions budgétaires vont, de nouveau, être imposées. Pour ce mariage royal qui tombe plutôt mal, il faut bien l'avouer, les seules dépenses à la charge du contribuable seront donc quelques festons qui orneront Whitehall et les abords de Buckingham. Tout le reste sera prélevé sur la liste civile du roi !

Il n'y a que Winston Churchill, le vieux lion (dans quatre ans, il détiendra, à nouveau, les rênes du pouvoir), qui semble ne pas rugir. De façon mémorable, il déclare à qui veut l'entendre que ces noces sont un « éclair de couleur sur la route difficile que nous devons parcourir ». Et il a raison ! Car, de tout temps au cours de l'histoire britannique, les périodes difficiles ont été ponctuées de célébrations royales. Elles ont une faculté magique : remonter le moral de la population. Faire naître le rêve est un peu la spécialité de nos Windsor, leur marque de fabrique.

J'entends votre question : « Notre Lilibet va-t-elle avoir un mariage en demi-teinte ? » Pas tant que ça, rassurez-vous ! Même si le célèbre chroniqueur Chips Channon écrit : « Au sein du gouvernement, quelqu'un a conseillé la simplicité. Il se trompe sur l'amour des Anglais pour l'apparat et le spectacle. Aujourd'hui, il est trop tard, et c'est une occasion manquée ! »

Notre héroïne lit-elle ces lignes ? Peut-être bien ! Car elle n'a pas dit son dernier mot. Avec l'accord de son père, elle décide que ses noces se tiendront en l'abbaye de Westminster. Ce mariage est le premier grand événement depuis le sacre de

George VI et la fin de la guerre. Le premier mariage d'amour aussi depuis Victoria et Albert ! Pour quelques heures, Lilibet veut, à sa manière, faire oublier les blessures qui balafrent encore cette capitale qui, bientôt, sera la sienne. Et puis, il y a autre chose aussi : le dernier mariage du clan Windsor est celui d'Edward VIII et de Wallis. Et puisque la presse a déjà tenté d'établir des comparaisons avec ces noces de Candé[1], elle est décidée à les reléguer, définitivement, au rang de mariage provincial !

Dans cette fièvre des préparatifs, peut-être aussi a-t-elle lu les beaux mots de Churchill. Cet « éclair de couleur » dont il parle, il va venir de la cavalerie de la Maison royale, qui portera l'uniforme de cérémonie complet pour la première fois depuis le commencement de la guerre. Un mariage princier est aussi l'occasion de relancer l'économie. Alors, certes, il n'y aura pas de mugs, pas de drapeaux, pas de torchons à l'effigie des jeunes mariés, mais le jour J, après la cérémonie sous les voûtes de Westminster, il y aura un petit déjeuner[2]. Et un gâteau. On demande à plusieurs pâtissiers, tous fournisseurs du palais, de confectionner une pièce montée. En somme, on crée un concours ! Et le gagnant sera invité à venir déguster sa création dans la salle à manger d'apparat, en présence des invités royaux. Douze recettes sont présentées aux futurs mariés et à la famille royale. La pâtisserie retenue – au pain d'épices et aux fruits secs infusés de brandy australien – mesure plus de trois mètres et va demander… quatre mois de préparation ! La recette enthousiasme la presse : 27 kilos de beurre, 25 kilos de sucre, 750 œufs, 160 oranges, 80 citrons, 3 litres de rhum…

Et tandis que, dans l'arrière-boutique d'une confiserie de Londres, le gâteau de quatre étages commence à s'élever, dans

1. Edward VIII, devenu duc de Windsor, épousa Wallis Simpson, le 3 juin 1937, au château de Candé, en Pays de Loire.

2. Peu importe l'heure à laquelle il est donné, l'usage veut que le repas qui suit une cérémonie de mariage soit appelé « petit déjeuner ».

les ateliers de Norman Hartnell, c'est la robe que revêtira notre grande amoureuse qui est au cœur de toutes les discussions. Alors, certes, elle doit être payée avec des coupons de rationnement, mais ni George VI, ni la reine Elizabeth, ni le peuple tout entier d'ailleurs n'ont envie de priver la future reine d'une robe de princesse. En fait, des centaines de citoyens du Royaume-Uni envoient, en cadeaux, leurs coupons personnels au palais de Buckingham. Évidemment, ceux-ci seront retournés. Hors de question de priver certains sujets de Sa Majesté d'achats peut-être essentiels pour une robe de mariée !

Hartnell est sommé de veiller à la dépense, certes, mais aussi d'éblouir. Et de faire rêver ! Délicate mission ! Avec l'accord de sa royale cliente, dont il a dessiné la première robe alors qu'elle n'avait pas dix ans, il s'inspire du tableau du *Printemps* de Botticelli. Pourquoi le printemps ? Parce qu'il va symboliser le retour du soleil après les jours sombres de la Seconde guerre mondiale. Le croquis de cette robe présente une coupe simple avec un corsage ajusté, une encolure en forme de cœur, une taille basse en V et une jupe à pans longs. Pour qu'elle soit véritablement royale, Hartnell la nimbe d'une traîne en tulle de soie qui sera attachée aux épaules. Ce qui inquiète surtout ma Lilibet, c'est de garder le mystère, le secret. Lors d'un essayage, elle, pourtant toujours si diplomate, le menace de prendre un autre créateur si la description de sa robe venait à fuir dans la presse. Quelle furie ! Margaret, qui assiste au rendez-vous, peine à y croire. Dès qu'il s'agit de Philip, sa sœur peut devenir une vraie panthère ! Pauvre Hartnell. Il en devient parano, fait barbouiller de chaux les vitrines et la moindre fenêtre de ses ateliers, déchire, jusqu'à les réduire en confettis, les contenus de ses corbeilles à papier. Pour calmer sa cliente, il propose que, le matin des noces, deux cousettes soient au palais de Buckingham afin de l'aider à se vêtir. Lilibet accepte, mais exige tout de même la présence d'Hartnell à ses côtés. Le génie, c'est lui. Et il y a tant de motifs brodés : dix mille gouttes de cristal et autant de petites perles en forme de jasmin, de feuillages, de boutons de rose...

Une fois le croquis validé, dix brodeuses et vingt-cinq petites mains vont s'affairer durant deux mois. On le comprend, la pression monte. Malgré la guerre encore dans toutes les mémoires, dans tous les cœurs, malgré la récession, le manque d'argent, le manque de tout, mon héroïne veut de la perfection, presque de la magie. Elle aime tellement Philip. Ce jour sera l'un des plus tendres de sa vie. Et puis, il est tellement beau, athlétique, tellement jeune premier, tellement désiré aussi (elle le sait). Elle veut être la plus belle !

Et Philip, justement, quel sera son uniforme ? Rarement la presse s'est autant enthousiasmée pour l'habit d'un futur marié. C'est que le valet de chambre qui lui a été attribué vient de confier que « sa garde-robe est plus spartiate que celle de nombreux employés de banque ! Pas de chapeau. Aucune cravate ». Sitôt nommé, le valet est révoqué. Mais le mal est fait. Le beau fiancé est blessé ! Par chance, il n'apprend pas (mais il le saura bientôt) que toute la cour se gausse, sous cape, de son apparence « si courante », de son allure « tellement quelconque ». Bref, au matin du 20 novembre, il arborera son uniforme de la *Royal Navy*, dont il a le grade d'officier.

Depuis l'annonce des fiançailles, que sa vie a changé ! Un policier le suit désormais en permanence. Pas encore royal, il est déjà un personnage public. Sa voiture, une MG immatriculée HDK 99, est la proie de nombreux photographes. On veut tout savoir sur celui qui, bientôt, sera le mari de la future reine, celui qui, un jour, deviendra prince consort. Si, par naissance, il est prince de Grèce et de Danemark, la presse le présente surtout comme un « officier de marine de Sa Gracieuse Majesté ». Pour l'heure, Philip ne dit rien, mais il n'en pense pas moins ! Il n'est qu'au début d'une longue, très longue, série de frustrations et de ressentiments. Mais le prince comprendra bientôt qu'il aura beau tout faire, tout entreprendre, il ne sera jamais – ne sera toujours – que le mari de la femme la plus célèbre du monde !

Le *royal wedding* approche à pas de géant. La veille des noces, Philip, son oncle Louis et ses amis de la *Royal Navy* enterrent sa vie de garçon dans les salons de l'hôtel Dorchester, qu'on a veillé à privatiser. La nuit est longue. Elle passe pourtant en un éclair. Déjà, l'aube se lève sur Londres. Depuis la première minute de ce 20 novembre, sur la base d'un décret royal signé quelques jours plus tôt, Philip Mountbatten est maintenant baron de Greenwich, comte de Merioneth et duc d'Édimbourg. Laissons-le rentrer à Kensington et rejoignons le palais de Buckingham.

Dans les appartements de notre star, c'est Bobo MacDonald, son ancienne gouvernante, sa fidèle habilleuse, qui la réveille. Aujourd'hui, Bobo n'aura pas grand-chose à faire, elle le sait. Et elle est triste. Ce soir, sa protégée ne dormira plus seule. Sa protégée deviendra une femme. En chemise de nuit, pieds nus, Elizabeth remonte le long couloir de la chambre de ses parents. Incroyable, n'est-ce pas ? Elle a vingt et un ans, mais, au fond, elle est encore une petite fille. Derrière un lourd rideau qu'elle prend soin de ne pas soulever, elle observe la foule qui se rassemble sur le Mall. Elle a effectué le même geste en 1937, au matin du couronnement de son père. Aujourd'hui, c'est pour elle, pour elle et lui, que tous ces gens se sont donné rendez-vous.

Il est 9 heures. Dans le silence des appartements royaux, les deux cousettes viennent d'enfiler la robe de satin blanc. Face à une coiffeuse et un miroir en triptyque, c'est à présent le fidèle Norman qui officie. Il ajuste, rectifie, réclame une aiguille. Il n'en aura peut-être pas besoin. La ligne du décolleté est une merveille. À la fois sobre et éclatante, traditionnelle, mais *new-look*. Il en est fier. À la lumière du jour, le travail des broderies, tellement précieux, se révèle enfin. Quel raffinement ! Un à un, Hartnell passe maintenant en revue le moindre motif brodé sur les quatre mètres de la traîne. Que fait notre Lilibet ? Assise, elle garde le silence. Parfois, elle ferme les yeux. Le créateur a terminé. Il va se retirer.

— Merci, Norman, vraiment. C'est ravissant.

Face au miroir toujours, des mains se tendent, clipsent dans son cou deux colliers de perles. Le premier, composé de quarante-six perles, a appartenu à la reine Anne. Le second en comprend cinquante et vient de l'héritage de la reine Caroline. Elle a choisi ce collier en dernière minute, obligeant un aide de camp à le rapporter dare-dare du palais Saint-James. Après les boucles d'oreilles, c'est à présent le diadème qui va être fixé. Lilibet a puisé dans les collections incroyables de sa grand-mère et choisi la *Kokochnik Tiara*, un diadème de provenance russe, composé de quarante-sept barrettes incrustées de quatre cent quatre-vingt-huit diamants offert, en 1888, à la reine Alexandra, son arrière-grand-mère. Au moment où le coiffeur chargé de la délicate mission pose le diadème sur la tête de la blanche mariée, c'est la catastrophe. Le joyau se brise en deux. Dans les mains du figaro, les deux parties ne tiennent plus que par un simple maillon. Alors que tout roulait et coulait à merveille, soudain, Lilibet prend peur. Et si c'était un avertissement, un mauvais présage ? Et si son mariage allait se briser lui aussi ? Comme la tiare de grand-maman ! On pourrait en choisir une autre. Comme le fait remarquer sa mère appelée en hâte : « Dans les coffres de cette maison, en matière de diadème, il n'y a que l'embarras du choix ! » Mais, si personne ne le formule vraiment, chacun comprend qu'aux yeux de la future mariée, symboliquement, ce diadème doit être réparé. On décroche le téléphone et on appelle Garrard, en urgence. Le bijoutier de la cour traverse Londres à bord d'un véhicule qui fend la foule. À maintes reprises, on change d'itinéraire, mais il y a tant et tant de monde que l'orfèvre termine sa course à pied.

Enfin, on l'introduit dans l'un des salons du palais. Il s'incline profondément. Inquiète, Lilibet vient à sa rencontre. Il est le premier étranger du clan Windsor à apercevoir cette robe qui, bientôt, entrera dans l'Histoire. Mais l'heure n'est ni au lyrisme ni à la flatterie. Déjà, il est penché tout entier sur le joyau. Silence dans la vaste salle. Incroyable mais vrai, en deux temps, trois mouvements, la tiare est réparée. On crie au miracle, on applaudit. Le « miracle » fut pourtant simple. Le diadème *Kokochnik* est un modèle qui, à l'aide d'un mécanisme, peut se transformer en une parure de cou. Et les petites agrafes qui permettent ce mécanisme s'étaient ouvertes. Tout simplement ! Vite, il faut fixer le voile cathédrale, maintenant. Le mariage de Lilibet est sauvé. Enfin, si on retrouve le bouquet aux trois orchidées et brin de buisson d'Osborne. On a beau le chercher, encore et encore, impossible de poser la main dessus. Que faire ? En confectionner un autre, en hâte ? Jack Colville, fiancé de la dame d'honneur de la mariée, fait remarquer que nous sommes en novembre. Et qu'à cette saison, il n'y a aucune fleur dans les jardins de Buckingham ! À la fin de la cérémonie, comment la mariée va-t-elle respecter la tradition de déposer son bouquet sur la tombe du Soldat inconnu ?

La pendule de la cheminée sonne maintenant 10 h 30. On informe que le carrosse d'Irlande vient de pénétrer dans la cour carrée du palais. Le départ de la mariée est imminent. D'ailleurs, les hautes portes du salon commencent à s'entrouvrir et... second miracle... laissent passer un valet de pied qui tient, entre ses mains, un bouquet de fleurs blanches. Le fameux bouquet nuptial[1] ! On vient de le retrouver, au fond d'un frigo. Quelqu'un de particulièrement bienveillant (mais qui a soudain la mémoire qui flanche, car personne ne se dénonce) a dû le mettre au frais. Que d'émotion, à nouveau ! Lilibet confiera plus tard à sa mère : « J'ai cru que j'allais me mettre à pleurer si l'on tardait encore à partir. » J'adore quand mon héroïne laisse tomber le masque, quand elle se dévoile, fragile, vulnérable. En ce 20 novembre, Elizabeth n'est pas une future reine, elle est une femme amoureuse.

1. Au matin de ses funérailles, les fleurs qui ornent son cercueil proviendront de pousses de ce bouquet de mariage qui ont été bouturées et replantées dans les jardins de Buckingham.

Sur le Mall et dans les artères qui conduisent du palais à Westminster, les détachements militaires défilent depuis 9 h 30. On estime à un million le nombre d'Anglais massés dans les rues. En direction de l'abbaye, les automobiles officielles ornées de grandes étiquettes vertes ou rouges ou de fanions de soie défilent sans arrêt. Dans les vivats de la foule se suivent autant de Rolls somptueuses que de simples taxis.

À 10 h 45, sous un ciel bas, un ciel gris, menaçant, cinq cortèges s'ébranlent de Buckingham. Il y a le prince Michel, le prince et la princesse René de Bourbon-Parme, le prince George, la princesse Axel et le prince Flemming de Danemark, la princesse Elizabeth et le prince Jean de Luxembourg, l'Honorable Gerald Lascelles, le capitaine Alexander Ramsay, lady Patricia Ramsay et l'amiral sir Alexander Ramsay, le marquis et la marquise de Carlsbrooke, le comte et la comtesse Mountbatten of Burma, la marquise de Milford-Haven (grand-mère du marié), lady Tatiana Mountbatten, le marquis et la marquise de Cambridge… Dans la foule, on applaudit pour le spectacle, pour le panache. Mais personne ne les reconnaît. L'enthousiasme ne se ressent vraiment qu'au passage de la voiture de la reine mère, partie de Marlborough House et, surtout, face au cortège de la reine Elizabeth. Trente-cinq cavaliers sabre au clair, portant tunique écarlate, pantalon de peau blanche, brillante cuirasse et casque empanaché, entourent la mère de la princesse héritière assise dans le carrosse de verre.

La pression monte. Enfin, on va pouvoir applaudir la mariée. Dans le sanctuaire des rois d'Angleterre et au son des hautes orgues prennent place la reine Victoria-Eugénie d'Espagne, la duchesse de Kent, le duc et la duchesse de Gloucester, le prince et la princesse Georges de Grèce, le roi Pierre et la reine Alexandre de Yougoslavie, la duchesse d'Aoste, le prince régent Charles de Belgique et la reine Hélène de Roumanie, le prince Bernhardt des Pays-Bas et la princesse régente Juliana, la princesse André de Grèce, le roi Haakon de Norvège, le roi Fayçal d'lrak, le roi Michel de Roumanie, le roi Fréderic et la reine Ingrid de Danemark… Le tableau est extraordinaire. Magnifique. Tellement rutilant. Les invités de la délégation indienne arborent des plastrons de rubis, de diamants et de saphirs. Les pierres précieuses enveloppent leurs bras, leurs épaules, leurs poignets. Pour quelques heures, les plus fascinants joyaux du monde ont été sortis de leur coffre. Qu'elles semblent loin, les sombres heures de la guerre !

Évidemment, le duc et la duchesse de Windsor ne sont pas là. Ils n'ont reçu aucun carton. Par solidarité envers son frère, Mary, la princesse royale, sœur de George VI et, donc, tante de Lilibet, a décidé de bouder la cérémonie. Et, côté Mountbatten, on remarque aussi l'absence des trois sœurs du prince : les princesses Marguerite, Theodora et Sophie. Toutes ont épousé des aristocrates allemands qui, de près ou de loin, ont montré des accointances avec le régime nazi. Vous l'avez compris, elles sont, elles aussi, *personae non gratae*. Toutefois, discrètement, elles ont fait parvenir à leur petit frère un stylo d'or que le jeune duc a glissé dans sa poche. Il le sortira au moment de signer les registres.

Il est près de 11 heures. Enfin s'avance le cortège de la mariée. Sous son voile étoilé en dentelle de Braintree, étincelante, Lilibet a pris place au côté de son père. Le célèbre carrosse irlandais de la reine Victoria est escorté de cent dix-neuf cavaliers en grande tenue écarlate et bleu. Avec leur casque à plumets, gantelets et hautes bottes vernies noires, jamais ils n'ont paru aussi fiers.

Le cortège atteint Westminster. Les cloches carillonnent. Les grenadiers de la Garde rendent les honneurs. Les trompettes éclatent, les tambours roulent. Voici le moment tant attendu. Lilibet pose le pied à terre. Hurlante, la foule laisse éclater sa joie. Qu'elle est merveilleuse, la future reine ! Qu'elle est belle ! Qu'elle paraît grande ! Intouchable. Houraaa. Vivaaat… Les huit demoiselles d'honneur n'en finissent plus de déployer la traîne et le voile de quinze mètres. Il a nécessité quinze kilomètres de fil. La blanche mariée prend le temps de saluer chacune : sa sœur, tout d'abord, la princesse Margaret, puis sa cousine, la princesse Alexandra de Kent. Dans un bruissement de satin duchesse s'inclinent ensuite lady Mary Cambridge et lady Caroline Monlagut Douglas Scott ; lady Pamela Mountbatten et lady Elizabeth Lambart ; miss Diana Bowes-Lyon et l'Honorable Margaret Elphinstone. La ferveur frôle maintenant l'hystérie. Il faut que la princesse pénètre sous les voûtes, sans quoi la foule pourrait déborder.

Arrivé en automobile depuis Kensington Palace, accompagné de son garçon d'honneur, le marquis de Milford Haven, Philip, lui, a fait son entrée à 11 h 16. Sur son uniforme de lieutenant de la marine royale, il a épinglé l'ordre grec du Rédempteur et l'étoile de la Jarretière. La plus haute distinction britannique lui a été décernée la veille. Il attend maintenant sa fiancée au pied du maître-autel. Non loin, oncle Dickie, ex-vice-roi des Indes et désormais gouverneur général, avec son épouse Edwina, ne le quitte pas du regard. Pour eux, l'heure est grave, puisque l'Inde, qui a réclamé son indépendance à cor et à cri, l'a obtenue depuis le mois d'août. Mais malgré l'inquiétude, malgré l'incertitude, aujourd'hui est tout de même un jour de triomphe. Le clan Mountbatten entre, par la grande porte, dans la famille la plus puissante de la vieille Europe.

Philip et Elizabeth se rejoignent à la croisée du transept. La millénaire abbaye brûle de mille bougies. C'est l'archevêque de Cantorbéry qui officie. Il est accompagné de l'archevêque d'York et d'une nuée de prélats. Tant et tant qu'on ne peut les compter. « Bien-aimés frères, nous sommes réunis ici pour joindre cet homme et cette femme par les liens sacrés du mariage. » Mariage de rois ou du plus humble de ses sujets, le service religieux est immuable. Quelques jours plus tôt, interrogé par la presse, le primat de l'Église d'Angleterre ne déclarait-il pas : « La cérémonie sera exactement la même que pour deux villageois qui se marieront peut-être cet après-midi dans une petite église de campagne » ? N'empêche ! Au cours de l'Histoire, jamais un mariage n'aura été suivi par une foule aussi dense. C'est la première fois que les caméras de la BBC sont autorisées à pénétrer à l'intérieur de l'abbaye pour capter une cérémonie, en direct. La célébration est retransmise dans quarante-deux pays.

Mais l'archevêque n'a pas tout à fait tort. Dans le théâtre de Westminster, malgré les quatre mille yeux qui ne les quittent pas, Lilibet et Philip semblent seuls au monde. La blanche princesse s'approche de l'autel, s'agenouille. Comme tant d'autres jeunes filles dans le monde, d'une voix sourde et voilée, elle prononce les mêmes promesses : «aimer», «chérir», «obéir». Des mots qui rapprochent enfin l'héritière du trône de cet homme qu'elle aime tant.

Il est exactement 13 h 08. Toute l'assistance se lève au son d'un *God Save the King* triomphal. Les archevêques précèdent alors le jeune couple et la famille royale dans la chapelle d'Edward le Confesseur. C'est ici que reposent tous les souverains britanniques, ici encore qu'est entreposé, depuis mille ans, le trône de saint Edward, fondateur de l'abbaye, dans lequel est enchâssée la fameuse pierre des rois celtes. Selon la tradition, elle assure le bonheur des souverains d'Angleterre. À l'ombre des caméras, les mariés signent les registres. De son uniforme bleu à galons d'or, Philip sort le stylo de ses trois sœurs.

Dans la nef, le cortège s'est reformé. Tout est identique à l'arrivée, à l'exception du duc d'Édimbourg qui a remplacé le roi George VI au bras de la princesse. Au son d'une marche nuptiale solennelle, le duc et la désormais duchesse d'Édimbourg, symbole de continuité de l'histoire d'Angleterre, sortent de l'abbaye par la grande porte ouest. Attelés des lourds harnais du Maroc, les deux chevaux qui conduisent le carrosse de verre s'avancent au grand trot sous les cris de la foule. Précédé de deux postillons en jaquette rouge et chapeau haut de forme noir, le *glass coach* est entouré de l'escorte du roi. Quelle ferveur ! Quelle vénération ! Avant de remonter en voiture, Lilibet prend le temps de saluer la foule. Que ces minutes sont sacrées, éternelles ! Direction le palais de Buckingham. Les demoiselles d'honneur viennent de monter dans des automobiles. Elles sont suivies par le carrosse d'Irlande qui transporte le roi et la reine et ouvre la route à tous les hôtes royaux.

C'est maintenant la traditionnelle apparition au balcon drapé de velours rouge et or. Ma Lilibet sourit, ma Lilibet salue. Qu'elle est heureuse ! Au plus loin que le jeune couple puisse voir, le Mall est noir de monde. Il n'y aura pas de baiser échangé. C'est Charles et Diana qui, trente-quatre ans plus tard, vont instaurer la tradition. En revanche, il y aura plusieurs apparitions. Avec les demoiselles d'honneur tout d'abord, avec le roi et la reine, avec la famille royale…

Cent cinquante invités sont, à présent, assis dans la salle de bal du palais. Les tables couvertes de la célèbre porcelaine d'or sont fleuries d'œillets blancs, symbole de virginité. Devant chaque couvert se dressent aussi de petits bouquets de bruyères couleur de neige, cueillies, quelques jours plus tôt, dans les landes de Balmoral[1]. Au lieu des menus interminables de dix plats qui ont nourri les précédents mariages royaux, les invités d'Elizabeth et Philip se voient offrir du poisson, de la perdrix tirée sur les domaines royaux, des glaces et du gâteau. Heureusement, par tradition, les menus royaux sont rédigés en français, ce qui rend ce « petit déjeuner d'austérité » un chouïa plus tentant : « Filet de soles Mountbatten – Perdreau en Casserole, pommes de terre noisette, haricots verts – Bombe glacée princesse Elizabeth, friandises, déssert (avec une faute d'accentuation !) et café. »

Dehors, la foule ne déserte pas les rues. Et pour cause ! Elle sait qu'elle va avoir la chance d'apercevoir une dernière fois les jeunes mariés. Pour les plus chanceux d'entre eux, en tout cas ! En fin d'après-midi, les deux lourdes grilles grincent à nouveau sur leurs gonds. Elizabeth et Philip ont pris place à bord d'un landau découvert, pour mieux saluer ce million de gens qui

1. En septembre 2022, on retrouvera ces mêmes fleurs sur la première couronne mortuaire posée sur le cercueil de la reine. À nouveau tout un symbole !

attendent un geste, un sourire. Sous une pluie de pétales de roses, direction la gare de Waterloo. Inquiète, la fidèle Bobo MacDonald a pris soin de glisser des bouillottes sous les sièges. La jeune mariée a opté pour un manteau bleu, création de la maison Hartnell à nouveau. En montant dans le Train royal, Lilibet retrouve Susan, sa chienne corgi favorite. Elle est montée à bord quelques minutes plus tôt. Dans la voiture salon, un valet a également posé une belle enveloppe blanche. Elle contient un petit mot écrit de la main même du roi : « Quand j'ai lâché ton bras à notre arrivée devant l'archevêque, j'ai senti que j'avais perdu quelque chose de très précieux. »

Après un séjour de quatre jours à Broadlands, la demeure de campagne de lord Mountbatten, dans le Hampshire, la lune de miel se prolongera, durant trois longues semaines, à Birkhall, en Écosse. Mais, déjà, une question plane. Elle concerne la carrière du jeune marié. Depuis qu'il a démissionné du « Whelp », à Portsmouth, l'année précédente, il n'a reçu aucune affectation. Même après six années de guerre, aucun officier de marine ne peut être épanoui sans avoir l'espoir de repartir en mer. Il aimerait bien. Il aimerait tant.

— Aurai-je une nouvelle affectation ? Quand ? Et où ?

Dans son manteau pervenche, du train, Lilibet continue de saluer la foule. Philip le Viking, Philip le viril, Philip le puissant, le magnifique, a-t-il pris conscience que, désormais, on n'attend qu'une seule chose de lui ? Donner un héritier à la millénaire Couronne ! Et un garçon de préférence ! Lentement, la locomotive s'ébranle. Les cris du public s'intensifient, se mêlent à des applaudissements, à des vivats, des hourras, aux sifflements du train aussi. Dans le ciel, malgré la vapeur blanche, les nuages bleus s'assombrissent. À l'intérieur du convoi royal, le doute n'est plus permis : le train prend inexorablement la direction de la grisaille.

I love the new Queen
Aux marches du palais

Cette nuit, j'ai fait un rêve. Un rêve étrange. Depuis quelques semaines, je suis inquiet, je suis nerveux. Depuis quelques semaines, alors que j'écris ce livre, je tente d'être original, d'apporter un éclairage nouveau, de vous prendre par la main, de vous expliquer ma passion, ma fascination pour Lilibet (la reine, mais aussi la femme) tout en restant objectif. Je vous raconte de petites histoires en essayant aussi de vous narrer la grande. Et, depuis le début de cette aventure, je me pose une question : comment vous faire vivre, au plus près, les premières minutes de règne de mon héroïne ? Cette nuit, j'ai, enfin, trouvé la réponse. J'ai trouvé parce que… ces premières minutes de règne, je les ai vécues à ses côtés. Cette nuit, j'ai rencontré le colonel Corbett. Edward James Corbett est un vieux chasseur de tigres et de léopards. C'est lui, en février 1952, qui a organisé le séjour au Kenya d'Elizabeth et Philip. Il en a peaufiné chaque détail. Cette nuit, j'ai interviewé Corbett. Et il m'a tout raconté.

— Vous savez, Bertrand, dans ma longue carrière, j'ai eu beaucoup de clients étrangers. Mais je me souviens particulièrement de votre Lilibet. Sur un arbre, elle était en train de filmer des animaux sauvages. Je savais que c'était une princesse héritière et qu'elle était au début d'un voyage officiel. Celui-ci devait la mener en Australie et en Nouvelle-Zélande, si je me souviens bien.

Corbett, qui cette nuit a déjà… cent quarante-sept ans, a raison. Sa mémoire ne lui fait pas défaut. La princesse a quitté Londres le 31 janvier 1952 et fait une première escale au Kenya.

— J'avais tout préparé, tout calculé pour que ce soit un succès, et rien ne s'est passé comme prévu. Ça arrive parfois ! C'est au cœur de la jungle, dans une hutte au sommet d'un immense figuier, qu'elle a passé son ultime nuit en tant que princesse. En ma modeste compagnie. Je me souviens très bien de ce 5 février 1952. Avec une petite caméra, elle filmait les éléphants, le lac, les arbres, zoomait sur les animaux, laissait courir son objectif sur les cimes miroitantes des monts Alberdare. Les heures ont coulé sans que personne y prenne garde. Les ombres se sont allongées, les animaux sont sortis de la forêt. Vous les voyez, Bertrand ? Je suis sûr que vous pouvez les voir.

Le colonel a raison. Je vois des gazelles, des zèbres, des girafes... Au loin, un léopard. Ou... peut-être est-ce un jaguar ? Ils s'abreuvent à un point d'eau. Je vois ma Lilibet aussi. Lentement, elle se dirige vers une petite table couverte de feuilles blanches.

— Elle avait noté les événements filmés au cours de l'après-midi, se souvient Corbett. Elle me faisait penser à une jeune écolière rédigeant une composition. Elle a tout rangé précieusement, puis nous a rejoints.

Juché à treize mètres du sol, le petit living-room de bois est prêt pour le dîner des hôtes de « Tree Tops ». Elizabeth et Philip, un certain Eric Walker, une lady Bettie, lady Pamela Mounbatten (cousine de Philip et dame d'honneur), Michael Parker (le secrétaire du prince), Martin Charteris (le secrétaire de la princesse) et notre colonel Corbett viennent s'asseoir sur les tabourets qui entourent la table. Seules deux chaises sont disponibles. Elles sont pourvues de coussins. Corbett désigne la première à la princesse et l'autre à son mari. Lilibet et Philip sont assis côte à côte.

— Vous êtes bluffé par mon sens de l'étiquette, n'est-ce pas, Bertrand ? Pour dire vrai, ma galanterie était surtout guidée par le fait que c'étaient eux qui réglaient l'addition finale. Après un menu copieux disposé sur une jolie nappe autour d'une lampe à pétrole, tout le monde est allé dormir.

— Et après, colonel ?

— Vous l'avez compris vous aussi, puisque tout le monde est désormais couché, nous arrivons maintenant au matin du 6 février 1952. C'est *the* moment.

— Alors, colonel ?

— Deux secondes. Il faut que je me souvienne.

La tête du vieil homme bascule. Il semble chercher ses mots. Le son de sa voix devient soudain étrange.

— Nous sommes à l'aube du 6 février.

— Je le sais, colonel. Je vous demande juste de vous souvenir d'une image, d'un détail...

— Voulez-vous oui ou non entendre cette histoire ?

Je me tais. La voix de Corbett retentit à nouveau. Profonde, abyssale.

— Nous sommes à l'aube du 6 février et un bruit de moteur résonne dans la jungle. Edward Windley, le chauffeur, est revenu de Nyeri à la tête d'une caravane de voitures pour emmener le couple à Sagana Lodge. Sagana Lodge était le cadeau de mariage du Kenya à la princesse.

Je ne dis rien, je n'ose plus. Mais, à nouveau, Corbett a raison. Cette information est correcte.

— Après cette nuit passée à guetter les animaux sauvages, elle a émis le souhait de se reposer. Elle est partie avec son mari, et ils ont fait une petite sieste.

Incroyable, j'ignorais ce détail ! Le colonel me stupéfie. À ce moment-là, quelle heure est-il précisément en Angleterre ? Au rez-de-chaussée du château de Sandringham, Daniel Long, le fidèle valet de George VI, a-t-il déjà poussé les portes du salon qui sert de chambre au roi souffrant ? A-t-il déjà posé le chocolat chaud sur la table de nuit, ouvert les tentures et trouvé son maître mort ? Ma Lilibet est-elle déjà reine ?

— Mrs Mounbatten (Corbett a raison, mais c'est drôle de l'appeler ainsi !) entamait sa correspondance lorsque le téléphone a sonné. C'est Michael Parker, le secrétaire du prince, qui a décroché. Il a compris, dès les premiers mots. L'appel venait de Londres.

Je saisis que mon voyage avec Corbett est terminé. Il n'en dira pas beaucoup plus.

— Merci, colonel. Ils sont beaux, vos souvenirs. Pour la première fois dans l'histoire du monde, une jeune fille monte dans un arbre et, après avoir vécu ce qu'elle appellera « la plus extraordinaire expérience de [sa] vie », elle en redescend reine.

Silence. Peu à peu, l'aube se lève. L'Afrique s'éloigne. Les paupières encore mi-closes, je pense bien reconnaître ma chambre à coucher. Corbett aura bientôt disparu.

— Bertrand, puis-je, à mon tour, vous poser une question ?

— Mais bien sûr, colonel.

— Je suis mort trois ans après l'histoire que je viens de vous conter. Que devient « Tree Tops » aujourd'hui ?

Zut, ma réponse est délicate.

— L'arbre est mort, colonel. Aujourd'hui, « Tree Tops » est un tas de cendres. Mais c'est surtout un souvenir. Le plus cher souvenir d'Afrique d'une jeune reine. Le plus amer aussi.

Je suis allongé dans mon lit, les yeux maintenant grands ouverts. « Tree Tops » était un rêve. Ou peut-être pas[1] !

Depuis la fin de la guerre, Elizabeth dispose de dames d'honneur et d'un secrétaire particulier, et, depuis son mariage, d'un *gestionnaire* qui administre sa maison et celle de son mari : le général sir Frederik Browning, héros de la libération d'Arnhem et, à la ville, mari de la talentueuse romancière Daphné du Maurier, qui a ainsi droit au titre de lady Browning. Pour le jeune auteur que je suis, ce détail est irrésistible. Je crée un lien singulier entre ma Lilibet et l'un de mes écrivains favoris. À l'adolescence, les romans de Daphné du Maurier m'ont captivé.

Le choix de ce général peu banal au CV inhabituel cause quelques surprises, mais fait entrer dans la maison princière un souffle d'air venu du monde extérieur. Car « Boy » – tel est le surnom dont on le gratifie – mène les affaires tambour battant.

---

1. Tous les détails racontés ici sont authentiques et tirés du livre *Tree Tops*, que le colonel écrivit sous le nom de Jim Corbett et publia chez Oxford University Press, en 1955, l'année de sa mort. Notons qu'Eric Walker était le cofondateur du Tree Tops Hotel et fut, lui aussi, marqué toute sa vie par cette fameuse nuit. Il se consacra à la protection de la faune au Kenya jusqu'à sa mort, en 1976. Lady Pamela Mountbatten, cadette des filles de lord et lady Mountbatten, longtemps dame d'honneur d'Elizabeth, est, aujourd'hui, le dernier témoin vivant de cette soirée.

Partons d'ailleurs en Cornouailles, dans des décors à la *Rebecca*. Bientôt, à Menabilly (j'adooore Menabilly), sir Frederik et lady du Maurier accueillent le prince Philip. Le jeune duc débarque en Daimler avec un valet et un garde du corps. Il est surtout venu pour travailler avec sir Frederik. La romancière le trouve « immense et souriant ». Dans la grande salle à manger, il dévore son dîner avec appétit et boit son porto à la lueur des candélabres. En plongeant en révérence face au jeune époux de sa reine, Daphné s'est sentie comme la seconde épouse de Maxim de Winter. Terriblement intimidée, troublée, un peu gauche.

Elle sait que Philip est à lui seul un personnage de roman. De sa naissance à Corfou – en haut d'une colline, dans la villa « Mon Repos », ça fascine Daphné – jusqu'à son retentissant mariage avec l'héritière la plus célèbre du monde, sa vie est palpitante. Et puis, il y a ce regard, insistant, cette allure folle, un corps qui n'en finit plus de se déployer, des gestes secs, nets, virils, des yeux de chat, un front haut, si haut, une mâchoire carrée, une façon de rire à pleines dents. Le mot « charme » est trop faible. Philip est irrésistible. Et Daphné n'y est pas insensible. Pauvre Daphné ! Elles sont si nombreuses, ces femmes mariées qui enverront tout valser : réputation et bonnes manières, mari et, parfois, enfants pour se glisser, souvent une nuit seulement, dans les bras (et les draps blancs) du trop beau prince. Comme le dit la légende, dans la « chambre bleue », la plus belle du manoir, Daphné s'est-elle allongée à ses côtés ? Se sont-ils aimés ? Ont-ils pris le temps de se parler ? Philip a-t-il eu droit, lui aussi, au fantôme qui hante Menabilly ? Mais notre preux chevalier n'est pas du genre à trembler, vous le savez. De toute façon, son esprit est ailleurs. Abandonnons les côtes escarpées de Cornouailles et ces vieux manoirs humides, et rentrons à Londres.

Lilibet nous y attend ! Avec une heureuse nouvelle. Trois mois après le mariage, le palais de Buckingham annonce sans tambour ni trompette que notre princesse annule son emploi du temps pour les six mois à venir. Burn-out ? Année sabbatique ? Pas du tout ! Le bulletin officiel du 4 juin 1948 déclare : « Son Altesse

Royale la princesse Elizabeth, duchesse d'Édimbourg, ne prendra plus d'engagements à partir de la fin du mois. » Aucun doute possible, Lilibet attend famille.

Vous l'avez compris, pudeur oblige, le décorum royal interdit l'usage du mot « enceinte ». Pour interpréter ce communiqué, il faut le lire entre les lignes. Nous sommes en 1948. Les médecins évitent de parler d'« allaitement », de « nourrir au sein ». En Angleterre, le souvenir de l'illustre et très corsetée reine Victoria hante encore tous les esprits. En 1895, Oscar Wilde a accompli quatorze mois de travaux forcés pour « grossière indécence », et les divorcés sont toujours bannis de l'enclos royal d'Ascot !

Précisons ici qu'Elizabeth va donner naissance à ses deux premiers enfants, Charles et Anne, alors qu'elle est encore princesse et qu'elle sera reine, et déjà couronnée, lorsque viendront Andrew et Edward.

Le 14 novembre 1948, quarante et un coups de canon saluent la naissance de Son Altesse Royale Charles Philip Arthur George d'Édimbourg et résonnent dans le cœur de tous les Anglais comme un message sacré : celui de la pérennité de la nation. Ouf, la succession est assurée !

Jamais dans le monde, l'image d'un enfant n'a été reproduite à tant d'exemplaires. Outre-Manche, le *royal business* n'est pas un vain mot. Côté symbolique, douze écoles – dont une de danse –, une fleur, une unité de cadets de la marine, une île au nord du Canada et un détroit de l'Atlantique Sud sont baptisés, dans la foulée, du nom du *royal baby*. Un timbre de la Nouvelle-Zélande porte également son effigie. *Baby Charles* en est déjà timbré ! Côté affaires, le futur duc de Cornouailles, duc de Rothesay puis prince de Galles devient, sans même le vouloir, l'arbitre des élégances enfantines. Les grands magasins d'Angleterre et d'Amérique copient bientôt sa voiturette d'enfant – pourtant héritée de sa mère – et jusqu'à ses moindres jouets. Le canard jaune et orange avec lequel il s'amuse dans son bain est vendu avec la mention : « utilisé dans la baignoire royale ». Lors d'un cliché officiel, George VI, qui prend son petit-fils sur ses genoux, déclare : « La première semaine de sa naissance, il était déjà le meilleur ami de la moitié du monde. »

La presse, toujours très inventive, lui trouve, très vite, un surnom. Sur les manchettes de tous les journaux étrangers, Charles s'appelle « Plum Pudding ». Dans l'intimité, ma Lilibet, elle, préfère lui donner du « Bonnie prince Charlie », du nom d'un héros dont le portrait, en kilt et chapeau à plume, figure dans tous les livres d'Histoire d'enfants britanniques.

Le 17 octobre 1949, enfin, Philip peut reprendre du service. Pour ce marin dans l'âme, la date sonne comme une victoire. Le mari de la reine est envoyé en Méditerranée, en qualité de premier lieutenant du contretorpilleur *HMS Chequers*, un navire ancré à Malte. Pour ma Lilibet, cette première séparation est un vrai déchirement. Elle est partagée entre l'envie de suivre son mari et l'absolue nécessité de rester à Londres auprès de ses sujets et de son fils. Elle va résoudre le dilemme en faisant la navette entre la capitale et Malte, comme d'autres prennent un train de banlieue pour se rendre à leur travail et en revenir.

Quand il est à terre, Philip rejoint son épouse à La Valette. Ils sont hébergés chez lord et lady Mountbatten, dans leur villa « Guardamangia ». On y pratique le polo, le nautisme et la plongée sous-marine. Tout est merveilleusement décontracté. On va jusqu'au port à cheval chercher du poisson frais que le cuisinier mitonne au déjeuner. Il suffit de cueillir des citrons dans la cour pour l'assaisonner.

Au printemps 1950, Elizabeth est de nouveau enceinte. Elle regagne Londres. Fin juillet, Philip prend l'avion pour assister à la naissance de leur deuxième enfant. La petite Anne pointe le bout de son nez rose le mardi 15 août 1950. Le choix de ce prénom est un hommage amical à lady Anne Neville, la meilleure amie de la princesse. Lord Mountbatten sera l'un de ses parrains. *Of course !*

Après la venue au monde d'Anne, la jeune princesse décide de regagner les rivages de Malte. Elle laisse ses deux enfants à la garde de ses parents. Elle vivra ces instants comme des heures sacrées, gorgées d'amour, de temps libre, de soleil. Mais cette période exceptionnelle et privilégiée, trop privilégiée sans doute pour une jeune héritière d'un des trônes les plus éclatants du vieux monde, prend fin en juillet 1951. George VI tombe malade.

En fait, malade, il l'est depuis plusieurs mois. Pressentant probablement sa fin, il a commencé, depuis quelques années, on l'a vu, à associer de plus en plus Elizabeth aux affaires du royaume.

À l'automne 1951, malgré les inquiétudes qui entourent la santé du monarque, la princesse héritière et son époux accomplissent un long voyage au Canada. Le déplacement était initialement prévu pour le couple royal, mais il dut y renoncer. À leur retour, le 4 décembre 1951, George VI leur fait prêter serment devant le Conseil privé.

Peu à peu, les pions s'avancent, se mettent en place. Cette prestation de serment est plus que symbolique dans la mesure où, dès le 31 janvier suivant – on l'a évoqué au début de ce chapitre –, Elizabeth et Philip le remplacent de nouveau pour un très long voyage en Australie et en Nouvelle-Zélande. Le grand périple est entrecoupé par quelques semaines de répit qui permettent au jeune couple de passer de joyeuses fêtes de Noël à Sandringham. Évidemment, Elizabeth sait son père malade. Mais elle ne l'imagine pas mourant.

Le matin du 31 janvier 1952, George VI agite faiblement la main vers l'avion qui emporte sa fille et son gendre pour une interminable tournée de cinq mois et demi et de quarante-huit mille deux cent soixante-dix kilomètres, qui doit les conduire de l'Europe à l'Asie en traversant l'Afrique. Quand l'avion royal décolle, Elizabeth et Philip emportent, sans le savoir, la dernière image du roi : une frêle silhouette d'un homme condamné, le bras dressé, les cheveux dans le vent.

Le 6 février 1952, George VI succombe à une embolie. C'est l'opération *Hyde Park Corner*. La mort du souverain va provoquer une émotion considérable en Grande-Bretagne et dans le monde entier. En France, Sacha Guitry note dans son journal : « De ce roi qui devait avoir bien des vertus, il ne reste plus qu'une image – mais combien cette image est impressionnante. De tous les rois qu'il m'a été donné de connaître et que j'ai eu l'honneur d'approcher, il est le seul – et mes souvenirs ne me trompent pas – le seul qui eût l'air d'être de la même nationalité que ses sujets. Oui, le roi George VI avait l'air d'un Anglais – pudeur, courage et dignité, et dans la galerie de tous les rois du monde, désignant son portrait, chacun dira : "Là, l'Angleterre." »

Notre Lilibet vient d'arriver au Kenya, vous le savez. C'est Philip qui va lui annoncer la terrible nouvelle. « Terrible » n'est peut-être pas le mot juste, mais il n'y a pas de mot juste. Cette nouvelle va bouleverser sa vie, faire d'une simple femme, d'une amoureuse, d'une jeune mère la chef de cent cinquante millions de sujets aux quatre coins du monde, la représentante de Dieu sur terre. En cet instant T, quelque chose doit se briser à tout jamais en elle. Que se passe-t-il vraiment ? J'aurais aimé le lui demander. J'aurais aimé le savoir. On dit que ce n'est pas de l'ordre du terrestre, qu'il y a comme une force, un courant qui passe, qui coule en vous. Est-ce un flux chaud ? Brûlant ? Est-ce, au contraire, plutôt glacial ? C'est le pouvoir ! On dit que, dans les bras de Philip, Lilibet laisse éclater sa douleur. Dans son entourage, un témoin de la scène notera que « la nouvelle l'ébranle terriblement », mais qu'une heure plus tard, elle est déjà redevenue elle-même, fidèle à l'image que l'on attend d'elle. Calme. Détachée. Déjà un rien insensible.

Il lui faut maintenant, impérativement, prendre toutes les dispositions relatives à son retour immédiat pour l'Angleterre. Et elle doit choisir le nom sous lequel elle désire être proclamée reine. Il est en son pouvoir de changer Elizabeth, prénom de sa mère, en celui de son choix. Mais elle n'en fait rien ! Il y a eu Elizabeth Ire. Il y aura Elizabeth deuxième.

Dès 6 heures du soir, escortée de sa suite, Philip marchant désormais trois pas derrière elle, la nouvelle reine quitte Sagana Lodge pour l'aéroport de Nanyuki. Elle a revêtu un tailleur couleur sable[1].

Nous sommes maintenant le jeudi 7 février. Sous un ciel bas, gris, un ciel de deuil, une brise froide souffle sur Londres. La seule touche de couleur est constituée par les petites lumières bleues qui balisent la piste d'atterrissage. Il y a peu de monde aux abords de l'aéroport. Par message radiodiffusé, Winston Churchill a demandé aux Londoniens de ne pas se rendre à l'aérodrome. Vêtu de noir, un groupe d'hommes, chapeau haut de forme et costume ligné, attend dans l'enceinte réservée aux personnalités officielles. Soudain, l'avion royal surgit des nuages. Il est 16 h 19 quand ses roues se posent sur le tarmac. Face à la porte du bolide, on déploie une nacelle roulante. Dix-sept personnes conduites par le duc de Gloucester, le frère du roi, sont au pied de l'engin. Il est 16 h 25. La porte s'entrouvre. Le duc remonte la passerelle et gagne l'arrière de l'avion. Les rideaux sont tirés. Était-ce prévu ? Mystère. Cette audience privilège accordée à l'oncle de la reine ne dure que quelques minutes. Dans l'embrasure de la porte, la voilà, notre Lilibet. À petits pas saccadés, elle descend lentement, très lentement, les marches qui la conduisent sur ce sol, cette terre, qui vient de la reconnaître comme sa souveraine. Les lampes à magnésium des reporters blanchissent sa silhouette noire, la font parfois disparaître. Elle est vêtue d'une robe et d'un manteau de deuil, coiffée

1. Un certain flou a toujours teinté ce voyage de retour vers Londres. Il n'en existe aucune photo (on ne souhaitait sans doute pas que la reine montre qu'elle n'avait pas sa tenue de deuil), et le respect dû à une jeune reine frappée par le destin imposa une certaine réserve. Les paparazzis n'existaient pas encore. Elizabeth et Philip gagnèrent Nanyuki en voiture, d'où ils prirent un premier avion pour Entebbe, en Ouganda. Une tempête tropicale prolongea leur escale et retarda leur départ pour Londres. L'arrière du Dakota fut aménagé spécialement pour eux de façon à leur permettre d'être isolés de leur suite et de se reposer.

d'un petit chapeau orné de plumes. Un seul bijou sur le parement de son manteau : un clip de diamants blancs, seules pierres – avec les perles – compatibles avec la mort.

Vous aussi, vous l'avez remarqué, n'est-ce pas ? À bord de l'avion, elle s'est changée. En réalité, la tenue de deuil qu'elle a revêtue et qu'elle emporte toujours avec elle se trouvait dans une malle qui avait déjà été embarquée à bord du yacht le *Gothic*, qui devait les conduire du port de Monbasa à l'île de Ceylan, leur prochaine escale. Il fallut, de toute urgence, détacher un avion spécial pour aller chercher la petite robe noire qui eut tout juste le temps d'être glissée dans l'avion. On saura plus tard que Lilibet n'a souhaité se changer qu'à la dernière minute, alors que Londres apparaissait déjà, en pointillé, dans le hublot. Comme si elle voulait, si elle pouvait, retarder l'inéluctable.

Au pied de la nacelle, elle frissonne. Un à un, ses ministres s'inclinent profondément. En tendant la main à Churchill, elle sourit tristement. Le vieux lion est au bord des larmes. D'une voix de gorge, il ne parvient à prononcer qu'une parole banale. La reine attend-elle quelque chose de précis ? Quelque chose de fort ? Je ne le crois pas. Sa première phrase est pour lord Woolton, le président du Conseil : « C'est un retour tragique, mais le vol fut extrêmement bon. » Avez-vous remarqué que nous n'avons pas encore vu Philip ? Il l'a laissée descendre seule. Parce qu'il sait que les minutes qui sont en train de s'écouler écrivent l'Histoire. Et parce qu'il sait que, dans cette Histoire, son rôle sera toujours secondaire. Il la rejoint maintenant au pied de l'avion, monte avec elle dans une Daimler.

Pour gagner Clarence House, le parcours est de vingt-cinq kilomètres. Au passage de la voiture, les femmes serrent leurs enfants dans leurs jupes, font un petit signe de la main, les hommes retirent leur chapeau, s'inclinent. C'est comme un étrange film.

Au coin de Stable Yard Road, enfin, elle sourit : elle est de retour chez elle. En apparence, rien n'a changé. Avec ses trois étages, son portique à colonnes et ses murs blancs, la vieille maison érigée au début du siècle précédent a toujours la même apparence, rassurante. Dans le grand salon, quelqu'un l'attend. Une très vieille dame en noir. Elle pleure un fils. C'est la vieille reine Mary. Qu'il est bon de retrouver sa *granny*, un peu d'enfance !

En fin d'après-midi, face au duc de Norfolk, grand maréchal de la cour, et au comte de Clarendon, le lord-chambellan, elle s'occupe des formalités des funérailles. Pour la première fois, elle appose sa signature sur le papier, *Elizabeth Regina*. L'acte autorise l'exposition du cercueil royal au palais de Westminster. Elle, d'habitude si attentive, si exigeante, ne change rien à ce qui lui est proposé. Elle écoute, ne dit pas un mot. Dans la soirée, elle fait appeler Sandringham. Elle s'entretient longuement avec sa mère, puis avec Margaret, et demande à parler au petit Charles. Même s'il ne le comprend pas, pas encore, il ressent le drame.

Elle voudrait tant les rejoindre. Mais elle ne le peut pas ! L'usage est ainsi fait ! Demain, elle doit se présenter devant le Conseil privé, une cérémonie purement protocolaire qui la proclamera officiellement reine. Elle signera ensuite un parchemin qu'une cavalcade médiévale promènera aux quatre coins de la capitale.

Ce rendez-vous avec l'Histoire se tient à 9 h 40. Vêtue d'un manteau d'astrakan et d'une toque de velours noir, elle franchit la porte de Clarence House et se dirige, à pied, vers le palais Saint-James. La reine marche seule. Le duc d'Édimbourg évolue dans son ombre.

Quand elle pénètre dans la salle du trône, les cent soixante-quinze membres du Conseil privé s'inclinent d'un même mouvement. « Le roi est mort, vive la reine ! » crie une voix officielle. Sur une table se trouvent les documents. Après les formalités, Elizabeth II prend la parole : « Vos Altesses Royales, mes lords, mesdames et messieurs. J'ai le cœur trop gros pour parler longuement. Je demande à Dieu de m'aider à accomplir dignement cette tâche qui m'a été confiée si tôt. »

On ne l'a pas encore vraiment évoqué. Mais, en effet, elle a raison. Elle est encore si jeune. Vingt-cinq ans ! Dans quelques minutes, des centaines, des milliers de voix vont scander son nom. Dans quelques heures, il faudra se pencher, encore, sur le déroulement des funérailles. Depuis la grande Victoria, quand l'Angleterre enterre ses rois, Londres devient soudain le centre du monde. Et dans quelques jours, déjà, il va falloir penser au couronnement. Des semaines, des mois de préparatifs. Mais, pour l'heure, ma Lilibet saisit son sac à main. Dans la cour de Clarence House, les moteurs d'une voiture vrombissent. Est-ce la Daimler ? Peut-être pas. Peut-être est-ce un coupé sport, celui de Philip. Le beau Philip, justement, il est déjà à bord du véhicule qui rugit. Lilibet va embrasser George VI une dernière fois. Dans la chambre royale de Sandringham où l'on a placé la dépouille, ses lèvres vont se poser sur une peau froide, sa tête basculer sur un cœur qui a cessé de battre. Un ultime tête-à-tête. Un recueillement. Un instant d'éternité. Presque un rituel. Pour qu'un roi mort lui insuffle la force de régner. Pour qu'un père adoré donne à sa fille tant aimée la force de continuer, la force de perpétuer. La force… de ne plus avoir de papa.

I love the coronation
Velours de coton, crin de cheval et lapin blanc

Quelle heure est-il précisément ? Ce détail appartient à l'Histoire. Il doit être 10 heures. 10 h 05 peut-être. Mais pas davantage. Le *Gold State Coach* vient de s'immobiliser dans la cour carrée de Buckingham. C'est la première fois que la jeune reine va monter à bord. Cette voiture hippomobile est la plus spectaculaire de la collection royale : sept mètres de long sur quatre de haut. Une berline d'apparat de plus de quatre tonnes, dorée à la feuille, commandée en 1762 pour le couronnement de George IV. Il est si lourd, si peu maniable qu'il faut huit chevaux (obligatoirement au pas) harnachés d'imposants maroquins, quatre postillons, huit laquais, six valets de pied et quatre *yeomen* pour le mettre en traction. Le faire circuler est une expédition réservée uniquement aux couronnements, aux jubilés ou aux mariages d'un monarque en fonction. Le carrosse d'or n'est plus sorti depuis le sacre de George VI, en mai 1937. Comme elle doit penser à son père, notre héroïne, en ce matin qui écrit l'Histoire ! Se souvenant de son voyage le conduisant à Westminster, le duc devenu roi sur un paraphe de son frère écrira : « Ce fut l'une des balades les plus inconfortables de ma vie. »

Mais n'ayons crainte ! Lilibet s'est préparée. D'ailleurs, la voici qui paraît. Belle. Digne. Tellement royale. Intouchable. Une gravure. La cérémonie qui débutera dans un peu plus d'une heure va transformer une reine en souveraine, en figure sacrale, sacrificielle, presque sacerdotale. Sous les yeux du monde et, pour la première fois, dans la lumière blanche des caméras, il ne s'agit pas seulement de ceindre la couronne d'Edward le Confesseur et de prendre possession d'un trône. Pour la frêle jeune femme, il s'agit aussi, surtout, d'assumer un passé biblique. Chef de l'Église anglicane, par ce sacre des hommes, Elizabeth Alexandra Mary Windsor sera aussi lieutenant de Dieu sur terre.

Pour l'heure, ce qui l'inquiète, c'est de parvenir à monter à bord de ce vaisseau presque spatial. Le temps est menaçant ; le ciel, gris ; la température, fraîche, presque froide. Espérons qu'il ne pleuve pas. Ça semble compromis. Tant pis ! Ce matin, le *News Chronicle* titrait : « La pluie, la grêle, l'orage, même s'il neige, qu'est-ce que cela peut nous faire ? »

Pour quelques minutes encore, elle est protégée des regards, encore invisible de la foule, mais, déjà, elle peut les entendre : des cris comme sortis de terre ; une clameur à faire trembler le sol. Ils sont plus de trois millions, dit-on, à s'être massés le long du cortège. Pour des milliers d'entre eux, malgré le vent, malgré la pluie, il y a plus de quatre jours qu'ils campent sur place. Le doute n'est plus permis, en ce 2 juin 1953, le vieux royaume ressuscite avec le faste de son histoire. D'ailleurs, en référence au *D-Day*, ce jour de *coronation* n'a-t-il pas été rebaptisé *C-Day* ?

Depuis des mois, l'Angleterre vit dans la fièvre. Et aujourd'hui, enfin, cette ferveur peut éclater. La météo et cette exaltation, cette atmosphère survoltée qui électrise la foule, sont les deux points qui inquiètent le plus le comité d'organisation. Les chevaux qui vont conduire la jeune reine à Westminster ont été choisis pour leur force physique, certes, mais aussi pour leur caractère. Depuis des mois, ils ont été entraînés aux bruits assourdissants, à l'ambiance et aux débordements de foule. Installé dans les écuries de Buckingham Palace, nuit et jour, au moment où l'on s'y attendait le moins, un phonographe portatif a fait éclater des airs de marche militaire. Plus surprenant encore : un mécanisme longuement étudié a été mis au point pour que des agitations de drapeaux descendent inopinément du plafond et viennent claquer à leurs oreilles. À plusieurs reprises, Lilibet, dont on connaît l'amour immodéré des chevaux, est venue surveiller ces drôles d'entraînements. Elle sait que le plus grand des Windsor Grey qui a été retenu s'appelle Eisenhower.

Sur les marches de l'abbaye, six demoiselles d'honneur accueilleront son arrivée. Mais, pour l'instant, dans son uniforme d'amiral de la *Navy*, Philip, l'homme de son cœur, est le seul à lui tendre une main gantée de blanc. Magie d'une fiction : en ces minutes sacrées, prenons le temps de nous arrêter, devançons les caméras de la BBC et, une poignée de secondes, zoomons sur la robe, unique, historique, qu'a revêtue notre Lilibet. Comme au jour de son mariage, elle est l'œuvre de Norman Hartnell. Et, comme au jour de son mariage, elle est en satin blanc. Mais pas de dentelles. Ce n'est pas seulement une robe, c'est un habit, un symbole, une allégorie, c'est un vêtement de sacre. Neuf propositions ont été faites à la reine avant qu'elle n'arrête définitivement son choix.

Sur l'étoffe immaculée, huit mois durant, trois couturières et six petites mains (les plus douées de l'empire, dit-on) ont brodé, à l'aiguille, les emblèmes floraux de tous les royaumes qui, en ce jour d'allégeance, la reconnaissent comme chef suprême. En fils d'or et d'argent, petites perles et diamants, figure, en bonne place, la rose Tudor, symbole de l'Angleterre. En soie vert pâle, un vert d'eau, un poireau représente le pays de Galles. En soie lilas et petites améthystes, un chardon rappelle l'Écosse et un trèfle, l'Irlande. Évidemment, la robe du sacre n'a pas oublié les dominions britanniques au-delà des mers. Sur la gabardine de satin rutile également un acacia : brodé en fils de laine couleur mimosa, il est l'ambassadeur de l'Australie. Veinée de cristal, une feuille d'érable évoque le Canada ; une fougère en fils d'argent, la Nouvelle-Zélande ; un protea en soie rose ombrée, l'Afrique du Sud... Deux fleurs de lotus en perles de rocailles, opale et nacre honorent Ceylan, et des épis de blé, en diamants, des fleurs de coton, en argent, et du jute rappellent le Pakistan. Éblouissante Elizabeth. Jamais une incarnation de l'empire n'a paru aussi étincelante. Mais à quel prix ! Anecdote cocasse : pour se glisser dans cette robe de sacre, si lourde, notre héroïne a dû revêtir un jupon en crin de cheval. Comme tout vêtement de sacre, la robe est nimbée d'un manteau de cour, épinglé, aux épaules, par des agrafes en diamants. Le couturier en a conçu deux, en réalité : un pour l'aller, un second, plus spectaculaire encore, pour le retour. Avec l'accord de sa royale cliente, il a remplacé le velours de soie habituel par du velours de coton, plus raide, et la traditionnelle hermine par du lapin blanc, moins cher.

Depuis la veille, la star de cette superproduction, dont les images retransmises aux quatre coins du globe vont faire rêver la planète entière, n'a rien mangé ni presque rien bu. Ce bouclier de fils d'or et d'argent l'empêche de pouvoir assouvir un besoin naturel. Est-elle anxieuse ? Je ne le crois pas. Elle s'est entraînée des jours et des jours, comme une athlète ; a répété, comme une actrice. Elle connaît, par cœur, la moindre seconde de ce qui va suivre. Et puis, elle ne le sait pas encore, mais, sans le lui dire, Norman Hartnell, le fidèle serviteur, l'ami, le conseiller, celui qui a guidé, a aiguillé le choix de ce vêtement, a fait broder, en paillettes d'émeraude, un trèfle à quatre feuilles, au bas de sa robe. Il est symbole de chance. Tout va bien se dérouler, Lilibet. Mais, maintenant, il est temps de partir. Le carrosse d'Irlande transportant la reine mère et la princesse Margaret a franchi les grilles du palais il y a tout juste quarante minutes et le duc de Norfolk, premier noble du royaume et grand orchestrateur de l'événement, a été formel : pour qu'il soit parfait, le cérémonial répété depuis des mois ne pourra supporter que trente secondes de retard sur l'horaire établi. Le signal est donné. Trois, deux, un… Le *Gold State Coach* s'ébranle.

Il est 10 h 20. L'Histoire est en route. Le trajet dure précisément quarante-cinq minutes. C'est Eisenhower qui donne la cadence. Exercice ô combien périlleux, dans son uniforme du XVIIIe siècle, l'œil rivé sur une montre à gousset, c'est le postillon en chef qui va décider de maintenir, d'accélérer ou, au contraire, de freiner le rythme de l'attelage. Peut-être pour se rassurer, s'assurer qu'elle est bien réelle, bien vivante, bientôt représentante de Dieu, certes, mais encore femme de chair et de sang, sa femme, dans l'habitacle de velours rouge, Philip étreint la main de son épouse. Mécaniquement, comme une poupée, Elizabeth salue la foule. La foule ? Il n'y a plus de mots. C'est une marée humaine, une mer, un océan. Que de bras qui se tendent ! Que de visages ! Que de joie ! Que de rires ! Et, surtout, que de vivats ! Que de hourras ! Que d'amour ! Après le Mall, les huit chevaux pommelés franchiront bientôt l'arche de l'Amirauté, traverseront Trafalgar, longeront la Tamise et l'esplanade de White Hall avant d'apercevoir Big Ben, puis les tours carrées de Westminster. Dans les moulures d'or d'une fenêtre, Lilibet vient de sourire. Les contes de fées n'ont rien inventé.

Depuis mille ans, l'abbaye de Westminster est le cœur qui fait battre l'Angleterre. En ce 2 juin 1953, il est 11 h 30 quand la reine pénètre sous les voûtes. Au son des fanfares, escortée de ses hallebardiers, elle a choisi d'entrer par la porte ouest, sous un dais que l'on a érigé tout spécialement. Arrivée à 11 h 15, sans une seule minute de retard sur l'horaire établi, pendant un quart d'heure, elle a totalement disparu. Où était-elle ? Dans une « salle de retraite ». Pour quoi faire ? Mystère. En a-t-elle profité pour se recueillir ? Émile, le célèbre figaro londonien qui, quelques heures plus tôt, l'a coiffée de la couronne de Victoria, et Thelma Holland, chargée de son *make up*, étaient-ils présents ? Ce détail aussi appartient à l'Histoire. Une anecdote ravira bientôt les lectrices du monde entier : le *lipstick* de la reine. Il a fait l'objet d'âpres discussions ! Mrs Holland a dû multiplier les essais. Son défi ? Trouver une teinte s'harmonisant avec le manteau rouge que Lilibet porte pour l'instant et le manteau pourpre qu'elle arborera au retour, une teinte qui plaise à la fois à cette cliente pas comme les autres et aux équipes de la BBC ! Après de nombreux essais, on opta pour une nuance rouge-rose avec une franche base bleue, pigment particulièrement télégénique.

Bref, qu'a-t-elle donc fait durant ces quinze minutes ? On ne le sait pas ! Massée à l'extérieur, la foule, en tout cas, a pu apercevoir le jeune duc de Cornouailles, le prince Charles, leur héritier, se glisser dans le sanctuaire. En veste de satin blanc et pantalon long, c'est la première fois que le petit garçon de quatre ans porte une cravate papillon. La princesse Anne, trop petite encore, est demeurée au palais. Elle suit la cérémonie sur un écran de télévision.

Escortée de six demoiselles d'honneur, des évêques de Bath, de Wells et de Durham (privilège qu'ils détiennent depuis plus de dix siècles), dans la lumière qui tombe des vitraux et baigne la nef, sur le tapis bleu océan, Elizabeth II ne marche pas, elle glisse. Sous l'œil intransigeant de la « maîtresse des robes » – la duchesse de Devonshire –, en crinolines de satin blanc, l'escouade de petites mains coiffées de tiares d'argent ciselées en couronnes de fleurs soutient le lourd manteau rebrodé d'or. Plus tard, elle avouera : « Jamais l'abbaye ne me parut aussi démesurée. » Devant elle, la procession du sacre (dignitaires, doyens, hérauts d'armes, porteurs d'étendards en uniforme flamboyant) est conduite par le chapelain de Westminster. Dans les tribunes drapées de damas bleu, enveloppés de manteaux d'hermine, parés, médaillés, couronnés, chapeautés, perruqués, les huit mille invités reconnaissent les grands officiers de l'État : l'archevêque de Cantorbéry et l'archevêque d'York, coiffés de mitres épiscopales, le lord-chancelier, le lord-chambellan, le lord-maréchal, le lord-grand connétable, le grand maître de l'ordre de la Jarretière… En ces secondes qui font l'Histoire, à quoi songe-t-elle, ma dame de cœur ? À coup sûr, à ne pas chuter. À ne pas faiblir. À ne pas faillir. Des marquages au sol lui indiquent quand elle doit s'arrêter. Elle sait que quatre caméras de la BBC ont été accrochées sous les voussures de pierre. Mais où sont-elles précisément ? La plus proche d'elle est juchée à vingt-deux mètres du sol !

S'avancent maintenant les lords porteurs du trésor royal : le sceptre, l'orbe, les éperons et l'épée. Pas d'inquiétude, la couronne de saint Edward, celle qui fait les rois d'Angleterre, et la couronne impériale, plus légère, ne feront leur entrée que plus tard. Arrivée au centre de la croix formée par le transept et la nef, le théâtre, Elizabeth s'arrête. D'une seule voix, trois cents élèves du collège de Westminster font frémir les murs : « *Vivat regina Elizabetha. Vivat ! Vivat !* » Ce sont les seuls mots latins qui seront prononcés au cours de la cérémonie. Depuis la mort d'Henry VIII, l'intégralité de la liturgie se célèbre désormais en anglais.

De chaque côté du chœur se trouvent les représentants des États étrangers, depuis le général Marshall jusqu'à la reine du

Tonga. La France est représentée par Maurice Schumann et le maréchal Juin. Dans les tribunes, les cous se tendent. Froncé comme celui du bulldog des caricatures, mais avec un éclat de malice dans les yeux, on reconnaît le visage de sir Winston Churchill, l'homme qui a accumulé autant de gloire en écrivant l'Histoire qu'en la vivant. Par-dessus l'uniforme de gardien des Cinq-Ports de la Manche, il apparaît drapé dans les plis de sa robe de chevalier de la Jarretière, avec autant de naturel que s'il avait porté ce costume encombrant depuis sa plus tendre enfance. Enfin, il trouve un rôle à sa mesure. Dans une robe rouge et cape d'hermine tachetée flottant sur ses larges épaules, en bonne place, figure aussi le duc d'Édimbourg. Le visage figé, le regard droit et militaire, l'époux d'Elizabeth II présente l'image d'un ardent chevalier prêt à servir sa reine envers et contre tous, comme il va d'ailleurs promettre de le faire dans quelques instants.

Silence sous les voûtes. Dans leur tenue de pourpre et d'or, les *yeomen* chargés de la sécurité de la souveraine se postent maintenant aux quatre coins du chœur. Après une brève prière, enfin, Elizabeth va pouvoir s'asseoir, mais sur la chaise de reconnaissance tout d'abord, pas encore sur le trône de saint Edward, siège de chêne à la patine millénaire contenant la légendaire pierre de Destinée.

Il y a une heure encore, telle une jeune star de cinéma, elle souriait à la foule des Londoniens. En cet instant suprême, elle incarne le passé millénaire et l'avenir de l'Angleterre. Lentement, on la dépouille de son manteau de cour, de la couronne d'apparat de Victoria. Un sacre comprend d'indispensables préliminaires politiques. Et, dans ce sanctuaire le plus symbolique de l'Église anglicane, c'est à l'archevêque de Cantorbéry que revient de prononcer les premières paroles. C'est le moment le plus attendu.

— Sirs, je vous présente la reine Elizabeth. Elle est votre reine. Vous êtes venus ce jour pour lui rendre hommage et lui offrir vos services.

Une clameur lui répond :

— Dieu préserve la reine.

Cette jeune reine, justement, elle se lève, se tourne vers le sud, le nord, l'est, l'ouest. Des trompettes d'argent éclatent au son de *God Save Queen Elizabeth* clamé, haut et fort, à quatre reprises. La quarantième monarque à régner en Grande-Bretagne depuis la conquête normande, descendante de Charlemagne, du roi du Wessex Egbert, de Rodrigue le Cid et de l'empereur Barberousse, est maintenant approuvée par son peuple.

C'est d'abord la lecture de l'épître de saint Pierre : « Craignez Dieu, honorez le roi. » Puis les paroles que Jésus adresse aux pharisiens dans l'évangile de saint Matthieu : « Rendez à César ce qui appartient à César… » Lorsque commence le service de la communion, l'assistance s'agenouille. Enfin, toute l'abbaye, qui était de nouveau debout durant le chant du *Credo*, remet un genou à terre tandis que l'archevêque entonne le *Veni Creator*.

Zoom avant. Arrive le serment. La voix du docteur Fisher, puissante, s'élève :

— Votre Majesté consent-elle à prononcer ses vœux ?

— Oui, j'y consens.

L'archevêque va la questionner à trois reprises.

— Promettez-vous solennellement et jurez-vous de gouverner selon les lois et coutumes sur les peuples du Royaume-Uni, de Grande-Bretagne et d'Irlande du Nord, du Canada, de l'Australie, de la Nouvelle-Zélande, de l'Union sud-africaine, du Pakistan, de Ceylan et de vos possessions et autres territoires ?

— Je le promets solennellement.

— Ferez-vous régner la loi et la justice, selon votre pouvoir ?

— Je le ferai.

— Maintiendrez-vous de toutes vos forces les lois de Dieu et l'enseignement de la vérité dans l'Évangile ?

— Je le promets.

C'est fait ! Elle vient de prononcer ses vœux. Elle est désormais en contrat avec Dieu ! Sur un coussin d'or s'avance maintenant l'épée d'État. La reine se lève, se dirige vers l'autel, s'agenouille. Lentement, elle pose sa main droite sur la Bible qui lui est tendue par l'évêque de Norwich.

— Les promesses que je viens de faire, je les tiendrai, avec l'aide de Dieu.

Précautionneusement, elle pose ses lèvres sur le livre saint et se saisit d'un encrier d'argent pour apposer sa signature au bas d'un document. Dans l'incroyable tension qui entoure ce moment, on a omis d'y introduire de l'encre. Pas grave. Reine du ciel et de la terre, Elizabeth II est aussi actrice. Et si ses pas sous les caméras sont encore quelque peu hésitants, elle simule déjà très bien[1] !

Arrive l'onction, l'acte le plus fort, le plus fou de notre cérémonie. Très solennellement, elle prend place sur le siège d'Edward le Confesseur. Drapés dans de larges capes bleu sombre, quatre chevaliers de l'ordre de la Jarretière, dont lord Halifax, érigent vers elle un dais de drap d'or. C'est maintenant qu'éclate *Zadok the Priest*, l'hymne du couronnement créé par Haendel, en 1727, pour le sacre de George II. L'air dure précisément trois cent quarante secondes, le temps de transformer notre jeune femme en lieutenant de Dieu sur terre. Après ce rite, Elizabeth II sera chef de l'Église anglicane. Reine du Ciel, elle sera désormais intouchable. La BBC n'a pas obtenu l'autorisation de filmer ce moment sacré. En 1937 déjà, pour le couronnement de son père, les photographes avaient été priés de se retirer. Les caméras en profitent pour zoomer sur l'architecture de l'édifice. On ne le sait pas encore, mais, aux quatre coins de l'empire, vingt millions de personnes suivent la retransmission en direct.

Loin des regards, le doyen de Westminster, légèrement hésitant, se saisit maintenant de l'ampoule, une fiole en or ayant la forme d'un aigle aux ailes déployées. Elle contient l'huile sainte d'amande douce parfumée au jasmin et au musc préparée par

1. Les petits soucis des Windsor avec l'encre et les encriers ne datent donc pas d'hier !

l'apothicaire royal. Il en verse quelques gouttes dans une cuillère en dentelle de pierre. Cette cuillère est le seul élément médiéval du trésor de la Couronne. Elle date du XIIe siècle. C'est à présent l'archevêque de Cantorbéry qui s'avance. Il enduit d'huile l'extrémité de ses doigts puis, lentement, très lentement, trace un signe de croix sur la paume des mains royales tout en reprenant les paroles mêmes du premier *Livre des Rois*.

— Que tes mains soient ointes par cette sainte huile.

Il effectue à présent le même geste sur la poitrine de la reine. Elizabeth II sait que ce rite fut refusé par sa célèbre aïeule Victoria.

— Que ta poitrine soit ointe par cette sainte huile.

C'est enfin un dernier signe de croix, sur la tête cette fois.

— Que ta tête soit ointe par cette sainte huile.

La voix des chœurs et des orgues se gonfle jusqu'à menacer les vitraux. L'hymne du couronnement est sur le point de s'achever. Elizabeth est à présent à genoux. Elle prie.

Derrière leurs caméras, les opérateurs reçoivent l'autorisation de zoomer à nouveau. À la reine assise, on présente les éperons d'or, autre trésor royal. Elle les frôle de la main. Lorsque l'abbaye couronne un roi, on fait semblant de les fixer aux talons du monarque. Tandis que les éperons rejoignent le maître-autel, c'est l'épée d'État à présent, non pas symbole de force, mais de justice, que l'archevêque dépose entre ses mains,

— Rendez la justice, secourez la sainte Église de Dieu, protégez et défendez la veuve et l'orphelin, punissez ce qui est mal, confirmez ce qui est bien.

Ce sont maintenant les bracelets, symboles de sagesse, que le primat de l'Église fait glisser à ses poignets. Elle connaît le cérémonial par cœur. Elle se lève. Le lord-chambellan lui présente le second manteau de cour. C'est à lui que revient la charge d'agrafer les fermetures. Dans la main droite lui sont à présent remis l'orbe – un globe serti de perles, saphirs et diamants, symbole de la Terre soumise à la loi du Christ –, la croix au centre de laquelle brille une améthyste et la bague, un saphir incrusté de rubis que l'on fait glisser le long de son annulaire. Un seul geste est privé de tout symbolisme, à moins que les experts n'en aient oublié le sens : lord Woolton, qui dans la vie politique préside au destin du parti conservateur, a été choisi pour remettre à la reine un gant d'apparat.

Arrivent les deux sceptres : le premier, symbole d'équité et de magnanimité, le second, de puissance et de justice royale. Elle ne saisit que le dernier. Tenant dans ses mains de jeune mère l'orbe et le sceptre, elle est prête désormais à recevoir l'ultime et le plus prestigieux des symboles de la souveraineté : la couronne que l'archevêque de Cantorbéry érige au bout de ses bras. Les huit mille invités se lèvent d'un seul bond. Notre héroïne, elle, est toujours assise. Voici le geste le plus solennel. Le plus *exciting* ! L'archevêque saisit la couronne de saint Edward, l'élève et demande à Dieu de la bénir. L'instant semble durer une éternité. Elizabeth a baissé la tête. Le signal vient d'être donné. Entouré d'une myriade d'évêques en dalmatiques d'or, le ministre de l'Église descend les marches de l'autel. Pendant quelques secondes qui appartiennent à l'éternité, chacun accompagne en son cœur le geste lent et solennel. Le primat se retient, semble hésiter, peut-être a-t-il la conscience de manier, entre ses mains, une force redoutable. Il est 12 h 30. Enfin, la couronne repose sur le front de notre star. Tout au long de son règne, immense, elle ne la coiffera qu'une seule fois !

C'est l'action tant espérée. Plongée dans un silence de glace, à l'extérieur, la ville suspendue éclate de nouveau, avec violence. Comme l'écume ourle sur les océans, un grondement, de plus en plus sourd, de plus en plus fort, parcourt les avenues, les artères. Sous les voûtes, un roulement de tambours fait à présent trembler les vitraux. Huit mille voix explosent pour exiger que « Dieu protège la reine », *God Save the Queen*. Dans la nef, le long des galeries, la masse des robes de velours et des capes d'hermine est soudain balayée par une vague de bras qui, d'un même mouvement, fait surgir des diadèmes sur les chefs des pairs et des pairesses. Les accents de l'hymne national inondent l'abbaye. Dans le ciel de Westminster, au sommet des deux tours, les cloches carillonnent à toute volée. Elles vont tinter durant trois heures, se confondre avec l'écho de quarante et un coups de canon tirés du parc de Saint-James, qui eux-mêmes donnent le signal aux artilleurs de la tour de Londres, qui tonneront à soixante-deux reprises.

C'est vers cet instant d'exaltation que tous les efforts, tous les vœux, toutes les pensées de la nation britannique tendaient, depuis des semaines. C'est pour vivre ces secondes divines que des Premiers ministres, des princes, des sultans de la lointaine Afrique, de la Papouasie ont fait le chemin jusqu'à Londres, que, depuis l'aube blanche, une foule comme on n'en a jamais vu fait de la capitale de la vieille Angleterre une ville en état de siège.

La cérémonie se poursuit néanmoins. Et c'est le moment le plus périlleux. Reconnue par son peuple, ointe et couronnée par l'archevêque, resplendissante (bien qu'un rien écrasée sous les joyaux et l'attirail de son État), la reine est « portée » jusqu'au trône. En fait, soutenue de part et d'autre, elle progresse à petits pas. Dans cette marche délicate, comment parvient-elle encore à sourire ? La réponse est simple. Elle sourit sur commande, sur demande. Elle sourit parce qu'elle doit sourire. Elle sourit parce qu'elle se rappelle qu'elle a répété cet instant depuis des mois. Entravée de draps de lit noués à la taille pour simuler le long manteau de cour, dans la salle de bal de Buckingham métamorphosée en abbaye, elle a porté les deux mille cinq cents grammes de la lourde couronne de saint Edward pendant des heures. Des journées entières, elle a arpenté les galeries du palais, déambulé dans les chambres, les antichambres, les couloirs… Elle a mesuré les distances, chronométré ses déplacements. Des répétitions essentielles, indispensables, pour qu'en cet instant ses cervicales ne se brisent pas sous le poids de la couronne !

Les yeux fermés, elle est agenouillée face à l'autel. Les secondes s'égrènent, interminables. Elle devrait se relever. Mais elle n'y parvient pas. Le drap d'or de la robe royale s'est pris dans les fils du tapis qui orne l'autel.

— Relevez-moi ! glisse-t-elle, subrepticement, à l'archevêque de Cantorbéry, soudain pris de panique.

Courage, Lilibet, tout sera bientôt fini.

Survivance des temps anciens où la chevalerie devait reconnaître la suzeraineté de leur roi, commence maintenant l'hommage. Préséance de l'Église oblige, l'archevêque est le premier à poser un genou devant la jeune reine et à lui jurer fidélité. C'est ensuite Philip qui vient la rejoindre. Il est désormais le premier de ses servants chevaliers. Sur les marches du trône, le dos droit, le regard baissé, il s'incline, place ses mains jointes entre celles de son épouse, sa chef suprême, et prononce le serment d'être à jamais son homme lige. Avant de poser un baiser sur sa joue et d'effleurer la couronne. Désormais, il passera toujours en second. Pour les siècles des siècles, cette couronne va devenir la priorité absolue de notre héroïne.

À présent, la reine se retire dans la chapelle Saint-Edward, où on la déleste de ses lourds attributs. Dans sa robe de sacre constellée de mille broderies, on la coiffe cette fois de la couronne impériale, plus légère : 910 grammes, 2 783 diamants, 277 perles, 11 émeraudes et 5 rubis. Dans le théâtre, sous la lumière des projecteurs, le cortège se reforme. À l'autre bout de l'interminable nef, les deux portes de l'abbaye grincent à nouveau sur leurs gonds. Déjà, au-delà des vieilles murailles, on entend monter des vagues d'acclamation. Elles vont accompagner le *Gold State Coach* à travers les avenues d'une capitale en proie au délire.

Il faut à présent remonter en carrosse. Tout comme son père, plus tard, elle confiera que l'expérience est comparable au fait d'être enfermée dans une cabine de bateau, au cœur d'une effroyable tempête.

Le long des kilomètres de tribunes érigées tout spécialement (elles ont nécessité près d'un million de mètres cubes de bois que l'on a couvert d'étamines et coiffé d'azur), les députés du Pakistan, de la Rhodésie et de l'Australie sont parmi les premiers à être salués par leur jeune monarque. Bientôt, avant que des trombes de pluie ne ruissellent sur la foule, les tambours, les hallebardiers, treize mille officiers, l'infanterie des *Royal Marines*, les auxiliaires féminines de la *Royal Navy*, les *Horse Guards*, les invalides de guerre, tous les détachements du Commonwealth… vont tourner dans Parliamentary Street, où scintille un double écran d'or et d'argent frappé d'un lion et d'une licorne, puis franchir le cénotaphe de la Grande Guerre…

Dans cette parade aux mille couleurs, on aperçoit les *riflemen* à tunique verte qui tiennent leurs armes à bout de bras ; les Gurkhas café au lait qui semblent tout droit sortis d'un livre de Kipling ; les soldats du Pakistan au turban d'un bleu d'émail ; les sergents d'Afrique en chéchia rouge ; les cohortes chamarrées des officiers de Zanzibar, de Johore et de Perak ; les Australiens au feutre relevé très Robin des Bois ; les aviateurs de la RAF, des femmes guerrières ; des Écossais en kilts…

Ce soir, la fête va se prolonger tard dans la nuit. Des feux d'artifice seront tirés sur la Tamise ; dans les restaurants, on dînera au champagne ; dans les pubs, à la bière. Mais là, en l'instant T, dans sa citrouille d'or et de verre tirée par huit chevaux couleur de poussière, notre Elizabeth salue, encore et encore. Elizabeth sourit. Bien qu'un peu figée, bien qu'un peu lassée. Sous sa couronne trop flamboyante, trop glorieuse, cette Belle au Bois dormant moderne est prisonnière, à jamais, de son glorieux destin. La mission qui vient de lui être confiée n'est pas difficile. Elle est impossible. Que Dieu sauve ma reine !

LES *I LOVE*
QUI ME RENDENT *CRAZY*

Mon héroïne est désormais reine. Ensemble, nous allons la suivre côté cour, côté jardins, côté corgis. Malgré sa mort, malgré le vide, le deuil et les heures sombres, pardonnez-moi, parfois, de continuer à parler d'elle au présent. C'est une formule magique, comme les mots d'un marabout, qui continue de lui insuffler un peu de vie, qui me donne, qui nous donne, le temps d'un livre encore, l'impression d'une certaine éternité.

I love her look
Fashion Queen

10 avril 1954. Aéroport de Colombo, à Ceylan[1]. L'avion royal, un Bristol Britannia, vient de se poser sur le bitume. La passerelle s'avance. Commencé le 24 novembre 1953, le Commonwealth Tour conduit aujourd'hui Elizabeth et Philip dans cette ancienne colonie britannique. C'est le gouverneur général Herwald Ramsbotham, premier vicomte Soulbury, qui doit accueillir le couple royal au pied de l'appareil. Dans un bruit de métal, la porte à vérins se déverrouille. Photographes et cameramen sont déjà en place. Nous sommes à l'autre bout de l'hémisphère, certes, mais cette folle tournée passionne le monde entier. *Lilibet and Philip* viennent déjà de sillonner les Bermudes, la Jamaïque, les îles Fidji, les Tonga, la Nouvelle-Zélande (où ils ont passé les fêtes de Noël et du Nouvel An), l'Australie et les îles Cocos. Ils sont arrivés ce matin à Ceylan pour un séjour qui doit durer jusqu'au 21 avril (jour du vingt-huitième anniversaire de la reine), il leur restera encore la ville d'Aden au Yémen, l'Ouganda, l'archipel de Malte et le détroit de Gibraltar.

En mille ans de royauté, la jeune femme est la première monarque à se rendre en territoires océaniques. Les espaces incroyables qu'elle vient de découvrir (surtout les pays du kangourou et de la fougère d'argent[2]) lui ont réservé un accueil de

1. Aujourd'hui connu comme Sri Lanka, Ceylan fut une colonie anglaise de 1796 à 1948. Accédant à l'indépendance après une guerre civile, le pays reste cependant dans le giron du Commonwealth.

2. Entendez par là : l'Australie et la Nouvelle-Zélande.

pop star. Jamais une figure royale n'a soulevé un tel enthousiasme. Chaque jour, des bobines de film s'envolent en hydravion, traversent les océans, rejoignent la Grande-Bretagne et n'en finissent plus de fasciner les sujets de Sa Majesté. Cette tournée est exceptionnelle. Unique. Elle sera d'ailleurs la plus longue de ce règne qui vient tout juste de commencer.

En six mois, sur quatre continents, le périple royal aura parcouru douze pays et près de cent mille kilomètres. Les chiffres donnent le vertige. Elizabeth aura rencontré cent trente mille personnes, honoré cent vingt-cinq réceptions (dont cinquante bals), prononcé cent cinquante-sept discours et reçu (en gants blancs malgré la chaleur) plus de cinq cents bouquets de fleurs. Un détail excite tout particulièrement la presse : dans son sillage, le couple souverain entraîne douze tonnes de bagages et une équipe de dix domestiques !

Dans cette grande campagne de promotion pour la Couronne, rien, on s'en doute, n'a été laissé au hasard. Et si, pour l'instant, le gouverneur général et vicomte patiente au pied de la passerelle, c'est que la star de cette superproduction *made in Commonwealth* n'est pas encore tout à fait prête. Ah, pardon. Que dis-je ? La voici, mon héroïne. En haut de la passerelle, sa silhouette se détache dans la porte de l'habitacle. Sur le tarmac de l'aéroport, les premiers flashs crépitent. Prudemment, Elizabeth descend les marches. En pointillé, l'ombre de Philip, élancée, athlétique, s'imprime derrière elle. Nous sommes en matinée et le thermomètre affiche déjà près de trente degrés, mais on prévoit d'importantes rafales. Pour cette arrivée à Ceylan, Norman Hartnell et ses équipes qui, des mois durant, ont œuvré à la garde-robe royale, ont imaginé une tenue légère, certes (comme toutes les toilettes qui font partie du voyage), mais, surtout, une robe symbolique, une robe hommage. Le Sri Lanka est le troisième pays producteur de thé au monde. Ses plantations s'étendent sur plus de deux cent mille hectares. Le couturier a donc réalisé une robe moirée couleur feuille de thé. Cette allégorie se retrouve aussi dans le chapeau et dans les broderies qui ornent le vêtement.

Au pied du quadrimoteur, dans un *God Save the Queen* quelque peu revisité, à présent, Lilibet serre la main d'Herwald Ramsbotham quand, soudain, sa robe si jolie mais si légère, tellement légère, décide de s'envoler. En une brise, un souffle chaud découvre impudiquement les jambes de la reine. *Shocking*. Elle n'a eu le temps de rien. En un éclair, elle se tourne vers Philip. Le rire du prince (un rire fort, un rire franc) lui prouve qu'il n'a rien manqué de la scène. Le regard de Lilibet se glace. Et si l'instant n'avait échappé à personne autour d'elle ?

Anecdotique certes, cet épisode du 10 avril 1954 va faire date dans l'histoire des vestiaires de Buckingham. Jamais plus ma Lilibet ne sera victime d'un vent grivois. Bientôt, les ourlets de chacune de ses robes seront lestés de plomb. Il va falloir un peu de temps, mais la technique mise au point sera infaillible. Quatre petits plombs de deux centimètres cinquante-quatre pesant chacun vingt-huit grammes (soit cent douze grammes par robe, donc) vont faire toute la différence. Elizabeth II n'est pas Marilyn, ne sera jamais Marilyn. Pour les futures Grace, Paola, Caroline, Diana, Kate & Co... cette « pudique tactique » pèsera bientôt de tout son poids dans l'ensemble des cours de la vieille Europe.

Ce n'est un scoop pour personne. Véritable *pop model*, ma *Queen* a toujours été inimitable. Et je l'aime sous toutes ses coutures. En jaune poussin, citron, soleil, moutarde, bouton d'or... En vert gazon, tendre, menthe, sapin, kaki, pomme, olive... En rouge couture, passion, rubis, cerise, carmin... En bleu cobalt, acier, indigo, navy, mer du Nord, océan... En rose guimauve, Barbie, dragée, poupée, poudré, framboise, fuchsia... En mauve myosotis, pourpre, cardinal, prune, lilas, violette, aubergine... En orange carotte, mandarine, melon, abricot, citrouille, safran... Je l'aime en blanc de porcelaine, en noir réglisse ; en gris béton, en brique, en ardoise ; en vanille, pistache, caramel ; en chocolat, en café, en moka ; en aile de corbeau, en gorge de pigeon, en canard ; en beurre frais, en lie de vin... Ma reine kaléidoscope avait un style unique, conjugaison parfaite de contraintes du protocole et de couleurs détonantes, qu'elle décline à l'infini. Pourquoi autant de nuances ? Pour qu'elle soit vue. De loin, très loin parfois. Pour qu'elle soit crue. Avec son bibi, son sac à main, son parapluie, ses chaussures noires (à talons) et ses gants blancs (en suédine), il s'agissait ni plus ni moins d'un uniforme. Et, comme tout uniforme, en soixante-dix ans de bons et royaux services, il a suivi les modes, il a évolué.

Dans les années 1950, toute jeune reine, Elizabeth II se veut encore quelque peu formelle avant d'oser un peu plus d'originalité les deux décennies suivantes. Vers 1980, à l'aube de la soixantaine, elle retourne à la tradition et adopte volontiers des coloris plus doux. Jusqu'à sa disparition, sous l'influence de son habilleuse et assistante personnelle, Angela Kelly, elle a choisi des vêtements un peu plus audacieux. Comme autrefois Bobo MacDonald, Angela, entrée au palais de Buckingham en 2002, est devenue l'amie, la confidente et la meilleure conseillère de la souveraine. Lilibet se tournait vers elle les yeux fermés. Sa confiance en sa couturière était absolue.

C'est longtemps Norman Hartnell qui a œuvré à son élégance. On pourrait imaginer un esthète grand et mince. En réalité, on le remarquait surtout pour sa carrure de marin et son large visage hâlé encadré de cheveux châtain ondulés. Toujours tiré à quatre épingles (*of course*) en costume croisé à la coupe impeccable avec, très souvent, un gardénia épinglé à la boutonnière, en grand gourmand, Norman était, en permanence, au régime. Petit clin d'œil du destin : sa maison de couture, dans le Mayfair, était située au 26 Bruton Street. Alors qu'Elizabeth naquit dans la même rue, au n° 17 !

Si sa première collection, très glamour, est lancée en 1928, cet incorrigible romantique va devoir attendre novembre 1935 pour pousser les grilles de la cour. Il exécute la robe de mariée de lady Alice Montagu-Douglas Scott, qui, au mois de novembre, épouse, en la chapelle du palais de Buckingham, le duc de Gloucester, troisième et dernier fils du roi George V et de la reine Mary. Pour ce grand jour, il est aussi chargé d'habiller les deux demoiselles d'honneur de la blanche mariée : les princesses Elizabeth et Margaret. Lilibet n'a que neuf ans. Et, par cette froide matinée de novembre, elle tombe *in love* de la robe dessinée par Hartnell. Quand ce sera son tour, elle se le promet, elle fera, elle aussi, appel à ce subtil créateur. Dont acte ! En 1947 – au mois de novembre également –, c'est Hartnell (on l'a vu) qui a confectionné la tenue de mariage de la princesse héritière. Le souvenir et les blessures de la guerre sont encore présents dans toutes les mémoires. La robe de la future reine, en soie ivoire rebrodée de motifs de jasmin, de feuillages et de boutons de rose, est un modèle superbe, certes, mais, payée avec des coupons de rationnement. Elle a été faite de bric et de broc, plus précisément : de strass, de cristaux et d'éclats de perles. Il s'agissait de faire rêver, mais sans choquer. L'une des demoiselles d'honneur, lady Pamela Hicks, fille cadette de lord et lady Mountbatten, avouera plus tard : « Dieu que nos robes étaient désagréables à porter. Le tissu, identique à celui de la reine, était presque râpeux. À la nuit tombée, quelle joie ce fut de pouvoir enfin la retirer ! »

Mais Hartnell est surtout le créateur de l'éblouissante robe du couronnement. Elle est tellement chargée de pierres précieuses que le styliste finit par craindre que ce vêtement trop lourd, trop encombrant, ne fasse vaciller la frêle monarque. Au soir de sa carrière, se souvenant de cet habit de sacre, il confiera : « J'ai pensé au ciel, à la Terre, au Soleil, à la Lune, aux étoiles et à tout ce que l'on pouvait broder sur une robe destinée à entrer dans la postérité. » Il révélera encore : « Lorsque vous habillez la reine, vous devez composer avec des impératifs : le vêtement ne doit pas se relever quand elle entre ou sort de voiture, s'envoler dans un coup de vent. Quant aux robes longues qu'elle porte en soirée, elles ne doivent dissimuler ni ses pieds ni ses talons, afin qu'elle ne trébuche pas et qu'on ne la fasse pas trébucher. » Ces recommandations seront inscrites en lettres d'or dans la bible de tous ceux qui habilleront désormais Son Élégante Majesté : Hardy Amies dès 1948, Maureen Rose et Ian Thomas (tous deux issus de l'atelier Hartnell) dès 1973… Un Français aussi, Marc

Bohan, longtemps directeur artistique de Dior, eut également son heure de gloire, tout comme Jon Moore, qui dessina ses premières robes pour la reine à compter de 1979.

Les vingt dernières années de son règne, par souci d'économie, la souveraine recourra à une équipe de couturières placées sous les ordres d'Angela Kelly et basées, en permanence, au palais. Elizabeth II n'hésitera plus à porter deux fois la même tenue et fera de moins en moins appel à des créateurs extérieurs. Ces derniers temps, l'un des rares, pour ne pas dire le seul, à avoir encore obtenu ce privilège fut l'Écossais Stewart Parvin. Âgé de cinquante-six ans, c'est lui qui l'habilla, en vert gazon, pour son ultime apparition au balcon de Buckingham, au dernier jour du Jubilé de platine. Styliste également de la princesse Anne et créateur de la robe de mariée de Zara Phillips[1], il est le seul à avoir convaincu la reine de porter un pantalon en public. Une véritable révolution de palais !

Pour vêtir Sa Charmante Majesté, tout au long de son règne, les créateurs ont dû se soumettre à un certain nombre d'impératifs pratiques. Si les règles édictées par Hartnell prévalurent jusqu'au bout, au cours de l'exercice de ce drôle de métier qui est le sien, Elizabeth II n'a cessé d'allonger la liste de ses exigences. Ses vêtements doivent être conçus de manière à pouvoir résister à de longues stations debout ainsi qu'à de nombreuses allées et venues. Les tissus et matières retenus : ni trop chauds, ni trop légers, ni trop transparents, ni trop froissables. Les manteaux se veulent faciles à enlever, les emmanchures, suffisamment larges pour lui permettre de saluer. Créer des tenues à la fois majestueuses, élégantes et pratiques en évitant tout tape-à-l'œil, ce défi se révélait parfois de taille, tant la reine exécrait l'excentricité.

Dans ce grand spectacle qu'offre la monarchie, rien, jamais, n'est laissé au hasard. Ainsi, lorsque la souveraine avait encore

1. Fille de la princesse Anne, elle est donc l'une des quatre petites-filles d'Elizabeth II.

l'âme globe-trotteuse, Angela Kelly partait toujours en repérage dans les pays visités afin d'étudier l'histoire et les coutumes du lieu et d'adapter les tenues en fonction de la nation.

Dans les dressings royaux, une place de choix est réservée aux chapeaux. Pour être au diapason, les couturiers et petites mains du palais ont toujours travaillé en étroite collaboration avec les modistes de la souveraine. Ses chapeliers préférés – au début de son règne, Kate Day, Claude Saint-Cyr, Simone Mirman (ancienne modiste en chef de Schiaparelli), plus tard, Frederik Fox, le brillantissime Philip Treacy et, dernièrement, Rachel Trevor Morgan – ont toujours reçu l'ordre de veiller à ne pas proposer de modèles qui empêcheraient de distinguer le visage de la reine. Jamais de cloches ou de capelines à large bord donc, mais des variations sur le thème de la toque, du breton, du turban ou du canotier. Le désespoir de ses modistes ? Les petites boucles de cheveux indisciplinés qui dépassaient toujours de chaque côté de ses couvre-chefs !

Place aux sacs à main ! De dimensions modestes, créés par la maison Launer, dont les ateliers sont basés dans le Surrey, les *royal handbags* sont très souvent de teinte noire. Celui qu'elle arborait en compagnie de l'ours Paddington lors du fameux sketch conçu pour le Jubilé n'a pas échappé à la règle. Crime de lèse-majesté, après soixante-dix ans de questionnements, le célèbre *grizzly* a eu le panache de nous révéler, enfin, ce que renferment ses sacs. Longtemps, on a misé sur un *lipstick* ou des croquettes pour ses corgis, on a dit aussi que, depuis la guerre des Malouines, une photo du prince Andrew l'accompagnait en permanence. On sait aujourd'hui qu'il s'agit, en fait, d'un sandwich de pain de mie à la marmelade ! Merci Paddington.

Elizabeth II posséderait – excusez du peu – plus de deux cents exemplaires de sacs à main ! D'allure classique, intemporelle, aucun n'est ostentatoire ou « chichiteux ». Pour elle, il s'agit avant tout d'un accessoire de communication. Une légende (jamais confirmée par le service de presse du palais, cependant) prétend que Sa Majesté les utilisait pour avertir ses gardes du corps. Sa façon de les tenir aurait été mise au point par les services secrets et dûment mémorisée par la *James Bond girl* la plus iconique du royaume. La position de son sac peut ainsi signifier un appel à l'aide, une mise en garde ou une demande de protection plus rapprochée. Tout dépend de la façon dont elle l'arbore. Il pouvait vouloir dire « tout va bien » ou « je suis en difficulté », ou encore « intervenez pour me débarrasser de ce gêneur ». Une quatrième position aurait été étudiée pour adresser un « *help me* ». Depuis 1952, ce SOS *Queen* en détresse n'aurait jamais été utilisé !

En soixante-dix ans de règne, pas une seule fois elle n'a été photographiée avec une pochette ou un sac en bandoulière. Et on a tort de croire qu'il s'agissait toujours du même modèle ! Pour la journée, ses sacs à main sont plutôt amples, alors qu'au soir, ils sont plus petits, quelquefois blancs, quelquefois noirs, très souvent vernis et systématiquement dotés d'une poignée. Certains d'entre eux sont plus remarqués que d'autres. Ainsi, le petit sac rectangulaire en cuir couleur crème qu'elle arbora au mariage de Kate et William a, très vite, été en rupture de stock.

Place aux gants ! Ils sont, eux aussi, un élément indispensable de son vestiaire. Dessinés par Cornelia James depuis 1947, ils sont coupés sur mesure et généralement fabriqués en suédine dans un atelier du sud de l'Angleterre. Pourquoi de la suédine ? Parce que cette géniale matière, très résistante, permet de les laver et donc… de les réutiliser ! Chère Lilibet ! Pour devenir – et rester – l'une des femmes les plus riches au monde, il n'y avait pas de petites économies ! Les gants de la reine ont la particularité d'être cousus par un système de surpiqûres particulières qui ne laissaient aucune trace sur les mains. Geneviève, la fille de Cornelia James, qui gante aussi lady Gaga, les acteurs de la série *Downton Abbey* et les stars de *The Crown*, n'a jamais osé avouer, publiquement du moins, que le poignet gauche de la reine avait un infime défaut au niveau du canal carpien et donc que toute paire confectionnée pour Sa Majesté comprend deux gants qui n'étaient pas parfaitement identiques !

Côté parapluies, Elizabeth II a longtemps été fidèle à la maison Swayne Adeney. Le modèle confectionné tout spécialement a pour réputation, grâce à des baleines en acier extraordinairement résistantes, de ne jamais se retourner, même en cas de vent extrêmement violent. Les armatures sont en acier trempé et les ressorts, en nickel. La toile fabriquée en twill de nylon ou en soie anglaise est fixée à la main par des pointes de métal laqué. Les poignées en bois de chêne, d'érable, de Malacca ou écorce de cerisier sont couvertes de cuir de crocodile ou d'autruche. Mais les parapluies les plus connus, le modèle « Birdcage », que l'on traduit par « volière », proviennent de la maison Fulton. Pourvus d'une toile parfaitement transparente, ces aquariums renversés permettent à la souveraine de demeurer visible (et au sec) même sous une pluie diluvienne. Soulignons que chaque toilette royale dispose de son propre parapluie Birdcage bordé d'un liseré de la nuance exacte (vert sapin, rouge couture, bleu cobalt, rose guimauve...) du tailleur qui allait être arboré.

Les chaussures étaient fabriquées sur mesure par ses fournisseurs attitrés : la maison Anello & Davide, dont les ateliers de Covent Garden mettent près de six mois à réaliser les modèles royaux, et la maison Rayne, située dans Bond Street. La monarque, qui se chaussait d'un grand 36 ou d'un petit 37 (l'équivalent, en Angleterre, de la taille 4), a toujours privilégié le confort et les modèles noirs, beiges ou blancs.

Les seules tenues qui l'inspiraient vraiment étaient ses robes du soir, toilettes emblématiques de son rôle de souveraine. La richesse éblouissante de ses robes de bal, souvent dans les tons blancs ou pastel, a le pouvoir d'éclipser quiconque aurait essayé de la concurrencer, d'autant que, question bijoux, jamais aucune femme ne put rivaliser avec elle ! Afin d'éviter toute dépense intempestive, les guipures et broderies qui ornent ses tenues de gala sont devenues amovibles.

Si vous le permettez, quittons les dressings officiels pour l'intimité de Windsor, de Sandringham ou de Balmoral. Ici, dans ses résidences de campagne, ma Lilibet choisit des vêtements aux coloris plus doux, à la fois classiques et confortables, comme d'amples jupes en tweed, de douillets pull-overs de cachemire, une veste huilée Barbour... Quel contraste saisissant entre son rôle de reine en tenue de gala parée de joyaux historiques et celui d'épouse, de mère, de belle-mère, de grand-mère, et même d'arrière-grand-mère, vêtue d'une simple robe de soie imprimée avec, pour seul bijou, son collier fétiche composé de trois rangs de perles ! L'apparent dédain qu'elle affiche ici pour la mode est bien réel. Très loin d'être une *fashion victim*, notre Lilibet planétaire n'est guère coquette. Au quotidien, elle se contente facilement d'un simple carré Hermès et d'un cachemire. Mais le destin, un coup du sort peut-être, un caprice de l'Histoire assurément, a fait d'elle une souveraine exemplaire et consciencieuse. Jamais elle ne laissa donc aucun détail de sa garde-robe au hasard !

En 2007, elle a le plaisir de figurer parmi les cinquante femmes les mieux habillées au monde ! Selon l'édition du *Vogue* britannique, que l'on peut toutefois soupçonner d'un brin de favoritisme, cette grand-mère est aussi glamour que certains mannequins à la mode. Kate Moss, Naomi Campbell, Cara Delevingne... passez votre chemin ! « Sa Majesté est aussi fascinante à Balmoral, avec des chaussures de marche aux pieds et un foulard noué sur la tête, que sous les ors des palais d'État, coiffée des bijoux de la Couronne », y lit-on. La presse a beau jeu de souligner que le look ne s'achète pas : « Tout est dans la manière de s'habiller, pas dans ce que l'on porte. » Ses tenues invariablement classiques, souvent électriques, les croquis de ses chapeaux sont-ils, à la fin, soudainement devenus à la mode ? « La garde-robe de la reine est très prudente, toujours en phase avec l'événement », susurrait la rédaction, dont quelques papesses de l'élégance. Et Joanna Marschner, la conservatrice des collections de Kensington Palace, de s'épancher dans la presse en soulignant que le style de la souveraine était justement de ne pas vraiment en avoir ! Cette neutralité était aussi son image et sa force. Lilibet n'est pas à la mode. Lilibet *est* la mode !

En 2012, à quelques jours des célébrations de son Jubilé de diamant, le *Sunday Times* ouvre à ses lecteurs les portes du dressing de Sa Majesté en donnant la parole à celui qui l'habillait alors depuis onze ans, le couturier Stewart Parvin. Et le moins que l'on puisse dire, c'est qu'Elizabeth II, quatre-vingt-six ans déjà à l'époque, restait encore très soucieuse de son apparence ! Parmi les révélations du styliste, l'existence d'une assistante dont la mission n'était autre que d'assouplir les chaussures royales afin que cette dernière ne s'abîme pas les pieds lorsqu'elle arborait une nouvelle paire d'escarpins ! *Shocking ?* Assez en tout cas pour que les médias des quatre coins du globe relaient l'information ! « Ses chaussures doivent être immédiatement confortables, explique, très pragmatique, Mr Parvin. C'est la raison pour laquelle elle autorise quelqu'un à les porter avant elle. La reine ne peut en aucun cas dire : "Je ne suis pas à l'aise, il m'est impossible de marcher davantage." C'est normal que quelqu'un assouplisse ses paires pour elle. » On soupçonne évidemment Angela Kelly (qui chausse précisément la même taille que la reine) d'avoir joué ce rôle, tellement ravie de camper une Cendrillon des temps modernes.

Stewart Parvin n'en a pas fini avec les confidences. L'essayeuse de chaussures n'était pas la seule « coquetterie » de la monarque ! Comme l'indique le couturier, Elizabeth II a adopté un système de nomination (probablement numérale) pour ses robes. L'objectif : pouvoir les identifier rapidement. « Il existe un catalogue des toilettes de la reine comprenant la date et l'endroit où elle les a déjà portées. » Il va de soi que les accessoires et les bijoux associés à chacune de ses toilettes sont également scrupuleusement répertoriés. Le professionnalisme dans le moindre détail. À la manière décontractée d'une Kate

Middleton, Sa Majesté aurait-elle été jusqu'à recycler ses robes? Relativement peu, mais certains accessoires, ceintures, chapeaux, pouvaient faire de la multi-figuration.

Pour illustrer les étonnantes confidences du styliste royal, *Vogue UK* propose alors un aperçu, en photos, des évolutions stylistiques de la souveraine. Particulièrement prolixe, Stewart Parvin nous fait encore d'autres confidences, avouant – mais quel cachotier! – qu'il ajoute une épaulette dans les vestes d'Elizabeth II pour dissimuler un léger déséquilibre de la souveraine. Le système bien rodé était jusqu'alors secret d'État! Assurément, Parvin est sorti de son rang, manquant à son «devoir de réserve». Alors, rancunière ma Lilibet? Peut-être bien, puisqu'on nota que Stewart le volubile ne fut jamais fait «sir» par la reine!

Du très raffiné, mais aussi très confidentiel Norman Hartnell dès 1935 à Angela Kelly, la super-habilleuse convertie en *Queen dresser*, soulignons qu'Elizabeth n'a jamais cédé aux attrayantes sirènes des griffes de luxe. Dame Vivien Westwood rêvait pourtant de l'habiller. Sa Majesté «chanelisée», impossible, encore moins «diorisée». Mais quand, en 2018, la reine assiste enfin à un défilé de la *Fashion Week* aux côtés d'Anna Wintour, elle crée le *buzz*. La Toile s'enflamme en voyant la chef de l'Église d'Angleterre, glissée dans un tailleur ciel d'orage (pour qui on a veillé à poser un coussin sur sa chaise en plastique transparente), prendre place aux côtés de la diablesse qui s'habille en Prada, regard barré derrière d'épaisses lunettes noires. Tout compte fait, terriblement *Queen in*, notre Lilibet!

Redevenue célibataire et installée, en permanence, dans un des appartements du château de Windsor, Angela Kelly veilla, en proche confidente de la chef d'État, sur la moindre de ses apparitions publiques jusqu'au bout. Les monarques d'Angleterre ont parfois honni les serviteurs divorcés. Elizabeth II, elle, n'en avait cure... Seule comptait la qualité du travail – et la loyauté – de ceux qui l'entouraient!

Toujours créative dans son inspiration, la couturière-confidente dessine des croquis et préside aux essayages des mois à l'avance. Vingt ans après son arrivée, elle était devenue la « madame image » de la reine. Ensemble, les deux dames choisissent les tissus, les soieries, les imprimés, imaginaient d'autres modèles, sélectionnaient des accessoires. C'est sous l'ère Kelly qu'Elizabeth II a assumé ses penchants pour la couleur. À l'exception du gris, mauvais pour le teint. Du beige, pas assez franc. Du *nude*, une couleur qui n'en est pas une ! Et du magenta, nuance qu'elle détestait. Empreinte de confiance, de tendresse et d'humour, la relation entre la monarque et sa couturière fut assurément unique. Angela Kelly occupa une position si spéciale qu'elle constitua jusqu'à la disparition de la souveraine une clé pour ouvrir l'accès à la femme la plus célèbre du globe[1] !

En 2021 tout d'abord, puis en 2022, avec l'accord de sa royale cliente, cette maîtresse des robes 2.0 publia un livre personnel sur son travail à Buckingham. Sous sa plume, la reine apparaît souvent humaine, malicieuse, plus accessible qu'on ne le croit. Bien plus que tous les honneurs, la plus grande satisfaction de l'habilleuse est qu'à quatre-vingt-seize ans, sa cliente pas tout à fait comme les autres continuait encore à incarner le chic discret de la Couronne britannique. Angela savait qu'en ce XXIe siècle, les monarchies ne subsistent plus que par l'image. Et, chez Elizabeth II, les robes faisaient la reine ! Comment encore en douter ?

---

1. En avril 2022, la reine s'envolait pour fêter son anniversaire à Sandringham, choisissant de souffler ses bougies dans l'intimité de Wood Farm, le cottage qui fut celui du prince Philip dans ses dernières années de vie. Seule la fidèle Angela l'accompagnait.

I love her money
My Queen is rich

Depuis qu'elle réside au château de Windsor, la reine fuit la chapelle Saint-Georges, trop touristique, pour un lieu beaucoup plus intime : la chapelle de Tous-les-Saints, où, chaque dimanche, à 11 heures, officie le révérend David Conner. Elle y est si souvent venue avec Margaret et ses parents que ça relève un peu de l'ordre du pèlerinage !

En ce dernier jour de la semaine – le jour du Seigneur –, l'office religieux semble interminable. Elizabeth a envie de bâiller. Mauvais genre, pour la chef de l'Église ! Heureusement arrive le moment de la quête. Ce geste la met à chaque fois mal à l'aise, tout en l'amusant beaucoup. Elle sait que tous les regards vont converger vers le billet de banque qu'elle va poser dans la corbeille d'osier qui, déjà, passe de rangée en rangée.

La question est éternelle, objet de bien des fantasmes : combien la reine, cette femme parmi les plus riches du royaume, parmi les plus riches du monde dit-on, verse-t-elle pour alimenter l'entretien de la paroisse ? Longtemps, elle n'a donné que 5 livres. Mais, désormais, c'est Byzance ! D'un petit geste, elle ouvre son sac Launer, ajuste ses lunettes et… presque flambant neuf, glissé en bonne place, elle aperçoit son billet de 10 livres sterling.

Comme chaque semaine, sa femme de chambre a veillé à le repasser. Elizabeth II ne possède pas de portefeuille, encore moins de porte-monnaie. Qu'en ferait-elle ? Vous l'imaginez à un distributeur de banque ? À la caisse d'un supermarché ? Dans une boulangerie ? Une officine ? Dans les rayons d'une épicerie, aussi fine soit-elle ? Vous savez bien que non ! Le dimanche matin est le seul moment de la semaine où elle a un contact avec l'argent. Le seul instant où elle touche physiquement un billet de banque. Ça dure quelques secondes... et puis ça s'en va !

Alors, bien sûr, elle sait qu'elle figure au verso de tous les billets et de toutes les pièces de monnaie britanniques. Même au Commonwealth d'ailleurs. Dieu que le monde des finances manque d'imagination ! Mais l'instant est si rapide, si fugace. Dans le clair-obscur du sanctuaire, à chaque fois, elle a à peine le temps de se voir. Furtivement, sur ce bout de papier repassé, elle aperçoit une femme jeune encore, belle encore. Pour entrer dans cette éternité monétaire, elle avait choisi de porter la tiare des Filles de Grande-Bretagne et d'Irlande, le cadeau de fiançailles de sa grand-mère, la reine Mary.

La corbeille d'osier est à présent face à elle. Lilibet redresse le menton et y pose son billet. Comme chaque dimanche, elle a l'impression de glisser un bulletin de vote dans une urne électorale, un autre petit plaisir qui lui a toujours été interdit ! Comme chaque dimanche, elle se félicite. Son billet est le plus propre, le plus net. Il irradie au milieu des piécettes et *bank-notes* chiffonnées. Il est aussi le seul de 10 livres. Car, qu'on se le dise, qu'on le répète, si la reine d'Angleterre n'est pas la femme la plus riche du monde, même pas la lady la plus riche de son royaume, chaque dimanche matin, dans la petite chapelle de Tous-les-Saints, elle est la plus généreuse des paroissiennes.

Le révérend Conner me l'a assuré. Parole d'évangile !

Bien qu'étant l'une des femmes les plus fortunées au monde – et l'affirmation est à nuancer quand on sait que l'écrivaine J. K. Rowling, la maman de Harry Potter, est plus riche qu'elle –, la reine d'Angleterre est réputée pour une certaine avarice concernant ses dépenses personnelles. En fait, le gaspillage l'horripile, et elle a toujours assumé un souci maniaque de consommer au minimum. À mes yeux, c'est peut-être son talon d'Achille. Mais, à bien y réfléchir, je n'aimerais pas recevoir la facture d'électricité du château de Balmoral ni le devis d'un couvreur pour refaire la toiture de Sandringham !

Sous son règne, à Buckingham Palace, dans ses appartements privés, les tableaux de Canaletto, les vases de porcelaine, les lustres en cristal et les tapis du XVIIIe siècle cohabitent avec un feu de cheminée électrique dont les contours sont encore plastifiés, probablement en provenance d'un Cdiscount version outre-Manche. Côté décoration, on a connu mieux !

Son sens de la parcimonie est profondément ancré en elle, assurait sir Michael Oswald, ancien directeur des courses de chasse et intime de la reine : « Elle réprouve toute forme d'extravagance et, si elle était laissée à elle-même, elle mènerait une vie beaucoup plus monacale en mangeant des aliments simples, voire ordinaires. » La reine – et je sais qu'il a raison ! – déteste le caviar et n'en achète jamais. Il attribuait cela à son ascendance : « Il y a une certaine part de sang écossais chez Elizabeth II. » Vous n'êtes pas sans savoir qu'en France, les Auvergnats seraient un peu radins. Eh bien, outre-Manche, ce sont les Écossais qui ont droit à cette qualité !

En réalité, cette théorie me semble peu plausible ! J'aimerais rappeler à sir Michael que la mère de notre héroïne, l'épouse de George VI, était écossaise et jouissait d'un train de vie somptueux qu'elle estimait lui être dû en qualité d'ancienne impératrice. À la fin de son existence, comme on le verra dans le chapitre qui lui est consacré, elle multiplia les découverts bancaires, obligeant sa banque, la très obligeante maison Coutts & Co., à se montrer patiente et sa fille aînée à signer de nombreux chèques pour combler le déficit de sa veuve joyeuse de maman. Quant à la lignée paternelle d'Elizabeth II, elle n'apparaît pas non plus comme étant particulièrement économe. Sa grand-mère, la reine Mary, dépensait allègrement pour enrichir sans cesse sa collection de bijoux et son arrière-grand-père, Edward VII, était un noceur invétéré. *A contrario*, nous pourrions citer la princesse Alice d'Athlone, une grand-tante de la reine. Elle avait l'habitude de se rendre dans son appartement de Kensington Palace et d'en revenir... en bus ! Lorsque Sa Majesté lui rendit visite en octobre 1980, peu de temps avant le décès de la vieille dame, la princesse termina la visite par la consigne suivante : « Éteignez le chauffage en sortant. Nous ne l'avons mis en marche que parce que vous veniez. » La souveraine s'est donc penchée et a éteint le petit appareil. Paix à son âme !

Je pense plutôt que cet esprit de frugalité a été insufflé à Elizabeth par sa nourrice et plus tard habilleuse, Bobo MacDonald, ainsi que par sa gouvernante, Marion Crawford. Dans son livre, Crawfie souligne que la princesse Elizabeth pliait soigneusement le papier d'emballage de ses cadeaux pour pouvoir le réutiliser. Il ne fallait rien gâcher, jamais ! Tout pouvait toujours servir. Rappelons également qu'au grand âge atteint avant sa disparition, on oubliait parfois qu'elle avait connu les années de guerre et certaines de ses privations.

Les *stories* concernant l'avarice de ma *Queen* sont légion ! Lord Mountbatten racontait souvent qu'il avait suivi le page de la reine, Bennett, dans son bureau pour lui demander de poster des lettres pour lui. L'oncle de Lilibet n'avait qu'un billet de 5 livres sterling et, comme le bureau de poste était à cinq minutes et qu'il était sur le point de partir, la reine proposa généreusement son aide. Elle ouvrit l'une de ses boîtes gouvernementales rouges, en sortit une enveloppe contenant de l'argent et remit 3 livres au page. Certaines personnes auraient eu tendance à dire « Gardez la monnaie », mais, au lieu de cela, Elizabeth s'écria : « Bennett, n'oubliez pas, vous me devez 3 livres ! »

Une autre anecdote nous révèle une note laissée par la reine sur sa table de chevet, où elle demande l'installation d'« une de ces nouvelles ampoules à économie d'énergie » et ajoute, en bas de page : « Mais pas avant que la précédente ne soit grillée ! »

Les économies de bouts de chandelle, vous connaissez ? Lilibet était passée professionnelle ! À Balmoral et à Sandringham, ses châteaux privés, le chauffage est au plus bas, et les invités se voyaient fortement conviés à ne pas oublier des pulls au moment de boucler leurs valises. En sa propriété écossaise, chaque chambre dispose de sa réserve de plaids. Et l'accessoire préféré de la reine, qu'elle emporte dans tous ses bagages, c'est une bouillotte. *Of course*, elle éteint les lumières en sortant des pièces, réflexe quasi inné.

La simplicité s'étend également à la nourriture. Les restes d'un repas doivent, si cela est envisageable (c'est même, en réalité, très fortement recommandé !), être réutilisés le lendemain. Ainsi, lorsqu'au menu est prévu un rôti, Sa Majesté s'attend à ce qu'une partie en soit prélevée et hachée pour la réalisation d'un autre mets, des tomates farcies par exemple.

Évoquons maintenant le banquier du palais. La reine et tous les membres de la famille royale détiennent des comptes chez Coutts & Co. sur le Strand, à Londres. Depuis le règne de George IV (1820-1830), tous les souverains sont clients de cet établissement. Sa Majesté possède l'un des chéquiers distinctifs de Coutts, surmonté, dans son cas, d'une couronne. D'autres membres de la famille, comme le nouveau prince de Galles, ont droit aussi à des chéquiers couronnés. Ces dernières années, il est toutefois devenu assez rare que quiconque reçoive un chèque personnel d'Elizabeth II. À l'époque où elle les écrivait et les signait elle-même, les destinataires refusaient souvent de les présenter pour paiement, préférant les garder comme souvenirs et les encadrer. À la Picasso !

Coutts est ce que l'on appelle une banque privée, c'est-à-dire qu'elle exige de ses clients un minimum de liquidités, soit 500 000 livres. Ou deux millions en valeur immobilière, ce qui, on s'en doute, n'est pas un problème pour Sa Majesté !

Alors, comment fonctionnait le budget de la reine ? Promis, je vais tenter d'être simple.

Les finances de la Couronne sont divisées en quatre sources distinctes :

♛ la liste civile, somme allouée par le Parlement, qui couvre toutes les dépenses assumées par Sa Majesté en tant que chef d'État. Sous son règne, la liste civile a été fixée pour dix ans, avec la possibilité d'une augmentation en fonction de l'inflation. Elle avoisine aujourd'hui les 210 millions de livres ;

♛ le *Grant-in-Aid*, le montant (très variable) versé chaque année par le Parlement au ministère de l'Environnement pour l'entretien des palais royaux. Cinquante hommes du département sont employés en permanence au palais de Buckingham pour l'entretien de l'ensemble des bâtiments ;

♛ la *Privy Purse* (la bourse privée), générée par les revenus du duché de Lancaster (une vingtaine de millions de livres avant déduction des impôts), qui permettent de financer le train de vie des autres membres du clan Windsor, à l'exception du prince William qui, en qualité d'héritier (depuis la mort de sa royale grand-mère), se voit octroyer les revenus du duché de Cornouailles (environ 22 millions de livres) ;

♛ les revenus privés et personnels de la reine. Seules quelques personnes connaissent précisément l'étendue de la richesse de Sa Majesté : le Gardien de la bourse privée (qui gérait le chéquier royal), les banquiers de la reine et éventuellement son avocat. Mais on dit que les estimations de la valeur de sa richesse sont très exagérées !

Certaines personnes pensent que la reine possède tous ses palais et châteaux ainsi que tous les objets de la collection royale, mais ce n'est (malheureusement pour elle) absolument pas le cas. À l'exception de Sandringham et de Balmoral, aucun ne peut être détenu en son nom propre. Aucun ne peut être vendu ni générer un quelconque profit personnel.

Puisque des chiffres sont plus éloquents que de grandes théories, voici une sorte de *digest express* des estimations du patrimoine de Sa Majesté :

♛ Placements financiers : l'équivalent de 758 millions d'euros

♛ Propriétés foncières : 93 millions d'euros

♛ Voitures : 11 millions d'euros

- Vins : 3 millions d'euros
- Chevaux : 5,3 millions d'euros
- Collections d'art : 235 millions d'euros
- Collection de timbres : 152 millions d'euros
- Médailles et décorations : 3 millions d'euros
- Bijoux : 110 millions d'euros
- Duché de Lancaster : 310 millions d'euros
- Cadeaux de mariage et autres : 76 millions d'euros

Mais, au fond, combien coûte la reine ? La question est régulière. La réponse est claire comme de l'eau de roche. Pour l'exercice fiscal 2021-2022, le coût de la monarchie avoisine les 120 millions d'euros. Le *Sovereign Grant* (les subventions), prennent en charge le coût des dépenses exceptionnelles, telles que le Jubilé (9 millions) ou les travaux de Buckingham (40 millions). Plutôt que des chiffres qui, inflation oblige, risquent de grandement évoluer, je vous donne une équivalence : la monarchie coûte 1,4 livre à chaque contribuable anglais. Je me permets de répéter : 1,4 livre. Soit 1,66 euro. Le prix d'un café. Au comptoir !

À l'exception de quelques grincheux, la majorité des Britanniques estiment d'ailleurs que la souveraine méritait ses profits et souhaitaient seulement qu'elle paye des impôts sur les hauts revenus privés. Pourtant, le mystère de la monarchie s'est accommodé d'un épluchage des comptes et d'un contrôle régulier du Parlement. Et, chaque année, ce rapport financier provoque de petites surprises. Ainsi, à l'occasion du dernier exercice, on a pris conscience que lors des deux années de Covid, avec la fermeture au public des palais royaux, le coût de certaines dépenses du Jubilé non budgétées avait fini par entamer les réserves de la reine.

Quant aux « méchants » journalistes qui, dans les *Paradise Papers*, en 2017, ont révélé qu'une partie de la fortune de ma Lilibet avait été dissimulée derrière un écheveau de sociétés écrans immatriculées dans des paradis fiscaux totalement opaques, je les enverrais volontiers faire un séjour à la tour de Londres. Pour délit de langue de vipère !

I love her Rolls-Royce
Miss Lilibet et ses chauffeurs !

Je n'en reviens pas. Cet e-mail que je découvre est un cadeau du ciel ! Aux relations publiques de la *Royal Collection*, une certaine Kate, avec qui je suis en contact depuis des semaines maintenant, a été terriblement efficace. De la part d'un petit Belge, elle mériterait de recevoir une boîte de chocolats pour Noël.

En quelques clics, je viens de décrocher un rendez-vous avec le colonel Toby Brown. Il dirige les *Royal Mews*[1] de Buckingham Palace. Il porte le joli titre d'« écuyer de la Couronne ». Je suis aux anges. Ils ont compris que mon idée de tester un trajet en carrosse royal n'était pas (uniquement) un caprice, mais la suite logique de l'écriture d'un chapitre sur le sujet. Au téléphone, le colonel m'explique que la date choisie est un mardi, leur jour de fermeture. Je me répands en « *Thank you so much* » avec ce petit accent belge qui doit l'amuser.

Eurostar. Nuit blanche sur le canapé très anglais (mais pas très cosy) d'un couple d'amis à Londres. Taxi noir. À 8 heures sonnantes, le cœur battant la chamade, je suis devant la grille d'entrée des écuries sur Buckingham Palace Road. L'arche d'entrée a été conçue par John Nash.

Le bureau des relations publiques a insisté sur l'exactitude de l'horaire : 8 heures précises. Pourquoi ? « Parce qu'il sera plus discret de descendre et remonter le Mall avant l'arrivée des touristes. »

1. Écuries royales.

En ce matin de septembre, il fait beau. Il fait doux. À travers les nuages blancs et les platanes de la cour d'entrée, le ciel s'annonce bleu pastel. Je sonne. On m'ouvre. Toby Brown a la tête (et la stature) de l'emploi. Très gentleman, à bientôt soixante-sept ans, il a de belles pommettes roses, les yeux clairs et le cheveu gris.

— Bonjour, mon colonel. Oui, je suis déjà venu, bien sûr. Les chevaux sont pour moi aussi une passion. L'équitation est un sport que j'adore. Bien plus qu'un hobby, je trouve d'ailleurs que c'est une véritable discipline.

Je marque un point. Mais combien va-t-il encore m'en falloir ?

Le colonel me propose de faire le tour du propriétaire. J'ai presque l'impression d'être chez un concessionnaire qui va me vendre un carrosse. J'ai envie de faire un trait d'humour, du style : « Prenez-vous la carte bleue ? » Mais, Buckingham Palace oblige, je m'abstiens.

Tout est propre, net. Tout est rangé. Rutilant. Incroyable. Tout me fascine : les selles, les harnais, les brides, l'odeur du cuir, de la cire, les hautes bottes noires, les éperons, les rouges uniformes à galons d'or... À quelques pas de nous, dans des stalles ouvertes, une trentaine de chevaux ont devant eux des mangeoires pantagruéliques. Le colonel m'explique que les écuries de Buckingham n'accueillent que deux types de chevaux : d'un côté, les Windsor Grey (de ce gris poussière que j'aime tant), de l'autre, les Cleveland Bay. Ces derniers ont la robe baie (mélange de caramel, marron et chocolat), la crinière plus claire et une spécificité au niveau de la queue (mais je vous avoue que je n'ai pas tout compris). J'en repère un. Il se prénomme Louis. Est-ce la reine en personne qui l'a baptisé ainsi ?

Tous ces chevaux sont soumis à un entraînement particulier. Contrairement à l'effort demandé aux pur-sang, il ne s'agit pas de développer chez eux des qualités de vitesse ou d'endurance. Il faut surtout rythmer leur allure et les empêcher de s'emballer... Face aux explications du militaire, je suis tout ouïe. Je prends un air très Léon Zitrone et j'approuve. Il me précise encore que les « chevaux de la Couronne » partent à l'entraînement tous les matins à 6 heures. En juillet et en août, ils rejoignent les prairies d'Hampton

Court. Une vie de château, en somme ! Ils intègrent les écuries vers quatre ans et vont y rester une quinzaine d'années sous la surveillance du vétérinaire maison.

Le colonel Brown en arrive maintenant aux choses sérieuses. Il m'explique que le carrosse qu'il m'a sélectionné est l'un des plus maniables. Une tonne, tout de même ! Nous marchons vers lui. Je commence à l'apercevoir. Je le reconnais. Incroyable mais vrai, plus vrai que vrai : il s'agit du *Glass Coach*, le carrosse de verre. Je le connais par cœur. Daté de 1881, il a servi, entre autres, au mariage de ma Lilibet, à celui de la princesse Anne et, surtout, à celui de Diana. Je tente de rester calme, de réunir mes esprits. Mais, si je comprends bien, je vais bientôt monter dans le carrosse de la princesse de Galles, la princesse des cœurs, une icône. J'hallucine ! Dans ma tête, dans mon cœur, des images tournent en boucle : la robe meringuée (que je n'ai jamais beaucoup aimée, d'ailleurs) de David et Elizabeth Emmanuel, un sourire un peu figé sous un voile de tulle, la tiare des Spencer, la lourde stature du père de la future altesse royale... Le colonel précise que, ce matin, le *Glass Coach* ne sera tiré que par deux chevaux. Mais, déjà, je ne l'entends plus. Ma seule obsession est désormais de monter à bord.

Dans un accès de lyrisme, je confie l'un de mes fantasmes : une procession en tant que prince de sang avec un cocher, des pages, des postillons, des laquais, des valets en livrée et des piqueurs au casque pointu plantés derrière mon carrosse entouré des meilleurs officiers de la Maison de la reine. Très pragmatique, le colonel se moque. Une seule solution pour que mon rêve de citrouille se transforme en vraie parade royale : demander (et obtenir) la main de la princesse Charlotte. Notons (mais c'est un détail) qu'il me faudra encore patienter une petite douzaine d'années !

La manœuvre de sortie du carrosse me semble relativement facile. Deux garçons d'attelage procèdent de façon très minutieuse. Leurs gestes sont sûrs, sans le moindre stress. On me présente celui qui sera mon premier laquais. Joli garçon. Installé sur la plate-forme arrière, il sera chargé d'ouvrir ma portière, de déplier le marchepied et de m'aider à monter et descendre de voiture. S'avance maintenant mon cocher. Coiffé d'un haut-de-forme noir, il a un fouet à la main. C'est étrange, mais je le trouve déjà moins sympathique.

En patientant, je raconte au colonel le compte rendu du voyage qui emmena George VI, lors de son couronnement, en 1937, du palais à l'abbaye de Westminster : il avait l'impression d'être dans un bateau en perdition en pleine tempête. Immédiatement, il me recadre :

— Vous parlez du *Gold State Coach*, la voiture d'apparat de 1765. Elle ne sert qu'aux sacres et aux jubilés. C'est un objet d'art. Une vraie pièce d'orfèvrerie de plus de quatre tonnes avec richesse et profusion dans le décor. Il faut un attelage de grande cérémonie à huit chevaux pour obtenir une allure correcte. Beaucoup plus léger, plus récent et plus malléable que le carrosse d'or, le *Glass Coach* peut, lui, atteindre les trente-cinq kilomètres-heure.

Ça y est, c'est mon grand moment. Il est maintenant face à moi. Je peux le toucher. Sa carrosserie noire laquée, ses écussons couleur d'or, ses poignées de laiton, ses portières qui luisent comme des miroirs, ses quatre lanterneaux… Il faut que je monte à bord avec classe et distinction. L'image de la Couronne en dépend !

Le valet actionne le brancard de caisse qui contient le marchepied et m'invite à prendre place. Je suis léger. En me hissant, je ne ressens aucune fragilité. Mais… je mesure un mètre quatre-vingt-six. Je suis presque obligé de me courber en deux pour entrer dans l'habitacle. Mais qu'importe, j'y suis. Enfin !

Première impression : son nom n'est pas usurpé, le *Glass Coach* jouit d'une belle luminosité. Il s'agit en fait d'une grosse boîte de verre mobile tout en transparence. Deuxième impression : ça sent le bois, le cèdre plus précisément. J'ai la sensation d'avoir ouvert une armoire de mon enfance. Je suis seul, c'est donc plutôt spacieux, mais pas tant que ça, finalement. Je comprends que l'interminable robe de Diana soit arrivée toute chiffonnée aux marches de la cathédrale Saint-Paul. La traîne de près de huit mètres en taffetas de soie incrustée de plus de dix mille sequins a dû être enroulée. Comme un trop long rideau que l'on ne cesse de plier, de replier pour le faire entrer désespérément dans un coffre. Et soulignons que son père, lord Spencer, était particulièrement bedonnant. L'assise est plutôt confortable. C'est probablement du velours de soie brodé de fils d'or.

Alléluia ! Enfin, on bouge ! Le postillon vient de donner le signal de départ. D'emblée, ça va vite. Je n'ose penser à l'effet que ça va donner sur le Mall. Et... *my God*, il n'y a pas de ceintures de sécurité !

Ça cahote, ça cahote fort. On longe Buckingham. Dans leur uniforme, les *Horse Guards* sont vaguement soupçonneux. Me voilà déjà sur le Mall. Certes, le mouvement est régulier, mais pas vraiment doux. C'est trop saccadé. Interloqués, des passants s'arrêtent. Pour ne pas les décevoir, j'esquisse un petit geste de la main : je dévisse une ampoule, exactement comme le fait mon héroïne. La scène semble surréaliste. Elle est pourtant bien réelle. Il y a quelque chose d'Alice au Pays des merveilles. Je viens de passer de l'autre côté du miroir.

Depuis cette tour d'ivoire roulante, j'ai du mal à imaginer Diana et son père défilant devant un million de personnes. Les chevaux qui caracolent allègrement, les croupes lustrées qui soulèvent l'enthousiasme des foules, tout ça, c'est pour la télé ! La réalité est, en fait, un peu moins sympathique. Tout va très vite, trop vite. J'ai lu (mais je ne sais plus où) que l'éclairage intérieur avait été installé dans l'habitacle pour le mariage de la princesse Alexandra. Dommage de ne pas avoir songé à un interphone. En ces minutes cahotantes, j'implorerais le cocher : « *Please, slowly, please.* » Mais là, il fait ce qu'il veut. Il s'en fiche royalement. Dans mon vaisseau de verre, je commence à avoir un peu la nausée. Pourvu que je ne vomisse pas. Mais le pire est encore à venir : les chevaux se lâchent ! Ça sent le crottin. Impossible d'y échapper. Je comprends mieux maintenant pourquoi Diana avait renversé quelques gouttes de parfum[1] sur sa robe de mariée pendant le parcours. Vivement que je rentre à l'écurie. Cette parade devient un chemin de croix.

1. La princesse Diana portait *Quelques fleurs* du parfumeur français Houbigant, créé en 1912. Elle tenta de masquer la tache sur sa robe pendant toute la cérémonie à la cathédrale Saint-Paul.

Je compte les minutes, je compte les secondes. Je n'ai plus la moindre envie de rire. Pas même de sourire.

Il est 8 h 41 lorsque le carrosse de verre franchit à nouveau les grilles des écuries. Le colonel ne semble pas avoir bougé d'un iota.

— Alors, M. Deckers, quelles sont vos impressions ? Pas trop bousculé ?

Pour l'une des rares fois de ma vie, je ne sais que répondre. Je ne peux décemment dire que ce fut un enfer. Ce serait injurieux. Je ne peux pas affirmer non plus que ce fut « *absolutely fabulous* ».

— Quelle expérience, mon colonel ! Je ne sais comment vous remercier ! J'ai bien réfléchi durant le trajet. Tout compte fait, je ne pense pas introduire une demande pour prendre part à l'entraînement des jockeys de Sa Majesté dans les haras de Sandringham.

Le militaire de la reine affiche un sourire particulièrement moqueur.

— Vous êtes certain, M. Deckers ? Vous n'allez pas le regretter ?

— Pas le moins du monde, colonel. Je n'aurai d'ailleurs pas le temps de consacrer un chapitre entier à l'écurie de courses de la reine. Je me contenterai... de décrire les couleurs de sa casaque. Ça vient de m'apparaître... comme une évidence.

Je suis sûr, chers lecteurs, que vous m'avez déjà tout pardonné[1] !

On parle souvent des Windsor comme de la « Rolls-Royce des monarchies ». Cette analogie est particulièrement pertinente dans la mesure où la Grande-Bretagne demeure le seul pays à avoir conservé un tel apparat. Les calandres chromées des véhicules nés de la rencontre entre Frederick Royce et Charles Rolls conservent toujours une aussi forte identité de prestige et de luxe outre-Manche.

---

1. Certes, je n'ai – hélas – pas vécu ce grand moment (désolé de vous décevoir !), mais l'attachée de presse des écuries royales m'en a soufflé tous les détails. Pour écrire cette biographie de la reine pas comme les autres entamée avant sa disparition, j'ai tenté, à chaque fois, de trouver des éclairages neufs et particulièrement originaux !

L'ironie réside dans le fait que l'automobile, comme expression symbolique du pouvoir, est tombée de son piédestal. Le fait d'impressionner ses pairs en descendant d'une longue voiture d'apparat à l'allure baroque reste désormais l'apanage de quelques têtes couronnées. Mais seuls les Windsor continuent d'entretenir la tradition du véhicule de très grande livrée. Et le fait que l'allemand BMW contrôle désormais la firme Rolls-Royce doit l'amuser, comme un clin d'œil à ses ancêtres d'outre-Rhin.

À chaque fois que la reine d'Angleterre se déplace, que ce soit en carrosse, à cheval ou en voiture, toutes les mesures dépendent de la responsabilité du *Crown Equerry* (l'écuyer de la Couronne). C'est lui qui gère les *Royal Mews* au quotidien, même si le chef titulaire demeure le Maître des chevaux, le troisième dans l'ordre de préséance à la cour. Toutefois, bien que l'on puisse voir ce dernier chevaucher derrière la reine, telle son ombre, dans les processions d'État, ses fonctions demeurent principalement cérémoniales, sans l'impliquer en aucun cas dans le fonctionnement du prestigieux bâtiment.

Les voitures de Sa Majesté sont garées sous les voûtes séculaires des *Royal Mews*, excepté lorsqu'elles sont sollicitées dans l'une des autres résidences royales. Les véhicules officiels comprennent dix limousines d'État : cinq d'entre elles sont des Rolls-Royce, deux des Bentley, et les trois dernières, des Daimler. Toutes peintes dans la livrée royale marron pourpre et noir, si particulière, elles ne portent aucune plaque d'immatriculation. La valeur estimée de ce parc automobile avoisine les 10 millions de livres.

L'histoire d'amour de la reine avec la célèbre firme britannique remonte à 1948, date à laquelle elle reçoit, en cadeau de mariage, sa première Phantom IV, offerte par les membres de la *Royal Air Force*. Muni d'un moteur à huit cylindres en ligne, ce bijou automobile a la particularité de pouvoir rouler sur de longues distances à une vitesse très faible (une caractéristique importante pour une voiture de cérémonie). Mais le véhicule le plus impressionnant de la collection royale est la plus récente des limousines d'État, une magnifique Rolls-Royce Phantom, estimée à 250 000 livres, offerte à Sa Majesté par la Society of Motor Manufacturers and Traders à l'occasion de son Jubilé d'or, en 2002. Ses membres lui avaient également fait cadeau d'un modèle Phantom VI (valeur : 60 000 livres), à l'occasion de son Jubilé d'argent, en 1978. Cette longue limousine de six mètres, baptisée *The Silver Jubilee Car*, comprend quelques aménagements très royaux. À l'arrière, les deux sièges n'ont pas le même rembourrage ni la même dureté, de sorte que la reine, à bord, paraisse toujours aussi grande que le duc d'Édimbourg. Autre coquetterie royale : l'accoudoir central entre les deux fauteuils est une coiffeuse qui renferme un miroir et des poudriers. Le 6 mai 1994, François Mitterrand y prend place pour inaugurer la première traversée de la Manche par le Shuttle. L'une des dernières apparitions très médiatiques (et ultra glamour) de la *Silver Jubilee Car* remonte au 29 avril 2011 lorsque, sous les yeux de plus de deux milliards de téléspectateurs, le véhicule déposa la blanche mariée la plus célèbre du globe, Kate Middleton, et son père, au pied des marches couvertes de velours rouge de l'abbaye de Westminster.

Les limousines d'État, entièrement climatisées, sont dotées d'un toit arrière amovible, mettant en relief un dôme intérieur en Plexiglas transparent, permettant de voir la reine. Dès la tombée de la nuit, des tubes fluorescents éclairent l'intérieur, où se trouvent une horloge et un lecteur de CD, mais pas de minibar (à mon grand désespoir !). Les sièges arrière sont surélevés de dix centimètres par rapport à la normale – pour un souci de visibilité ! –, et la moquette ainsi que les tapis en laine d'agneau arborent une couleur bleu pâle.

Lorsque la reine se déplace, sa propre mascotte privée est à bord du véhicule. Conçue par Edward Seago, elle représente saint Georges, nu, monté sur un dragon mort. C'est un cadeau du prince Philip. Elizabeth II y tient comme à la prunelle de ses yeux. La sculpture est placée dans la voiture dès l'arrivée de la reine. Aurait-on peur qu'on l'oublie ou qu'un vol soit commis ?

La souveraine fait aussi bon usage de ses deux *Bentley State Limousine*. La dernière lui fut offerte en 2002 pour les cinquante ans de son accession au trône. Il faut dire que le véhicule permet une conduite en douceur lors de l'arrivée dans une manifestation. Ah, pouvoir rouler au pas sans à-coups, ne pas craindre de caler, même à moins de quinze kilomètres-heure ! Une Bentley royale permet surtout de sortir du véhicule avec dignité, en pleine visibilité, car le toit (à vision panoramique) a été surélevé. Sa Majesté peut ainsi se tenir debout à l'intérieur. Précisons que le mécanisme d'ouverture des portes arrière a été modifié pour qu'elles puissent s'ouvrir largement.

Elizabeth II est toujours conduite par son chauffeur en chef ou par son assistant. Son officier de protection personnelle est assis à l'avant, à côté du conducteur. C'est à lui que revient la charge d'ouvrir systématiquement la portière de la reine. Le chauffeur demeure impérativement au volant, attentif à la route. Inenvisageable que Sa Majesté nous la joue à la Meghan Markle et referme elle-même sa portière. D'ailleurs, une porte de Rolls-Royce s'ouvre à l'envers de celle d'une voiture traditionnelle. Est-ce parce qu'on est en Angleterre et qu'on roule à gauche ? Pas du tout ! En fait, la Rolls-Royce Phantom bénéficie d'une ouverture plutôt atypique, appelée antagoniste. C'est-à-dire que la porte arrière s'ouvre en sens opposé. Tout comme les calèches d'autrefois. Et, pour la petite histoire, notez qu'elle dissimule la présence de parapluies. *So british !*

Bien entendu, s'il s'agit d'un engagement officiel, l'étendard de Sa Majesté figure sur le toit de la voiture, avec le blason de la reine bien en évidence. Sur certains modèles, l'étendard peut flotter sur une aile du véhicule. Lorsqu'elle se fait conduire pour visiter des proches ou effectuer quelques achats personnels par exemple, la reine préfère utiliser une berline Daimler Jaguar de couleur vert foncé – appelée *Edinburgh Green*. Bien qu'elle soit titulaire d'un permis de conduire valide, Elizabeth II n'a jamais passé l'examen officiel. Depuis l'âge de dix-huit ans, elle aime prendre le volant et filer à l'anglaise. Son père lui a ainsi offert une voiture immatriculée JGY 280, numéro qu'elle a choisi de conserver pour des raisons sentimentales et qu'elle a transféré sur certains véhicules.

Comme nous l'avons vu dans le chapitre consacré aux années de guerre à Windsor, la reine a appris à conduire un camion et à remplacer un pneu. Au fil des décennies, elle est devenue un as du volant. Le prince héritier Abdullah d'Arabie Saoudite l'a appris à ses dépens, lorsqu'elle lui a proposé de partir à la découverte du domaine de Balmoral. Et qu'elle a légèrement appuyé sur le champignon avec le plus innocent des sourires. Il y a du Françoise Sagan chez ma Lilibet. Était-ce un moyen de marquer son désaccord face à la difficulté pour les femmes de conduire un véhicule au Moyen-Orient ? Il n'est pas interdit de le croire ! En tout cas, particulièrement crispé, l'émir saoudien finit par glisser à l'interprète sur la banquette arrière : « Dites à Sa Majesté que je l'implore de ralentir ! » La prochaine fois, je lui suggère le coup du siège éjectable !

Vers la fin de sa vie, Elizabeth II ne conduisait évidemment plus à Londres, mais on l'aperçut encore parfois autour de Windsor, Balmoral et Sandringham, au volant d'une Vauxhall ou d'une Jaguar. La souveraine disposait d'une « flotte » de Land-Rover, avec version gros cabriolet, idéale pour les défilés militaires. Elle adorait ses 4 × 4 et se permettait de petits excès de vitesse sur les routes de ses domaines. Mais, franchement, vous auriez vu un policier l'arrêter, la verbaliser et lui demander son permis de conduire, et puis, par la même occasion, son passeport ? Ma Lilibet aurait été bien en peine de les fournir. Quant à souffler dans un alcootest, aucun n'ayant reçu le brevet de Fournisseur de la cour, hors de question de s'y soumettre donc !

Notons également la présence dans la collection familiale de deux véhicules particuliers. Pour ma part, je les identifie tout de suite. L'Aston Martin DB6 Vantage reçue par le prince de Galles pour ses vingt et un ans (depuis 2008, le bolide roule au biocarburant) et la Jaguar Type E Roadster Concept Zero (de couleur bleu ciel) qui permit à Harry et Meghan de filer à l'anglaise après leur mariage à Windsor.

Le dernier véhicule acheté par la Couronne fut… une voiturette de golf. Elle a rejoint les garages royaux au moment de la crise sanitaire. Petit bolide de grand luxe fabriqué au Danemark, le modèle, baptisé « Monaco » (ça ne s'invente pas !), a un coût de 60 000 livres. La reine utilisait essentiellement cette « Lilibet Mobile » pour accompagner la promenade de ses chiens dans le parc de Windsor.

Toutes les résidences royales possèdent des écuries, mais celles de Buckingham Palace sont régulièrement sous le feu des projecteurs en raison d'un calendrier de manifestations qui les a régulièrement mises à contribution et, évidemment, lors du célèbre *Trooping the Colour* en juin. Les bâtiments eux-mêmes (on y pénètre en passant sous une arche dorique) datent de 1825, lorsque George IV demande à l'architecte John Nash – concepteur de *Regent Street* – d'aménager un lieu pour ses chevaux et ses voitures. Les *Mews* sont construites autour d'un quadrilatère, l'un des côtés étant réservé aux carrosses et aux voitures d'État, tandis que les écuries des chevaux se situent dans les côtés nord et ouest (trente chevaux actuellement en résidence). Les voitures et les limousines royales y sont également garées, et une réelle rivalité « amicale » subsiste entre ceux qui s'occupent des chevaux et ceux qui préfèrent la puissance sous le capot d'un véhicule d'exception.

Les chauffeurs de la reine sont au nombre de cinq : le titulaire en chef (qui fut longtemps Joe Last), son adjoint et trois assistants. Ils se relaient dans tous les déplacements et séjours de Sa Majesté. Outre le plaisir de conduire des véhicules de grand luxe au caractère historique, ce poste convoité assure le gîte, le couvert (Mark Flannagan, le chef, veille cependant à ne pas alcooliser le repas) et un salaire de 3 200 euros. Le personnel vit dans des appartements situés au-dessus des écuries. Y cohabitent le cocher, les postillons, les chauffeurs royaux, le maréchal-ferrant, sans oublier un vétérinaire. Une véritable atmosphère de village règne dans ces bâtiments qui forment un coin de Londres fleurant bon la campagne.

Ce serait le moment de déployer une superproduction *made in England* en faisant défiler carrosses et chevaux qui brûlent d'impatience et piaffent pour vous éblouir. Je ne vous en décris ici que deux. Ils sont mes coups de cœur. Ils vous donneront, je l'espère, l'envie de visiter les *Royal Mews*. Fouette, cocher !

À tout seigneur, tout honneur : le *Gold State Coach*. Ses dimensions sont éloquentes : sept mètres de long, deux mètres de large et trois mètres soixante de haut. C'est la star des écuries royales : le Carrosse d'or d'État a été ainsi utilisé pour tous les couronnements depuis celui de George IV. Il fut construit en 1762 pour George III, qui s'en servit pour la première fois à l'ouverture officielle du Parlement. Entièrement doré et décoré de panneaux peints par Giovanni Battista Cipriani, le célèbre artiste florentin du XVIIIe siècle, il présente un harnais fait d'un riche cuir maroquin rouge, doté de la forme d'une grande coquille Saint-Jacques à l'avant. À l'occasion de son Jubilé de platine, il ouvrait la parade dominicale, rappelant le souvenir du couronnement d'Elizabeth II le 2 juin 1953. Je l'adore et je lui décerne cinq étoiles.

Le *Glass Coach*. « Mon » carrosse ! Comme nous l'avons vu, c'est à bord de cette voiture que lady Diana Spencer se rendit sous le triple dôme de la cathédrale Saint-Paul pour son mariage avec le prince de Galles, en 1981. Il a été construit cent ans plus tôt, en 1881, en l'honneur du lord-maire de Londres de l'époque, et acheté par le roi George V pour son couronnement, en 1911. Depuis lors, le carrosse de verre a été sollicité pour presque tous les mariages royaux, y compris celui de la princesse Elizabeth et du duc d'Édimbourg, en 1947. C'est une voiture populaire auprès du public, car les grandes baies vitrées offrent une bonne visibilité aux spectateurs sur le parcours qu'il emprunte.

Le couronnement de Charles III est, à coup sûr, la prochaine grande occasion de ressortir ces pièces historiques.

I love her castles
Homes, sweet homes !

Sandringham House. 24 décembre 2017. Meghan remonte l'imposant escalier qui conduit aux chambres. C'est ici, elle le sait, elle l'a lu dans le livre d'Andrew Morton qu'en janvier 1982, Diana s'est laissée tomber dans les marches. Elle était enceinte de William.

Meghan est seule. Elle est, à présent, au deuxième étage. Dans la longue galerie aux bois de cerfs et aux bustes de rois, il s'agit maintenant de ne pas se tromper de porte. Elle sourit. L'épisode pourrait être drôle. Ce serait d'ailleurs la seule chose drôle depuis son arrivée ici, dans la résidence hivernale de sa future famille, les Windsor. Dans un peu plus de cinq mois, Meghan sera mariée au prince Harry. Dans un peu plus de cinq mois, Meghan sera duchesse de Sussex. Mais, pour l'heure, elle cherche toujours sa chambre à coucher. Sandringham en compte plus de cent ! Soudain, une jeune femme en tablier blanc apparaît dans l'embrasure d'une porte. Elle tient un panier de vêtements entre les mains. Meghan pense bien ne l'avoir jamais vue. Elle presse le pas.

— Excusez-moi, je cherche...

— Au fond du couloir. L'avant-dernière porte, miss Markle.

En partant, la servante a esquissé une petite révérence. Pas de doute, on est chez la reine d'Angleterre ! « Meghan rime avec Sandringham », a ironisé William à leur arrivée hier au château. Pourtant, elle croit bien qu'elle ne va pas adorer ce manoir. Elle ne devrait pas, elle le sait. C'est un insigne privilège que lui fait la reine. Jamais auparavant aucune fiancée royale – pas même la si parfaite Kate Middleton – n'avait eu le droit de fêter un réveillon chez les Windsor. « Passer la nuit de la Nativité à Sandringham est une prérogative qui n'est, en principe, réservée qu'aux femmes mariées », lui a expliqué Harry.

Enfin, elle vient de regagner sa chambre. Elle n'aime pas cette chambre. Elle est trop grande, un peu lugubre et tellement froide. C'est simple, à Sandringham, il fait froid partout. Même au pied de l'immense cheminée du salon décorée de canards en faïence. Elle s'assied sur le lit. Pas une minute de plus elle ne saurait supporter ses bottes boueuses. Ce matin, après le petit déjeuner, tout le monde est parti dans les landes pour une balade de plus de deux heures. Meghan pensait rentrer quand des chasseurs ont apporté des paniers de pique-nique. Le déjeuner s'est donc déroulé à l'extérieur, dans la brume. À tout moment, il y avait des détonations de fusils. Et maintenant, William vient de proposer à Harry une chasse aux perdrix. Ou une battue aux faisans. Elle ne sait plus. En réalité, elle s'en fiche. Elle a froid. Elle a mal aux pieds. Elle a faim aussi. Elle meurt d'envie de manger des cookies. Avec un bon café latte de chez Starbucks. Le dîner d'hier était… un désastre. Les menus étaient rédigés en français : « Potage à la crème d'orge », « Cailles à la diplomate – Pommes de terre danoises – œufs Suzette », « Choux glacés à la duchesse – Soufflés à la cannelle ». Elle n'y a rien compris. C'était bizarre. C'était lourd. Pas à son goût. Elle y a à peine touché.

À Sandringham (tout comme à Balmoral, d'ailleurs), seuls de petits radiateurs électriques chauffent les chambres à coucher. Et que vous les mettiez en position un, deux ou trois, la chaleur semble toujours la même : insuffisante. Et… si elle prenait un bain ? Mais à un moment il lui faudra sortir de l'eau. Elle va geler sur place. Tant pis, elle ne se lavera pas !

Un instant, elle observe encore le décor : sur le papier peint à motifs d'oiseaux sont accrochées des marines. Harry lui a dit que ce sont des toiles de son grand-père, le prince Philip. Elle aime bien le prince Philip. Sur un pan de mur entier, une bibliothèque n'accueille que des livres militaires. On lui a sorti quelques biographies historiques. Elle les a feuilletées. C'est drôle, chaque ouvrage comporte un petit carton à compléter. Toute personne empruntant un livre doit y laisser une date, son nom et glisser le document à l'endroit exact où il a été prélevé. La biographie que Meghan tient entre les mains n'avait encore été lue par personne ! Sur le bureau, pas de prise wifi, évidemment, mais un assortiment complet de papiers à lettres gravés aux armes royales, un stylo, des crayons, un papier buvard armorié lui aussi, de la cire à cacheter rouge (avec des allumettes pour la faire fondre, c'est très gadget) et un coupe-papier.

Hier, jour de leur arrivée, après le dîner de 20 h 30, elle a regagné sa chambre la première. Harry est si bavard avec sa *granny* ! Dans l'escalier, c'est Kate qui l'a aidée à retrouver son chemin. Quelle n'a pas été sa surprise en découvrant qu'en l'espace d'un repas, tous leurs bagages avaient été défaits ! Ses robes, toutes ses robes, pendaient dans un placard. Les plus longues d'entre elles – Meghan a préféré avoir l'embarras du choix – ont été suspendues à un portant métallique apporté expressément sur des cintres ornés du chiffre « E II R » (plus tard, elle apprendra qu'ils sont gravés à la pyrogravure). Tout était repassé, replié. Impeccable. Mieux qu'à Hollywood !

Elle vient de s'allonger sur le lit. Dieu qu'elle a froid ! Elle devrait se glisser sous les couvertures de laine. Elle parviendrait peut-être à s'endormir, mais… soudain… un bruit la fait sursauter. Cool, ce doit être Harry. Pas du tout ! C'est la petite Emma qui s'avance. Emma est la femme de chambre qui a été dévolue à Meghan, le temps de son séjour.

— Madame sait-elle la robe qu'elle portera ce soir ?

— Euh… Je ne sais pas, non. Peut-être…

En réalité, elle hésite encore. Ça fait des semaines qu'elle hésite.

— Non, je ne sais pas. Pas encore.

— Très bien, quand Madame le souhaitera.

Emma recule alors de quelques pas et vient se poster devant la porte, le menton haut, le regard droit. Meghan comprend qu'elle n'a plus que quelques minutes pour choisir son vêtement. Dans l'heure qui suit, la servante réapparaîtra avec la toilette, cérémonieusement glissée dans une housse, et fera couler le bain de la future duchesse. Et qu'importe si elle ne souhaite pas se laver. Le bain sera coulé ! L'eau aura un parfum de lavande de la maison Yardley, fournisseur du palais depuis 1921. Emma aidera ensuite Meghan à enfiler sa robe, une paire de bas, des escarpins, un collier, un bracelet et lui suggérera de ne pas laisser ses cheveux détachés. Pourquoi ? Parce que Sa Majesté n'apprécie pas ! La domestique demandera ensuite si « Madame » souhaite de l'aide pour se maquiller. Avant que la royale fiancée n'ait répondu, sur la petite coiffeuse, Emma aura déjà préparé un *lipstick*, un crayon, du fard à paupières, de la poudre, du mascara… Elle aura mis de côté les couleurs trop vives, les gloss trop marqués, trop brillants. À 20 h 25, Meghan sera prête. La servante lui tendra sa pochette. Moulé dans une robe fourreau, le long corps de la nouvelle recrue du clan Windsor se glissera alors vers une armoire pour saisir un gilet. Parce que Kate lui a dit qu'il fait encore plus froid dans la salle à manger aux tapisseries espagnoles. Face à elle, sous son tablier blanc et sa charlotte amidonnée, Emma le lui déconseillera.

— Parce que ce n'est pas très élégant !

D'ailleurs, la porte du placard sera déjà refermée. Il sera 20 h 27. Depuis deux minutes, en smoking de velours et nœud carré, Harry patientera en haut du grand escalier. *Merry Christmas Meghan*. Et bienvenue à Sandringham[1] !

1. La future duchesse ne le sait pas encore, mais dans un an précisément, en janvier 2020, c'est dans cette résidence hivernale de la reine que se jouera son destin. Réunis lors du « sommet de Sandringham », Elizabeth II, Charles, William et les conseillers de Buckingham informeront le prince Harry de leur décision de lui retirer son prédicat d'altesse royale à la suite de l'intention formulée, le 8 janvier, par le jeune couple de « prendre du recul en tant que membres seniors de la famille royale britannique ». Ce retrait officiel, baptisé « *Megxit* », sera effectif dès le 31 mars de la même année.

I love her castles

Pour une reine d'Angleterre, une vie de château est un quotidien où rien ne peut être tout à fait ordinaire. Un cadre toujours exceptionnel dans une demeure souvent extraordinaire. Si Buckingham Palace, à Londres, offre la routine d'un palais, Windsor, Balmoral et Sandringham réservent bien des surprises. Pour vous, je joue les guides.

Windsor

Depuis 2020, Elizabeth II en avait fait sa demeure de prédilection, délaissant ainsi Buckingham Palace et son immensité un peu figée. Durant pratiquement sept décennies, pour la reine, *Windsor Castle* ne représenta qu'une semi-retraite. Les quelque trente-cinq kilomètres qui le séparent de la capitale permettaient en effet de l'utiliser pour des cérémonies officielles, et son passé historique le désignait comme l'annexe parfaite de Buckingham. C'est surtout au printemps que s'animait ce berceau de la monarchie britannique.

L'habitude s'est vite ancrée dans son immuable calendrier. À partir du mois d'avril (parfois même dès la fin du mois de mars), Elizabeth s'y installe pour quelques semaines. Elle y passe ordinairement les fêtes de Pâques et son anniversaire, qui tombe le 21 avril. Pour rien au monde elle n'y manque le *Royal Windsor Horse Show*, du 7 au 11 mai.

Immanquablement, il en est ainsi depuis des siècles, le 16 juin, qu'il neige, qu'il pleuve, qu'il vente, en toque emplumée et longue cape bleue, à l'issue d'une messe solennelle célébrée en la chapelle Saint-Georges (celle du mariage de Harry et Meghan), la famille royale assiste, en grande délégation, à une cérémonie des plus majestueuses : la procession annuelle des chevaliers de l'ordre de la Jarretière. L'événement est talonné, de près, par un autre rendez-vous, ultramondain cette fois : les célèbres courses d'Ascot, qui se tiennent du 17 au 21. La famille royale arrive en landau. Souvent, Elizabeth, Charles, Camilla & Co. sont accompagnés par des membres de cours étrangères.

À Windsor, la reine n'est pas vraiment dans ses propres meubles, comme elle peut l'être à Sandringham ou à Balmoral, qui lui appartiennent. Pourtant, elle a un attachement très particulier pour la vieille forteresse. C'est ici, on s'en souvient, qu'elle a passé sa jeunesse et les sombres années de guerre. Le parc qui s'étend presque à l'infini au pied du château est un attrait essentiel pour cette excellente cavalière. Plus d'une fois, à l'aube, de nombreux invités furent réveillés par le pas ferré de chevaux. Penchés aux fenêtres, ils pestent contre les importuns… et soudain se ravisent, disparaissent derrière le rideau. C'étaient Elizabeth et Philip au départ d'une longue balade !

Penchons-nous de plus près sur cette citadelle de légende. Au sommet d'une falaise crayeuse dominant le cours paisible de la Tamise, dans un manteau de pierre, se dresse le plus captivant et le plus médiéval château d'Angleterre. Chaque année, un million et demi de touristes arpentent ses kilomètres de galeries, et la plupart d'entre eux sont de l'avis de Samuel Pepys : « Windsor est le château le plus romantique du monde[1]. »

C'est, en tout cas, la plus ancienne résidence royale actuellement habitée. Commencé par Guillaume le Conquérant il y a maintenant plus de neuf siècles, le château a été agrandi, fortifié et embelli par chacun des quarante souverains qui lui ont succédé. L'histoire des lieux semble se perdre dans la nuit des temps. Ainsi, en 1500, à l'époque où Christophe Colomb revenait du Nouveau Monde, dix-huit rois d'Angleterre avaient déjà vécu entre ses murs.

Et cependant, magie d'une monarchie, jamais ce millénaire bastion n'a été plus vivant que durant la fin de règne de Lilibet. Toute la semaine, l'étendard royal flotte au sommet de la tour ronde, indiquant la présence permanente de la souveraine.

1. Auteur anglais du XVIIe siècle.

Les appartements privés du monarque sont situés dans la tour Augusta, au nord-est. Ils donnent sur de beaux jardins et sont contigus aux salles d'apparat que Sa Majesté peut ainsi utiliser au fil des engagements et diverses manifestations de la journée, sans avoir à faire des kilomètres. La plupart du temps, pour des remises de récompense, la reine utilise le salon Waterloo.

Si elle a tout fait pour rendre plus confortable ce qui est malgré tout une forteresse moyenâgeuse, c'est le prince Philip qui a veillé à ce que les appartements privés disposent d'une cuisine moderne, d'une vaste chambre à coucher très féminine pour elle, d'un bureau clair et bien aéré. Sa plus grande réussite est la transformation de la vieille et sombre salle à manger en salon très cosy. Le sol est recouvert d'une moquette d'un rouge cerise vif. Il est meublé de sofas et fauteuils confortables et de meubles anciens. L'un des deux cabinets chinois dissimule un bar. L'autre, une installation hifi. Plus amusant : le prince a également converti l'ancienne orangerie en piscine couverte privée et mis en valeur l'éclairage des rayons de la bibliothèque de la tour ronde. Pas du luxe pour les quarante-deux mille volumes de la *Royal Library* et… les deux cent mille pièces des archives royales !

Le château est le siège officiel de la cour. Dans leur livrée aux revers écarlates et bouton d'or, les hommes appartenant à la Maison de la reine évoluent, rutilants comme des paons, parmi certains des plus beaux tableaux du monde.

Mais pourquoi le vieux château est-il doté d'un tel pouvoir d'attraction ? Pour essayer de mieux comprendre la passion de la reine pour Windsor, j'ai pris le train à Londres, en gare de Paddington, et rejoint la petite ville. Le trajet dure précisément trente-deux minutes. En montant à bord, muni d'un stylo et d'un carnet de notes, j'ai eu l'impression d'être un élève rejoignant Eton. Windsor compte trente mille habitants. En sortant de la gare, vous êtes tout de suite au pied de la forteresse. Impossible de rester de marbre. L'architecture très Harry Potter et l'immensité de la bâtisse forcent l'admiration. À chaque fois, j'ai le cœur qui bat. À chaque fois, je pense aux riches heures des *royals* écrites en ce berceau de l'Histoire : le discours d'abdication d'Edward VIII, les années de guerre où la bâtisse fût l'antre de ma Lilibet, l'incendie ravageur de 1992, les grandes visites officielles, le mariage surprise de Charles et de Camilla en la chapelle Saint-Georges (en 2005), celui, très haute couture, de Harry et Meghan (en 2018). Je pense à Guillaume le Conquérant (qui fit construire le château), à Henri Ier (qui décida de l'habiter), à la grande Elizabeth, aux architectes Jeffry Wyattville, Hugh May, Robin Nicolson, aux sculpteurs Hubert Le Sueur, Grinling Gibbons, Anthony Salvin, James Wyatt. Je pense à la reine Victoria, à la mort du prince Philip, aux chevaliers de l'ordre de la Jarretière…

Le château de Windsor est un prodigieux ensemble de cinq hectares dont les remparts s'étendent sur mille cinq cents mètres et enserrent une extraordinaire quantité d'arcades, de cours pavées, de cloîtres tranquilles. C'est une ville dans la ville. La cité la plus importante de ce mini-État qu'est la monarchie. On y trouve des casernes, des demeures logeant cent cinquante familles, des chapelles, des bureaux, une poste, un service d'incendie et des écuries abritant une centaine de chevaux. Dans l'une des tours inchangée depuis le Moyen Âge s'active une véritable ruche : ébénistes, doreurs, polisseurs, rénovateurs, tapissiers, garnisseurs… Cinquante artisans spécialisés veillent, en permanence, sur les bibelots et le mobilier.

Chiffre ahurissant : *Windsor Castle* ne compte pas moins de six cent quatre-vingt-trois pièces et trois souterrains secrets, des labyrinthes destinés jadis à faciliter les évasions. Ses richesses sont à ce point fabuleuses qu'il a fallu aux conservateurs de la Royal Collection cent volumes pour en dresser l'inventaire. On y relève, entre autres, quatre cents pendules, trois cent dix-huit bustes de marbre, quatre-vingt-dix-huit paires de candélabres et une profusion infinie de merveilleux et rutilants meubles anciens, d'éclatantes porcelaines, de vases, de cabinets, de commodes, de tapisseries… Sa collection de tableaux unique au monde peut s'enorgueillir d'un monopole : mille trois cents dessins de la main de Léonard de Vinci. C'est inouï ! Se pencher sur les chefs-d'œuvre de ma Lilibet, c'est risquer de devenir dingue.

Ses collections recèlent, en outre, sept toiles de Rubens (de très grande taille), trois Rembrandt, neuf Reynolds et… gardons le meilleur pour la fin : treize tableaux de Van Dyck. Il n'est pas interdit d'en crever d'envie !

Au cours de l'Histoire, plusieurs intrusions ont été notifiées. L'une des plus mémorables remonte au mois de mai 2022. À la nuit tombée, un homme déguisé en prêtre (il avait pris le nom de Cruise, comme Tom) s'est présenté à la caserne Victoria, quartier des *Coldstream Guards*, les soldats chargés de la sécurité de la reine. L'importun a prétendu être un ami de l'aumônier du bataillon, le révérend Matt Coles. Après avoir partagé quelques verres (et avoir bien ri), les militaires ont proposé au père Cruise de passer la nuit dans la caserne. Ils ne découvriront sa véritable identité que le lendemain matin. Ce qui leur a mis la puce à l'oreille ? Les histoires abracadabrantesques que racontait le prélat. Avant de se tourner vers Dieu, il prétendait avoir travaillé comme pilote d'essai de sièges éjectables, job qui lui aurait valu de se voir remplacer plusieurs membres ! Lors du contrôle que la police britannique mena le lendemain matin (après un coup de fil des soldats), on découvrit également que le faussaire était armé. Plus de peur que de mal, néanmoins, puisque la reine n'était pas dans les lieux.

Si les intrusions sont assez fréquentes, étonnamment, les registres ne répertorient aucun vol. Officiellement du moins ! Peut-être l'immense forteresse, désormais en partie vidéosurveillée, décourage-t-elle le plus ardent des voleurs. Il faut avouer qu'il y a tant et tant de pièces, de salons, de chambres, d'antichambres. Il y a des couloirs, des corridors, des galeries, des bureaux, des chapelles, des escaliers par dizaines, des portes par centaines. Certaines des salles, le hall Saint-Georges par exemple, ont une dimension inouïe : cent-soixante convives peuvent prendre place autour d'une table de quarante-sept mètres ! Pour avoir une chance de trouver un lieu précis, il faut être armé d'un plan. Même les gardiens et conservateurs du château en ont besoin. Êtes-vous sûr d'être au deuxième étage ? Le deuxième ressemble fort au premier ! Êtes-vous dans le Salon vert ? Ici, des dizaines de canapés sont couverts de soie verte ! Êtes-vous dans le Salon cramoisi, le Salon jaune, le Salon blanc ? Dans le salon Waterloo ? Dans la Salle à manger octogonale ? Dans le Couloir des porcelaines ? Dans la Salle de bal de la reine ? Dans le dressing du roi ? Dans le Vestibule à lanterneau ? Pas même sûr qu'une boussole vous soit utile !

Franchissons les vieux murs du château. Au pied de la bâtisse commence le parc privé, réservé à la reine – et maintenant au roi. Deux grandes fermes fournissent à la Maison royale la volaille, la viande, la cochonnaille, les céréales, les légumes, les fruits, les fleurs et surtout le lait d'un troupeau de vaches Jersey qui paissent dans les verts pâturages. C'est bio, c'est bon, c'est sain. Les abeilles adorent l'endroit et y produisent un miel d'exception dont raffolent les nouveaux prince et princesse de Galles, désormais presque voisins. Les visiteurs, on s'en doute, n'ont pas accès à ces espaces. En revanche, dans le grand parc voisin, les touristes sont autorisés à circuler librement le long des rives verdoyantes de la Virginia Water et à travers des kilomètres de forêts, de landes et de jardins. C'est là que se trouvent le pavillon de Royal Lodge, si cher à Elizabeth, et l'humble chapelle où la famille royale assiste parfois aux offices. Notons que, malheureusement, le château s'élève sous l'un des couloirs aériens de l'aéroport d'Heathrow. Les grèves des compagnies aériennes sont donc pour la reine une véritable source de plaisir. Mais chut !

À propos de Windsor, il existe un curieux parallélisme entre feu Elizabeth II et son homonyme du XVIe siècle. Toutes deux y reçurent une solide instruction. La première Elizabeth alors qu'elle était jeune femme, la seconde durant son adolescence.

L'une et l'autre s'y réfugièrent. La première lorsque la peste sévit à Londres, la seconde quand Londres fut pilonnée par les bombardements allemands. Et, pendant la Seconde Guerre mondiale, celle qui était alors la princesse Elizabeth participa à des pantomimes jouées au château, tout comme l'ardente et rousse Elizabeth Ire y encouragea la représentation de comédies telles que *Les Joyeuses Commères de Windsor*, œuvre de William Shakespeare.

C'est à Windsor encore que la reine Victoria rencontra le jeune et ardent prince Albert et qu'elle lui demanda de l'épouser. Ils passèrent leur lune de miel dans la petite ville qui s'étend au pied du château. Et c'est à Windsor, toujours, qu'un soir de décembre 1861, dans la chambre bleue de la tour Clarence (qui devint plus tard le bureau du prince Philip), elle s'agenouilla au chevet d'Albert et, voyant s'affaiblir le souffle de son mari tant aimé, murmura : « Oui, c'est bien la mort qui s'avance... Je la reconnais, je l'ai déjà vue ! »

Ce fut de Windsor également, au cœur de l'une de ses hautes tours, qu'un soir de décembre 1936, Edward VIII, futur duc de Windsor, lut, à la radio, son émouvant message d'abdication retransmis, en direct, sur les ondes de la BBC : « Il me paraît impossible de porter le lourd fardeau de mes responsabilités et de m'acquitter de mes devoirs de roi comme je souhaiterais le faire, sans l'aide et l'appui de la femme que j'aime... » Au cours d'un règne qui n'aura duré que trois cent vingt-cinq jours, l'éphémère souverain a tout de même trouvé le temps d'abolir l'interdiction de fumer édictée par sa mère, l'austère reine Mary. Il fit également aménager le terrain de golf du château et établir un nouveau protocole pour les invitations au cours de la semaine royale d'Ascot, un cérémonial qui est encore en usage.

Moins de trois ans plus tard, l'Angleterre était en guerre contre l'Allemagne et, se plongeant dans son immémoriale histoire, de nouveau, l'antique forteresse retentit du bruit des armes, assourdissant vacarme qu'elle connaît déjà si bien. Sur ses remparts, on met en batterie des canons de DCA et des projecteurs, et on dissimule les précieux tableaux et quantité d'objets d'art dans diverses cachettes secrètes. En ces heures inquiétantes, en catimini, les joyaux de la Couronne rejoignent eux aussi Windsor. C'est également sous la protection des hautes murailles de Windsor que les princesses Elizabeth et Margaret vont vivre ce conflit qui sera bientôt mondial. Dans la forteresse tendue de barbelés dont les hautes fenêtres ont été occultées par d'épaisses planches de bois, elles arrivent accompagnées de deux corgis en guise de gardes du corps.

Windsor havre de paix, synonyme de moments privilégiés, de moments ordinaires aussi d'une famille qui ne l'est pas. Lilibet aime profondément Windsor. Or, en 1992, elle voit le pire arriver. Le 20 novembre, un vendredi matin, au-dessus de l'immense citadelle de pierres, des boules de feu zèbrent le ciel de nuages noirs et de fumée âcre. Un incendie, provoqué par une lampe, a bouté le feu aux rideaux de la chapelle privée de la reine et menace à présent de détruire la bâtisse.

Au lieu de déclencher l'alarme, le personnel appelle le standard du château. Le prince Andrew, en séjour dans les lieux, se précipite, quitte à braver les flammes, pour sauver les trésors de sa mère. Il se joint ensuite aux employés qui font la chaîne, se passent les tableaux, les meubles, les pendules… Les pompiers vont déverser plus de cinq millions de litres d'eau sur les bâtiments. Et le feu brûlera encore pendant quinze heures.

« La reine est anéantie, absolument anéantie, déclare Andrew à un journaliste. Elle aide à sortir les trucs du château… pardon, des œuvres d'art. Elle est là-bas depuis une éternité. » Charles, lui, n'arrivera que le lendemain. Il parle de « tragédie », mais part, dans l'heure, chasser à Sandringham. Les autres enfants de la reine, la princesse Anne et le prince Edward, ne se déplaceront même pas !

En parcourant les restes calcinés, ma Lilibet, âgée de soixante-six ans, paraît épuisée, accablée. C'est en cet instant précis, au milieu de cet océan de ruines, qu'elle prend conscience que, de toutes ses demeures royales, Windsor, berceau et symbole de sa dynastie, est celle qu'elle préfère. Dans son imperméable et ses

bottes de caoutchouc, d'un œil morne, elle contemple les enchevêtrements de tuyaux, de lances et d'échelles. Et si le pire était encore à venir? Symptôme de l'affection déclinante du public, l'annonce par le ministre du Patrimoine que la nation défraierait les coûts des réparations du château, pour une somme allant de 20 à 40 millions de livres, est reçue par une vague d'indignation populaire. « Quand le château est intact, il est à eux, écrit Janet Daley dans le *Times*. Mais quand il brûle, il est à nous ! » Ma reine comprend que c'est elle qui va devoir payer la facture des travaux.

Après plusieurs années de rénovation, la demeure a depuis retrouvé toute sa splendeur. Certains matins brumeux, dans la lumière du grand parc, les murs du château étincellent comme de l'argent.

Je comprends qu'on ne peut quitter Windsor sans se sentir écrasé par le poids des ans, mais c'est avec joie qu'à la sortie j'entends la musique des gardes jouer, non pas des airs militaires, mais des extraits de comédies musicales et des tubes des Beatles. Eh oui, je suis en Angleterre. Ici, le solennel et le familier, l'aristocratique et le populaire se côtoient, se tolèrent. Ils s'apprécient, même. À ma connaissance, jamais aucun roi ne s'est encore retourné dans sa tombe ! Quant à moi, dès que l'occasion se présentera, je retournerai à Windsor.

Balmoral

Pour ses vacances, la reine a toujours préféré ses propriétés privées – Balmoral, en Écosse, pour la saison estivale, et Sandringham House, dans le Norfolk, pour Noël – aux résidences royales officielles, qui, elles, dépendent de l'État britannique.

Balmoral est un majestueux château bâti en granit gris situé au milieu des landes couvertes de genêts. Dès 1855, la reine Victoria en fit l'une de ses résidences. Son architecture et sa décoration sont typiquement écossaises. À l'intérieur, les chaises sont couvertes de tartans authentiques, tandis que les papiers peints portent toujours le symbole V. R., pour *Victoria Regina*.

C'est le 8 septembre 1848 que Victoria et Albert se rendirent ici pour la première fois. Immédiatement, la reine fut enchantée du site qui lui avait été recommandé par le médecin de la cour. Le climat très sain exerça rapidement une heureuse influence sur sa santé. Après avoir loué le domaine, elle l'acheta en 1858 et y fit faire de nombreuses transformations. Sur proposition du prince, on ne conserva qu'une tour pittoresque et, à la place du petit château de vieux style écossais, on édifia un nouveau palais, beaucoup plus vaste et plus moderne.

Tout comme sa célèbre aïeule qui avait renommé la bâtisse « Mon paradis », la reine Elizabeth s'y est beaucoup plu. Chaque été, elle y passa au moins six semaines. Dans les landes immenses qui entourent la propriété, la famille royale a toujours fait de mémorables pique-niques, et le prince Philip y chassait le coq de bruyère.

Aux yeux de Sa Majesté, Balmoral symbolisait les véritables vacances. Elle y arrivait généralement pour le *Glorious 12th*, une grande cérémonie locale qui se déroule le 12 août. À chaque fois, ses premiers pas officiels en terre écossaise se faisaient en grande pompe, avec une cérémonie d'accueil musicale jouée par le régiment royal. Mais il s'agit ici de son accueil officiel ! Ordinairement, Elizabeth y venait un peu plus tôt dans la saison. Cette arrivée, elle l'effectuait avec beaucoup plus de discrétion. Pour quelques jours, elle prenait ses quartiers à Craigowan Lodge, un « modeste » pavillon de sept pièces situé à un *mile* (un kilomètre six cents) du château. Le temps de se poser, de régler quelques derniers détails et elle ferait ensuite son entrée officielle comme si de rien n'était. Ma Lilibet toujours m'a surpris.

À Balmoral, depuis Victoria, rien n'a vraiment changé. La vie, paisible, se déroule selon l'ancienne tradition des châtelains écossais. Chaque matin, quand l'horloge de la tour sonne 9 heures, devant la façade de granit du château, un joueur de cornemuse fait les cent pas en interprétant des airs traditionnels. Parfois, le dîner presque terminé, un quatuor au béret surmonté de plumes d'aigle, des *Archers*, entre à pas comptés dans la salle à manger et tournoie autour de la table. Les verres de cristal crissent, les vitres vibrent.

À chacun des séjours de la reine, une coutume voulait aussi que la souveraine assiste aux traditionnels Jeux d'Écosse disputés à Braemar. De costauds Écossais lancent un marteau de métal pesant huit kilos, puis exercent leur force sur un tronc de mélèze de six mètres. Face à ces jeux un peu curieux mais qu'elle connaissait depuis l'enfance, elle riait facilement aux éclats. Comme j'ai aimé la voir hilare et bon public ! Grâce à elle, le spectacle était aussi dans la tribune royale.

Durant la saison, on compte également le traditionnel bal des Ghillies. L'événement se tient dans la salle du château conçue tout spécialement à cet effet. La famille royale y participe en costume local.

Les deux mois que la reine passait à Balmoral étaient la période de l'année où elle était la plus détendue ; ce qui ne l'empêchait pas de respecter un strict emploi du temps. Ici, loin de tous regards, elle arborait souvent le kilt orné du tartan de Balmoral, créé pour la reine Victoria. Que d'enjeux autour de cette « jupe » traditionnelle !

De fait, chaque fois que des membres de la famille royale se rendent en Écosse, ils se coulent tout entiers dans la tradition. En d'autres termes : ils portent le kilt, le tartan et le tweed, et se promènent avec un bâton.

Balmoral est décoré de papiers peints en tartan. Les rideaux, les tapis et même certaines parures de lit reflètent le thème des Highlands. La petite histoire raconte que, lors de sa première visite à Balmoral, le duc d'Édimbourg portait un kilt emprunté et simula une révérence à son futur beau-père, le roi George VI. On dit que le souverain n'apprécia pas le numéro !

Il existe pléthore de tartans. Le tartan royal le plus reconnaissable entre tous est le *Royal Stewart*, avec son motif à base de rouge. Mais on compte plusieurs variantes, dont un « tartan de soirée », avec fond blanc, et un « de chasse », avec fond vert. À coup sûr, le plus fascinant est le *Balmoral Tartan*. Strié de gris et de rouge, il est réservé aux membres de la famille royale. En 1936, Edward VIII fit d'ailleurs enregistrer le motif pour empêcher quiconque de l'utiliser. Contrairement à la croyance populaire, il n'a donc rien de très ancien. C'est Victoria et Albert qui l'inventèrent.

Pour mieux saisir cette histoire du tartan, je me suis adressé à la meilleure experte de la question, Deirdre Kinloch Anderson. Depuis cinq générations, sa famille est le fournisseur officiel de kilts des Windsor. Dans son showroom de Leith, à quinze minutes d'Édimbourg, cette brune à l'accent scottish très prononcé m'a révélé toutes les subtilités de l'étoffe nationale : « Un tartan est composé au minimum de deux couleurs majoritaires, qui se croisent et se superposent par hachures intercalées et sont rehaussées de diverses rayures plus fines et contrastées qui se rencontrent et se mélangent selon le même principe de traits et de diagonales. » Je n'ai pas compris grand-chose, je vous l'avoue. Mais j'acquiesce, de façon polie. En réalité, je suis surtout venu dans l'espoir d'acheter un kilt aux couleurs de Balmoral. Mais, vous vous en doutez (je vous ai déjà mis au parfum d'ailleurs) : je vais repartir les mains vides.

— Les sujets de Sa Majesté, m'explique poliment Deirdre Kinloch Anderson, n'ont pas le droit de porter les motifs de la famille royale.

Pour moi, quelle douche écossaise ! Ayant fait tout ce voyage, j'espérais, au moins, pouvoir repartir avec un échantillon. Voyant ma déception, elle se rattrape en me confiant un petit scoop :

— Seul le *cornemuser* en chef de la reine, le major Paul Burns, qui lui joue une aubade sous ses fenêtres chaque matin, a droit, lui aussi, d'arborer le tartan royal.

Quelle tristesse ! Il ne me resterait donc plus qu'à prendre des cours de cornemuse. Dans ma désillusion, j'ose une dernière tentative. Comme vous, je sais que bon nombre d'Écossais ne portent rien sous leur kilt. Mais qu'en est-il de la famille royale ? Deirdre me lance un regard coquin et se met soudain à murmurer… Je lui ai promis de garder sa réponse pour moi seul !

Repartons pour Balmoral où l'appel de la nature est toujours le plus fort. L'Écosse est le pays de la chasse. Durant ses séjours estivaux, à maintes reprises, la reine va prendre le temps de se changer et, vêtue d'un kilt, d'une veste de tweed et d'un imperméable qui la protège de l'inévitable bruine, elle partira rejoindre des chasseurs pour un déjeuner en plein air autour de grillades. Le pique-nique terminé, elle accompagnera les chasseurs jusqu'à 16 heures. Immanquablement, elle retournera alors au château pour donner à manger aux chiens. Et tant pis si elle est couverte de boue. Dans sa chambre à coucher au lit de cuivre, aidée par Angela Kelly, elle enfilera une robe de soie ou de laine avant de descendre prendre le thé. Elle se consacrera encore un instant à son travail, puis, au salon, retrouvera enfin les autres membres de la famille. Certains savourent un whisky, d'autres lisent la presse, font la sieste enveloppés dans des plaids à carreaux. L'un des jeux favoris des Windsor lorsqu'ils sont à Balmoral ? Les charades ! Et la reine aurait été, de loin, la joueuse la plus redoutable. Durant ces vacances, au coin du feu, elle consacrera aussi plus de temps qu'à l'accoutumée à deux autres de ses grandes passions : les puzzles et les mots croisés.

Prenons le temps de nous arrêter un instant sur les pique-niques de Balmoral. Dans ce fief écossais, au cœur des Highlands, les Windsor privilégient ces moments. Mais l'idée qu'ils se font d'un déjeuner en plein air est un peu différente de celle que nous connaissons. Tout d'abord, des valets de pied transportent tout l'attirail nécessaire jusqu'à l'endroit choisi. Sur de belles nappes damassées, on dresse des verres de cristal et des assiettes de porcelaine étincelante. Bouteilles de vin blanc et de bières sont plongées dans des glacières. Une fois le barbecue allumé, le duc d'Édimbourg insistait très souvent pour « cuisiner » lui-même. Durant le repas, les valets de pied se retirent à une distance convenable – mais toujours à portée de voix – afin que la famille puisse profiter de ce qu'elle croit être une sortie tranquille et informelle à la campagne.

Bien qu'on en ait moins parlé que de son amour pour les chevaux, Elizabeth II était une fervente adepte de la chasse aux cerfs. Elle a tué sa première bête sur les collines de Balmoral alors qu'elle était encore adolescente. Et, peu de temps encore avant son décès, elle ne terminait jamais un séjour sans participer au moins à une battue. *The Queen*, le film de Stephen Frears, a magistralement évoqué celles de Balmoral. Vous souvenez-vous de cette scène incroyable où Helen Mirren laisse la vie sauve à l'animal ?

Durant deux mois, la souveraine oubliait donc presque complètement les devoirs de sa charge pour se consacrer aux joies familiales. Très souvent, la princesse Anne s'y trouvait également et y célébrait son anniversaire. Elle est née un 15 août. Jusqu'à sa disparition, la princesse Margaret, née, elle, le 21 août, venait souffler ses bougies avec sa sœur. Comment ne pas évoquer aussi le mois d'août 1997 où, présents auprès de leur grand-mère au sein de l'immense domaine, William et Harry apprirent la mort de Diana ? En cent cinquante ans d'existence, jamais la vieille bâtisse aux tapis épais, aux lits de cuivre, aux innombrables têtes de cerfs et gigantesques portraits de chiens de chasse ne fut bouleversée à ce point.

Dans son château de Balmoral, au printemps 2022, elle avait fait installer un ascenseur. Dans la fraîcheur des soirs d'été, ici encore mieux qu'ailleurs, elle se souvenait de tant de moments heureux. N'est-ce pas lors d'une balade dans le domaine, dans un décor de landes et de lacs, que Philip s'est mis à genoux pour lui demander sa main ? C'était à l'été 1946. Souvent, elle revoyait la pièce d'eau. Le ciel de nuages blancs. Elle admirait le décor *scottish and rustic* toujours identique. À Balmoral, terre de grouses, de faisans, de bécasses, landes de genêts, de chardons, de bruyères, rien ne change. Rien ne changera. Pas même le hululement des chouettes et des hiboux dans la nuit. Balmoral est éternel. Comme la couronne des rois d'Angleterre. Comme la reine de mon cœur. C'est ici, vous le savez désormais, qu'elle a choisi de rendre son dernier souffle.

Sandringham

Sandringham, dans le Norfolk, est un domaine typiquement campagnard. Cette bâtisse, bien que massive, s'apparente davantage à un manoir qu'à un château. Elle fut acquise en 1863 par Edward VII, alors qu'il n'était encore que prince de Galles. Huit ans plus tard, la demeure fut démolie, puis reconstruite. Elle se dresse aujourd'hui au milieu de trente-cinq-mille hectares de bois, de champs et de forêts giboyeuses.

En briques rouges, couverte d'ardoises, Sandringham House est une demeure gaie, malgré les vents du Nord qui balayent la plaine. Son acte de naissance est gravé sur le fronton : « La maison a été construite par Albert Edward et Alexandra, sa femme, dans l'année de Notre Seigneur 1870. » La reine Victoria n'appréciait guère le lieu. Elle n'y mettra d'ailleurs pas souvent les pieds. Sandringham était plutôt une maison d'hommes.

Le manoir fut surtout la résidence préférée de George VI qui y passait quatre mois par an et d'innombrables week-ends. C'est ici d'ailleurs, dans un salon du rez-de-chaussée transformé en chambre, qu'il s'éteignit, le 6 février 1952.

La mémoire d'Elizabeth est remplie de récits de fêtes qui s'y donnaient déjà sous Edward VII. Tous les 9 novembre, à l'anniversaire du roi, dans un embrasement de lumière, le château renaissait à la vie. Après la grande réception, durant une semaine, résonnaient dans les champs des salves du roi et de ses invités qui décimaient les faisans. Cette folle ère edwardienne est aujourd'hui évoquée dès qu'on franchit le seuil de la propriété. Dans le vaste hall, les hôtes sont confrontés... à une balance. Bon vivant, Edward VII avait institué une drôle de mode. À l'arrivée de chacun de ses convives, le monarque avait pris pour habitude de les peser. Et ceux-ci n'obtenaient l'autorisation royale de quitter les lieux que lorsqu'ils avaient pris du poids ! Je vous avoue que je ne connaissais pas cette anecdote. Je l'ai découverte dans le film *Spencer*, de Pablo Larraín, avec Kristen Stewart. J'ai vraiment cru que ça relevait de la fiction. Qu'ils manquent de finesse, parfois, mes Windsor !

C'est à Sandringham, dans de vastes salles de l'aile est, éclairées par de larges bow-windows, que les futurs Edward VIII et George VI apprirent à lire et à compter. Ils levaient souvent la tête pour regarder l'étang à travers la fenêtre et, au-delà, le parc, où ils cherchaient à distinguer les petits cerfs aux bois enchevêtrés. Dans le salon, la dame d'honneur se mettait au piano et les deux enfants royaux apprenaient *Le Vieux Nègre Joe*, *Ô ma chère Clémentine* et *Funiculi, Funicula*. Le soir, ils se baignaient côte à côte dans les tubs en zinc, rustiques à souhait.

Au matin du 6 février 1952, lorsque George VI fut retrouvé mort, on transporta la dépouille au second étage, dans la chambre même où s'était éteint son père seize ans plus tôt. Une lumière y brûlait en veilleuse. Sur le lit, le souverain, vêtu de l'uniforme d'amiral de la flotte, reposait sous le drapeau national. Dans le silence et dans le froid, Lilibet se recueillit longuement. Elle avait vingt-cinq ans. Elle venait d'être propulsée reine.

Si Sandringham est synonyme de souvenirs tristes, il a été aussi un catalogue d'évocations plus heureuses. Ici, la monarque put s'adonner tout entière à son activité favorite : le cheval. Ce fut longtemps pour elle l'occasion de monter en compagnie de la princesse Anne ou de l'un de ses fils, de retrouver la joie des tête-à-tête familiaux. Sentimentalement, elle possédait de nombreuses attaches avec ce manoir.

À l'heure de l'*afternoon tea*, les Windsor se retrouvent dans la vaste bibliothèque, dont les baies vitrées s'ouvrent sur le parc. Sur des étagères de bois sombre, rangés au cordeau, des romans victoriens côtoient des livres de poésie. Certains ouvrages figurent en langue française, comme *Bonjour tristesse*, de Françoise Sagan. Des vitrines sont chargées de porcelaines, héritage de la reine Alexandra, fascinée par les chinoiseries. Dans une lumière couleur de miel rutilent aussi les incroyables cadeaux du sultan d'Oman. Ils feraient presque passer les œufs de Fabergé pour de simples décorations pascales !

Les fêtes de Noël se déroulent toujours au château. L'immense sapin se dresse dans le hall, au pied du grand escalier. D'autres, plus petits, mais plus scintillants, éclairent et paillettent les salons. Le 25 décembre, on réveillait la reine tôt. Du vivant de Philip, elle se rendait à l'église Sainte-Marie-Madeleine en compagnie des autres membres de la famille royale pour assister à l'office du matin. Ce lieu de culte, qu'elle aimait tant, existe depuis la période Tudor. Si, sur le tard, son agenda n'a cessé de s'alléger, jusqu'au début des années 2000, elle a expédié son déjeuner pour se préparer pour sa traditionnelle allocution télévisée. Stressée à la perspective de ce qui était toujours un supplice pour elle, elle touchait à peine à la dinde et courait vite se faire maquiller pour une répétition de dernière minute. Ensuite, son message de Noël a évidemment été enregistré quelques jours à l'avance, et elle a été libre de savourer son *Christmas pudding* comme les autres. Et même, si elle le désirait, de regarder ses vœux à la télévision.

Comme son père et son grand-père, la reine aime être entourée de ses proches pendant les fêtes de fin d'année. Le soir du réveillon, dans la salle à manger aux tapisseries espagnoles et à la belle porcelaine de Blumenthal, on dîne aux chandelles. Chacun a revêtu une tenue de soirée, les hommes en smoking et nœud carré, les femmes en robes longues et bijoux. Dans la vaste pièce qui tire son nom des tapisseries réalisées à partir de cartons de Goya, cadeau du roi d'Espagne Alphonse XII, il ne fait pas très chaud. Normal, nous sommes dans un château privé de la reine. Ici, c'est elle qui paie le chauffage !

Un grand intendant découpe la dinde selon le cérémonial voulu. Un page apporte le *Christmas pudding* décoré d'une petite branche de houx sur laquelle dansent les flammes bleues du brandy. Après le dîner, on joue aux charades, parfois on organise une chasse au trésor et on chante autour du piano, où Kate démontre ses talents d'accompagnatrice. Chacun y va de son refrain favori. On trinque au Moët & Chandon. Les fous rires éclatent.

Le réveillon du Jour de l'an est tout aussi traditionnel. Fidèle à son ascendance écossaise maternelle, Elizabeth II observe l'ancienne coutume de la « première visite de l'année » des Écossais. Sa famille autour d'elle, elle attend dans le grand hall que l'horloge sonne minuit. Quand le dernier coup retentit, la porte s'ouvre et le traditionnel « homme noir » (généralement un valet de pied) entre, offrant un morceau de charbon que la reine accepte comme un symbole de bonne santé et de prospérité pour toute l'année à venir. Celui apparu aux premières minutes de l'année 2022 a fait montre d'un peu trop d'optimisme[1] !

Bien qu'elle n'ait pas vu le jour ni passé son enfance à Sandringham comme son père et son grand-père, Elizabeth a voué le même attachement à cette demeure. Emmitouflée dans un imperméable, elle aimait flâner dans les bois et les champs avec ses chiens. Elle ressemblait alors à n'importe quelle femme de fermier. Et ça l'amusait ! Il lui arrivait de prendre sa voiture pour aller à cinq kilomètres apporter une botte de carottes fraîches à son étalon favori et parler chevaux avec le garçon d'écurie de Wolferton.

1. On sait que le roi Charles III a choisi de maintenir la tradition des fêtes de fin d'année à Sandringham. À la mi-janvier, il rejoindra ensuite l'Écosse.

Cette campagne regorge de trésors. Elizabeth aimait tout particulièrement les produits de ce terroir : la confiture de coings du cognassier de Wood Farm, les petits paniers d'œufs d'oiseaux sauvages que lui apportaient les gardes-chasses. Les cerfs, daims et chevreuils de ses domaines étaient envoyés à Londres pour les cuisines du palais, finissaient en pâtés ou en terrines.

Une question me taraude. Je vais vous en faire part. Je sais que, mieux que personne, ma Lilibet aimait et respectait la tradition. Elle en était la gardienne. Elle était pour elle une ligne de conduite. Quand elle a senti que son heure venait, que ce Dieu qu'elle avait si longtemps, si vaillamment, si puissamment représenté sur terre, l'appelait à ses côtés, aurait-elle préféré être à Sandringham ? Comme son père, comme son grand-père, avait-elle imaginé s'éteindre dans une pièce du rez-de-chaussée ? Ou dans la belle chambre du deuxième étage ? Je l'ignore. Je sais juste qu'elle était à Balmoral.

I love her diamonds
Les ferrets de la reine

Lundi 3 juin 2019. Au premier étage du palais de Buckingham, dans les appartements de la reine, la double porte s'ouvre. Scott Ian Carmichael, le coiffeur de Sa Majesté (il officie à ses côtés depuis plus de vingt et un ans), vient tout juste de se retirer. Angela Kelly avance vers la table de toilette en bois de palissandre. Elizabeth II est assise face à une triple glace. Devant elle, en ordre militaire (pour gagner du temps) : brosses à cheveux et à habits, miroir à main et peigne d'écaille. Les pas de l'habilleuse en chef sont étouffés par une épaisse moquette. Le cartel de bronze posé sur la cheminée de marbre indique qu'il est précisément 19 h 36.

Une poignée de minutes plus tôt, dans sa chambre aux murs couverts de soie rose, la reine, qui ordinairement se farde seule, a eu recours aux services de Marilyn Widdess, maquilleuse de la BBC. Un *make-up* léger, comme elle les aime (produits Elizabeth Arden et Clarins uniquement), mais étudié. Un *make-up* de dîner d'État ! Une fois encore, Angela Kelly admire la robe que Sa Majesté vient de revêtir, une robe longue et blanche, cousue de belles et grosses marguerites en cristal. Sa patronne, elle la connaît comme personne. Et avec cette création imaginée tout spécialement pour ce soir de gala, un modèle en relief, presque en 3D, elle sait qu'elle vise juste. Lentement, elle ouvre maintenant le premier coffret posé sur la console qui lui fait face. C'est un collier de rubis et de diamants. L'un des plus prestigieux de la collection royale. Les pierres sont impressionnantes, de la taille de vraies noisettes ; les diamants, tellement nombreux. Précautionneusement, Angela l'extrait de son écrin de soie rouge, l'approche du cou de la reine. Elizabeth II baisse les yeux. Le fermoir de cette parure de cou est particulièrement délicat. Voilà qui est fait ! Le même coffret renferme aussi deux lourds pendants d'oreilles. Elizabeth II tend la main. Angela comprend qu'elle va les fixer elle-même. L'habilleuse glisse maintenant à la reine une paire de gants fourreaux blancs de la maison Cornelia James. Dans quelques secondes, un genou posé à terre, c'est un bracelet, de rubis lui aussi, qu'elle va clipser au poignet droit de Sa Majesté.

Elle ouvre maintenant une deuxième cassette. Elle contient une broche. Elle doit être épinglée sur le tissu brodé de cristaux. Deux autres médaillons viendront s'agrafer sur une écharpe bleu roi qui va traverser la robe de marguerites. La mission est toujours délicate. Mais le plus complexe est encore à venir. Subtilement, Angela défait le crochet du coffret en bois précieux qui renferme le diadème. Ce soir, Elizabeth II a choisi d'arborer la *Burmese Ruby Tiara*, une couronne de roses constellées de quatre-vingt-seize rubis enchâssés dans des rayons de diamants. Ce n'est pas un joyau historique, c'est l'un des plus récents de la collection royale. La reine l'a fait réaliser, en 1973, avec les rubis, cadeau du peuple birman pour son mariage, par le joailler Garrard & Co., l'un des fournisseurs des Windsor, dont les belles lettres d'or s'impriment d'ailleurs dans la soie rouge qui tapisse l'intérieur de l'écrin. L'exercice est périlleux. Il s'agit de fixer le diadème, de le rendre stable, de le figer, de lui donner de l'ampleur et du volume tout en veillant à ne pas écraser la coiffure de la reine. Au pire, Scott Ian, le fidèle figaro à la queue-de-cheval, patiente dans le salon attenant.

Lorsque tout est placé, c'est à chaque fois ainsi, Elizabeth II ouvre de grands yeux, tourne la tête à gauche, à droite, et, faisant bouger ses boucles d'oreilles, se mire durant quelques secondes. C'est impressionnant. Un peu irréel. Elle rayonne de mille feux. Comme éclaboussée.

Parce qu'elle est l'une des femmes les plus ritualisées du monde elle aussi (c'est sans doute pour ça également que les deux dames s'entendent si bien !), la voix fluette d'Angela résonne alors sous les lustres.

— Qu'en pense Votre Majesté ?

— Que ce sont des rubis ! Que cela fait longtemps que je ne les ai plus portés ! Et qu'ils sont... parfaits ! Parfaits pour le banquet de ce soir. Vous connaissez la symbolique des rubis, Angela ?

— Je pense, Majesté. Ne dit-on pas qu'ils protègent de tous les dangers ?

— Absolument ! Ils repoussent les forces du mal.

Mrs Kelly sourit et esquisse une révérence. Sa mission est terminée. C'est à présent la dame d'honneur, l'honorable Mary Ann Morrison, qui va prendre le relais. Il est 19 h 58. Dans trente-deux minutes précisément, la reine du Royaume-Uni, de Grande-Bretagne et d'Irlande du Nord, chef de l'Église anglicane et des forces armées, fera son entrée sous les lambris victoriens de l'immense salle de bal. Ce soir, Buckingham Palace reçoit le président Donald Trump et son épouse, Melania. Angela est rassurée. Elle sait maintenant qu'Elizabeth II, son amie, est parée pour le dîner. Face à ce président qu'elle n'apprécie guère, ce politique qu'elle redoute, ses marguerites de cristal et les rubis de Birmanie seront, à coup sûr, la plus certaine des armures.

Les diamants sont éternels, on le sait. Comme les reines, comme les rois, ils ne meurent jamais ! Aux pays du gotha, Elizabeth II en a été la croqueuse la plus assidue. Les coffres à bijoux de Sa Gracieuse Majesté – une chambre forte en réalité – débordent de joujoux délirants. Une collection unique, la plus spectaculaire du monde. Des couronnes, des tiares, des bandeaux... On évoque seize diadèmes, quatre-vingt-dix-huit broches, quarante-six colliers, trente-sept bracelets, quinze bagues, quatorze montres, cinq pendentifs, soixante-huit boucles d'oreilles... N'en jetez plus, les cassettes sont pleines ! Précautionneusement couchés dans de la soie, à l'abri de toute lumière, de tous regards, dorment des diamants, *of course*, mais aussi des émeraudes, des saphirs, des rubis, des améthystes, des grenats, des lapis-lazulis, du jaspe, de la cornaline, des perles blanches et noires, de l'or jaune et rose, de l'ambre, de la nacre, du corail... C'est fascinant. Surréaliste.

Chez les Windsor, la tradition veut que la reine prête un diadème à toute future mariée. On dit que, durant les préparatifs de ses noces, au moment de choisir le joyau qu'elle allait coiffer le matin du jour J, au premier étage de Buckingham, Kate Middleton a tellement été impressionnée qu'elle a perdu la parole. Avant de se ressaisir et d'opter pour la tiare *Halo* de Cartier, un modèle de 1936, cadeau du futur George VI à la future *Queen Mum*. Dans la pénombre et la froideur d'une des salles qui conservent ces pièces historiques, en vraie Américaine, Meghan Markle, elle, a cru défaillir. Tellement plus vrais, plus beaux, tellement plus nombreux que les répliques d'Hollywood ! Sous le regard sévère d'Angela Kelly, après maintes tractations, la future duchesse de Sussex donnera sa préférence à un bandeau de la reine Mary. Quelques mois plus tard, avant de choisir la tiare *Greville* en diamants et émeraudes de la maison Boucheron, un modèle de 1919, la princesse Eugenie, elle, a tous voulu les essayer. Beatrice, sa sœur, préférera les quarante-sept barrettes en diamants de la maison Garrard, cadeau de la *Queen* Mary également, un modèle particulièrement fragile qui avait déjà été choisi par Elizabeth II et la princesse Anne pour faire scintiller le jour de leurs épousailles. L'épouse du prince Edward, la comtesse Sophie de Wessex, a adopté le diadème *Anthemion*, qu'elle aura la chance – privilège rare – de pouvoir conserver après ses noces. Soulignons que Margaret, elle, n'a pas eu à plonger dans les coffres de sa royale sœur, puisqu'elle a préféré, en princesse déjà très libre et très indépendante, acheter elle-même sa propre tiare, dite *Poltimore* ; que la très aristocratique Diana a porté le diadème *Spencer*, trésor familial des seigneurs d'Althorp depuis plusieurs générations (un bandeau qui lui a valu de forts maux de tête), et que Sarah Ferguson s'est vu offrir le sien, la *Tiara of York*, par son futur mari, déjà très dépensier !

S'ils sont porteurs de fantasmes et de magie, presque hypnotiques, les joyaux de la reine, on le voit, sont avant tout historiques. Ces accessoires auréolés d'un réel pouvoir ont jalonné les moments forts du règne de la souveraine, lui ont offert un éclat encore plus incomparable. Ils sont des pièces essentielles, quasiment des acteurs à part entière, de la saga Windsor.

Dans le cadre de ses fonctions officielles, les plus fidèles amis de Lilibet sont, à coup sûr, les diamants. Elle les aime avec frénésie et les accumule, comme d'autres collectionnent des timbres-poste ou des photos anciennes. Les inventorier est un casse-tête à la Prévert. À en perdre son latin. Prudents, les experts se limitent à avancer (sans trop se mouiller) que sa collection personnelle de pierres précieuses est la plus prestigieuse au monde. Nous venons de passer en revue quelques-uns de ses diadèmes. Sachez, mesdames, que chacune de ces pièces très souvent modulables (pour être transformées en parure de cou) s'accompagne d'un ou de plusieurs collier(s), d'une paire de pendants d'oreilles et, parfois, d'une broche ou d'un bracelet.

À Buckingham, le plus célèbre des ornements de tête est sans doute la *Frange russe*. Constitué d'un précieux enchevêtrement de petites barrettes en diamants finement ciselées, ce diadème qu'Elizabeth affectionnait tout particulièrement peut quasiment rivaliser avec la tiare de volutes (en diamants toujours) ayant appartenu à la grande-duchesse Vladimir de Russie. La monarque aimait s'en parer avec des émeraudes taillées en forme de poire. Un peu plus loin dort aussi la « tiare de bonne-maman » exécutée, comme son nom l'indique, tout spécialement pour la reine Mary. Au centre d'une succession d'arabesques composées de diamants, d'émeraudes et de rubis tremblent d'énormes perles, qu'adorait tant la *granny* d'Elizabeth II. Dans un autre coffret de soie cramoisie sommeillent le *Diadème des Filles de Grande-Bretagne et d'Irlande* (la tiare en diamants à festons, peut-être la plus iconique de Lilibet, puisque c'est celle qu'elle a choisie d'arborer pour être représentée sur les pièces de monnaie et les billets de banque) et la *Burmese Ruby* (créée, on l'a vu, avec des gemmes reçues en cadeau de mariage du peuple birman).

En plongeant la main dans ses cassettes capitonnées, certes, Elizabeth II réalisait le rêve de la plupart des femmes, mais, pour elle, ces pièces n'étaient ni plus ni moins un outil de travail ! Dans la vie quotidienne, la reine ne portait que des boucles d'oreilles, un collier de trois rangs de perles (cadeau de George VI lorsqu'elle était encore adolescente) ainsi qu'une broche. C'était son minimum syndical ! Un uniforme ! Mais avec elle, méfions-nous de l'uniforme. Même si elles ont la capacité de faire blêmir l'arbre de Noël ô combien scintillant du château de Windsor, les broches qu'elle arborait ne sont pas seulement décoratives. Elles revêtent deux connotations : l'une diplomatique, l'autre affective. Tout dépendait du contexte !

Lors des grandes tournées royales dans les pays du Commonwealth, Sa Majesté épinglait des bijoux à message. Rien ne lui étant impossible, elle avait le pouvoir de les faire parler. Ainsi, au Canada, la broche feuille d'érable (créée par Asprey en 1939) et, en Nouvelle-Zélande, la broche fougère d'argent jettent comme un pont entre le cœur des deux nations. Le trèfle irlandais (souvent porté sur un tailleur vert) maintient le lien fragile avec l'île voisine. La broche chardon (emblème national de l'Écosse) la rapproche de ses origines maternelles et flatte ses sujets écossais lorsqu'elle leur rend visite, chaque été, avant de gagner son fief de Balmoral.

Le choix précis de certains de ses joyaux va aussi lui permettre d'exprimer des sentiments intimes. On se souvient tous du mariage, en avril 2011 et en mondovision, de Kate et William. Sous les voûtes millénaires de Westminster, la souveraine était elle-même au diapason de ce couronnement du bonheur puisque, sur son manteau jonquille, rutilait la broche en diamants dite *Nœud des amants*. Sens du détail, symbolique forte… En 2013, pour le baptême du prince George, elle arbore la broche très colorée *Panier de fleurs* que lui avaient offerte ses parents à la naissance d'un autre héritier, le prince Charles, en novembre 1948.

Une relation sentimentale la liait à ses bijoux de famille. La reine Mary, sa grand-mère adorée, a considérablement enrichi la collection. Le roi George VI et la reine mère lui en ont offerts au fil des anniversaires, des fêtes, des jubilés, des moments clés de sa vie. Comment donc ne pas être nostalgique à l'instant de choisir sa parure ? Ces accessoires précieux étaient ses anges gardiens, comme des talismans. Ils ont accompagné, vécu avec elle, sur elle, les petites et les grandes heures de son histoire familiale et officielle. Et puisque la couronne est éternelle, « bon prince », à certaines occasions, elle a accepté d'entrouvrir le coffre et de prêter quelques joyaux (symboliquement choisis) à quelques chouchous de son cœur. Quelle perle, cette reine !

Ainsi, le 17 avril 2021, alors que les caméras du monde entier retransmettent les funérailles du prince Philip, pour ce dernier adieu à l'homme de son cœur, Sa Gracieuse Majesté, qui a épinglé la broche *Richmond* (une création de 1893) sur son manteau de crêpe noir, a souhaité que la déjà très royale duchesse de Cambridge puisse arborer le spectaculaire collier de chien à quatre rangs. Célèbre tour de cou en perles fines, il fut offert par le gouvernement japonais et est muni, en son centre, d'une boucle en diamants[1]. Régulièrement, l'épouse du prince William coiffe également la *Cambridge Lovers Knot*, un diadème créé, en 1914, par Garrard, qui fut offert par la reine à la princesse Diana à l'occasion de son mariage, en 1981. La tiare de grosses perles et diamants, qui, jadis, a appartenu à la reine Mary, a fait son grand retour en 2015 dans la chevelure de Kate pour une réception donnée au palais de Buckingham. Depuis 1996, date du divorce de Charles et Diana, elle dormait dans les coffres de Buckingham.

Le temps de la femme la mieux informée du globe était précieux, on le sait ! Ses minutes valaient de l'or. Très longtemps, son planning a été surchargé. Ainsi, depuis toujours, portait-elle une montre. Logique, me direz-vous. La ponctualité

1. La nouvelle princesse de Galles arborera le même collier le 19 septembre 2022 sous les voûtes de Westminster pour les funérailles de la souveraine. Une façon de se souvenir, une façon aussi de remercier l'empereur et l'impératrice du Japon de leur présence aux obsèques, un cas inédit !

n'est-elle pas la politesse des rois ? À l'occasion de ses dix-huit ans, son père lui a offert la plus petite montre du monde, achetée chez Cartier, à Londres. Le bijou serti de diamants baguettes était aussi léger qu'une plume. Hélas, en courant avec ses chiens à Sandringham, celle qui n'était encore que l'héritière du trône l'a égarée. Immédiatement, on s'est lancé dans une battue. Militaires et scouts passèrent la pelouse au peigne fin, ratissèrent les parterres, les allées… en vain ! Bien des années plus tard, lors d'une visite d'État en France, la maison Cartier aura l'élégance de lui offrir un modèle similaire.

Face à cet inventaire pour le moins improbable, on imagine la délicate, voire l'impossible mission des compagnies d'assurances, dont la Lloyds, de chiffrer l'inchiffrable. En 1901, sous Victoria, on estimait la collection de bijoux à environ 5 millions de livres (près de 6 millions d'euros). En vingt-cinq ans, la reine Mary, on l'a vu, a considérablement enrichi ce patrimoine et, depuis toujours, on s'en doute, la reine la plus scintillante du monde a aussi reçu une rivière de cadeaux. Citons, par exemple, pour ses vingt et un ans, le plus gros diamant rose au monde, qu'elle fit monter en une broche-fleur (estimation : près de 10 millions d'euros !). Lors d'un voyage en Australie, elle reçoit une broche en forme de fleur d'acacia en diamants blancs et jaunes, enrichie d'un collier de trois opales mêlées à cent quatre-vingts diamants ! Au Brésil, un bracelet d'aigues-marines. En Afrique, une broche incrustée de trois cents diamants. En novembre 2010, à Oman, le sultan Qabus lui offre, en toute simplicité, un œuf Fabergé ! Et comme, à la différence des chefs d'État obligés de remettre leurs cadeaux, Lilibet a l'autorisation de tout conserver, la collection royale enfle à l'infini. Plus Taylor qu'Elizabeth Taylor, il y a déjà longtemps qu'elle ne comptait plus les carats ! Comment dire non à ce maharadjah qui lui offre un poignard du XVIe siècle au manche de jade incrusté de diamants, de rubis et de saphirs sans risquer de le vexer et frôler l'incident diplomatique ? Même s'ils n'étaient plus ce qu'ils étaient autrefois, comment refuser les cadeaux qui arrivaient par malles entières, lors des anniversaires, des jubilés, des voyages d'État... ? N'évoquons même pas, car on l'a vu, les présents reçus lors du couronnement et du mariage !

Et comme personne n'ignorait la passion que la reine vouait aux pierres précieuses, très naturellement, lorsqu'elle lançait un navire à la mer, inaugurait une usine, une ligne de chemin de fer, un terminal pétrolier, une banque, un marché... on manquait rarement (pour ne pas dire jamais !) de lui offrir aussi quelques babioles en brillants.

En juin 2012, pour ses soixante ans de règne, son Jubilé de diamant, l'occasion était tout évidente (presque obligatoire) pour Buckingham Palace de monter une grande exposition sur... les *diamonds* de la reine. Elizabeth II en personne a validé chacune des pièces qui ont été exposées au public.

Parmi des dizaines de parures, en cet été 2012, les vitrines de verre blindé de Buckingham exhibaient aussi sept diamants incroyables façonnés à partir du Cullinan (le plus gros diamant brut du monde, trois mille cent six carats), propriété des Windsor depuis 1907, date à laquelle il fut offert à Edward VII en gage de loyauté. L'une des broches exposées, constituée des diamants Cullinan III et Cullinan IV, est tout simplement... la broche la plus chère du monde : 37,5 millions d'euros !

Un peu embarrassé par certains montants qui filtrèrent dans la presse, Buckingham Palace finit par souligner que les « quelques joyaux » sélectionnés par Sa Gracieuse Majesté pour cette exposition jubilaire dévoilaient dix mille diamants ! La gêne avait été fort semblable l'été précédent lorsque le palais organisait l'exposition Fabergé : cent dix-neuf pièces inestimables (dont trois œufs), la seule collection privée au monde à faire pâlir le musée de Saint-Pétersbourg.

A contrario de la collection de tableaux, il n'existait pas de responsable des bijoux et diamants à Buckingham Palace sous Elizabeth II. C'est l'habilleuse de la reine, Angela Kelly, et son plus proche membre du personnel qui détenaient les clés des coffres de bois précieux où sont rangés certains joyaux. On imagine la confiance dont ils jouissaient de la part de la souveraine.

On imagine aussi la pression ! Ces gardiens du trésor ne devaient jamais rechigner à faire des heures supplémentaires. On note cependant quelques bévues. Il y a vingt-cinq ans, au retour d'un voyage à l'étranger, Scotland Yard fut contraint de confirmer avoir consacré quinze semaines – une petite enquête de deux mille heures ! – à rechercher « un paquet de pierres précieuses » appartenant à Sa Majesté. Les inspecteurs allèrent même jusqu'à interroger des membres du palais. Quelles étaient ces pierres ? En quelle quantité ? Où et quand avaient-elles disparu ? Mystère ! Le résultat de cette instruction à la James Bond ne fut, lui non plus, jamais révélé. Secret défense ! Au palais, même tonalité de mystère concernant le fournisseur breveté des coffres-forts. Aucun risque, donc, que les gentlemen cambrioleurs ne devinent la plus royale des combinaisons. Si toutefois l'aventure vous avait tentés, petite confidence de chroniqueur de cour (pour ne pas dire de cœur) : *dear* voleurs, je vous aurais conseillé « Lilibet 007 ».

LES *I LOVE*
QUI ME FASCINENT

I love her travels
Des transports hors du commun

Elle vient d'entrer dans son bain. Une baignoire de porcelaine blanche. Comme tant d'autres. L'eau est à bonne température. Ni trop chaude ni trop froide. En bonne quantité également. Depuis les années de guerre, Elizabeth II a pris l'habitude de ne remplir ses baignoires qu'avec quinze centimètres d'eau. Toutes les femmes de chambre au service de la reine le savent. Quinze centimètres précis. Pas un de moins. Pas un de plus. Pourquoi quinze ? Parce que c'était la mesure qui avait été décrétée par George VI, une quantité d'eau qui permettait de se laver sans rien gaspiller. Pour être au diapason de millions d'Anglais soumis au même régime.

Jamais elle ne prend de douche. Elle n'aime pas les trombes d'eau qui tombent sur sa tête, ruissellent, dégoulinent. Elle aime les bains. À côté d'elle, un savon à la violette (de forme ronde) et un petit pot de sels anglais de la marque Roger & Gallet, fournisseur du palais. Il y a aussi un flacon Yardley de brume hydratante pour le corps. Tous ces produits qu'elle connaît par cœur lui permettent, où qu'elle soit, de se sentir un peu *at home*.

Dans le châssis de la baignoire, l'eau se met soudain à trembler, à vrombir, presque à bouillonner. À chaque fois, ça la fait sourire. Elizabeth pose ses deux mains sur le rebord de porcelaine. Dans quelques secondes, les secousses seront terminées. Elle le sait. Ce matin, Elizabeth II est dans son train. Le *Royal Train*. Et à bord de cette voiture unique au monde, son wagon, le 2903, est le seul à être équipé d'une baignoire. Dans la salle de bains de la reine, la petite horloge murale affiche déjà 9 heures. Nous sommes le 29 septembre 2017. Elle doit se presser. Dans une heure précise, sur un tapis rouge parfaitement déroulé, elle posera le pied en gare d'Aberdeen.

À bord d'un train, d'un hélicoptère ou d'un avion, un déplacement de la reine ne s'avérait jamais tout à fait ordinaire. Mesures de sécurité exceptionnelles, luxe, symboles de prestige national... Voyager en présence de Sa Majesté, c'était en *first class*, *of course*. Embarquement immédiat.

En train

N'imaginez pas que, sur une petite voie de garage entre Windsor et Londres, une locomotive et toute une série de voitures ferroviaires attendent, à la queue leu leu, une convocation de Buckingham Palace. Je vais sans doute vous décevoir, mais, en réalité, il n'existe pas de « Train royal » au sens propre du terme. Pourtant, il ne s'agit pas d'un train fantôme.

Actuellement, sur ordre du ministère des Transports, neuf voitures désignées comme étant le *Royal Train* sont affectées aux déplacements de membres de la famille royale. En fonction du Windsor qui va l'emprunter, elles peuvent être assemblées dans de nombreuses configurations.

Montons un instant à bord de ce convoi privilégié. Je suis sûr que la curiosité vous titille. La décoration de la chambre à coucher de celle qui était alors la duchesse de Cornouailles est dans les tons de rose. Des lambris en bois d'érable sont sculptés en forme d'œil d'oiseau. En 2005, lorsqu'elle rejoignit la famille royale, Camilla demanda que chaque fenêtre soit équipée de rideaux occultants. Sa salle de bains, qui dispose d'une douche, est également de couleur rose.

Passons dans les appartements roulants de celui qui était le prince Charles. La chambre à coucher et le salon affichent un décor masculin, à dominante bleue. Les tableaux, qu'il a choisis lui-même, reflètent son sens de l'humour et son amour pour l'ancien yacht royal, le *Britannia*, dont il a accroché une représentation au-dessus de son lit. La salle à manger du prince porte le numéro 2916, et son wagon-lit, le 2922.

Nous voici, enfin, dans la voiture de feu la reine : un salon, couleur bleu pâle, aux murs couverts de gravures anciennes, garni d'un canapé, de larges fauteuils et d'une petite table à manger. Lorsqu'elle était à bord, c'est ici qu'Elizabeth II prenait son petit déjeuner. Ce salon est facilement identifiable, car il est le seul à posséder des portes doubles à l'extrémité du vestibule. Elles s'ouvrent ainsi directement sur le quai. Il ne restait plus alors qu'à dérouler le tapis rouge.

La voiture suivante (elle porte le numéro 2903) est son ancienne chambre à coucher. Les murs sont tendus de tons pastel et renferment un lit d'une largeur d'un mètre. Notons qu'il n'y a aucun lit double à bord. La salle de bains de Sa Majesté est attenante. Elle est équipée d'une grande baignoire, on l'a vu, et la seule à en être pourvue. Le prince Philip, tout comme les autres voyageurs, n'avait droit qu'à une douche !

Jusqu'au décès de la souveraine, seuls cinq membres de la famille royale étaient autorisés à utiliser ce train à titre personnel : la reine, le prince de Galles, la duchesse de Cornouailles et le duc et la duchesse de Cambridge. Tout autre Windsor devait obtenir l'autorisation de Sa Majesté avant de voyager. Et Elizabeth II se montrait souvent très stricte quant à l'usage de ce privilège. Afin de couper l'herbe sous le pied des tabloïds, en permanence à l'affût de tout caprice ruineux pour le contribuable, la reine exigeait que toute personne souhaitant utiliser le *Royal Train* soit en mesure de justifier son déplacement, au profit de la Couronne ou de l'État.

Pour les aiguilleurs du rail, faire circuler ce convoi pas tout à fait comme les autres est, on l'imagine, un véritable casse-tête. Pour ne pas dire un défi ! Tous les trains normaux, censés sillonner les rails que doivent emprunter les wagons royaux voient leurs horaires modifiés (quand ils ne sont pas carrément annulés) et leurs parcours souvent considérablement bouleversés. C'est la raison pour laquelle, sur certains itinéraires, les Windsor, comme le commun des mortels, utilisent parfois une simple ligne commerciale.

Ce train est le moyen de transport préféré de la famille royale, et ce depuis que la reine Victoria fut le premier monarque régnant à effectuer un voyage ferroviaire. C'était le 14 juin 1841. Elle se rendit de Windsor à Londres, où elle descendit en gare de Paddington. Soulignons que le *Royal Train* tel que nous le connaissons aujourd'hui existe depuis 1977, à l'occasion du Jubilé d'argent, au cours duquel ma reine et les Windsor ont parcouru à son bord des milliers de kilomètres. Plusieurs nouvelles voitures furent ajoutées, et certaines anciennes modernisées ou radiées. Depuis le *Silver Jubilee*, toutes les voitures ont été repeintes dans la couleur *Royal Purple* et numérotées dans une série spéciale commençant à 2900.

Le Train royal fut également fortement mis à contribution lors du Jubilé d'or, en 2002. À l'occasion de ses cinquante ans d'accession au trône, et malgré le fait qu'elle venait d'enterrer sa sœur et sa mère, la reine se rendit en Cornouailles, dans le Devon, le Somerset, dans le comté de Tyne and Wear, dans le Buckinghamshire et le Berkshire.

La restauration servie à bord est sous la responsabilité de Rail Gourmet, une filiale du conglomérat géant de restauration Compass. Petits fours, sandwichs et *puddings* sont donc l'œuvre d'un traiteur. *Oh, my God!* Un peu décevant n'est-ce pas? La sécurité est assurée par la *British Transport Police*. Mais, curieusement, il n'y a pas de conducteur officiel du Train royal. C'est le premier sur le tableau de service qui prend le poste.

Évidemment, aucun contrôleur ne passe dans les voitures, aucune grève n'affecte jamais son service. Le *Royal Train* est même le seul convoi ferroviaire au monde qui puisse se targuer de n'avoir jamais enregistré une seule minute de retard. Et ce, au départ comme à l'arrivée ! Je ne sais pas ce qu'il en est pour vous, mais moi, sujet du roi des Belges habitué à voyager à bord d'un célèbre train couleur bordeaux, cette ultraponctualité très royale me rend vert de jalousie !

En avion

Chez les Windsor, piloter son avion fait presque partie du quotidien. Le nouveau roi Charles III, le prince William, le prince Harry et le prince Andrew sont tous des pilotes qualifiés qui ont reçu leurs « ailes » au cours de leur formation dans la *Royal Air Force*.

Il n'y avait plus d'escadrille de la reine en tant que telle. Les vols de Sa Majesté étaient assurés par l'escadron royal n° 32 basé à Northolt, près de Londres. Cette flotte se composait de deux jets BAe 146, chacun pouvant transporter jusqu'à vingt-cinq passagers, et de cinq HS-125 plus petits, d'une capacité de sept personnes. En cas de vol de nuit, la configuration de ces appareils changeait, permettant l'installation de lits. Ce n'était pas *Air Force One*, mais, presque. C'était *Lilibet Two* !

Dès la première année de son règne, la jeune Elizabeth II avait déjà parcouru soixante-quatre mille kilomètres et visité douze pays. Son palmarès en soixante-dix ans de royaux services : plus de cent nations, dont vingt-deux fois le Canada et, cocorico, treize fois la France. Sa carte de fidélité, vous l'avez compris, n'acceptait même plus les *miles*.

Toutes les personnes impliquées dans le transport aérien de la famille royale sont des bénévoles et ne font donc pas l'objet d'une rémunération spécifique. C'est un honneur de piloter Sa Majesté !

Chaque fois que la souveraine se déplaçait en avion – il en est depuis de même pour son fils et successeur –, une zone d'exclusion maintenait tous les autres appareils à une distance de sécurité du vol royal. Les contrôleurs du ciel utilisaient alors le terme *Purple Carpet*, « Tapis Violet », qui déterminait la protection au-dessus, au-dessous et au-devant du bolide volant de la reine. Et pas question qu'un avion de chasse, de tourisme ou un long-courrier n'oblige Sa Majesté à faire le moindre détour. C'était aux autres de s'adapter ! Vous l'avez compris, pour le clan Windsor, tous les couloirs aériens sont *VIP*.

En hélicoptère

Les membres de la « firme » aiment emprunter des hélicoptères, mais aussi les piloter.

La reine, elle, on s'en doute, se contentait de les emprunter et prenait volontiers des passagers clandestins à bord : ses corgis. Tous les appareils volants de Lilibet étaient de couleur rouge, et, puisqu'ils appartenaient à la reine, il ne leur était pas interdit de survoler la Tamise ou la ville. Le voyage en hélicoptère le plus célèbre de notre *Queen* est, sans aucun doute, le *sky trip* qu'elle n'a jamais effectué, celui au cours duquel James Bond, le plus dévoué de ses agents secrets, prit place à ses côtés. Notons que, pour le tournage de cette séquence, privilège rarissime pour ne pas dire unique, Buckingham Palace mit l'un de ses bolides volants à la disposition de l'équipe.

Au palais, c'est le *Royal Travel Office* qui gère le calendrier des utilisations des appareils. Depuis 2009, tous les hélicoptères du monarque sont entretenus par une entreprise française basée à Bordes, filiale de Safran Turbomeca.

Elizabeth II ne gardait pas bon souvenir de tous les hélicoptères. En juin 2019, lors d'une visite d'État de trois jours, Sa Majesté recevait, au palais de Buckingham, le président américain Donald Trump et son épouse Melania. Au programme : une cérémonie suivie d'un déjeuner, puis, dans la soirée, d'un banquet officiel. Comme il est d'usage, *Marine One*, l'hélicoptère réservé aux déplacements d'un président américain, se pose sur la pelouse du palais. Comme lors de tous les atterrissages officiels dans les jardins, un coup de canon est tiré amicalement. Le problème (c'est le *Mirror* qui le révélera, en août 2019), c'est que le canon de Buckingham va tonner... à plusieurs reprises ! En effet, après son atterrissage au palais, *Marine One* s'est déplacé à *Winfield House*, la résidence de l'ambassadeur des États-Unis, puis est retourné au palais pour assister au banquet d'État d'où il a, de nouveau, dû redécoller. Pauvre gazon royal ! Au départ de Donald et Melania, le *Mirror* raconte que la reine était dévastée. Au Premier ministre australien Scott Morrison, qu'elle recevra quelques jours plus tard, elle confiera : « Venez voir ma pelouse. Elle est ruinée. Saccagée ! »

Notons que quarante ans plus tôt, vers 1980, ma Lilibet fut nettement moins contrariée quand, au cours de sa formation aérienne, le prince Andrew, son chouchou, posa à plusieurs reprises les pales de son bolide volant, par surprise, dans les jardins royaux de Windsor ou de Londres. Le temps de lui adresser un *kiss kiss*.

En tournée

Les voyages d'Elizabeth II à travers le monde ont contribué à resserrer les liens entre les différents pays du Commonwealth et à tisser des relations d'amitié avec d'autres nations, rehaussant ainsi le prestige de sa nation. Personne vraiment ne saurait dire combien de différends la reine a aplanis au cours des ans, ni combien de bonnes relations elle a cimentées au cours de ses voyages.

C'est l'écuyer de la Couronne qui veillait sur les déplacements, mais c'est le secrétaire privé, sir Edward Young, qui les supervisait, en relation avec le *Foreign Office*[1].

Toutes les visites officielles étaient précédées d'un voyage « test ». Le *Travelling Yeoman*, le garde des voyages, doit établir et contrôler le meilleur itinéraire possible pour l'acheminement des bagages. L'une de ses missions ? Mesurer la largeur de toutes les portes et la taille de tous les ascenseurs, commander des voitures et des camionnettes pour les bagages et le personnel, et préparer leur itinéraire. La moindre valise s'est vue équipée d'étiquettes de couleur codées, puisque la couleur est une langue internationale. Le code de la reine était le jaune[2], avec la

1. Ministère des Affaires étrangères.

2. Chaque membre de la famille avait sa couleur d'étiquette pour les bagages : jaune pour la reine, mauve pour le duc d'Édimbourg, rouge pour le prince Charles, vert pour la princesse Anne… C'est qu'à l'étranger, en particulier

mention « *The Queen* ». Le système est infaillible, mais pas à l'épreuve des chasseurs de souvenirs. Ainsi, le *Travelling Yeoman* est équipé en permanence d'une provision d'étiquettes de réserve.

En déplacement, la reine emportait toujours des vêtements de deuil et du papier à lettres de condoléances bordé de noir au cas où une mort soudaine se produirait durant son absence. Ce fut en tout cas la première des règles pendant la majeure partie de son règne. On estime qu'entre trente et cinquante personnes l'accompagnaient dans une visite. Un tiers était des officiels, le reste se composait de membres d'appui et de responsables d'intendance : secrétaires, sécurité, habilleurs, coiffeurs et direction générale de la logistique et de l'aspect pratique de la visite.

Pour ses tournées royales, la reine, on l'a déjà évoqué, se déplaçait avec une quantité impressionnante de bagages. Ses toilettes du soir voyageaient à bord de deux immenses armoires en cuir bleu, chacune haute d'un mètre quatre-vingts et montée sur roulettes. La commode assortie dans laquelle étaient rangés, en piles nettes, les gants, les bas, les mouchoirs et la lingerie était aussi montée sur roues. La reine l'avait commandée spécialement pour ses voyages à l'étranger. Les boîtes à chapeaux et à souliers, également en cuir bleu, contenaient parfois une trentaine de chapeaux et deux fois plus de chaussures ! Une demi-douzaine de malles-armoires en gros cuir débordaient de manteaux, de tailleurs, de robes et de fourrures. Les toilettes d'apparat étaient transportées dans une malle séparée. Une trousse de toilette en crocodile contenait le nécessaire en vermeil de trente pièces : brosses, peignes, miroirs à main et pots de maquillage. N'oublions pas la valise longue et étroite, un modèle unique rempli de parapluies et d'ombrelles dont les

dans les pays du tiers-monde, il arrivait très souvent que les chasseurs d'hôtel ou d'autres membres du personnel ne sachent pas lire. Ce système avait donc été jugé plus opportun.

manches incrustées de pierres précieuses étaient protégés par de fines peaux de chamois.

L'habilleuse de la reine chargée de cette énorme garde-robe savait par cœur dans quelle malle se trouvait quel vêtement. Une valise ne la quittait jamais des yeux : celle renfermant les bijoux de Sa Majesté.

Où que la reine se rende dans le monde, elle était toujours accompagnée d'un mystérieux « sac brun ». Il ne s'agit pas d'un célébrissime sac à main Launer sans lequel on la voyait rarement en public, mais d'un accessoire que les femmes de la famille royale emportent à chaque voyage. Même si, à la fin, elle ne parcourait plus le globe, ce *royal bag* continuait de l'accompagner dans ses déplacements. On pense qu'il comprenait une paire de chaussures supplémentaire (pas question de casser un talon sans solution de rechange), des bas (filer à l'anglaise n'est pas permis), des gants de réserve (la reine pouvait en porter jusqu'à cinq paires par jour) et, probablement, tout autre article nécessaire aux besoins quotidiens d'une femme, comme une trousse de maquillage, des protections féminines, des bonbons à la menthe et un flacon de parfum. Et pas question de confondre cet *handbag* de secours avec un *airbag*. Il devait toujours se trouver à portée de main.

Un jour, lors d'une visite aux États-Unis, le *Brown Bag* fut oublié dans l'avion. La seule issue de secours fut de demander à l'un des pilotes de le récupérer. Il eut alors la délicate mission de le « remettre », dans les plus brefs délais, à une dame d'honneur de Sa Majesté. Mais, avant d'en prendre possession, on lui fit promettre de ne surtout pas l'ouvrir ni d'en révéler l'existence. Que pouvait-il donc contenir de si compromettant ? Honni soit qui mal y pense !

Buckingham Palace
Côté balcon

— Bonjour, je m'appelle Deborah Griffith, je suis responsable des relations publiques de l'Eurostar. C'est votre éditeur qui m'a communiqué votre numéro de portable. Nous sommes très honorés que vous acceptiez de faire cette série de conférences sur Buckingham Palace sous Elizabeth II à bord de nos trains. On se réjouit de vous compter parmi nous, Mr *Deeckers*. On aime beaucoup vos chroniques, et nous souhaitions un auteur belge pour être en phase avec notre ligne Bruxelles-Londres.

Dès que mon éditeur m'avait proposé ce projet, j'avais trouvé ça fun de parler de Buckingham à bord de l'Eurostar. J'étais donc plutôt ravi de cet appel.

— Deborah, c'est adorable d'avoir pensé à moi, vraiment. Mais comment est-ce organisé ? Que dois-je prévoir ?

— Mr *Deeckers*, vous interviendrez entre Calais et Folkstone, au moment où le train plonge sous la mer. Trente-sept kilomètres. Le but est de déstresser nos passagers durant cette traversée dans l'Eurotunnel. Vous parlerez au micro qui est diffusé dans tous les wagons, vous faites votre speech et hop, une fois revenu à la surface, vous allez vous détendre dans la voiture-bar. Votre intervention sera annoncée à nos voyageurs, il se pourrait que certains d'entre eux vous demandent une petite signature de votre livre. Nous aimerions qu'une partie de votre allocution soit faite en français et une autre partie en néerlandais. Nous sommes obligés d'être bilingues sur cette ligne. Il serait bien que vos deux discours soient différents, se complètent. Pour éviter une répétition. Beaucoup de nos voyageurs maîtrisent les deux langues.

— Oui, je comprends. À combien de temps ai-je droit ?

— Précisément trente-cinq minutes ! Bien sûr, vous n'aurez pas vraiment le temps de développer. Mais quelques anecdotes bien senties feront l'affaire. Vous pourriez, par exemple, donner quelques chiffres qui frappent l'imagination.

Concernant Buckingham Palace, des chiffres, justement, j'en ai un classeur entier. Elle me pensait journaliste, la Deborah, elle va voir que je pourrais (aussi) être agent immobilier.

— Vous savez, Buckingham, c'est une superficie de 77 000 mètres carrés. Le palais en pierre de Portland est haut de 24 mètres et sa façade s'étend sur 108 mètres et 120 de profondeur (cour carrée comprise), si mes souvenirs sont exacts.

Mes « souvenirs » sont forcément « exacts », puisque les chiffres figurent sous mes yeux.

— Si je devais faire le tour du propriétaire, je dirais : 775 pièces, dont 19 salles d'apparat, 52 suites royales, 78 salles de bains, 188 chambres et 92 bureaux. Le palais du duc de Buckingham compte également 250 lignes téléphoniques, 40 000 ampoules, 1 514 portes, 750 fenêtres (qui sont lavées toutes les six semaines), 5 kilomètres de couloirs, 20 hectares de jardins, 350 variétés de fleurs, 20 000 œuvres d'art, 104 colonnes en marbre, une garde de 74 hommes, 400 000 visiteurs pendant l'été…

— C'est très intéressant, Mr *Deeckers*, je n'en disconviens pas. Très, très intéressant, même, mais il serait passionnant d'entraîner aussi nos voyageurs dans les coulisses du lieu, de rendre le bâtiment un peu humain.

« Rendre le bâtiment un peu humain »… ? Aaah, je sais.

— Eh bien, il y a un *verminsman* qui a la charge, toute la journée, de traquer les souris et les rats du palais. Et vous avez le caporal Bruce qui est « Maître du Pavillon ». Quand Elizabeth II était dans les lieux, il faisait hisser son étendard au bout d'une hampe de vingt-cinq mètres. Il le fait maintenant avec les couleurs du roi Charles. À lui de faire en sorte que le drapeau flotte droit, même si le vent est capricieux. Buckingham dispose également de caves à vins incroyables. Elles sont sous le contrôle du *Yeoman of the Royal Cellar*, Robert Large. Avec l'aide d'un conseiller (*the clerk*), Simon Berry, il gérait, entre autres, un stock de mille bouteilles de champagne millésimé. Les caves à vin sont situées sous l'aile ouest, c'est la partie la plus ancienne de Buckingham. Elle remonte à 1703.

À l'autre bout du fil, Deborah Griffith ne dit rien. Est-elle conquise ? Subjuguée ? Où alors... elle est morte d'ennui !

— Et... auriez-vous quelque chose de plus intrigant ?

— De plus intrigant ? Euh... Laissez-moi réfléchir !

Je ne vais tout de même pas inventer un fantôme ! Quoique...

— Une série de tunnels secrets parcourent les sous-sols. L'un d'eux permet l'accès à l'un des endroits les plus agréables du palais : la piscine. Le bassin mesure vingt mètres. C'est George VI qui, en 1938, décida de transformer un pavillon de l'aile nord en *swimming-pool*. Au début, c'était une serre. Le père de ma Lilibet a tout fait pour que ses petites chéries se prennent pour Esther Williams. Colonnes grecques à l'extérieur, carrelage Art déco à l'intérieur. Les baies vitrées donnent sur les platanes entrelacés du jardin. C'est un peu Hollywood. Et vous savez qui en sont les nageurs les plus assidus ?

— Le nouveau roi et la nouvelle reine !

— Non, pas du tout. William, Kate et leurs enfants : George, Charlotte et Louis.

— C'est passionnant, Mr *Deeckers*. On a l'impression que vous nagez avec eux. Vous devriez demander au palais l'autorisation de faire un selfie, en maillot, dans ce lieu incroyable. On pourrait en faire la couverture de notre magazine distribué à bord, *Metropolitan*.

— Ne me tentez pas, Deborah ! Vous savez que j'adore les défis. Excusez-moi d'être un peu direct, mais, pour le paiement, comment allons-nous procéder ?

— Pas de souci, tout est déjà réglé, Mr *Deeckers*. Votre éditeur nous a confié les références de votre compte bancaire. Et bravo ! Nous avons vu que votre banque est située à Jersey. Nous avions jusqu'ici l'habitude de collaborer avec un autre spécialiste royal qui, lui, détenait un compte au grand-duché du Luxembourg ! Mais quel chic d'avoir choisi les îles Anglo-Normandes. C'est la reine Elizabeth qui en était la souveraine. Elle y faisait la loi et la loi fiscale, m'a-t-on dit ! *Congratulations !* Même côté bancaire, vous êtes encore plus royaliste qu'elle !

Cette conversation n'avait que trop duré. Le « Mr Deeckers » était sur le point de prendre congé lorsque la voix haut perchée retentit de nouveau.

— Mr *Deeckers,* une toute dernière question. Est-il vrai que Buckingham dispose d'un distributeur de billets ?

— Absolument ! Il a été installé, dans les sous-sols du palais, il y a un peu plus de vingt ans, par la banque privée Coutts & Co., l'établissement qui gère les finances de la Couronne. Il n'en existe aucune photo. On dit qu'il est dissimulé derrière de hautes plantes vertes. Et que la reine, qui était la seule à n'y avoir jamais rien retiré, prélevait une commission sur chaque retrait. Pour « service rendu ». Vous savez, Deborah, au fond, ce n'est pas tellement Dieu, ce sont plutôt les *royalties* qui veillaient sur elle. Elle était la seule à avoir tout compris ! *Coutts Save the Queen*[1] *!*

« Buckingham Palace, London, SW1 1AA » est l'adresse officielle du souverain britannique et, sans aucun doute, le plus célèbre palais du monde ! C'est la seule résidence royale à porter le nom de son propriétaire d'origine, John Sheffield, duc de Buckingham. En 1762, le souverain qui, plus tard, sera popularisé par les récits de cape et d'épée d'Alexandre Dumas, la céda à George III pour la coquette somme de 28 000 livres. Ce n'est qu'après l'accession au trône de la reine Victoria, en 1837, que le lieu devient finalement la résidence officielle du monarque.

Aucun des souverains ayant vécu au palais ne l'a particulièrement apprécié, notamment Edward VII. Il en fut de même pour George V, qui déclarait : « Buckingham Palace n'est qu'une maison. Sandringham est un foyer... » Cette nuance fait toute la différence. Le roi Edward VIII, jamais couronné, a certes installé des salles de bains supplémentaires, et même une douche, tenté

1. Bien que fictive, cette saynète humoristique ne met en lumière que des détails rigoureusement exacts.

d'apporter une touche moderne de confort, mais, pendant son règne éclair, il passa davantage de temps à Windsor qu'à Londres. En 1937, Winston Churchill fit tout pour vaincre les réticences de George VI à s'y installer dès sa montée sur le trône. Le père de notre Lilibet n'a jamais caché son aversion pour son intérieur, semblable à un musée. Il parlait même de « glacière ». Elizabeth II, elle, a toujours estimé que le château de Windsor était sa maison préférée. Elle l'a prouvé jusqu'à la fin, en ayant déserté à tout jamais l'immensité de sa demeure londonienne. Même pendant les fêtes de son Jubilé de platine, la souveraine a préféré séjourner à Windsor plutôt que d'être aux premières loges et de dormir à Londres ! Lilibet étant allergique au bruit et à la poussière, cette décision venait peut-être aussi du colossal chantier de rénovation que subissait (et subit toujours) la bâtisse.

Il faut dire qu'à Buckingham, le réseau électrique ne tient plus que par l'opération du Saint-Esprit. Tout s'effrite ! Il y a plus de cinquante ans, on utilisa du caoutchouc durci à l'aide de soufre pour en faire des gaines de câbles. Il est aujourd'hui impératif de tout remplacer. Cent cinquante kilomètres de fils, autant de tuyaux de plomberie et de chauffage. Un incendie ou une inondation pourraient facilement menacer le palais. Deux cents pièces subissent actuellement un lifting. Les travaux devraient se terminer vers 2025, avec la rénovation des appartements privés du roi.

L'un des vrais trésors de cette bâtisse historique, ce sont les inestimables assiettes en or utilisées lors des banquets d'État. Elles sont conservées, au sous-sol, dans une chambre forte, verrouillée et fortifiée. Les on-dit prétendent qu'un jour, un valet de pied a été découvert ivre mort dans la pièce, enseveli sous une pile de ces précieux services. Apparemment, son principal crime était d'avoir bu une bouteille de brandy des caves de Sa Majesté, une liqueur hors d'âge évaluée à plusieurs milliers de livres. Il aurait juste reçu un avertissement. Vous voyez – et n'en déplaise aux mauvaises langues –, *my Queen was very sympathetic* avec son personnel !

Bien que le palais ait toujours refusé de le confirmer, il existe au sous-sol de Buckingham un passage souterrain secret qui débouche sur la ligne de métro «Jubilee», reliant directement l'aéroport d'Heathrow. Il pourrait être utilisé pour évacuer la famille royale en cas d'urgence et permettre de fuir une attaque terroriste. Selon certains historiens, c'est la menace de l'invasion nazie pendant la Seconde Guerre mondiale qui a conduit à imaginer une telle installation. C'est cependant plus tard, au moment de la guerre froide, qu'a été décidée la construction d'un bunker ultrarenforcé, équipé de matériel de combat, capable de résister à une attaque nucléaire. On n'est jamais trop prudent!

Oasis de calme au sein d'une grande ville, le palais de Buckingham est une communauté autonome, une île isolée de l'Angleterre par des grilles et des murs imposants. Il a son propre quartier de police, sa caserne de pompiers, son bureau de poste, son distributeur de billets, sa piscine, sa salle de cinéma d'une capacité de trente-deux spectateurs, et même son équipe de football amateur. Il existe aussi un syndicat qui bénéficie d'une permanence à l'intérieur du bâtiment et un comité d'entreprise : mais notons que personne à ce jour n'a encore osé faire grève.

Évidemment, Buckingham Palace possède des écuries pour les chevaux et d'immenses halls pour les voitures (on l'a déjà évoqué), une forge, un garage de réparation automobile et pléthore d'autres ateliers chargés de l'électricité, de la plomberie, de l'entretien et de la restauration de meubles… Il y a suffisamment de fenêtres pour que douze hommes soient employés en permanence à les nettoyer de la pollution londonienne. Chaque semaine, deux techniciens, des magiciens du temps, viennent spécialement remonter et entretenir les trois cent cinquante horloges et mécanismes, dont beaucoup sont des pièces de collection! On fait toujours appel à la vénérable maison de Charles Frodsham (dans St James Street). Les artisans conviés au palais disposent d'un «Sésame, ouvre-toi!», l'accès de toutes les pièces

Thank you, Lilibet

Durant soixante-dix ans, Elizabeth II a incarné la fonction royale. Femme de devoir et de sacrifices, reine grave, raide, hors du temps, dans son sang coule un sang bleu et glacé. Le sang des Windsor.

Bienvenue chez les Windsor

Le duc et la duchesse d'York au temps de l'insouciance. En 1936, les parents de la future reine voient leur destin basculer. Celui de notre héroïne aussi. C'est ainsi que débute la plus palpitante des sagas royales.

I love Baby Elizabeth

Lilibet sur les genoux de la très royale et très corsetée reine Mary, sa grand-mère. L'épouse de George V donnera mille conseils à notre héroïne, dont celui de se méfier du téléphone, « parce qu'il nous rapproche trop du commun des mortels ».

Elizabeth et Margaret sur un cheval à bascule. Depuis sa plus tendre enfance, l'amour de l'équitation est, pour Lilibet, une évidence.

Elizabeth à dix ans.

© Collection BMS

© Collection BMS

L'affaire Townsend va entacher la relation entre les deux sœurs. Elizabeth II tranchera. Quand il le faut, mon héroïne n'a aucun état d'âme. Elle est l'État !

I love the Windsor Sisters

Au Royaume-Uni (et dans le monde entier), les sœurs Windsor, de tempérament foncièrement différent, électrisent les magazines de papier glacé.

© Baron/Camerapress/Gamma Rapho

I love Philip

Juillet 1947, les fiançailles. Nos deux tourtereaux redonnent joie et allégresse à une Angleterre encore frappée par les blessures de la guerre.

Philip de Grèce et de Danemark a beau être prince, avoir des yeux piscine, les traits d'un apollon et un physique d'adonis, il est fauché comme les blés. Folle amoureuse, Lilibet parvient à imposer ce jeune officier à l'allure de viking.

20 novembre 1947. Depuis Albert et Victoria, la saga Windsor n'avait plus connu de vrai et grand mariage d'amour.

I love the new Queen

Le 2 juin 1953 restera
gravé dans les mémoires.
Et dans les cœurs.
Sous les voûtes de
Westminster (et de quatre
caméras de la BBC),
une frêle jeune femme ceint
la lourde couronne de saint
Edward.
Parée du sceptre et
de l'orbe, elle pose ici pour
Cecil Beaton.
Et pour l'éternité.

Après l'interminable cérémonie, le salut au balcon du palais soulève des foules en délire. Jamais l'incarnation de la Couronne n'a paru aussi juvénile.

I love her family

Elizabeth et Philip donneront le jour à quatre enfants : Charles en 1948, Anne en 1950, Andrew en 1960 et Edward en 1964. Trois princes et une princesse qui, à coups de scandales, de divorces et de remariages, vont faire entrer les Windsor de plain-pied dans le XXIe siècle.

Queen Mum, ses bibis fruités et ses robes vaporeuses tiennent une place clé dans cette superproduction *made in England*. Les sujets de Sa Très Noble Majesté adoraient cette vieille reine poudrée et souriante. Mais sous la broderie anglaise, très peu percevaient la main de fer…

I love her dada

D'après Léon Zitrone, Lilibet (pas la reine, la femme passionnée) aura ce mot : « Si je ne craignais pas les foudres de mon archevêque de Cantorbéry, à la belle saison, je serais à Longchamp tous les dimanches. » *Henniii* soit qui mal y pense !

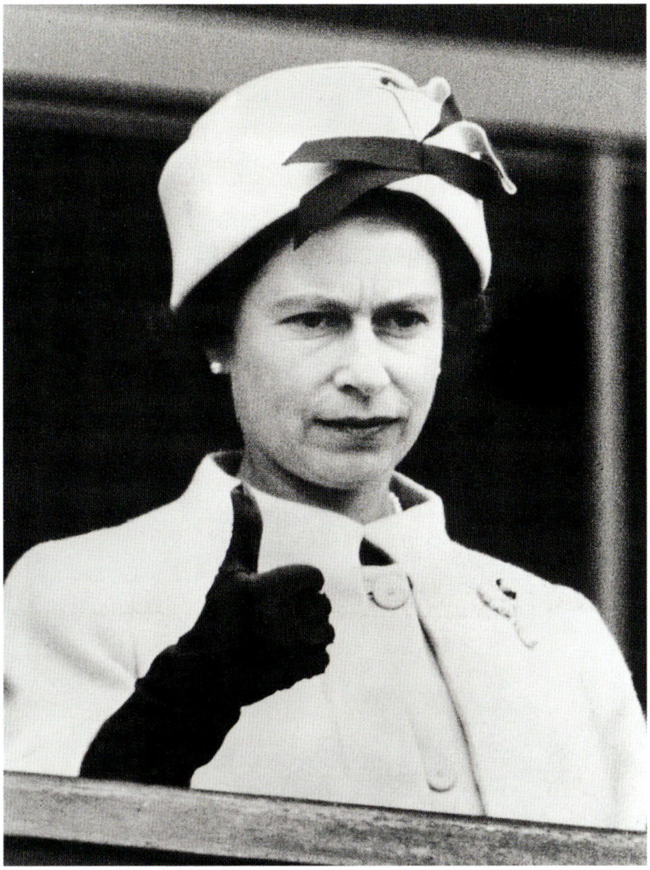

Si le destin avait été autre, l'Histoire (avec un grand H) différente, si elle n'avait pas ceint la couronne, comme elle l'a confié à plusieurs reprises, la reine de mon cœur se serait consacrée tout entière à l'élevage de chevaux.

BUCKINGHAM PALACE.

I love Buckingham Palace

Photos : The Royal Collection Trust

De la salle du trône aux écuries royales, à Buckingham, rien ne peut être tout à fait banal. Le palais compte sept cent soixante-quinze pièces dont dix-neuf salles d'apparat.

L'adresse officielle des souverains comprend également 52 suites, 78 salles de bains, 188 chambres, 92 bureaux, 250 lignes téléphoniques, 40 000 ampoules, 1514 portes, 750 fenêtres (lavées toutes les six semaines) et 5 kilomètres de couloirs.

Pour des centaines de serviteurs zélés, Buckingham Palace est un palais un rien surréaliste où dames d'honneur et gardes du corps côtoient valets de pied, aides de camp et maîtresse des robes.

Mites et souris, passez votre chemin ! Un *verminsman* vous traque toute la journée. Aucune crainte pour les livrées de gala. Tout le panache de la magie Windsor !

I love her garden-parties

Sur bristol aux armes royales, à la demande de la reine, trois fois par an, le lord-grand chambellan convie près de huit mille personnes à une *garden-party* dans les jardins de Buckingham. Attention : robe de jour, uniforme ou tailleur exigés. Et munissez-vous d'un plan, trois entrées possibles.

EIIR

The Lord Chamberlain is commanded by Her Majesty to invite

Mr. and Mrs. Bernard Shipley

to a Garden Party at Buckingham Palace on Tuesday, 21st July, 1992, from 4 to 6 p.m.

Morning Dress, Uniform or Lounge Suit

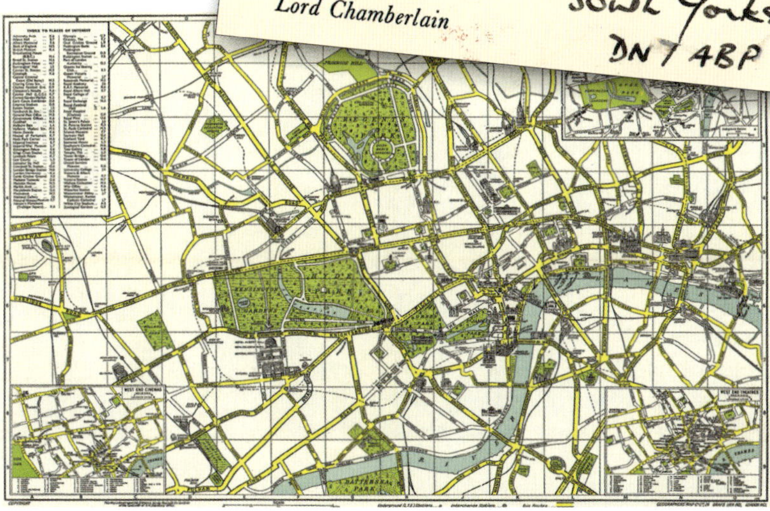

Ambiance *pic-nic* chic ! Pas une goutte d'alcool mais des dizaines de variétés de thé. Et autant de plaisirs salés et sucrés. Sous l'auvent royal, c'est Kathryn, la chef pâtissière personnelle de la *Queen*, qui supervise le buffet.

I love her castles

Balmoral, la propriété d'été des Windsor, était déjà mondialement connu à la suite du décès de Diana. En septembre 2022, la mort de ma reine a, de nouveau, propulsé le château écossais sous les yeux de la planète.

Windsor, à quarante kilomètres de Londres, est la demeure émotion d'Elizabeth II. Lors de son incendie, en 1992, jamais Lilibet ne parut aussi anéantie. Le château le plus romantique du monde est aussi le plus vaste et le plus vieux encore habité.

Érigé au milieu de trente-cinq mille hectares de forêts, Sandringham est le manoir des fêtes de fin d'année. Le réveillon des Windsor se déroule dans la grande salle à manger aux tapisseries espagnoles. Ambiance royale mais température glaciale !

C'est dans un salon de Sandringham que George VI s'éteint le 6 février 1952. C'est ici que bascule le destin de notre Lilibet.

Ci-dessous, le château de Windsor, un décor à la Poudlard.

I love the Britannia

Durant quarante-quatre ans, le yacht *Britannia* fut la plus belle des ambassades de la Couronne. Plus d'un million de milles marins, 1 600 ports, 135 pays traversés… La distribution la plus célèbre du globe pose ici sur le pont supérieur du navire le plus royal des mers. La croisière s'amuse… avant les tempêtes ! Soixante-sixième navire royal, ce géant de bois et d'acier sera aussi le dernier.

Ci-dessous, les menus protocolairement rédigés dans la langue de Molière.

Son désarmement en 1997 fera pleurer la reine. Du jamais vu ! Le yacht abrita trois lunes de miel… trois lunes de fiel !

I love her look

En soixante-dix ans de règne (et en gants blancs griffés Cornelia James), on estime que la reine a serré la main à un dixième de ses sujets, soit plus de quinze millions de personnes.

Le style haut en couleur de la plus pop star des *Queen* est né de l'étroite collaboration avec Angela Kelly, son habilleuse. Au fil du temps, la styliste va devenir la plus proche collaboratrice, puis la seule vraie amie de la reine. La mort de notre héroïne signera son déclin.

Chaque tailleur est accompagné de son chapeau. Pour les modistes, un seul mot d'ordre : les bords ne doivent en aucun cas dissimuler le visage royal.
Jamais de cloche ou de capeline donc !
Uniquement des toques, des bretons, des turbans ou des canotiers.
Par centaines, par milliers…

Dans les dressings de Sa Majesté, on estime à plus de six mille les robes vert gazon, rouge amour, jaune poussin, bleu océan, orange carotte…
Elizabeth II ou une reine kaléidoscope.

I love her diamonds

« Le diadème des Filles de Grande-Bretagne et d'Irlande ». Cette tiare en diamants à festons est peut-être la plus iconique de Lilibet puisque c'est celle qu'elle a choisi de porter pour être représentée sur les pièces de monnaie et les billets de banque.

Les coffres-forts royaux renferment plus de trois cents joyaux, dont certaines pierres parmi les plus fascinantes du globe. Plus Liz Taylor que Liz Taylor, Elizabeth II est la croqueuse de diamants la plus assidue de la planète Gotha.

Les trésors de la Couronne comptent également cent dix-neuf pièces (dont trois œufs) de la main du grand Pierre-Karl Fabergé. La seule collection privée au monde à faire pâlir le musée de Saint-Pétersbourg !

I love her "cars"

Estimée à dix millions de livres, la flotte royale comporte dix limousines d'État, dont cinq Rolls-Royce. Détail cocasse : l'accoudoir de l'un de ces bijoux automobiles renferme un miroir et des poudriers. *So chic !*

© Rolls Royce

© Istockimages

Le carrosse de verre, « mon » carrosse.

Le *Gold State Coach*, réservé aux couronnements et aux jubilés, est le carrosse le plus ancien et le plus fabuleux des écuries de Buckingham. Véritable œuvre d'art sur roues, il pèse plus de quatre tonnes et nécessite huit chevaux (au pas) pour le tracter.

The Royal Collection Trust © Her Majesty Elizabeth II

Celles qui me rendent *sorry*

Wallis, Diana, Sarah et Camilla, chacune à leur façon, ont assombri le règne de mon héroïne. Entrer chez les Windsor peut s'avérer dangereux. La princesse de Galles va tragiquement y laisser la vie.

© Depositphotos

©Anwar Hussein/WireImage/Getty Images

© Glenn Harvey/D. R.

© Chris Jackson-WPA Pool/Getty Images

© Nariman El-Mofty-WPA Pool/Getty Images

Le *Megxit* et la guerre des 4 Fabulous (William, Kate, Harry et Meghan) vont engendrer plus de huit milliards d'articles sur la Toile. Et faire saigner le cœur d'une grand-mère, fût-elle la plus merveilleuse souveraine de tous les temps.

Goodbye my Queen

Le 8 septembre 2022 restera, à jamais, dans les livres d'histoire. Après un règne de soixante-dix ans, sept mois et deux jours, Elizabeth II, la reine, la chef des armées, la lieutenant de Dieu sur terre, la femme aussi, la mère, la grand-mère, la veuve inconsolable, tire sa révérence. Une vie de service. Un exemple ! Durant onze jours, le temps s'est arrêté. À Londres, devenu le point de ralliement du monde entier, jamais un silence n'a été aussi criant. Les funérailles d'État ont pulvérisé tous les records. Des chiffres à donner le tournis. Mais pas vraiment de larmes. Plutôt une reconnaissance, immense, éternelle. Comme le sera le souvenir d'une héroïne qui n'est plus. *Thank you,* Lilibet. Ma reine est morte. *God save the King !*

leur est, en effet, assuré par ce simple mot : « Frodsham ». C'est magique !

Des milliers d'ampoules illuminent chandeliers, suspensions et autres moyens d'éclairage. Mais c'est le contribuable qui paie la facture, les économies de bouts de chandelle ne se pratiquent pas à Buckingham, puisqu'il s'agit d'un bâtiment appartenant à l'État. Toutes les bougies proviennent de la maison Price's, fournisseur de la Couronne depuis 1830. Quand on aime, on est plutôt fidèle chez Sa Majesté !

L'infirmerie, parfaitement équipée, occupe une soignante vingt-quatre heures sur vingt-quatre (le poste fut doublé au moment de la vaccination anti-Covid). Un médecin de service est présent quotidiennement. Un véritable *drugstore* propose par ailleurs aux membres du personnel un assortiment de boissons, confiseries et pâtisseries, à des prix défiants toute concurrence.

À cet inventaire, il faut ajouter une kyrielle d'appartements d'apparat et de studios plus modestes qui occupent la moitié du palais et ne s'animent que dans les grandes circonstances. La salle du trône, rarement utilisée, mérite une mention spéciale. C'est une pièce de dix-huit mètres de long, dont les murs sont ornés de frises en haut-relief évoquant la guerre des Deux-Roses. La moquette de Bruxelles, les tentures des fenêtres et le dais drapé au-dessus du trône sont de couleur pourpre éclatant. La salle à manger d'apparat est une pièce tout aussi royale : vingt et un mètres de long. L'or prodigué dans la décoration lui donne un éclat éblouissant.

À la cour de Buckingham, les jardins – il serait plus correct de parler de parcs, d'ailleurs – ont une capacité de trente terrains de football, ce qui en fait le plus grand jardin privé de Londres ! C'est ici, trois fois par an, que se tiennent les célèbres *garden-parties*. Sur invitation du grand chambellan, durant trois après-midi, huit mille invités sont conviés à se joindre aux Windsor. Alors, tous n'auront pas la chance de s'entretenir avec un membre du clan, mais… entre deux sandwichs au concombre et deux tasses d'Earl Grey, ils peuvent se consoler en admirant le « vase de Waterloo », par exemple, une urne de près de cinq mètres façonnée dans un seul bloc de marbre de Carrare, récupéré lors des guerres napoléoniennes – un trésor de guerre, en somme. Pour l'anecdote : il devait, au départ, être installé dans le « salon Waterloo » du château de Windsor, mais son poids (plus de vingt tonnes tout de même) menaçait d'effondrement tout l'édifice. Il trône aujourd'hui dans les jardins, depuis 1906.

Au cœur du parc également, dans un terrain laissé en culture libre (véritable jardin à l'anglaise), à l'abri des regards indiscrets, quatre ruches de bois et ses milliers d'abeilles ont fourni, jusqu'en 2009, le miel servi aux tables royales. Le prix du miel ayant ces dernières années considérablement augmenté, sur conseil de ses gestionnaires, Elizabeth II avait fait installer des centaines de ruches sur les toits de Regent Street, l'une des plus célèbres artères commerciales de la capitale, où le *Crown Estate*[1] est propriétaire de nombreux bâtiments.

La monarchie britannique est une pyramide dont la reine occupait le sommet. Tout de suite après elle venaient cinq hommes clés qui se partageaient la charge d'organiser, dans le moindre détail, sa vie publique et officielle. Ce sont le grand chambellan, le trésorier, le secrétaire particulier, le maître de la Maison de la reine et l'écuyer de la Couronne. Chacun disposait d'un petit état-major de secrétaires et d'assistants et dirigeait un secteur bien délimité de la vie d'Elizabeth II, quoique leurs attributions aient souvent eu tendance à se chevaucher.

En fait, le palais de Buckingham est tout aussi hiérarchisé que la Marine royale ! Il suffit de s'initier à l'organisation traditionnelle et méticuleusement élaborée des repas pour s'en rendre compte ! Cinq salles à manger sont à la disposition du personnel : la salle à manger des membres de la Maison de la reine, la salle à

1. Le « domaine royal » qui gère le portefeuille des actifs associés à la Couronne britannique.

manger des fonctionnaires, celle du personnel de bureau, celle des intendants et le réfectoire des domestiques.

La pièce la plus spectaculaire de l'édifice est incontestablement la salle de bal : trente-six mètres de long pour dix-huit mètres de large. Le plafond culmine quant à lui à plus de treize mètres. On dit que c'est la plus grande salle de bal privée de Grande-Bretagne et qu'elle fut commandée par la reine Victoria pour un coût de 250 0000 livres, l'équivalent de 25 millions de livres de nos jours[1]. Elle a été inaugurée le 17 juin 1856 par une grande soirée dansante afin de célébrer la fin de la guerre de Crimée. Dès 1883, elle a la particularité d'avoir été la première pièce à disposer de l'électricité. Elle n'est utilisée qu'une vingtaine de fois par an pour les investitures et banquets d'État. Quant à l'orgue monumental qui y trône, il fut restauré à temps pour le Jubilé de diamant et figure sur la galerie des musiciens, qui peut accueillir l'une des fanfares de la Garde, si besoin s'en fait sentir.

Un fait caractéristique à propos de l'aspect du palais de Buckingham : vu de face, il reste le même, été comme hiver. Les fenêtres ne semblent jamais ouvertes, quel que soit le temps de la journée, et les rideaux ne sont jamais déplacés (Elizabeth II était intransigeante sur ce point), afin de préserver l'aspect immaculé de « boîte à chocolats » de ce célèbre monument londonien.

Chaque grande demeure a droit à son meurtre mystérieux, et Buckingham Palace ne déroge pas à la règle. Il concerne l'ancien shah de Perse. Lors d'une visite d'État en 1873, un domestique était censé monter la garde devant la chambre du souverain. Mais il a été surpris endormi pendant son service ! Son maître a ordonné sa flagellation. Les gardes du corps ont pris l'ordre au pied de la lettre avec une telle vigueur que le serviteur a succombé à ses blessures. On informa la reine Victoria qu'il

1. Près de trente millions d'euros.

s'agissait d'une mort naturelle et, pour éviter toute paperasserie et tout embarras diplomatique, son corps fut (prétendument) enterré secrètement à la tombée de la nuit, dans un coin reculé des jardins du palais, près de Hyde Park Corner. On prétend que, depuis, aucune fleur n'y a jamais poussé ! Certaines des jeunes femmes de chambre les plus crédules estiment que son esprit hante le palais et prétendent avoir vu le fantôme. C'est du moins l'explication donnée lorsqu'on les surprend, tard dans la nuit, à se faufiler dans une chambre interdite !

D'autres prétendent que, si fantôme il y a, il est situé au premier étage, dans un bureau plutôt étriqué : l'ancien bureau du major John Gwynne, qui était le secrétaire privé du roi Edward VII. Au début du siècle dernier, après avoir scandalisé le souverain qui venait d'apprendre que son secrétaire était un homme divorcé (*shocking !*), Gwynne s'est donné la mort, d'une balle dans la tête, attablé face au petit bureau de bois qui trône toujours au milieu de la pièce, d'ailleurs. Aujourd'hui encore, des membres du personnel sont formels : certains soirs, on y entend encore des coups de fusil !

C'est étrange, car le fantôme de Buckingham, je l'aurais plutôt vu dans les caves, moi. Ces caves, immenses (on parle d'un espace équivalant à quatre terrains de football), seraient dotées… d'une porte donnant accès à des couloirs souterrains, un labyrinthe qui conduirait directement… à la porte du Parlement. Alors, légende ? Vérité ? On n'en sait rien, en fait, mais certains avancent que l'existence de souterrains pourrait expliquer que, durant la Seconde Guerre mondiale, le roi George VI ait choisi de rester à Londres malgré les bombardements qui ont touché le palais à sept reprises !

Puisque nous sommes dans ces caves, attardons-nous un instant. Elles seraient… voûtées et carrelées. « Seraient », car il n'en existe aucune image. Et pour cause ! En leur cœur : le cellier royal : cinq mille bouteilles dont on ignore tout – la provenance, l'âge, le millésime. On sait juste qu'elles ont été sélectionnées par un prestigieux comité d'experts. Le chef sommelier de Buckingham est sommé de garder le silence.

D'après les confidences de certains invités, il semble toutefois que les vins servis aux tables royales – toujours dans des carafes en cristal et en gants blancs, protocole oblige – ne soient pas des élixirs prestigieux, « de bons châteaux, mais jamais trop onéreux ». Quant aux champagnes, bien que plusieurs maisons soient accréditées comme « fournisseurs officiels », il semblerait que Sa Majesté ait marqué une petite préférence pour Pol Roger. C'est, en effet, ces bulles qui firent pétiller les déjeuners qu'elle a offerts lors des mariages de William et de Harry.

Même le plus blasé des invités est sensible au décorum et au luxe du service cinq étoiles de Buckingham. Ici, le terme *room service* prend tout son sens. Lorsque le président Obama et son épouse Michelle sont arrivés pour une visite d'État en mai 2011, ils ont été stupéfaits par le souci du détail qui leur fut réservé dans la suite belge. La Suite belge, qui accueille les chefs d'État étranger, est baptisée ainsi en raison de Léopold Ier, l'oncle de Victoria, qui y séjournait fréquemment. Dans la salle de bains, les responsables du palais sont allés jusqu'à mettre à la disposition du couple le même papier toilette que celui utilisé à la Maison-Blanche. Il en fut de même pour leurs fleurs préférées, les draps et les couvertures (en laine ou en coton) ou les couettes sur le lit. En partant, le couple reprit précisément les mêmes mots que ceux prononcés par le président américain George Bush : « Personne ne le fait mieux. »

Je les crois sur parole et me déclare volontaire pour tester à mon tour la bien nommée Suite belge. Alors, c'est vrai, je ne suis pas chef d'État, mais ce nom m'est tout prédestiné : je suis sûr que je m'y sentirais comme chez moi ! Et que ma Lilibet aurait consenti à une petite exception !

En dehors de la Suite belge, cinquante et une autres chambres dites « royales » sont réservées aux Windsor ou à leurs hôtes.

Depuis le 7 août 1993, Buckingham Palace est accessible à tous. C'est presque contrainte et forcée que Sa Majesté avait accepté d'ouvrir le bâtiment et le parc au public. En effet, à la suite de l'incendie du château de Windsor, il fut nécessaire d'autofinancer les réparations sans passer par le contribuable, de moins en moins compréhensif. Depuis, le palais ouvre ses portes chaque année en août et en septembre (période durant laquelle la reine se trouvait à Balmoral), mais aussi parce que c'est le pic de la saison touristique. Désormais, on peut même réserver son créneau horaire sur Internet. Outre la découverte de tous les appartements d'État, avec des audioguides en plusieurs langues, les visiteurs peuvent également se rendre à la boutique, où sont vendus divers souvenirs, et dans les jardins, pour prendre le thé.

Avant d'ouvrir ses grilles au public, Elizabeth II a d'abord parcouru chaque pièce en choisissant les appartements qu'elle autoriserait à la visite. Il a fallu sept ans avant qu'elle donne son accord à l'accès de la spectaculaire Salle de bal. Aujourd'hui encore, certaines des pièces les plus intéressantes sont strictement interdites à toute personne, excepté la famille royale et ses invités personnels : la Salle à manger chinoise, avec son décor unique, et la Salle des Indes, située juste à côté. Cette dernière contient une magnifique collection d'armes. La Salle d'audience est, quant à elle, bien trop proche du salon privé de Sa Majesté – tout comme la pièce spéciale réservée aux corgis. Ne comptez pas non plus voir la *Balcony Room*, d'où sortent les membres de la famille royale pour saluer la foule à l'occasion des grands événements.

Ce balcon, justement, prenons le temps de nous y arrêter. Outre-Manche, quand on s'appelle Windsor – et qu'on se marie à Londres –, on fait un petit tour… sur le balcon ! Et aucun n'a dérogé à la règle : à commencer par notre Lilibet. Souvenez-vous, c'était le 20 novembre 1947. Sa sœur, la belle Margaret, fera de même treize ans plus tard avec le photographe Antony Armstrong-Jones. Suivront la princesse Anne et Mark Phillips, Charles et Diana, Andrew et Fergie, Kate et William. (Le prince Edward et le prince Harry préféreront, eux, tout comme le prince Charles et Camilla d'ailleurs, un mariage… moins solennel, plus romantique sans doute aussi, dans la campagne de Windsor.) Notons que ce balcon (qui est le plus célèbre du monde et ne sert pas uniquement aux mariages) est un rajout au bâtiment. C'est la reine Victoria qui l'a fait ériger – « à la vitesse de l'éclair », dit-on – en 1853, afin de pouvoir saluer, avec panache, les troupes qui partaient pour la guerre de Crimée.

À Buckingham, telle une fourmilière, toute la journée, des facteurs en uniforme foulent la moquette rouge des couloirs pour aller distribuer le courrier quotidien. Ils se déplacent exactement comme s'ils arpentaient les trottoirs de n'importe quelle petite ville du pays.

La correspondance des Windsor et de la Maison royale ne porte pas de timbres, mais les enveloppes sont affranchies avec la date d'envoi et le code postal dans le coin supérieur droit et – sous la reine – l'annotation « E II R » surmontée d'une couronne, dans le coin inférieur gauche. Tout courrier posté pendant une période de deuil de la cour est enfermé dans des enveloppes liserées de noir.

Les visiteurs de Buckingham Palace entrent généralement par la porte centrale nord, c'est-à-dire celle qui se trouve à droite lorsque vous faites face au palais. La Grande Entrée est réservée aux invités ! Une fois le contrôle de police effectué, votre identité est vérifiée, puis vous êtes dirigé à travers l'avant-cour en gravier vers la *Privy Purse Door.*

Cinq marches conduisent à la porte, recouvertes d'un tapis rouge. Lorsque vous vous approchez, un valet de pied en livrée vous ouvre : personne n'a jamais besoin de sonner ou de frapper. Le domestique porte son uniforme de jour : redingote vert foncé, pantalon noir, chemise blanche et gilet rayé. À l'occasion d'une cérémonie d'État, les valets revêtent une queue-de-pie écarlate. Commence alors la magie. La Grande Entrée vous conduit au Grand Hall, qui vous conduit… au Grand Escalier. Plus spectaculaire que celui de *Titanic* ou d'*Autant en emporte le vent.* Vous savez, lorsque Scarlett chute et s'écroule sur les marches. À noter que ses marches couvertes de velours rouge confèrent à cet escalier à double révolution un côté très hollywoodien. À chaque fois que je le monte (ou le descends), je pense à Lilibet, très royale, en grande tenue, dont les robes du soir dotées d'une traîne ourlaient les marches, comme une vague d'écume. Tout comme le balcon, le velours rouge du Grand Escalier vit aussi défiler quantité de blanches mariées du clan Windsor. Prenez le temps de le gravir. L'instant est terriblement royal. Vous pénétrerez ensuite dans la Salle des gardes, qui mène à la Salle du trône, puis à la Galerie des peintures. Il est difficile de faire vivre ces lieux par des mots. Il faut arpenter les couloirs, voir les dimensions ahurissantes, lever les yeux pour admirer la folle hauteur sous plafond, se rendre compte des volumes. Partout, il y a des stucs, des lambris, de l'or. Partout, d'épais tapis guident les visiteurs. Il y a encore le Salon aux tapisseries de soie, la Galerie est, la Salle de banquet d'apparat, la Galerie ouest, la Galerie des peintures, le Salon bleu, le Salon de musique, le Salon blanc, l'Antichambre, l'Escalier des ministres, la Galerie de marbre, le Salon en demi-lune…

Rien ne change et, en même temps, tout change. Pour le meilleur ou pour le pire ? Au total, il y a plus de trois cents cheminées dans le palais ! Comme il fallait normalement cinq personnes pour préparer et allumer le feu de Sa Majesté, cette pratique a été discrètement abandonnée : aujourd'hui, chauffage central et feux électriques ont remplacé le charbon et les bûches.

Le dernier étage du palais présente encore des allures très victoriennes. Il est réservé aux logements du personnel. En tout, cent quatre-vingt-huit chambres sont dévolues aux domestiques. Les hommes sont placés dans le coin droit, les femmes à gauche, et les nouveaux arrivants sont relégués à l'arrière. Plus ils travaillent longtemps au palais, plus ils se rapprochent de l'avant. Ici, pas de portes lambrissées ni de plafonds à caissons. Les chambres sont spacieuses, meublées d'armoires et de coiffeuses lourdes et sombres, mais ne contiennent que des lits simples. Les couples mariés n'occupent aucune des chambres du palais. Ils bénéficient d'appartements ailleurs, dits de *Grace and Favour*. Le personnel a été augmenté de cinq pour cent à l'occasion du Jubilé de platine de la reine, mais, l'immobilier londonien étant hors de prix, habiter le palais ou disposer d'un logement appartenant à la Couronne est une condition *sine qua non* pour travailler au service des Windsor. Et, en plus, la cuisine vous prépare des plats à emporter pour le soir et le petit déjeuner *free of charge*.

Ce mode d'hébergement royal présente néanmoins un inconvénient : actuellement, il n'y a pas assez de salles de bains privées pour l'ensemble du personnel, ce qui entraîne parfois des files d'attente au petit matin. Oui, oui, vous ne rêvez pas ! Heureusement, Buckingham est en pleine rénovation et ce problème devrait être bientôt résolu. Anecdote drôle : pendant une vague de chaleur estivale, le maître de maison qui effectuait un jour sa ronde entendit des cris étranges provenant d'une des salles de bains du personnel. En poussant la porte qui n'était pas verrouillée, il trouva deux jeunes valets de pied qui s'amusaient ensemble sous la douche. *Shocking !* Lorsqu'il exigea, très Père la pudeur, des explications, l'un d'eux répondit, avec une ironie *so british*, qu'ils ne faisaient qu'obéir à ses ordres pour économiser l'eau. Personne n'a osé blâmer de tels valets écolos. Personnellement, je salue aussi tout particulièrement ce sens du civisme !

Dans le même ordre d'idées, le personnel de maison aime raconter certains rites d'initiation que les nouveaux arrivants sont obligés de subir lorsqu'ils rejoignent le palais. Un bizutage façon royale. L'un d'eux consiste à courir nu dans les appartements officiels tard dans la nuit, en espérant ne rencontrer personne. Si on passe inaperçu, on est admis. Lorsque les enfants de la reine vivaient encore à Buckingham, ils aimaient assister à cette cérémonie particulière – sans être vus – et ne livraient jamais les coupables. Tout à fait typique de l'éducation anglaise !

Les appartements privés de la reine – chambre à coucher, salon, dressing, salle de bains et salle à manger – étaient situés au premier étage, au-dessus de l'entrée du jardin donnant sur Constitution Hill. Ils étaient faciles à reconnaître, car les seuls de ce côté du bâtiment à avoir des fenêtres arquées, et étaient généralement les seuls, tard dans la nuit, à compter encore des lumières allumées. À côté de la Salle des pages se trouvait la Salle des corgis. Elle contenait des lits légèrement surélevés par rapport au sol pour éviter les courants d'air !

Immédiatement au-dessus de la suite de la reine, à côté de ce qui était l'appartement d'Angela Kelly (son habilleuse principale), se trouvait la garde-robe de Sa Majesté, une grande pièce lambrissée de cèdre, qui contenait non seulement les tenues de tous les jours, mais aussi les robes officielles portées lors de la cérémonie d'ouverture du Parlement ou les dîners de gala.

La suite du duc d'Édimbourg était adjacente à celle de la reine, mais séparée par une salle de bains. Évidemment, ils faisaient chambre à part.

Elizabeth et Philip ont toujours eu des goûts opposés en matière de literie : la reine préférait un revers posé sur ses draps et couvertures et des taies d'oreiller bordées de dentelle. Le duc d'Édimbourg ne les aimait pas. Et, comme il a été élevé dans un puritanisme très strict à Gordonstoun, où les douches froides et le stoïcisme étaient de rigueur, il dormait les fenêtres grandes ouvertes, quels que soient le temps et la température. Il n'a jamais utilisé de bouillotte de sa vie. De plus, même à quatre-vingt-dix ans, Son Altesse Royale avait son propre agenda. Il se levait souvent très tôt, pas question donc de déranger sa femme. Au-dessus de la chambre du prince se trouvait un salon de coiffure entièrement équipé où son figaro attitré lui coupait les cheveux une fois par semaine. Un pédicure était convoqué tous les quinze jours.

À la tombée de la nuit, Buckingham change un peu de visage. Le crépuscule s'accompagne d'une accalmie, avec le retour chez eux de nombreux employés. Les rondes de surveillance commencent. À six minutes du Piccadilly Circus nocturne bien agité, Buckingham semble appartenir à un autre monde. Les cris des chouettes, des hiboux et de tous les oiseaux du parc bercent les locataires de la maison jusqu'aux premières lueurs de l'aube.

Et lorsque mon héroïne y vivait, il n'était pas rare que les fêtards qui longeaient le palais en rentrant d'une soirée un peu arrosée se taisent soudainement. Ça durait quelques minutes. Le temps qu'ils s'éloignent de la bâtisse royale. Pour ne pas troubler le sommeil de leur reine ! *Night-night, Lilibet.*

I love her bodyguards
James Bond Boys

9 juillet 1982. Il est 6 h 45. L'aube se lève sur le palais de Buckingham. Les abords de la résidence officielle de la famille royale sont encore déserts. La horde de touristes qui visite Londres[1] – et, à l'heure de la relève de la Garde, se fait systématiquement photographier devant les grilles – ne débarquera que dans quelques heures. Très subtilement, très discrètement, Michael Fagan, peintre décorateur récemment au chômage, escalade un mur d'enceinte de plus de quatre mètres. Son agilité est remarquable. Il a repéré un endroit où la muraille n'est couverte ni de pointes ni de barbelés. Malgré l'impressionnante hauteur du rempart, pour le jeune homme, l'exercice semble facile. Il est à présent à l'intérieur des jardins, à l'arrière de la résidence. Il sait où il doit se rendre. Avec autant d'adresse, il se tortille maintenant le long d'une gouttière et escalade le balustre d'une terrasse. À quelques pas de lui, une fenêtre est grande ouverte. Un vent léger fait même flotter le rideau dans l'air. C'est un appel, presque un signe. Nous apprendrons plus tard que cette fenêtre est celle du bureau du Grand Intendant. Et que c'est une femme de ménage qui l'a laissée ainsi. Pour aérer. Sans rien endommager, il a réussi à se glisser à l'intérieur de la fascinante bâtisse. Il faut reconnaître que nous avons affaire à un expert. Ce n'est pas la première fois que Michael Flagan visite Buckingham sans y être convié. C'est pour ça qu'il connaît si bien les lieux. Il s'y est introduit le mois précédent déjà, mais de nuit cette fois. Son chemin était presque le même.

---

1. Le palais n'est ouvert à la visite que depuis le 7 août 1993.

Durant une bonne demi-heure, sous le regard d'austères portraits, il a erré dans les galeries. Poussant deux portes plus impressionnantes que les autres, il a même arpenté la salle du trône. Quelle surprise ! Il s'est assis sur les deux sièges rouge et or. Il y est resté quelques instants et, incroyable, surréaliste, aurait quasiment pu s'y assoupir si, soudain, une alarme n'avait retenti. En pressant le pas (mais sans courir pour autant), il a rejoint le corridor et a poussé une autre porte. Elle s'est ouverte sur un salon. Ou peut-être un bureau. Il ne sait plus. Il se souvient en revanche y avoir trouvé une bouteille de vin (du vin blanc), du cheddar et des craquelins. En partant, il a emporté l'alcool avec lui.

S'est-on rendu compte, au palais, de cette première intrusion ? Pas sûr ! Seule une femme de chambre qu'il a croisée a signalé qu'elle venait d'apercevoir un homme, bizarre, avec un objet à la main. Le temps d'alerter les agents de sécurité, l'intrus avait disparu. Les policiers n'ont d'ailleurs pas vraiment cru la domestique. Ils n'ont rédigé aucun rapport !

Qu'est-ce qui pousse aujourd'hui Fagan à réitérer son exploit ? À trente-trois ans, père de quatre enfants, il vient d'être licencié (une fois encore) de la boîte qui l'employait. Alors, c'est vrai, il n'aime pas son job. Peintre, ce n'est pas un métier, c'est de l'exploitation, il en est persuadé. D'ailleurs, il vient de rejoindre le Parti révolutionnaire des travailleurs. Mais de quoi va-t-il vivre maintenant ? C'est utopiste, certes, mais il est convaincu que seule la reine, seule sa reine, peut l'aider.

Il doit être près de 7 heures, maintenant. Dans ce couloir qu'il a déjà arpenté, qu'il reconnaît, à nouveau, il croise une servante en tablier blanc. Le rapport mentionnera que c'est une femme de ménage, cette fois. En tout cas, elle ne le regarde pas. Plus tard, nous apprendrons encore qu'elle a pensé qu'il s'agissait d'un ouvrier. Fagan sait qu'il est dans la partie nord du palais. C'est ici, au premier étage, que se situent les appartements privés du couple royal.

Depuis sa dernière intrusion, il s'est renseigné. Il sait que la chambre de la reine... est au bout du couloir. Que fait-il ?

Pour calmer son angoisse, cherche-t-il à allumer une cigarette ? Dans la pénombre, il se saisit d'un cendrier… qui se brise sur le sol. L'a-t-il fait volontairement ? Il vient de se blesser, en tout cas. Le sang coule sur sa main. Tout en marchant, il sort un mouchoir de sa poche et essaie de bander la plaie. Il connaît le chemin. Ses pas sont désormais assourdis par une épaisse moquette. Cette main qui lui fait mal se pose maintenant sur une clenche couleur d'or. Dans son autre main, Fagan a emporté un éclat de verre de l'objet qu'il vient de briser. Il tend l'oreille. De l'autre côté de la haute porte, une horloge tinte. Il est 7 heures. Dans un silence propice à l'aube, un bruit de métal crisse dans la longue Galerie nord. La porte grince sur ses gonds. Ma Lilibet n'est plus qu'à quelques mètres.

La sécurité qui entoure la reine a toujours constitué un problème délicat. Elizabeth II le soulignait elle-même, « pour que l'on me croie, il faut que l'on me voie ! ». Dans ce chapitre consacré à la protection qui entourait Sa Majesté, on pourrait épingler plusieurs événements qui ont, à jamais, marqué l'opinion publique.

Le 13 juin 1981, par exemple, à six semaines du mariage de Charles et Diana, alors que la souveraine descend le Mall à cheval depuis Buckingham pour la parade du *Trooping the Colour*, un jeune homme surgit de la foule. Le bras tendu, sans faillir, il tire six coups de feu dans sa direction. Sous l'impact des balles, la reine se contente de se baisser et, tout en tapotant l'encolure de sa jument, Burmese, continue d'avancer. Fort heureusement, par la suite, on apprendra qu'il s'agissait de balles à blanc. Que je suis fier de ma reine de cœur ! Elle a fait montre d'un courage incroyable ! Son sang-froid dans des circonstances exceptionnelles, presque un attentat, est un trait de caractère qui me stupéfie, m'éblouit même.

En ce début des années 1980, c'est surtout la sécurité à Buckingham Palace qui présente de réelles vulnérabilités. C'est à la suite de cette tentative d'assassinat qu'on prend conscience, de façon très concrète, que la reine peut être la cible de vraies attaques, et qu'on trouve enfin le temps de jeter un regard plus pointu sur les services de sécurité de la demeure royale. Et le rapport est explosif ! Au fil des pages, on découvre que des faisceaux électroniques ne fonctionnent plus – ont-ils d'ailleurs jamais fonctionné ? –, que quantité de portes et fenêtres[1] n'ont pas été vérifiées depuis des semaines... Plus alarmant encore : les agents de police en faction laissent entrer sans aucun contrôle d'identité, ou alors des contrôles très expéditifs, quasiment toutes les personnes qui se présentent. Et lors de la vérification effectuée ce jour-là, plusieurs agents, pourtant censés être de service, n'ont été localisés nulle part. Bref, la protection de la famille royale n'est qu'une farce. Et cette mauvaise comédie va bientôt tourner à l'aigre. Une fois n'est pas coutume, je décerne une gommette rouge à ma reine. Elizabeth aurait dû être intraitable et ne tolérer aucun laxisme. Mais c'est trop tard, l'épisode qui va suivre lance déjà son générique. Je sais que vous l'attendez tous, alors, reprenons la séquence Michael Fagan.

Retour au 9 juillet 1982, à Buckingham Palace. Il est 7 heures. Dans ses appartements du premier étage, Elizabeth II somnole. La porte de sa chambre à coucher s'entrouvre lentement. La vaste pièce est plongée dans l'obscurité. Il est trop tôt, Sa Majesté n'est pas encore levée. En provenance du couloir, une flaque de lumière s'avance, grossit comme une vague, éclabousse l'épaisse moquette de la chambre.

— Qui est-là ? questionne la souveraine, tandis que la porte se referme sans bruit derrière une silhouette inconnue. S'il vous plaît, qui est-ce ?

L'ombre s'approche du lit. Alertée, la reine se redresse, se penche vers sa lampe de chevet, l'allume. Face à elle, dans une lumière chaude, un homme, ni jeune ni vieux, en jean et chemise fripée.

— Mais... qui êtes-vous ? Que voulez-vous ?

---

1. Buckingham Palace compte mille cinq cent quatorze portes et sept cent cinquante fenêtres.

— Je suis venu vous parler, reine Elizabeth. Vous êtes ma reine. C'est pour ça que je suis ici. Je veux juste vous parler.

Incroyable ! Démentiel ! Totalement *crazy* ! L'intrus aux yeux globuleux et au sourire sinistre continue à fixer son interlocutrice. C'est ici que l'histoire peut basculer à tout moment. C'est ici, en cet instant précis, qu'Elizabeth II va montrer qu'elle n'est pas une femme comme les autres, qu'elle est largement, très hautement, au-dessus du commun des mortels. Pas une seconde elle ne va céder à la panique. Même dans les situations les plus inattendues, les plus extravagantes, elle continue à tenir son rang. J'applaudis des deux mains.

D'emblée, elle a appuyé sur le bouton de sécurité dissimulé près de son lit. Elle a pensé tout d'abord qu'il devait s'agir de l'un de ses serviteurs. Alcoolisé, l'ivrogne a dû se tromper de chambre. Gênante, certes, la situation sera réglée dans une poignée de secondes. Du moins le croit-elle.

Le bouton rouge que la souveraine vient d'utiliser est évidemment censé alerter la salle de contrôle de la police. Selon le protocole mis en place, des hommes, armés jusqu'aux dents, devraient débarquer… d'un instant à l'autre. Jusqu'à leur arrivée, il lui faut donc gagner du temps. Courage, Lilibet ! Votre réaction est parfaite.

L'homme qui s'est approché, encore et encore, a fini par s'asseoir sur le lit. Il continue à l'observer fixement. L'une de ses mains semble blessée. Elizabeth croit y voir une trace de sang. Dans l'autre main, il tient un fragment de verre.

— De quoi aimeriez-vous discuter ? lui demande la reine en tentant de poser sa voix.

— Je veux juste vous parler, répond l'inconnu, sans la moindre trace d'émotion.

À présent, cinq minutes se sont écoulées depuis qu'elle a appuyé sur ce satané bouton, et personne, absolument personne, n'a daigné se précipiter. Peut-être le système ne fonctionne-t-il pas. Elle continue à attendre. De toute façon, que peut-elle faire d'autre ?

Hitchcock aurait pu s'inspirer de la scène ! Le seul moyen d'écarter le danger, c'est de rester maîtresse d'elle-même, elle s'en rend compte, de ne pas s'affoler, de convaincre l'inconnu qu'il n'a rien à redouter. Mais, tôt ou tard, il va tout de même lui falloir de l'aide ! Pour l'instant, impossible d'évaluer à quel point l'homme est un malade mental. La scène se poursuit.

— Comment donc vous appelez-vous ? demande-t-elle.

Jamais sa voix ne lui a paru aussi aiguë.

— Michael Fagan. Je suis peintre en bâtiment. Enfin... j'étais peintre en bâtiment. J'ai des enfants. Vous aussi, n'est-ce pas ?

Lentement, elle entame une conversation prudente sur leurs familles respectives. Les dialogues sont quasiment surréalistes.

— Ah, vous avez presque trente-quatre ans. Le prince Charles a donc un an de moins que vous, remarque-t-elle avec pertinence.

Tout en parlant, discrètement, elle presse à nouveau le bouton métallique. À coup sûr, le système ne fonctionne plus. Elle appuie maintenant sur la sonnette du couloir. Pas de réponse non plus. Évidemment, la femme de chambre et le valet de pied ne sont pas là. Ils savent que la reine ne se réveille qu'à 7 h 45. Et les corgis, où sont-ils ?

Lorsque Michael Fagan lui demande si elle n'a pas un paquet de cigarettes dans le tiroir de sa table de chevet, en une fraction de seconde Elizabeth retrouve espoir. L'occasion est rêvée.

— Je n'ai pas de cigarettes ici, répond-elle en tentant de masquer sa soudaine assurance (elle déteste le tabac !), mais je peux aller en emprunter dans le couloir, à un valet.

Quelle stratège ! Elle se lève et, telle une actrice rodée à sa grande scène, sort dans le couloir. Bonté divine ! Paul Whybrew, fidèle valet, est face à elle. À ses pieds, les corgis. Ils rentrent de balade. Les chiens courent dans la chambre. En un éclair, Whybrew (qui, quarante ans plus tard, était toujours au service de la reine), ceinture l'admirateur. Les officiers des services de sécurité ne tarderont plus. Elizabeth II vient d'avoir la peur de sa vie !

D'emblée, on s'en doute, l'affaire fait scandale. Avec un titre en or, « Un intrus au chevet de la reine », la presse double ses tirages habituels. Le grand public adore découvrir les *royals* surpris dans des situations insolites. Dans les cottages les plus retirés de Grande-Bretagne, les Anglaises, qui s'imaginent à la place de leur souveraine, n'en reviennent pas. *Shocking* ! À l'évidence, le vaste public se passionne pour les petites révélations que nous apporte cette grande intrusion. Fagan est formel : « La reine ne dort pas dans un lit à baldaquin. » Et, surtout, même si les Buckinghamologues le soulignent depuis longtemps, « elle dort seule ». Sans Philip à ses côtés !

Une avalanche de lettres courroucées, d'appels téléphoniques indignés submerge les rédactions des tabloïds. Au Parlement, le ministre de l'Intérieur tente d'apaiser la tempête et joue la flatterie : « La Chambre se doit d'admirer le calme avec lequel Sa Majesté a réagi dans ces circonstances. » N'empêche ! Chacun est scandalisé par l'incompétence des services de sécurité. Trois hautes personnalités – William Whitelaw, ministre de l'Intérieur, le vice-amiral Peter Ashmore et sir David McNee, directeur de la police municipale – remettent *illico prestissimo* leur démission. Bon débarras !

Mais notre feuilleton, ô combien rocambolesque, n'est pas encore achevé. L'intrus de Buckingham doit maintenant passer devant un tribunal londonien. Et notre série – comme toute série, me direz-vous – va se conclure sur un étrange rebondissement : l'acquittement de Fagan. Oui, vous ne rêvez pas. Je répète : l'acquittement de Fagan ! Moi, je le voyais déjà en séjour prolongé à la tour de Londres. Triste leurre ! Le tribunal estime que « rien ne permet de prouver que l'accusé avait des intentions criminelles ». Et le fait de s'introduire au petit matin dans la chambre de la reine d'Angleterre pour bavarder avec elle ne constitue pas un délit ? Et dire qu'on nous serine avec les qualités de la justice anglaise !

Une consolation, cependant : depuis l'affaire Fagan, Buckingham regorge de nouveaux dispositifs : alarmes, sonneries et boutons cachés dans tous les coins, caméras à infrarouge… Le palais, désormais truffé de gadgets à la James Bond, est, depuis, censé être inviolable. Les conseillers en sécurité de la reine ont insisté pour que d'autres résidences, telles Kensington, Clarence House, Saint-James et surtout Windsor, soient, elles aussi, équipées de la même manière. Depuis 1982, aucun membre de la famille royale ne peut plus effectuer un seul pas sans être suivi par un *bodyguard* prêt, à tout instant, à se jeter sur son « protégé ».

En 2000, c'est le terrorisme islamiste qui inquiète. Contre ces attaques d'un nouveau genre, le palais va se voir équiper de *panic rooms*. Construites dans l'optique d'une agression d'al-Qaïda, ces coquilles ignifugées aux murs de cinquante centimètres d'épaisseur pourraient résister à l'impact d'un petit avion ou encore à un pilonnage soutenu. Dans l'éventualité d'une attaque chimique ou bactériologique, des masques à gaz et un système ultrasophistiqué de filtration d'air ont également été installés pour la reine, sa famille et même quelques membres du personnel.

Les caprices de certains membres du clan Windsor ne sont également plus de mise ! Un jour, la princesse Anne s'est débarrassée d'un agent de protection de la police parce qu'elle n'aimait pas son *aftershave*. Évidemment, ce n'est pas la raison officielle qu'elle a avancée, en fait, elle n'aurait même pas eu à se justifier. C'est le fait du prince ! Elle voulait simplement qu'il soit congédié. Notons que le *bodyguard* ne s'est pas révolté contre cette disgrâce. Il percevait que l'entente avec la fille de la reine n'était pas des plus cordiales. Subtilement, il s'est vu déplacer pour veiller sur la sécurité d'un autre Windsor, le prince Edward, avec qui il s'entend mieux et qui, apparemment, n'est pas allergique à son après-rasage ! Un autre officier de la police royale, au service du prince Andrew cette fois, a, lui aussi, demandé à être affecté à d'autres tâches. La raison invoquée ? Le petit chouchou de la reine se répandait en blagues douteuses sur

sa calvitie. Celui-là, en matière de délicatesse, est plutôt *duke of Pork* que *duke of York* !

Il est très chic d'appartenir à la police métropolitaine et d'être rattaché au *Royal Protection Squad*[1]. Les hommes et les femmes qui le rejoignent peuvent s'attendre à une rupture totale avec la routine du travail policier quotidien. À force d'évoluer en permanence dans le sillage royal, quelques-uns de ces agents triés sur le volet deviennent même célèbres.

Le service est installé dans un QG spécial situé dans l'enceinte même du palais. Un réseau sophistiqué d'équipements électroniques permet une communication instantanée avec toutes les résidences royales.

Les agents sont également chargés de suivre les véhicules royaux, où qu'ils se trouvent. Des dispositifs spéciaux installés sur toutes les voitures transportant la famille royale permettent de les localiser en permanence. Lorsqu'un des *royals* est en déplacement, d'emblée, l'itinéraire proposé est communiqué au poste de police, et toute déviation est immédiatement enregistrée. Moi, l'homme de télévision, je suis fasciné d'imaginer une régie d'écrans de contrôle, avec les Rolls, les Bentley et les Jaguar de mes Windsor préférés en vadrouille, que je suivrais à la trace. Un syndrome *Big Brother*, peut-être.

Je reprends mes esprits. Soulignons également que la police possède des plans informatisés détaillés, en 3D, des pièces de tous les bâtiments occupés par la famille royale. Ainsi, en cas d'attaque terroriste, les services d'assaut et les secouristes peuvent prendre immédiatement connaissance de la disposition des lieux. Petite ombre au tableau de cette très haute sécurité ? Interdiction formelle pour tout membre de la famille royale de

1. Ce corps d'élite se charge non seulement de la protection des membres de la famille royale, mais aussi de celle des membres du corps diplomatique.

déplacer un bureau, un guéridon, une commode sans en avertir les services concernés !

Les agents qui escortaient la reine – qui escortent désormais le roi – et les autres membres de la famille royale ne sont pas des détectives, mais des policiers travaillant en civil. Même pour garder les accès et contrôler les entrées et sorties des visiteurs, tout agent qui rejoint le groupe de protection de la royauté reçoit une formation spéciale. Et il est armé ! C'était évidemment un sergent en uniforme, armé lui aussi, qui était chargé de monter la garde toute la nuit devant la chambre de la *Queen*. Pour ne pas la réveiller lors de ses rondes, au lieu des boots réglementaires, il veillait à se chausser de pantoufles ! Chaque soir, il commençait son service à 23 heures et ne le terminait qu'à 7 h 30 le lendemain matin. Cet officier de police très expérimenté avait reçu pour instruction principale : « Tirer sur tout ce qui bouge et ne doit pas bouger » !

Les postulants à cette fonction sont soumis à un processus de sélection rigoureux. C'est un parcours du combattant, tant on recherche des candidats d'exception. Une fois sélectionnées, avant d'être affectées sur le terrain – donc dans les palais –, les nouvelles recrues sont envoyées en formation. Le stage de conduite à grande vitesse, par exemple, est donné au collège de police de Hendon. Si elles sont appelées à conduire l'une des voitures privées de la princesse Anne ou du prince Michael de Kent (tous détenteurs de Bentley haut de gamme) sous des trombes de pluie, elles doivent être capables de manier ces véhicules avec dextérité.

En plus d'être des experts en tir, en communications et en soins médicaux élémentaires, les officiers choisis doivent également être capables de se mêler, presque de se fondre, dans le paysage. La reine acceptait comme une fatalité le fait d'être accompagnée en permanence de gardes du corps, mais préférait que ceux-ci soient aussi discrets que possible.

Parmi les nombreuses leçons inculquées à nos recrues d'élite, il y en a une qui m'amuse tout particulièrement. À l'issue de leur formation, les *bodyguards* des Windsor doivent tous devenir des experts… du maniement de parapluie. Eh oui, nous sommes en Angleterre ! Suivez le guide : il s'agit de tenir la poignée de la main droite, puis, avec l'aide de la main gauche, de saisir fermement la pointe de l'instrument et de faire glisser lentement la main le long de la tige principale tout en tournant la poignée dans le sens des aiguilles d'une montre en s'assurant que les plis soient bien en place. Cette technique ne se maîtrise, vous l'aurez compris, qu'après de nombreux entraînements. Carson, le majordome de *Downton*, ne saurait faire mieux ! Quant à Mary Poppins, une autre de mes héroïnes, je suis certain qu'elle en prendrait de la graine ! Je me suis beaucoup intéressé à l'histoire des parapluies royaux. À tel point que, moi aussi, je me sens capable de donner une petite leçon aux prochaines recrues. Futurs *bodyguards*, il est une règle d'or, à ne jamais oublier : lorsque vous ouvrirez un parapluie à côté de l'un des membres de la famille royale, avant de vous avancer, il faudra impérativement vous assurer qu'il est totalement ouvert et toujours tourné vers l'extérieur. Vous vérifierez également qu'il y a au moins deux parapluies de disponibles dans chaque voiture. Si le premier est mouillé, au prochain arrêt, le second sera utilisable. N'est-ce pas *absolutely fabulous* ?

La princesse Anne a été la première à avoir un garde du corps féminin, mais, ne nous leurrons pas, les dames restent une exception. Ce sont les hommes qui continuent majoritairement à occuper tous les postes à responsabilité. Du sexisme ? Plutôt du pragmatisme, je dirais. Au long d'une carrière, une femme a de fortes chances d'être enceinte, et l'incroyable formation que doivent endurer nos *bodygards* fait d'eux des profils très difficilement remplaçables. La reine insistait pour choisir elle-même ses officiers de police et, jusqu'à récemment, tous étaient des hommes. Sa garde du corps féminine, Carol Quirk, travaillait au service de protection de la royauté depuis un peu plus de vingt-huit ans. Elle avait commencé comme officier de réserve, puis avait été nommée dans l'équipe de la princesse de Galles avant de rejoindre la monarque. Mais, chez les Windsor, c'est le sergent Emma Probert, chargée, depuis 2010, de la sécurité de la duchesse de Cambridge, qui a marqué le profil de femme garde du corps. En juin 2021, en remerciement de ses bons et loyaux services, elle a reçu une récompense très convoitée : sa nomination dans l'ordre royal victorien.

Les membres de la famille royale ont chacun des exigences particulières. Kate Middleton, par exemple, la *so chic* duchesse de Cambridge devenue princesse de Galles, est très populaire auprès de ses policiers et préfère que les personnes qui l'entourent soient calmes, aiment les enfants et son chien, un cocker noir baptisé Orla. Elle n'a demandé qu'une seule fois le départ d'un de ses agents de sécurité, trouvant ses manières « un peu trop expéditives ».

J'entends votre question : ces Supermen royaux sont-ils bien payés ? Il est vrai qu'elle est tentante ! C'est même une interrogation qui revient souvent. Quelques exemples : le sergent qui veillait, de nuit, sur la chambre d'Elizabeth II gagnait annuellement 29 634 livres[1]. Les gardes du corps royaux personnels ont une échelle salariale comprise entre 32 862[2] et 37 261 livres[3]. Le principal agent de protection de la reine (qui a le grade de superintendant) empochait 53 556 livres[4]. Sachez que tous leurs frais sont payés par le ministère de l'Intérieur, y compris billets de première classe et factures d'hôtel cinq étoiles lorsqu'ils voyagent à l'étranger. La reine – le roi aujourd'hui – et sa famille ne déboursent donc pas une livre pour la protection dont ils bénéficient !

1. 35 090 euros.
2. 38 913 euros.
3. 44 122 euros.
4. 53 556 euros.

Lorsque Elizabeth II se rendait dans une région, le chef de la police détachait jusqu'à cent cinquante membres de sa force locale pour renforcer les équipes du palais. Il y a aussi des occasions où des précautions particulières sont prises. Si, par exemple, un terroriste présumé est arrêté et qu'un morceau de papier portant le nom de Sa Majesté est trouvé en sa possession, la sécurité est immédiatement renforcée. Mais Elizabeth II refusait de vivre dans une cage, aussi dorée fût-elle. Elle n'était pas présidente des États-Unis. Et exécrait la présence excessive d'agents des services secrets.

Notons qu'un mini-camion médicalisé accompagnait chacun de ses déplacements, équipé de tout le matériel nécessaire aux premiers secours et pouvant, si besoin, permettre une transfusion sanguine. Une poche de sang de son groupe (O +) y était toujours présente.

Cette question de la sécurité était devenue un sujet explosif entre les équipes de la reine et le clan Sussex. Depuis le *Megxit*, l'exil aux États-Unis et la perte de leur prédicat d'altesses royales, Harry et Meghan sont obsédés par leur protection. En Californie, ils ont engagé, sur leurs propres fonds, une équipe de six gardes du corps dont les frais s'élèveraient à 7000 livres par jour (soit 8 200 euros). L'équipe de sécurité comprend même désormais deux *bodyguards* exceptionnels : Alberto Alvarez, ancien garde du corps de Michael Jackson, et Christopher Sanchez, qui officia pour le couple Obama. Lorsqu'il est en Angleterre, depuis janvier 2022, Harry exige de bénéficier, pour lui, son épouse et ses enfants, d'une protection policière.

Autre corde que tout *royal bodyguard* doit compter à son arc : connaître, sur le bout des doigts, les fausses identités que les membres de la famille royale empruntent lors de leurs escapades privées. La liste de pseudonymes est assez longue et peut changer au cas où la presse les découvrirait.

Le nouveau roi se faisait souvent appeler « Charlie Chester » lorsqu'il voulait voyager incognito – il était d'ailleurs comte de

Chester. Lorsqu'il sort du pays, Edward, qui est comte de Wessex, devient « Mr Bishop » – l'Évêque –, Margaret se faisait appeler « Mrs Channing » – en référence au nom que portait l'héroïne du film *All about Eve*, interprétée par la grande Bette Davis, qu'elle admirait tant. La reine pouvait, de manière interchangeable, devenir « Mrs Brown », « lady Plunvon » – contraction de Plunket et Cavon –, ou tout simplement « Mary Balmoral ». Mais elle n'utilisait ce dernier qu'à la campagne et sur ses terres ! Et lorsqu'elle voyageait en avion, tous les aiguilleurs du ciel savaient que son petit nom, « *Purple Carpet* » (tapis mauve), exigeait d'eux une vigilance de tous les instants. Pas question de se mettre en grève ou de manquer d'attention.

En son royaume comme dans les airs, des anges gardiens veillent donc, en permanence, sur Sa Majesté. Normal, en somme ! En plus de régner sur cent cinquante millions de sujets aux quatre coins du globe, commandante de l'Église anglicane donc également souveraine du ciel, Elizabeth Alexandra Mary Windsor était aussi, un peu , la chef du soleil, de la pluie et des nuages.

I love the Britannia
Vague à l'âme

11 décembre 1997, palais de Buckingham, appartements de la reine.

Comme chaque soir – ou presque – dans le silence, Elizabeth II s'assied face au petit secrétaire de sa chambre. Un carnet de maroquin est posé sur le bureau. C'est son journal intime. Elle l'ouvre, saisit un stylo. Elle n'a pas besoin de réfléchir. À l'encre bleue, les mots courent sur la page.

En ce jeudi matin, sur le port militaire de Portsmouth, le thermomètre n'indiquait que deux degrés. D'aussi loin que je me souvienne, je n'ai jamais eu aussi froid. J'ai assisté à l'une des pires épreuves de ma vie : le quasi-sabordage, en direct, de mon yacht bien aimé, le Britannia*. Condamné sur l'autel de l'austérité, il va devenir un navire-fantôme transformé en parc d'attractions pour touristes en mal de mer et d'émotions royales par procuration. À son bord, il y aura sans doute un bar, un restaurant et des boutiques de souvenirs où on retrouvera (encore) mes corgis en peluche ! Cette mise hors service est une mort programmée. Leur pardonnerai-je jamais ?*

À mes côtés, Philip, en digne amiral de la marine qu'il est, est resté stoïque. Ce matin, il y avait aussi Charles, Andrew et Anne. Tous y ont passé leur lune de miel. Sans doute ont-ils eu des souvenirs nostalgiques de leurs mariages qui se sont transformés en naufrages. Et dire que les officiers surnommaient le Britannia *« Bateau de l'amour ». J'ai rarement connu un nom si mal porté. J'ai toujours détesté ce surnom !*

Ce matin, qui a ressenti ma peine exacte ? Qui a vraiment mesuré mon affliction ? Compris ma douleur ? Partagé mon indignation, voire mon humiliation ? Oui, mes yeux se sont embués de larmes. C'était moins de la tristesse que de la colère. J'en veux à tous ces politiques transformés en gestionnaires à courte vue qui n'ont pas compris l'intérêt de ce bateau pour l'image de mon royaume. Qui n'ont pas compris l'importance de ce navire dans mon cœur.

Je me suis souvenue de la petite véranda qui ouvrait sur d'immenses baies donnant sur la mer. Je m'y vois encore, bronzant sur une chaise longue. Avec mon pont privé. Parfois, on y installait une piscine pliable pour les enfants. Aux aurores, un matelot astiquait le pont en teck. Il disparaissait avant le petit déjeuner. Dans la véranda, je lisais. Cette verrière (avec le bac à rhum de la reine Victoria et les meubles en bambou achetés par Philip, à Hong Kong) était ma pièce préférée. Il y avait aussi ce bouton installé à mon chevet qui me permettait, à toute heure, de commander un gin Dubonnet ou un cocktail tropical. Margaret en était folle de jalousie.

Cette larme qui a coulé sur ma joue, c'était tout le bonheur que m'a donné le Britannia. *Il était dans ma vie depuis son lancement, en 1953, l'année même du couronnement. Avec lui, j'ai parcouru plus d'un million de milles marins, l'équivalent, chaque année, d'un tour du monde. Avec lui, mille six cents ports, cent trente-cinq pays. Qui peut en dire autant ? Le* Britannia, *c'était le service. Le devoir. La plus belle de mes ambassades.*

Alors, oui, tout cela est fini désormais. Tout cela appartient maintenant au passé. Ce matin, j'ai dit adieu à mon grand bateau. À mon beau bateau. Je lui ai dit adieu parce que j'y étais obligée. Mais il restera à jamais dans mon cœur[1].

1. Chacun aura compris que le texte est apocryphe, sorti de mon imagination. Jamais la reine ne s'est exprimée au sujet de ce désarmement. Sauf peut-être (sans doute) dans son journal intime. Qui, lui, existe vraiment et sera déposé aux archives. Puis au secret des décennies durant.

Le 11 décembre 1997, à Portsmouth, la famille royale assiste au désarmement du *Britannia*. En quarante-quatre années de bons et royaux services, cette ambassade flottante de Grande-Bretagne a parcouru plus d'un million de milles nautiques. C'est un déchirement pour la reine et son époux. Fait rarissime : assise entre le duc d'Édimbourg et le prince Charles, on surprend même Elizabeth II essuyer une larme de sa main gantée. C'est la première fois que la presse immortalise un geste lacrymal de la souveraine. L'instant est historique. Aussi – et surtout – parce que le moment ferme un chapitre de l'histoire maritime britannique.

La grande *story* entre les royaux anglais et les mers remonte à 1660, lorsque Charles II prit possession de son premier yacht, baptisé *Mary*, du nom de sa sœur, la première princesse royale. Depuis, chaque monarque a eu son propre bateau. Le *Britannia* est le soixante-sixième navire d'une lignée dont trois représentants avaient, eux aussi, déjà navigué sous le même nom.

Il sera le dernier navire militaire à bord duquel les marins dormaient dans des hamacs. Le seul au monde à n'avoir aucun nom gravé dans la coque, le seul encore dont le capitaine était un amiral. Deux cent cinquante-six marins (appelés *Yotties*) sous les ordres de quatre-vingt-un officiers composaient son équipage. Leur particularité ? Des chaussures à semelle souple, en permanence, et des ordres donnés par signaux manuels afin de préserver la tranquillité de mes Windsor. À chaque escale, aucun membre du personnel de bord n'était autorisé à mettre pied à terre s'il ne portait pas une cravate ! Et n'oublions pas que notre yacht – *so chic* – disposait d'un garage capable d'accueillir… une Rolls-Royce. Voyage officiel oblige, ma Lilibet ne pouvait alors s'en passer.

Le *Britannia*, on a l'impression qu'on le connaît depuis toujours. Son baptême remonte pourtant au jeudi 16 avril 1953. Sa carrière va être longue et exemplaire : 1 087 763 milles marins et quelque neuf cent soixante-huit visites à l'étranger et dans les eaux territoriales anglaises. D'emblée, pour l'époque, son apparence est terriblement moderne. Les spécialistes les plus aguerris remarquent sa proue de clipper, soulignent l'incroyable délicatesse de sa poupe. La conception du *Britannia* n'a rien à voir avec celle des yachts d'antan. Il arbore trois mâts. L'étendard royal est porté sur le mât principal, le drapeau du lord amiral à l'avant et celui de l'Union sur le mât d'artimon. Pas de jaloux !

Si la reine a tant aimé son yacht, c'est que, pour elle, il représentait un morceau de son sol natal. À la fin de chaque voyage officiel, lorsqu'enfin elle regagnait son bateau, elle avait déjà un peu l'impression d'être rentrée chez elle. Et pour peu que ses enfants s'y trouvent déjà – ce fut souvent le cas à l'époque où ils étaient petits, voire adolescents –, la cellule familiale se reformait. Pour elle, le *Britannia* fut presque un *home sweet home*.

Petit plus : à son bord, elle s'y sentait beaucoup plus à l'aise que dans les ambassades pour les réceptions officielles. Charme du décor et absence de protocole lui permettaient de recevoir avec beaucoup de naturel. Sur ce yacht, jamais d'avis de tempête !

Évidemment, *I love Elizabeth II* oblige, je n'ai pas résisté durant l'écriture de ce livre à visiter le navire. Un simple clic sur Internet et hop, vos billets estampillés d'une couronne courent déjà sur votre imprimante. Leur publicité est fascinante : « Montez à bord ! Des élégants appartements royaux à la luxueuse salle des machines, découvrez où le prince William et le prince Harry ont passé leurs vacances d'été. Découvrez où les rois, les reines, les chefs d'État et les célébrités ont été reçus. De Franck Sinatra à Liz Taylor, de Winston Churchill à Nelson Mandela, de Ronald Reagan à Bill Clinton… »

Depuis de longues années, le navire est ancré, à tout jamais, dans le port de Leith, à dix minutes du centre-ville d'Édimbourg. On y accède par une passerelle couverte d'un tapis rouge. Moi, c'est surtout la présence fantomatique de la famille royale que j'espère trouver à son bord. Après avoir parcouru les longues coursives, arpenté les ponts, visité la salle à manger (qui peut asseoir jusqu'à cinquante-six convives et où les menus, rédigés en français et dangereusement à portée de main, m'ont irrésistiblement attiré), traversé le grand salon, le bar fumoir, enfin, arrivent… les appartements royaux. Ils sont le clou de ma visite. Ils reflètent les vrais goûts d'Elizabeth II. Elle en a choisi les meubles, les tissus et les peintures. Les cabines sont emplies de photos, de souvenirs familiaux et d'objets exotiques. Dans cet espace très imprimés fleuris Liberty, coup de cœur absolu pour la chambre de ma reine. Ici, les draps en coton d'Égypte sont brodés à son chiffre et, sur sa coiffeuse, ses brosses en laiton et peignes d'écaille semblent encore attendre sa femme de chambre. À côté de sa table de chevet, ma Lilibet disposait d'un petit bouton qui lui permettait d'appeler son valet de chambre à tout moment. Quel tentant *room service* ! J'ai presque envie, moi aussi, de commander son gin Dubonnet !

Malgré l'argenterie, le cristal et les porcelaines, l'ensemble m'a paru étonnamment modeste. La véranda qui donne sur le pont supérieur servait de salle de réunion familiale. C'était le lieu préféré de la reine. Elle y prenait souvent le thé. Les fauteuils sont moelleux. Ce qui me fascine vraiment avec ce bateau, c'est qu'à chaque visite officielle de la reine, cinq tonnes de bagages devaient être embarquées à bord. Les robes, les tailleurs, les chapeaux, les bijoux, les oreillers, les bouillottes, mais aussi… les fameuses bouteilles d'eau minérale Hildon et Malvern, utilisées pour préparer le thé. Et abreuver les corgis !

Allez, les malles sont en soute. La sirène retentit. Le pavillon est hissé au bon mât. J'ai l'impression que j'entends les moteurs vrombir. Ou alors les voiles se gonfler de vent. Vas-y, vogue, grand navire ! Les mers t'attendent. Je ressens moi aussi l'appel du large !

Elles sont désormais finies, ces escales mythiques ! Finies aussi, ces traversées au long cours où cette ambassade flottante recevait avec fierté, avec éclat, les dirigeants du monde entier.

Le mât est en berne. Depuis son désarmement de 1997 pour raisons budgétaires, ma Lilibet en a été privée, à tout jamais. L'entretien d'un tel navire était trop onéreux. La mort dans l'âme, elle a fini par l'admettre. Même si parfois, quand elle était seule, quand personne ne la voyait, une vague de nostalgie la submergeait. Ce géant de bois et d'acier est le seul à avoir fait pleurer la plus grande et la plus digne reine du monde.

I love her collections
La caverne d'*Ali Bebet*

Au château de Windsor, assise à son bureau, la reine leva les yeux de l'agenda qu'elle avait entre les mains. Y était consignée la programmation des futures expositions du *Royal Collection Trust*, ses collections d'art. Dans l'ambiance très cosy de la vaste pièce, elle adressa un sourire satisfait à Tim Knox, le directeur du fonds royal. À soixante ans, gérant (d'une main de fer dans un gant d'acier) plus de cent cinquante employés, il était l'homme de la situation. Elizabeth connaissait les chiffres par cœur : la Royal Collection emploie soixante-dix-neuf personnes à Windsor, cinquante-trois à Buckingham Palace et vingt et une à Édimbourg. Une ruine ! D'où l'obligation d'afficher des manifestations à la fois sophistiquées et grand public pour faire entrer des royalties dans les caisses. Mais elle était rassurée. Cette année, le calendrier des événements artistiques prévus au musée de Buckingham, au château de Windsor et à la galerie de Holyroodhouse s'annonçait éblouissant.

Particulièrement euphorique, à nouveau, Elizabeth II replongea dans l'agenda. La première exposition serait consacrée à Canaletto.

— Majesté, c'est votre conservatrice Lucy Whitaker qui va l'organiser.

— Parfait, c'est parfait. Tout est parfait. C'est George III qui a commencé à acquérir des Canaletto. À l'époque, vous savez, personne n'y croyait vraiment ! Aujourd'hui, j'en possède précisément quarante, la plus belle collection au monde, dit-on. Je les connais par cœur. Mes Canaletto sont une fenêtre ouverte sur Venise au XVIIIe siècle. Mais je préfère mes propres souvenirs de la ville. Avec Philip, à bord du *Britannia*, nous sommes allés souvent à Venise.

Elizabeth II tourna la page.

— Majesté, nous enchaînerons avec le show Gainsborough. C'est à nouveau Lucy Whitaker qui supervisera l'événement.

— Ah, Gainsborough ! soupira Elizabeth II. Une fois de plus, George III avait vu juste ! J'en possède trente-quatre ! Cet artiste spontané qui utilisait de longs pinceaux aimait les touches vives. Mais il a beaucoup changé de méthode de travail.

Le directeur du fonds enchaîna.

— Ensuite, Majesté, comme vous pouvez le voir, nous consacrerons une exposition aux miniatures de Fabergé. C'est votre conservatrice Caroline de Guiteau qui en aura la charge.

Lilibet tourna la page, même si… elle serait volontiers restée un instant encore sur Gainsborough.

— Fabergé est, à mon sens, l'un des plus grands artistes qui soient. Un génie. Notre fonds dispose d'environ trois cents miniatures commandées par Edward VII et Alexandra, je les connais toutes, elles aussi. À Sandringham, avec Margaret, nous les avons comptées.

— Ensuite, Majesté, nous poursuivrons avec les dessins de Leonardo da Vinci. Le conservateur Martin Clayton sera à la manœuvre.

— Merveilleux, soupira la reine ! Ses croquis de costumes pour la cour de François Ier ou ses études préparatoires à tant de chefs-d'œuvre sont magnifiques. J'en ai, j'en ai… J'en ai beaucoup, n'est-ce pas, Tim ?

Face à cette question qu'il n'attendait pas, le directeur du fonds royal se raidit quelque peu.

— Assurément, Votre Majesté.

— Combien ?

— Environ… mille deux cents, Votre Majesté.

— Combien ? Mille deux cents Léonard de Vinci ? Tim, vous en êtes certain ?

— Assurément, Votre Majesté ! Peut-être même… un peu plus. Je peux demander à…

— Tim, cela voudrait donc dire que la Couronne en possède plus que le British Museum ou… que le musée du Louvre ?

— Assurément, Votre Majesté. Je dirais même... beaucoup plus !

Devant son bureau, Lilibet retrouva le sourire.

— Tim, donnez-moi à nouveau les dates de l'exposition de ce cher Leonardo. Il y a longtemps qu'on ne s'est pas vus, lui et moi[1].

C'est une caverne d'Ali Baba. Un rêve éveillé. Les collections de la reine – et désormais du roi – sont si immenses, si riches, si variées que les superlatifs ne suffisent plus. Elles sont sans fond, jaillissent comme d'une source intarissable.

Imaginez un ensemble de peintures et de dessins de cinq mille tableaux de maîtres et quatorze mille dessins et esquisses. Dans ce fonds se côtoient les plus grands artistes de toutes les époques et de toutes les écoles : de Holbein à Graham Sutherland en passant par Dürer, Brueghel, Raphaël, Rubens, Rembrandt, Van Dyck, Poussin, Claude le Lorrain, Greuze, Mme Vigée-Lebrun... Et que dire de l'école anglaise ? Les plus belles toiles de Gainsborough rivalisent avec celles de Turner.

Totalement fou : en plus des chiffres cités au début de ce chapitre, les collections royales renferment trente-quatre Gainsborough. À en perdre le nord, n'est-ce pas ? C'est un peu *too much*, j'en conviens, mais ce que j'apprécie tout particulièrement, c'est l'attitude relativement décontractée qu'avait la reine quand elle exhibait certains de ses trésors. Si vous étiez invité à une réception au château de Windsor, on avait la modestie d'en présenter quelques-uns dans la bibliothèque, en guise de cocktail. Et vous déambuliez devant certains dessins de Léonard de Vinci, comme tout droit sortis du grenier. Dans les années 1960, l'allure souvent grandiose de ces merveilles de l'art contrastait parfois de façon saisissante avec les chevaux de bois, les autos

1. Si la scène est fictive, tous les détails relatifs aux collections et aux diverses expositions sont quant à eux totalement corrects. Le but de cette saynète est ici de mettre en lumière le fait que ma reine vouait une véritable passion à ses collections d'art... dont elle connaissait très bien les richesses !

miniatures et les ballons que les enfants du couple royal laissaient traîner dans les couloirs.

Évidemment, j'entends votre question : à combien ces collections uniques au monde sont-elles estimées ? On avance parfois la somme de 250 millions d'euros. Mais, vu leur provenance, si ventes aux enchères il devait y avoir, il y a fort à parier que le montant serait multiplié par dix, voire au-delà ! Autre évidence : il y a tant et tant de chefs-d'œuvre que Christie's ne parviendrait pas à programmer les ventes en une seule année. Fort heureusement, ma reine n'a rien vendu. Car ces joujoux font partie du patrimoine !

Et cette caverne d'*Ali Bebet* ne se limite pas uniquement à des toiles de maîtres, des dessins ou toute autre représentation. Elizabeth II était aussi l'heureuse détentrice de l'une des plus grandes et des plus importantes collections de mobilier français jamais réunies. Plus de trois cents pièces qui se distinguent par leur diversité et sont souvent le fruit des plus grands ébénistes de l'Ancien Régime.

Faisons un tour des salons : concernant les horloges, ici aussi, difficile de faire mieux ! Quatre pièces signées André-Charles Boulle cohabitent avec un chef-d'œuvre d'Abraham-Louis Bréguet. Le château de Windsor n'en compte pas moins de quatre cent cinquante, le palais de Buckingham, six cents, et celui de Holyrood, cinquante. Soit, au total, mille cent mécanismes !

La collection de porcelaine de Sèvres est sans doute également l'une des plus belles et des plus vastes au monde. Il y en a tant et tant. Des vases à anses, à pied de globe, à côte torse, à médaille de roi, des aiguières, des plateaux à fruits, à légumes, à gibier, des gobelets, des seaux à liqueur, à glace, à demi-bouteille, des surtouts, des saucières, des tabatières, des compotiers, des théières, des chocolatières, des assiettes, des tasses et sous-tasses, évidemment (par centaines), des coupes, des figurines (par armées entières)… De Chelsea, de Bristol, de Coalport, de

Naples, de Calabre, de Meissen, de Chine, du Japon, de Paris, de Limoges… Sur ces trois mille trois cent soixante-quinze pièces, ne nous arrêtons que sur une seule : le grand service de table destiné à l'usage personnel de Louis XVI. Vendu sous la Révolution, il fut acheté par George IV. Les rois d'Angleterre ont le chic pour profiter des changements de régime et enrichir le patrimoine de la Couronne ! Ce sera d'ailleurs le même scénario avec la révolution russe.

En matière de sculptures, les grandes figures s'imposent : trois pièces d'Antonio Canova, une de François Girardon, un Louis XIV par Edmée Bouchardon. Pas question de faire tapisserie chez la reine : trente-six gobelins vous affirmaient le contraire !

Le château de Windsor renferme aussi une collection de deux cent soixante-dix-sept camées, intailles, insignes, tabatières et gemmes. Quant à la collection d'armures, elle pourrait défendre tout un régiment ! Et n'oublions pas que George III était un bibliophile passionné, avide de savoir, jusqu'à détenir une collection colossalement riche. À la fin de sa vie, il avait accumulé soixante-sept mille volumes, dont plusieurs manuscrits originaux de Shakespeare, la première édition du *Paradis perdu* de Milton et deux cents bibles dans toutes les langues, y compris en iroquois. Quelle boulimie !

Son fils, George IV, était fasciné par les arts décoratifs et rêvait de posséder le mobilier du château de Versailles. Pas *le même* mobilier. Le *vrai* mobilier ! Et ce qu'un roi d'Angleterre veut, apparemment, Dieu le veut, puisqu'il réussit à mettre la main sur la commode créée en 1774 par Riesener pour la chambre du roi, sur le bureau imaginé par Bernard Van Risen Burgh pour Madame Élisabeth, ainsi que sur des tapisseries des Gobelins et des tapis d'Aubusson…

Dans les vitrines des palais, la collection Fabergé est considérée comme l'une des plus importantes au monde. Carl Fabergé, orfèvre de la famille impériale russe, prit conscience de son attractivité auprès des Anglais lorsqu'il ouvrit sa succursale londonienne en 1903, avec pour principaux clients le roi Edward VII et la reine Alexandra. Depuis, les monarques successifs et leurs épouses ont enrichi la collection, notamment avec le fabuleux œuf en mosaïque de 1914, acheté par la reine Mary en 1934, qui, une fois ouvert, révèle toute la famille du tsar Nicolas II. Le père de la reine, le roi George VI, s'est procuré de nombreux et magnifiques étuis à cigarettes du même Fabergé. Les fonds renferment également trois cents animaux sculptés dans des pierres semi-précieuses.

La reine Elizabeth II et sa mère ont également acquis un certain nombre d'objets du célèbre orfèvre, dont beaucoup ont été présentés lors d'expositions spéciales dans la Queen's Gallery, bien que la collection soit normalement conservée à Sandringham. Sa valeur totale est difficile à estimer, mais les experts ont déclaré qu'elle se chiffre en millions de livres sterling et qu'elle augmente chaque année.

En plus de l'œuf *Mosaïque* (motif de mosaïque réalisé en or et platine, émail rose et blanc, serti de diamants roses, de rubis, d'émeraudes, de topazes, de saphirs et de grenats, avec des bordures de perles et de gros diamants et un fleuron en pierre de lune au chiffre de la tsarine), la famille royale possède aussi l'œuf *Pendulette à la colonnade* (1910), qui représente les quatre archiduchesses et l'héritier du couple impérial russe, et l'œuf aux *Fleurs du printemps* (1901).

Enfin, saisissons-nous d'une grosse loupe et d'une pince et penchons-nous sur les albums de timbres de Sa Majesté. La collection philatélique la plus précieuse du monde se trouve en effet sous les voûtes du palais Saint-James. Estimée à plus de 100 millions de livres, elle était la propriété privée d'Elizabeth II et constituait une part importante de sa fortune personnelle. Elle remonte à 1864, lorsque le deuxième fils de la reine Victoria, le prince Alfred, duc d'Édimbourg, âgé de vingt ans, l'a commencée pour se distraire. Il l'a ensuite vendue à son frère aîné, le futur Edward VII, mais c'est son fils, le futur George V, qui l'a vraiment développée. George a dit à son philatéliste, John

Tilleard : « Souvenez-vous que je souhaite avoir la meilleure collection au monde, et non l'une des meilleures. » Nuance !

On pense que certaines pièces proviennent du tsarévitch Alekseï, tragiquement assassiné avec sa famille en 1918. Le fonds de l'héritier de toutes les Russies aurait été acheté à un soldat qui l'aurait fait sortir clandestinement du pays dans des boîtes de tomates vides. Cela me navre un peu, cette capacité des Windsor à récupérer, presque sous cape, des trésors de guerre !

Lorsque la reine hérita de la collection, toutes les nouvelles acquisitions furent montées dans des volumes en cuir vert connus sous le nom de « Collection verte ». Les timbres achetés ou donnés pendant le règne de son père forment la « Collection bleue », tandis que la majeure partie de la collection royale se trouve dans les trois cent vingt-huit volumes de la « Collection rouge », datant du règne de George V.

Dans ces boîtes magiques, véritables écrins que sont les palais et châteaux de la Couronne, il y aurait encore tant et tant de merveilles à découvrir ! Devant une commode, une console, un guéridon, face à une statuette, un portrait, un paysage, Elizabeth II s'étonnait parfois que l'on ait fait une nouvelle acquisition sans l'obtention de son royal aval ! Après vérification, il apparaissait souvent que le trésor en question figurait dans les collections depuis plusieurs siècles. On l'avait juste déplacé ou restauré ! Alors, la maîtresse des lieux souriait. Parce que la maîtresse des lieux savait. Vous la croyiez gaga, ma Lilibet ? Jamais quand il s'agissait de compter !

I love her garden-parties
Pic-nic chic

Juin 2020. Sa Majesté est prête à pénétrer sur le perron qui domine les jardins du palais de Buckingham. Aujourd'hui, la première *garden-party* de l'année accueille près de huit mille invités.

Le temps est mitigé, mais le ciel n'est pas menaçant. Sur le cadran de la grande horloge, Elizabeth guette l'aiguille. Comme à chaque fois, elle fera son entrée à 16 heures sonnantes, au signal du chef de la fanfare militaire. Soudain, dans son tailleur bleu ciel au chapeau assorti, une création Angela Kelly, une bouffée de nostalgie l'envahit. C'est comme un léger vertige, comme une machine étrange qui remonte le temps. Travelling arrière. Quatre chiffres s'impriment : le 1, le 9, le 3 et le 7. 1937 : l'année qui a chamboulé sa vie, fait basculer son destin. S'agit-il vraiment d'un souvenir vieux de quatre-vingt-trois ans ? Oui, bien sûr, c'était sa première *garden-party*. Elle se revoit encore. Elle revoit aussi Margaret. Elles se sentaient intriguées. Ce *God Save the King* qui accueillit ses parents semblait à la fois proche et lointain, familier et étranger, rassurant et bouleversant. Tant d'années se sont écoulées, tant d'épreuves, tant de disparus. C'est peut-être une vie, une accélération qui brouille les repères, tant elle fait de vous à la fois l'acteur et le spectateur de votre propre existence.

1937, donc. Elizabeth et Margaret assistaient à cette première avec le roi et la reine. Pour l'occasion, elles portaient des robes d'après-midi courtes, en tussor, ornées de smocks, des petites culottes assorties, des chapeaux de paille et des socquettes de coton blanc. À l'inverse de sa sœur cadette, Lilibet ne s'intéressait pas à sa toilette. Elle se contentait de se glisser dans ce qu'on lui présentait. Elle a compris depuis longtemps que s'habiller est aussi un devoir. Un instant, elle plisse les yeux. Pour mieux se souvenir peut-être. La présence des deux petites princesses enchantait tout le monde. À l'époque, les invités étaient au nombre de trois mille. Ils se répandaient dans les jardins, assiégeaient les souverains, risquant, au passage, d'étouffer les petites filles.

Partagée en groupes, comme en pelotons militaires, la famille royale évoluait parmi les convives, adressant une parole affable, un regard, un sourire. La liste avait été soumise au couple souverain, qui l'avait lue de bout en bout, sans sauter un seul nom. Ils avaient choisi les personnes invitées à prendre le thé dans le carré royal : un mineur ayant battu un record d'extraction de houille, une aviatrice venant de se distinguer par un raid, un artiste, un champion de ski nautique…

Elizabeth plisse les yeux. Un autre souvenir vient l'effleurer. Elle est à présent en 1947. Le 11 juillet 1947 très précisément. Avec Margaret, elle fait le tour des jardins en exhibant fièrement sa bague de fiançailles. Mais, lors de cette *garden-party*, l'invité qui reçut un accueil véritablement royal fut Winston Churchill. Le vieux lion apparut sur le perron fumant son gros cigare, et chacun n'eut d'yeux que pour lui. Un passage avait été ménagé à travers la foule. Tous voulaient lui serrer la main, lui taper sur l'épaule. Elle revoit les pas hésitants de celui qui, quelques années plus tard, allait devenir le tout premier de ses Premiers ministres. Et songe au chemin emprunté. « Combien de fois ai-je fait ce parcours ? » s'interroge, soudain, la doyenne des têtes couronnées d'Europe. Daddy, Winston, Margaret, Mum, Philip… tous auront bientôt disparu.

Dans la rotonde du palais, maintenant, le cadran de l'horloge affiche précisément 16 heures. Parfaitement rodée, la machine s'ébranle. Au loin, les premières notes du *God save the Queen* s'élèvent dans le parc. « Ce doit être ma cent cinquantième *garden-party* dans ces jardins. » Elizabeth enfile sa paire de gants blancs, jette un dernier regard dans le miroir biseauté. Le signal est donné. Les doubles portes s'entrouvrent.

Si le cœur n'oublie rien, la mémoire, elle, peut confondre. Dans ces jardins que tu aimes tant, des *garden-parties*, tu en as honoré bien plus de cent cinquante, ma Lilibet !

Chaque été, fin juin et courant du mois de juillet, la reine offrait quatre *garden-parties*. Trois d'entre elles se tenaient dans le vaste jardin du palais de Buckingham et une dernière au palais de Holyroodhouse, à Édimbourg. Cette dernière avait lieu lorsque Sa Majesté séjournait officiellement en Écosse. À Londres, chaque réception accueillait environ huit mille convives, contre quatre mille en Écosse.

L'invitation rédigée en lettres dorées sur un carton rigide comprend le nom de l'invité, nom qui aura été calligraphié, les horaires (de 16 à 18 heures) et, dans le coin inférieur gauche, la tenue appropriée : « *Morning dress, uniform or longe suit* » (robe de jour, uniforme ou tailleur).

Cette tradition des *garden-parties* royales remonte à la reine Victoria. Les invités étaient alors choisis dans le « beau monde ». Au début du règne de notre Lilibet, il aurait été impensable qu'un gentleman n'arbore pas de jaquette et qu'une dame porte autre chose qu'une « robe de jour », mais, lorsque les listes d'invités ont été élargies pour inclure des hommes et des femmes de tous milieux et de toutes classes sociales, Sa Majesté a insisté pour que des tenues moins formelles soient autorisées. Elle tenait surtout à ce qu'aucun de ses convives ne refuse son invitation, au motif qu'il ne pouvait se permettre d'acquérir de tenue appropriée !

À la fin du règne, les *ladies* arborent donc des robes, des tailleurs de prêt-à-porter ou concoctés par une couturière de quartier et souvent d'élégants chapeaux. Même le tailleur-pantalon est toléré. Mais pas d'escarpins Christian Louboutin ou Manolo Blahnik, *please* ! On leur recommande de privilégier des chaussures confortables, car il est parfois délicat, voire périlleux, de se mouvoir en talons hauts sur les pelouses.

L'invitation est toujours accompagnée d'un plan indiquant les trois entrées possibles du palais : l'une est la « Grande Entrée », qui, selon l'usage, devrait systématiquement être utilisée par toute personne qui se présente au palais pour la première fois. Les deux autres sont situées sur Hyde Park Corner et Grosvenor Square.

Sous Elizabeth II, ces pique-niques chics sont immuables. Vers 14 h 30, les voitures (essentiellement des taxis) commencent à envahir l'avenue du Mall. Les grilles s'ouvrent à 15 h 35. Dames en bibis et messieurs en élégants costumes font patiemment la queue pour présenter au service de sécurité leur précieux sésame. Les habitués (politiciens, diplomates et évêques de premier plan) reçoivent une invitation chaque année. Comment les reconnaître ? C'est assez simple. Ils filent à l'anglaise et se dirigent généralement très rapidement vers les tentes drapées où le thé et les petits fours sont déjà servis. Ils savent que les nouveaux venus attendent d'apercevoir la reine et qu'après le passage de ma Lilibet, sous la tente, il y aura une véritable cohue.

Et ils ont raison ! Immanquablement, ils sont des milliers à s'aligner, en rang d'oignons, ou presque, sur le parcours qu'empruntent, à 16 heures précises, les membres de la famille royale. Où vont les Windsor ? Ils se dirigent vers leur propre tente, où un buffet VIP les attend.

Lorsque la reine pénètre dans les jardins, on entonne l'hymne national. Elizabeth II est systématiquement entourée de son grand chambellan et de son adjoint, qui la guident à travers la foule. C'est « l'allée de la reine » quadrillée par les *yeomen* de la Garde dans leur costume Tudor. Les paroles échangées sont d'une extrême banalité, mais les témoins se disent ravis (et le sont vraiment) d'avoir vu Sa Majesté en chair et en os, d'avoir échangé quelques mots avec le prince Charles, serré la main de Camilla, aperçu le visage du duc de Cambridge ou le bibi griffé de Kate. Tandis qu'on se côtoie, deux orchestres de la Garde jouent des mélodies célèbres, dont les tubes de *My Fair Lady*…

Une coordination précise et discrète veille à ce que tous les Windsor convergent séparément (mais en même temps) vers la tente royale, où ils sont censés arriver vers 16 h 45. Alors que sous l'auvent couronné, c'est la talentueuse Kathryn, la chef pâtissière de Buckingham Palace, qui a supervisé le buffet, c'est le traiteur J. Lyons and Co. qui a la charge de celui des invités.

Aucun alcool (donc aucune goutte de champagne) pour se désaltérer. C'est volontaire ! Plusieurs dizaines de variétés de thés (tous de la maison Twinings, fournisseur de la cour) sont proposées, mais, lors des chauds après-midi, les boissons les plus populaires sont évidemment les cafés et thés glacés, comme au temps de l'Inde des maharadjahs !

Chiffres inouïs : à chaque *garden-party* sont servis vingt-sept mille tasses de thé, vingt mille sandwichs et plus de vingt mille tranches de gâteau. Sans oublier des scones (indispensables), des brioches, de petits pains mollets, des *puddings* aux fruits de la Passion et un assortiment de glaces et sorbets. Il n'y a jamais assez de chaises (à galette de velours) et de tables (nappées de blanc) pour tout le monde et il faut faire preuve d'une certaine dextérité pour manipuler tasses, soucoupes et assiettes tout en restant debout.

Le carré royal n'est évidemment accessible qu'aux personnes ayant reçu une invitation spéciale. Un demi-cercle de chaises est disposé un peu plus loin, afin qu'un petit nombre d'invités puissent observer, à distance respectueuse, la reine et ses convives de marque.

À 17 h 30 précises, Sa Majesté regagne lentement son palais. C'est un signal donné aux invités, leur indiquant qu'il est bientôt l'heure de quitter les lieux. Le public, néanmoins, s'attarde encore dans le parc, tant ses seize hectares offrent une oasis de calme au cœur de la capitale. On se fait photographier devant le temple palladien attribué à John Vardy ou devant le monumental vase en marbre de Waterloo signé Richard Westmacott.

Même si toute l'année les pelouses servent de terrain d'atterrissage à l'hélicoptère de la reine, le service de presse de Buckingham aime souligner l'aspect écologique du parc. Mark Lane en est le jardinier en chef. Écologiste dans l'âme, il ne craint pas la vétusté du matériel utilisé par ses douze employés : tondeuses hors d'âge, râteaux quasi victoriens. Tout cela contraste avec les dimensions de la pelouse, l'une des plus vastes au monde.

Un millésime précis a laissé un mauvais souvenir. En 1956, les robes en nylon faisaient fureur. Lors de la réception du 20 juillet, certaines invitées s'en revêtirent. En pleine *party*, un orage violent s'abattit sur les jardins du palais et de nombreuses convives s'aperçurent que le nylon mouillé devenait transparent. En toute hâte, une quarantaine d'entre elles durent se retirer au vestiaire des dames. D'autres, rouges de honte, préférèrent abandonner le navire. Fort heureusement, le nylon sèche vite et, à la tombée de la nuit, tout le monde avait réussi à quitter le palais sans commettre d'attentat à la pudeur. On envisagea alors de faire figurer sur les cartons un avertissement discret contre les dangers du nylon. Un haut fonctionnaire du palais déclara même à la presse : « Il ne faut plus jamais que cela se reproduise, ce fut extrêmement gênant pour nous. »

Lorsque la souveraine se trouvait à Buckingham Palace, après le déjeuner (elle n'utilisait jamais le diminutif *lunch*, qu'elle jugeait vulgaire), elle aimait se promener dans les jardins. La règle pour la maisonnée était de rester invisible de Sa Majesté durant ce qu'elle appelait son « moment de réflexion », car elle appréciait être seule dans la nature, accompagnée seulement de ses corgis. Seule l'équipe de jardiniers du palais était exemptée. Très souvent, la reine s'arrêtait pour discuter avec eux, posait des questions sur différentes plantes, différentes fleurs. Si elle ne s'arrêtait pas, ils retiraient leur couvre-chef, s'inclinaient légèrement et reprenaient leur travail après son passage.

Côté fleurs, depuis 2011, c'est Shane Connolly qui est le responsable de tous les arrangements floraux dans les palais de Sa Majesté et est à l'origine de plusieurs bouquets de mariages royaux.

Vous vous demandez peut-être quelles étaient les fleurs préférées de Sa Majesté ? J'ai la réponse : des lys, des œillets et des iris, mais jamais présentés dans des arrangements trop élaborés ! En revanche, pour les banquets officiels offerts dans la salle de bal de Buckingham Palace, Elizabeth II commandait régulièrement d'étonnantes compositions d'œillets rouges et jaunes, cueillis dans ses propres serres. Pourquoi le rouge et le jaune ? Parce qu'ils se conjuguaient au vermeil des assiettes, au carmin des chaises et au pourpre du baldaquin surplombant les deux trônes. Chez ma Lilibet – vous commencez à le savoir maintenant –, le détail revêtait souvent un caractère essentiel !

LES *I LOVE*
QUI ME RENDENT WINDSOR

I love her granny
Une *granny* pas du tout confiture

Un peu après son premier anniversaire, alors que ses parents sillonnent l'Australie et la Nouvelle-Zélande (mission qui leur fut confiée par le roi), notre Lilibet est conduite, sans cesse, au palais de Buckingham. Chaque matin, dans le bureau du roi, « grand-papa Angleterre » la fait asseoir sur ses genoux. La petite fille adore ces instants. Elle tire, encore et encore, sur la barbe poivrée du vieil homme. Que de rires ! Mais c'est surtout avec sa grand-mère, l'intraitable reine Mary, que la princesse va passer du temps. Les deux ladies se voient surtout l'après-midi, à l'heure du thé. Avec sa *young girl*, l'austère et intransigeante épouse du souverain use d'une méthode d'éducation peu conventionnelle : Lilibet ne sera jamais qu'Elizabeth (elle déteste les surnoms !) et, surtout, elle ne sera jamais vraiment considérée comme une enfant.

Notre héroïne n'a pas encore un an et demi, donc, que, déjà, dans le petit salon de prédilection de la grande reine – un boudoir tapissé de soie gris-bleu aux lourds rideaux de brocart –, durant de longues heures, « grand-mère Angleterre » lui apprend à faire la révérence. Si ces exercices maladroits amusent l'entourage royal, la monarque, elle, se montre, comme à chaque fois, d'une exigence absolue : « Vous devez garder le dos droit. Plus droit encore. J'ai dit plus droit ! Imaginez un fil qui vous tire. Vous devez à présent vous incliner. Avec plus de grâce. Soyez légère, mon enfant, légère... » Après les leçons de révérence arrive le « salut des foules », où valets de pied, dames de compagnie et dames d'honneur jouent les badauds en délire, puis l'art, ô combien délicat, de boire le thé.

En présence de sa grand-mère, tous les mois, la princesse passe aussi devant un photographe. Son portrait est envoyé à ses parents à chacune de leurs escales. Et, de semaine en semaine, on va peu à peu sentir l'influence de la vieille dame sur l'enfant. Dans la lumière du flash qui crépite, Lilibet est de plus en plus solennelle. Poser devient pour elle très naturel. Elle est comme guidée par une sorte d'instinct. Cet instinct qui va la suivre toute sa vie, c'est à sa chère Mary qu'elle le doit.

À l'autre bout de l'hémisphère, en Australie, ou peut-être en Nouvelle-Zélande, dans la résidence qu'occupent les ducs d'York, un courrier arrive en provenance de Londres. La duchesse Elizabeth se précipite. C'est, à coup sûr, un nouveau cliché de sa fille. Elle décachette l'enveloppe et, soudain, la photographie à la main, elle se fige, se raidit. La pose de Lilibet. Le sérieux de Lilibet. Son port de tête. Son maintien. Son attitude. Son regard. Son sourire froid, presque glacé. Dieu, on dirait « Madame je-sais-tout » ! « Madame je-sais-tout » est le petit nom donné (dans l'intimité uniquement) à la très corsetée (mais tellement parfaite) reine Mary. Face à l'image déconcertante de sa fille, pour la duchesse d'York, une évidence s'impose : il leur faut rentrer à Londres sans plus tarder. L'influence de sa pernicieuse belle-mère n'a que trop duré !

Pour Elizabeth II, elle restera, à jamais, sa tendre *granny*, la gardienne de la bienséance, celle qui lui a appris, quoi qu'il arrive, quoi qu'il advienne, à demeurer toujours digne et royale. Pour les Anglais, elle était la grand-mère du vieux royaume. Quand elle disparaît, le 25 mars 1953 (à quelques semaines du couronnement de sa petite-fille), même si, depuis le décès de George V en janvier 1936, elle s'est totalement retirée de la vie publique, son souvenir demeure tendre dans le cœur du grand public.

En 1945, lors des fêtes de la victoire, ne fut-elle pas la plus acclamée du balcon royal? Bien plus que Winston Churchill! Comme personne, la vieille dame symbolisait l'exemple et le respect des traditions de l'immémoriale Angleterre. En cet hiver 1953, une page se tournait définitivement. Lilibet le savait.

Au cours d'une vie longue et riche, quatre-vingt-cinq ans, une vie qui lui permit d'assister à six règnes successifs, sa silhouette, rigide et austère, ses toilettes trop apprêtées, ses chapeaux à plumes et ses inséparables ombrelles à manche d'ivoire ont incarné ce que la vieille et traditionnelle Angleterre, l'Angleterre que l'on aime, attendait de voir. Reine forte. Reine digne. Reine fière. Reine courageuse. Aux heures sombres de la guerre, elle a montré, mieux que quiconque, avec plus de fermeté, plus de témérité, une énergie et une détermination rares. Deuils privés, rivalités familiales, abdication, conflits mondiaux… les talons collés, les pieds en équerre, elle ne ploie pas, jamais, et rien, absolument rien, ne la trouvera désarmée ou hésitante. Ayant enterré son mari, trois de ses fils et un de ses gendres, ayant vécu, en 1936, les effroyables mois de l'affaire Wallis Simpson qui feront renoncer au trône son fils favori, son héritier, ayant assisté aux bombardements de Londres pendant le conflit, la tête froide, le menton haut, elle tint son rang.

Avec Elizabeth, d'emblée, se noue une incroyable relation. Rigide et formelle jusqu'à la caricature, elle devient, très tôt, un exemple pour la future reine. Elle est véritablement la première à mettre le pied de cette future cavalière émérite à l'étrier royal.

Obsédée par le protocole, qui la rassure, la conforte, elle met un point d'honneur à ce que chacun – même Lilibet, qu'elle aime pourtant profondément, en qui elle se reconnaît – lui fasse la révérence. Une victoire sans doute pour cette princesse de sang, certes, mais une altesse qui n'aurait jamais dû devenir reine. Se souvenant de sa vie, dans ses carnets de maroquin, son journal intime, elle aurait pu écrire : «Mon enfance se déroula dans une pauvreté relative. Mes parents, François de Wurtemberg, duc de Teck, et la princesse Marie-Adélaïde de Cambridge, ne recevaient du Parlement que la modeste somme de 5 000 livres annuelles. Mais qu'ils étaient bons ! Tous deux avaient le sens de la vie familiale, l'amour du *home*, le respect des traditions. J'ai passé mon enfance à lire et relire la Bible. À Kensington Palace, en guise de distraction, je parcourais les merveilleux jardins, donnais à manger aux cygnes et avais le droit, privilège rare, de toucher à la collection de poupées de la reine Victoria. Elle était ma marraine. Lorsqu'en 1891, je me fiançai avec le duc de Clarence, aîné des petits-fils de la reine, mes parents se crurent sortis d'affaire. Au soir de cette promesse de mariage, ils poussèrent des cris de joie. Je les entends encore. Mais une semaine avant nos épousailles, mon fiancé meurt de la grippe. Ma vie s'étiole. Adieu, rêves de gloire. Adieu, la fierté, la quiétude de mes parents. J'ai bien cru tout perdre. Allais-je toute une vie durant rester un personnage secondaire et amer ? Heureusement, l'illustre reine choisit de me faire épouser le frère cadet de feu mon fiancé, le duc d'York. C'est ainsi, à bord de ce second train en somme, qu'en 1893, un 6 juillet, je convole en justes noces avec celui qui, bientôt, sera le roi George V. Alors, certes, j'ai le cœur probablement trop sec. Trop d'épreuves sans doute. J'ai eu six enfants, et voici que, dans mes vieux jours, ma petite-fille parvient à me toucher, à m'émouvoir. » Il n'est pas impossible que Julian Fellowes, le génial créateur de *Downton Abbey*, se soit penché sur notre Mary pour imaginer le personnage de la comtesse douairière, lady Violet Crawley !

En public comme en privé, jamais l'épouse, puis celle qui deviendra, en 1936, la veuve de George V, ne montrera la moindre émotion. À Lilibet, elle enseigne, avec beaucoup de solennité, qu'il est inconvenant, pour tout monarque, de se laisser surprendre à sourire. Alors que la reine Elizabeth (la mère de notre héroïne) se montre plus laxiste dans l'éducation de ses filles, souhaitant surtout leur offrir « une enfance heureuse dont elles se souviendront avec plaisir », dans cette éducation, Mary, elle, insuffle de la rigueur. À Marion Crawford, la gouvernante en chef des deux princesses, elle ordonne de faire apprendre à ses élèves des poèmes par cœur, « pour exercer leur mémoire ». « Et faites-les réciter à voix haute. » « Et faites-les articuler. » « Et donnez-leur des cours de chant. Et de français. C'est important, le français ! »

La reine se penche aussi sur la garde-robe des jeunes filles. Surtout sur celle de Lilibet, il faut bien l'avouer. Une dame (qu'importe son âge et quelle que soit la saison) ne sort jamais « en cheveux », entendez par là sans chapeau. Quand on se souvient aujourd'hui de l'amour immodéré que Sa Gracieuse Majesté vouait à ses bibis, comment, une fois encore, ne pas y voir l'influence de sa royale *granny* ?

Avec « grand-mère Angleterre », les deux fillettes se cultivent. Comme évoqué dans notre chapitre sur l'enfance, elle les emmène à la tour de Londres, au British Museum, au zoo, mais aussi chez les antiquaires. C'est la vieille dame encore qui va inculquer à la future reine le goût de la collection, de la trouvaille du bel objet, de son expertise et le plaisir, subtil, raffiné, de savoir associer toiles de maître, vases de Sèvres, porcelaines de Chine, biscuits, statuettes, miniatures et pièces de mobilier. Cette *granny* royale est une véritable amatrice d'art. Et une amoureuse inconditionnelle de bibelots. Elle les aime autant que les bijoux qu'elle va accumuler d'une façon extraordinaire, pour ne pas dire indécente !

Dans ses appartements privés de Buckingham, les plafonds croulent sous les dorures, les murs damassés de soie sont couverts de grands miroirs, de cadres moulurés, de médaillons victoriens. Un cadre extraordinaire, un cadre qui la magnifie, où elle entasse une foule d'objets précieux. Et hors de prix ! L'austère monarque a d'ailleurs une façon très efficace d'enrichir son trésor. Souvent invitée dans de très belles demeures, la reine Mary prend en effet l'habitude, lorsqu'un objet la séduit (et ça arrive très fréquemment !) de se planter devant lui et de dire, à mi-voix : « Je le caresse avec mes yeux… Il me plaît tant. » Si, à tout hasard, le propriétaire du bibelot n'avait pas compris, au moment de quitter la maison, la souveraine ajoute : « Puis-je retourner dire au revoir à mon cher petit objet ? »

Dans le cénacle de la cour, peu d'aristocrates ont su résister à un tel déploiement de persuasion royale. Très fréquemment, Sa Joyeuse Majesté regagnait donc ses appartements avec un nouveau trophée à ajouter à sa collection. Néanmoins, le propriétaire d'un ravissant petit meuble eut, un jour, le mot de la fin : « Je suis désolé, Madame, mais je ne peux décemment pas vous demander d'accepter ce coffre ; c'est un faux ! »

Avec sa grand-mère, Lilibet apprend donc le protocole, les bonnes manières, l'Histoire, le comportement royal qu'elle devra afficher lorsque, plus tard, elle sera une grande personne. Devenue veuve, Mary recevra sa petite-fille à Marlborough House, la demeure qu'elle occupera au lendemain de la mort de George V. Des visites comme elle en faisait au palais de Buckingham. Tout aussi collet monté ! L'enfant découvre par exemple qu'elle se plaint de l'installation du téléphone, pourtant géniale invention d'Alexander Graham Bell. « C'est ridicule. Et dangereux. Ça nous rapproche bien trop du commun des mortels. » Elle a d'ailleurs instauré un règlement : on ne peut lui téléphoner qu'en cas d'extrême urgence. Et lorsqu'elle veut communiquer, elle adresse une note écrite, à laquelle elle attend une réponse… écrite ! Jamais sans doute une figure royale n'a eu, à ce point, l'intime conviction d'être altièrement différente.

Au matin du 12 mai 1937, jour du couronnement de leur père, les sœurs Windsor se retrouvent toutes deux dans la loge royale de l'abbaye de Westminster au côté de leur grand-mère. Magie d'un sacre. À l'issue de la cérémonie, la famille royale traverse des foules en délire, agglutinées tout au long du parcours allant de l'abbaye au palais de Buckingham. Installé sur un des toits de Whitehall, un appareil enregistre une montée de quatre-vingt-trois décibels au passage du carrosse du roi et de la reine. Le landau transportant la vieille reine et les petites princesses fera, lui, monter l'aiguille jusqu'à quatre-vingt-cinq décibels !

Au soir de cette nouvelle page que vient d'écrire le vaste royaume, particulièrement attendrie, la reine Mary consignera dans ses carnets : « Lilibet et Margaret étaient si mignonnes dans leurs robes et vêtements de dentelles. »

Avec la vieillesse, elle va, de plus en plus, dévoiler toutes les forces de son incroyable personnalité. Après le sacre de son fils, la désormais reine mère se trouve libérée de la plupart de ses devoirs. Elle se consacre aux œuvres de charité, fait elle-même ses emplettes. Altière silhouette noire, on la voit entrer tantôt dans des magasins populaires, tantôt dans les boutiques les plus élégantes de New Bond Street. Parfois, elle se rend aussi à Wimbledon, pour assister aux championnats de tennis.

En 1952, à la mort de son fils George VI, elle se précipite à Clarence House, la résidence de sa petite-fille. Prévenue en urgence, la nouvelle reine, on l'a vu, regagne Londres dans la journée du 7 février. Lorsqu'elle pénètre sous les dorures du salon, Mary plonge en une profonde génuflexion. Pour la si jeune monarque, en ces heures tellement douloureuses, comment oublier que c'est *granny* qui lui a appris cet art de la révérence ? Lilibet est confuse. La situation est gênante. Elle pose son sac à main, se précipite, veut relever la vieille dame. Mais, à l'autre bout du salon, austère, le regard posé sur elle lui jette des éclairs. Elizabeth comprend. Ce sera sa dernière leçon. Ce n'est pas devant sa petite-fille que la vieille dame s'incline. C'est devant la Couronne, devant l'institution, devant la « firme », face à la chef de clan, la lieutenant de Dieu sur terre, l'héritière de mille ans de monarchie.

L'échange durera une demi-heure. Quand Mary se retire, elle marche à reculons, s'incline une dernière fois. Elizabeth se rend à la fenêtre, soulève le rideau blanc. Dans la cour carrée, une imposante Daimler manœuvre pour sortir. Elle sourit. On lui a dit – mais est-ce vrai ? – que sa grand-mère a fait installer un tableau de bord à l'arrière de sa grosse limousine pour lui permettre, à tout instant, de contrôler la vitesse de son chauffeur. Ce doit être vrai, songe-t-elle en riant, tandis que l'imposante voiture franchit les grilles de la résidence royale. Face à la silhouette noire assise sur la banquette, les passants se découvrent.

Notre Lilibet ne le sait pas, évidemment, mais, dans un an et un mois, « grand-mère Angleterre » sera morte. La jeune souveraine va hériter, à titre personnel, d'une collection de bijoux unique au monde, un trésor à faire pâlir les joyaux de la Couronne. Mary n'assistera donc pas au couronnement de sa petite-fille. Toutefois, dans la fièvre des préparatifs qui bientôt galvanisera les équipes du palais et le royaume tout entier, elle va encore avoir le temps de lui glisser un dernier conseil, des plus judicieux : « Sous la robe de sacre, pensez à vous chausser confortablement. Pour ne pas glisser. Pour ne pas choir. Vous devrez rester debout plus de trois heures. » Le jour du décès de la reine douairière, Lilibet finalise enfin sa commande au chausseur français Roger Vivier. Une sandale de chevreau or constellée de rubis, l'une des pierres favorites de la reine Mary. Un hommage, un de plus, à une *granny* pas du tout confiture que l'Histoire a, certes, aujourd'hui un peu oubliée, mais dont le souvenir, intact, a continué de battre, jusqu'au bout, dans le cœur de mon héroïne.

I love her mum
Granny de folie

— Allô, Clarence House ?

— Oui.

— Ici, Buckingham Palace. Bonjour. Sa Majesté est en ligne. Elle souhaiterait parler à Sa Majesté…

— Très bien. Je transfère la communication.

À l'autre bout du combiné, Lilibet entend la liaison s'opérer. La voix de sa mère résonne maintenant dans le cornet.

— Allô ?

— Mum ?

— Oui, ma chérie.

— Mum, avez-vous parcouru les journaux, ce matin ? C'est une catastrophe ! On ne comprend pas ma volonté que l'État paie la reconstruction du château de Windsor. Cet incendie fut déjà abominable. Les sondages sont inquiétants, et j'ai rarement été aussi peu populaire !

— Oui, c'est terrible, ma chérie. Décidément, cette année 1992 est un chemin de croix pour vous !

— Mais, maman, vous, comment avez-vous fait pour être toujours aimée, adorée, pour être adulée même ? Vous devriez me donner des leçons !

— Lilibet, ce n'est pourtant pas difficile. C'est une question de méthode qu'il faut établir, un peu peaufiner. Après, il suffit de l'appliquer, d'y apporter parfois de petites variantes.

— Une méthode à appliquer ? Mais… comment ? C'est vague !

— Quand, par exemple, vous ne savez que répondre aux gens qui vous rencontrent et expriment leurs doléances, utilisez la formule : « Je sais, je sais... » Cela marche dans les cas tristes ou joyeux. Vous devez toujours donner l'impression d'être à l'écoute, de comprendre, de compatir. Autre impératif : rester fraîche comme une rose, élégante, voire trop élégante, susciter le beau, le joyeux, le bonheur, l'enthousiasme. Cela a toujours été ma philosophie.

— C'est-à-dire ?

— Veillez à toujours positiver. À ne jamais rechigner. Prenons un autre exemple : quand vous posez la première pierre d'une école, faites comme si vous veniez de découvrir une nouvelle et agréable façon de passer l'après-midi. Vous savez, au moment de nos noces d'argent, en 1948, on lisait dans les journaux que j'aimais Grieg et Chopin, parce que cela flattait les demoiselles de province qui apprenaient le piano ! Dans la même interview, un peu plus loin, on pouvait aussi découvrir : « Le roi aime faire de la tapisserie ou danser la conga dans les escaliers de Buckingham. » C'étaient de bonnes nouvelles ! Joyeuses, divertissantes. Et cela rendait votre père plus humain. Plus réel.

— Papa dansant la conga dans les escaliers de Buckingham ? Était-ce vrai, maman ?

— Bien sûr que non, Lilibet ! Et il faut admettre que, ce jour-là, j'étais très inspirée. Cessons de bavarder, maintenant. Et mettez-vous à l'œuvre. Vous allez payer les travaux de ce château de Windsor que vous aimez tant. Et vous allez les payer avec le sourire, Lilibet, n'oubliez pas. Avec votre plus charmant sourire ! Puisque vous n'avez pas le choix : montrez que vous êtes heureuse de payer ces travaux[1] !

On avait fini par la croire immortelle. Témoin de quatre règnes, elle incarnait la *granny* royale idéale. Véritable pop star, aussi à l'aise dans son rôle de veuve de roi que dans celui de reine mère. Parce qu'on ne percevait pas toujours la main de fer sous le gant de velours, le royaume entier l'adorait. Impossible de passer à côté de *Queen Mum*. On la repérait de très loin.

1. Si ce récit est purement fictif, il est à noter que tous les éléments repris sont exacts. Ils furent donnés le 27 avril 1948 dans *Le Monde* sous la plume de Jean Lequiller.

Ses bibis fruités ou fleuris (souvent à voilettes), ses tenues vaporeuses, ses broderies anglaises, sa débauche de tulle et de rubans faisaient d'elle un phare lumineux, presque clignotant, dans un océan de gens. Ses longs gants, ses rangs de perles et son goût des couleurs vives, ce côté *in* mais curieusement démodé lui conféraient une aura tellement royale, tellement différente, une image éternelle.

Son humour était légendaire. Dans ses déplacements officiels, elle savait, comme personne, dérider les plus timides en faisant preuve d'humour. Dotée d'un don incroyable, elle avait ce talent de repérer la plus humble personne d'une assemblée et de la convaincre qu'elle était celle qu'elle cherchait depuis toujours.

Les Anglais aimaient cette reine poudrée et souriante. Elle, elle adorait la France, un pays de révolutionnaires, certes, mais une terre merveilleuse qui eut le génie d'inventer le vin de champagne ! Elle en raffolait. Presque autant que du gin ! Originale, drôlissime, pleine d'esprit (presque espiègle), elle possédait au plus haut point – à un niveau de concours – l'art de la compassion. Il faut dire qu'elle a vécu elle-même beaucoup d'épreuves. Née avec le siècle, elle connut les deux conflits mondiaux. En 1940, c'est elle qui refuse de partir en exil alors que les détonations commencent à faire trembler Londres. Elle, encore, qui décline l'offre du gouvernement d'envoyer les deux princesses au Canada. « Mes filles ne me quitteront pas. Je ne quitterai pas le roi. Et le roi ne quittera pas ses sujets. » Au matin du 13 septembre 1940, au plus fort de la bataille d'Angleterre, une pluie de bombes déferle sur le palais. Quelques minutes plus tard, habillée, parée, maquillée, la reine descend dans la rue à la rencontre du peuple. Elle émettra cette réflexion, depuis devenue légendaire : « Je suis contente que nous ayons été bombardés, ça me permet maintenant de regarder les gens de l'East End[1] dans les yeux. »

1. Quartier populaire durement touché par les raids aériens.

Pour ma Lilibet, qui a hérité de la réserve de son père, il ne doit pas toujours avoir été évident de grandir aux côtés d'une mère si habile, si enthousiaste, si populaire. Et, en même temps, les deux femmes présentaient de nombreux points communs. Le sens de l'humour de mon héroïne vient tout droit de sa mère. Tout comme son dévouement total à la monarchie et sa foi religieuse. À l'image de sa génitrice, elle a jusqu'au bout eu entièrement confiance en la médecine homéopathique. Elle partageait également sa passion pour les courses de chevaux, mais une nuance de taille est à indiquer : elle s'intéressait principalement aux courses de plat, alors que sa mère, elle, appréciait celles d'obstacles !

Toutes deux cultivaient également une redoutable tendance à éviter, voire à fuir, toutes questions familiales houleuses. Par certains de ses collaborateurs, *Queen Mum* avait d'ailleurs hérité du joli surnom d'« autruche impériale » ! Son évidente réticence à s'impliquer directement dans la crise Margaret/Townsend en est l'exemple le plus frappant. Malgré l'immense chagrin de sa cadette et l'évident embarras de son aînée, elle préféra attendre que la romance s'éteigne et que le problème s'envole de lui-même. Comme il était arrivé ! Ne jamais prendre parti est le meilleur moyen de ne pas être tenu responsable. Bref, chez les Windsor, personne d'autre n'a filé à l'anglaise aussi fréquemment. Et avec autant de savoir-faire !

Totalement au diapason, de son côté, Elizabeth II évita toujours soigneusement de s'impliquer dans l'échec des mariages de ses enfants. Il faudra que les retombées (surtout avec Diana, lors de la tristement célèbre interview dans « Panorama », sur la BBC) la forcent à agir.

En revanche, il existe aussi (et en de nombreux points) des différences notables entre mère et fille. Elizabeth II prônait une certaine simplicité, alors que sa mère, beaucoup plus royale au fond, brilla toujours par son extravagance. *Queen Mum* adorait être adulée par le commun des mortels et a tout fait pour rester populaire auprès du public. Cette attitude, sa fille l'a trouvée un peu malhonnête, d'ailleurs. Sans doute ma Lilibet a-t-elle longtemps été fascinée par cette figure maternelle, parfois dure, qui s'adressait à quelque chose de plus profond, ancré en tout Anglais, pétri de nostalgie pour ces chères *mamies* qui dissimulent la bouteille de scotch derrière une boîte à thé ! Évidemment, sa couronnée de fille n'allait pas la dénoncer, souligner un goût un peu trop prononcé pour les *gin and tonic* bien tassés, sa prédilection pour les valets homosexuels (tellement plus chics, tellement plus fidèles, plus malléables aussi), son côté langue de vipère.

Autre différence notoire : leur attitude vis-à-vis du protocole. La reine mère refusait formellement de changer la moindre tradition, seul moyen, à ses yeux, de préserver le côté mystique de la monarchie. Notre star des royautés, elle, soutenue par l'attitude de son réformateur de duc, se montra plus pragmatique. Elle réussit à adapter et à moderniser la monarchie au fil des ans. Lors de la mort tragique de Diana, elle saura faire preuve d'un côté caméléon et d'une vraie remise en question.

À sa manière, *Queen Mum* prépara son aînée, l'héritière de son royal époux, à trouver un futur mari à la hauteur. À la cour, ce n'était un secret pour personne : la reine souhaitait que sa fille épouse un aristocrate britannique ! « Nous avons toujours dit en plaisantant (quoique !) qu'elle avait rassemblé une équipe de cricket de onze noms dans laquelle elle espérait que la princesse trouve l'élu de son cœur », confia son ancien secrétaire Edward Ford. « Tous avaient été formés à Eton. La plupart d'entre eux étaient les héritiers de duchés – Hugh Euston (Grafton), Johnny Dalkeith (Buccleuch), Sonny Blandford (Marlborough)… Le seul batteur qui manquait à sa liste était Philip ! »

Bien qu'il soit prince de Grèce et descendant de la reine Victoria, Philip est alors largement perçu par les proches du roi et de la reine comme germanique, d'autant plus qu'une de ses sœurs et trois de ses beaux-frères ont rejoint le parti nazi. *Queen Mum*, qui a perdu un frère, Fergus Bowes-Lyon, pendant la Première Guerre mondiale, et qui est restée farouchement anti-allemande tout au long de sa vie, aurait, des années plus tard, en privé, surnommé son gendre « le Hun ». Elle considérait même qu'il gérait les domaines royaux « comme un Junker », surnom généralement attribué à des officiers ou à des fonctionnaires allemands au caractère arrogant, borné et tyrannique.

Philip n'avait pas non plus l'esprit de la famille royale. « *Queen Mum* le trouvait froid et dépourvu de sens de l'humour », avance même une dame d'honneur. « Trait typiquement germanique, il n'était pas capable de voir le ridicule de certaines situations. Et il ne faisait même pas l'effort d'entrer dans ses petits papiers. »

À la mort du roi, la relation entre la mère et la fille est mise à rude épreuve. La reine vieillissante perd son pouvoir et, à Buckingham, son gendre prend sa place. Trois semaines après l'accession au trône, la nouvelle reine s'entretient avec son secrétaire privé, Martin Charteris, lorsque la limousine de sa mère apparaît. Fatiguée, Elizabeth déclare : « Voilà le problème ! » Le problème, selon un autre courtisan, était qu'« elle n'était plus la patronne ». Un membre de sa famille blâmait plutôt l'astrologie : « Elle est Lion et, comme tous les Lion, elle n'aime pas être numéro deux. » Bien que son nouveau titre de reine mère continuât de lui assurer un certain prestige, elle perdit toutefois de son ascendance, notamment lorsqu'elle emménagea à Clarence House, cette « horrible petite maison ».

Pour compenser la perte du roi et le nouveau statut de sa fille, et pour la motiver à reprendre du galon, Elizabeth II la nomma conseillère d'État. *Queen Mum* fut l'unique reine douairière à avoir occupé cette fonction. Lors des premières et longues visites à l'étranger d'Elizabeth et de Philip – y compris durant la tournée de 1953-1954 –, elle était donc la presque-monarque. Si, évidemment, il ne fait aucun doute qu'elle a toujours aimé sa fille, elle l'aimait encore davantage lorsque celle-ci était en voyage !

À cinquante et un ans, elle était évidemment bien trop jeune pour prendre sa retraite. À cette heure, personne ne pouvait encore prévoir qu'elle effectuerait des tournées à l'étranger jusqu'à l'âge de quatre-vingt-dix ans ! Et qu'elle continuerait à remplir des engagements publics jusqu'à sa cent deuxième année !

Autre petit couac : maintenir la veuve de George VI dans le luxe edwardien auquel elle était habituée coûtait cher, scandaleusement cher. À de nombreuses reprises, en privé, Philip et Elizabeth, naturellement plus raisonnables, se sont désolés des énormes factures générées par Clarence House. Mais ma Lilibet a systématiquement désamorcé la bombe. Qu'il s'agisse de financer sa garde-robe toujours plus importante ou le nombre considérable de ses chevaux de course, elle fermait les yeux et réglait un grand nombre de dépenses, en silence. Au bas des nombreux chèques qu'elle signait, elle griffonnait toujours un « *Oh dear, Mumy !* ». Vous l'avez compris, les 643 000 livres[1] versées chaque année à la reine mère sur la liste civile ne suffisaient pas à couvrir son luxueux train de vie. On pense même qu'Elizabeth II a complété l'allocation par une somme annuelle à sept chiffres !

Queen Mum (devenue un peu gâteau) décède dans l'après-midi du 30 mars 2002. Lilibet est à ses côtés. Deux mois plus tôt, les deux femmes disaient adieu à Margaret. La veille des funérailles, la reine s'adresse à la nation, parle du « vide qu'elle laisse parmi nous » et ajoute : « Je vous remercie également du fond du cœur pour l'amour que vous lui avez donné durant sa vie. » Elizabeth appréciera particulièrement l'éditorial du *Times* qui souligna : « Elle a déployé les vertus d'une vie ordinaire dans une vie extraordinaire. Elle a rendu la monarchie beaucoup plus accessible et naturelle, beaucoup moins sévère qu'elle ne l'était dans les générations précédentes. »

1. 762 000 euros.

Son père n'était plus. Sa sœur n'était plus. Désormais, sa mère n'était plus. À bientôt soixante-seize ans, Lilibet n'avait plus aucune attache avec l'enfance. Et l'enfance, quand elle s'en va, laisse une trace, une plaie. Certes, un jour, la blessure cesse de saigner, se referme, se cicatrise, s'oublie. Mais toujours elle laisse une balafre.

I love Philip
Au service de Sa Majesté

Avant de décrocher mes galons royaux dans un talk-show très regardé et de me faire connaître – et reconnaître – du grand public, j'ai fait mes premières armes télévisuelles sur une petite chaîne du câble[1]. Quel changement pour moi qui, jusqu'alors, n'avais de bagages qu'en presse écrite ! Au fil de mes interventions, rapidement, je suis devenu le spécialiste royal de la chaîne. À ma demande, la direction m'a même confié deux chroniques régulières par semaine. Chaque samedi et chaque dimanche, je revenais sur les dernières actualités couronnées. Aujourd'hui, même s'ils sont encore récents, je me souviens de ces premiers pas médiatiques avec beaucoup d'émotion.

Le 9 avril 2021, je préparais une chronique lorsqu'on apprit le décès du prince Philip. Il était âgé de quatre-vingt-dix-neuf ans. Je râlais au plus profond de moi, deux mois et un jour encore et nous aurions fêté son centième anniversaire ! Après une semaine marathon – qui vit ma première apparition sur le plateau de Cyril Hanouna –, le 17 avril, durant plus de deux heures, je commentais, en direct, les funérailles du prince. Dans ces instants-là, je me mets une telle pression (pour être suffisamment précis sans être barbant, pour être informatif, à la fois expert tout en restant grand public, pour apporter un regard neuf, plus accessible, plus jeune) que je retrouve mes (mauvaises) habitudes. Celles qui, des années

1. Non-Stop People, société du groupe Banijay, leader mondial dans la production de programmes pour la télévision, est une chaîne française d'information consacrée à l'actualité des célébrités. Elle a émis ses programmes de 2012 à 2021.

durant, ont régi ma vie d'étudiant. Un côté très scolaire ! Trop scolaire ! Durant des jours, j'ai préparé des dizaines et des dizaines de fiches. La naissance du prince. L'enfance du prince. L'exil du prince. Sa rencontre avec Lilibet. Leurs fiançailles. Leur mariage. Sa carrière militaire. Son parcours royal : 22 191 événements publics, 637 visites à l'étranger, 5 493 discours… En dehors des chiffres qui sont interpellants, mais qui, au fond, n'intéressent personne, il me semblait important, crucial, d'insister sur la dimension *workaholic* du mari de la reine. Hormis ma Lilibet, bien sûr, qui est hors concours, je n'ai jamais vu aucun autre *royal* se sacrifier autant !

Bref, vous l'avez compris, j'étais prêt ! À 15 h 30, les écrans verts qui encerclent le plateau commencèrent à rediffuser les premières images de la chapelle Saint-Georges de Windsor. Le signal était donné. Trois, deux, un… nous étions en direct. Cravate et costume noir, fiches blanches à la main, j'étais prêt. Faire vivre un événement en direct, décrypter les codes de la monarchie, rendre les Windsor soudain accessibles… n'est pas une chose aisée, mais, dans mon souvenir, le début de cette retransmission se déroula plutôt bien. À 15 h 55, l'imposante Rolls-Royce qui véhiculait la reine apparut sur les écrans. Je donnais l'information. Alors que nous ne voyions encore qu'une image furtive, comment pouvais-je être à ce point sûr de mon coup ? L'étendard de la reine qui flotte sur le toit, *of course* !

Comme le veut l'usage, Sa Majesté est la dernière à pénétrer sous les voûtes de la chapelle. 15 h 57. Ma Lilibet pose maintenant un pied à terre. Quel choc ! Certes, elle porte un masque sombre, puisque nous sommes en pleine pandémie Covid. Certes, dans quelques jours, elle aura quatre-vingt-quinze ans. Mais jamais je ne l'ai vue aussi faible. Aussi perdue. Jamais je ne l'ai sentie aussi fragile. Chétive silhouette noire, elle remonte maintenant la longue nef. Épidémie oblige, seules trente personnes, les membres ultrarapprochés, ont pu prendre place au cœur du sanctuaire. Et dans ce chœur, sous les drapeaux et les statues de bois, elle a choisi de s'asseoir seule. Isolée de son clan. Isolée du reste du monde qui découvre ces images en direct. Elle est amaigrie, j'en suis sûr désormais. Et dans ses yeux gris-bleu, quelle tristesse ! Sur son île de chagrin, je ne reconnais pas ma reine. D'ailleurs, ce n'est pas la reine. C'est l'amoureuse qui fait face au cercueil de chêne anglais recouvert de l'écusson du duc d'Édimbourg, de son épée, de sa casquette de lord-grand amiral. Sur le catafalque, il y a aussi des roses blanches, des lys, des freesias et des pois de senteur. La dernière offrande d'une veuve. À l'intérieur de la composition, elle a glissé une enveloppe qu'elle a signée « Lilibet ».

C'est historique, presque inédit. Jamais en public Elizabeth II n'a manifesté la moindre émotion liée à son histoire d'amour, que je sais pourtant folle, avec Philip. Le grand public ne le devine pas forcément, mais, dans les bras de son mari, Lilibet fut aussi, fut surtout, une femme. Une femme qui s'est donnée tout entière. Une femme qui a aimé. À en pleurer. À en crever, parfois. Une femme qui a accepté l'inacceptable, entendu l'indicible. Une femme qui s'est battue pour imposer cet homme qu'elle aime à ses côtés. Philip de Grèce et de Danemark avait tout sauf le profil idéal pour convoler avec le parti le plus *bankable* du monde. Il n'avait que son regard intense, profond, sa peau claire qui si vite devenait hâlée, son corps saillant, sa voix suave, ses longs doigts, ses larges mains, ses épaules, ses cuisses, sa nuque interminable, ses pieds de géant. Dieu que Lilibet fut amoureuse. Dieu que Lilibet a aimé. Et a été aimée. Même si parfois – je peux vous le confier maintenant – tout ne fut pas toujours rose. C'est à cet amour-là, un amour rouge passion, qu'elle dit adieu aujourd'hui. À l'homme qui a bouleversé sa vie, qui a rendu cette existence tellement différente, un peu plus ordinaire, un peu plus acceptable. C'est à cet homme qu'elle a adoré, à ce corps auquel elle s'est offerte, qu'elle a tant de fois embrassé, qu'elle dit au revoir.

Face à moi, que mes fiches, si nombreuses, sont ridicules ! Que peut expliquer un océan de papier face à la détresse d'une femme amoureuse, d'une femme que l'on abandonne ? La reine et le premier de ses chevaliers étaient mariés depuis plus de soixante-treize ans. Ce n'est pas à un chroniqueur royal qu'il faut demander de commenter ces funérailles, mais à un romancier, un spécialiste en histoires d'amour impossibles. Parce que l'histoire d'amour de Lilibet et Philip aurait dû être impossible. En novembre 1947, le mariage de la future reine avec son marin tatoué (si, si, je vous assure !), exilé, désargenté (il gagnait 11 livres par semaine) est jugé scandaleux, aurait dû être interdit ! Philip est prince, certes, mais n'est diplômé ni d'Oxford, ni de Cambridge, ni d'Eton. Pas même sorti de Sandhurst, le Saint-Cyr britannique ! Il n'a que des galons sur des uniformes saillants, une casquette blanche et une allure de play-boy. Pour ne pas dire de garçon terrible !

Elle ne pleurera pas. Pas devant les caméras, du moins. Mais la BBC a reçu l'ordre de ne pas zoomer sur le visage de la reine ! Elle était inébranlable. Un navire dans la tempête, dans les fureurs. Elle était inoxydable. Ce jour-là, elle ne l'est plus. Il est 17 heures quand la cérémonie s'achève. Alors, bien sûr, demain, à l'aube, parce que l'aube se lève toujours, il y aura de nouveau une reine. Mais une reine différente. Une reine seule. Une reine que l'on n'aime plus.

Le prince, ce n'est pas un secret, n'avait pas toujours bon caractère. Mais il était authentique. Vous l'avez compris, d'emblée, chez lui, ce qui fascine, c'est son côté détonant. Parce que son profil – au début du moins – ne correspond pas à la fonction ! À Buckingham, Philip est un peu comme un acteur, très beau, trop beau, qui se serait trompé de comédie. Il est une erreur de casting. Le précédent prince consort, Albert, un prince de souche allemande lui aussi, avait une stature tellement aristocratique, une culture tellement encyclopédique. En attendant Victoria, «*Dear Albert*» passait des heures assis devant un orgue à jouer des sonates de Mendelssohn, à travailler à des plans d'épandage pour l'agriculture, à étudier la lithographie, à dessiner des blasons... Philip, lui, n'a d'attirance que pour les uniformes, les décorations, le rang d'amiral, les honneurs. Les ors de la cour l'ennuient, la déférence des aristos qui entourent sa royale épouse, aussi. Les réceptions qui n'en finissent plus l'excèdent. Et pourtant, comme personne, il va réussir à concilier son goût pour la modernité avec cette tradition, ce protocole, cet ordre, cette rigueur, cette fermeté.

Concernant Philip, il y a une anecdote que j'aime beaucoup. Pas parce que c'est une anecdote, mais parce qu'elle permet, je trouve, un certain éclairage. Nous sommes dans les premières années qui suivent le mariage. On dit que Lilibet et son fringant mari rentrent de soirée. On dit que la nuit noire est déjà très avancée. J'imagine qu'elle dégrafe sa longue robe. Est-elle seule ? Une femme de chambre l'aide-t-elle ? Où est Philip ? Que fait-il ? En tout cas, il a faim. Il meurt de faim ! Que feriez-vous à sa place ? Vous descendriez aux cuisines ? Impensable ! Philip est le mari de la reine, ne l'oubliez pas. Mais… que faire alors ? Rien ! Il n'y a rien à faire ! Pour que l'époux de Sa Gracieuse Majesté puisse manger un sandwich, le protocole exige qu'une demande soit formulée à son page, lequel doit la transmettre au contrôleur des fournitures, seul autorisé à prévenir le chef, qui téléphonera à un valet quand les sandwichs seront prêts. Évidemment, à l'heure où se déroule la scène, il n'y a ni page, ni valet, ni contrôleur des fournitures, ni chef, ni marmiton. Philip est furieux, on s'en doute. Mais il ne mangera pas ! J'aime cette anecdote, car elle va être à l'origine d'une véritable révolution de palais, mais aussi parce qu'elle me rappelle une séquence d'Ernst Marischka dans *Les Jeunes Années d'une reine*, où la légendaire reine Victoria est campée par Romy Schneider. Je connais ce film par cœur ! Et l'histoire à laquelle je fais ici allusion est véritable ! À la fin de l'été, la reine a froid. Elle demande que soit allumé un feu. Mais c'est impossible. Impossible d'allumer un feu dans les appartements de Sa Majesté, car nous sommes en été et le protocole ne l'autorise qu'à partir de l'automne. Pourquoi ? Parce que la charge de disposer le bois revient au lord steward et l'honneur de bouter le feu est l'apanage du lord-chambellan. Et, durant l'été, aucun des deux n'est en fonction ! La même histoire que Philip un siècle plus tôt !

En somme, en dix décennies, rien n'a changé ! Philip s'aperçoit qu'aujourd'hui encore personne n'a le droit d'adresser la parole à la reine ! Ce qui, cette nuit, a fait mourir notre beau prince de faim, c'est le lourd mécanisme qui régit les moindres faits et gestes qui entourent sa royale épouse. Si Victoria en fut prisonnière, Philip, lui, ne va pas se laisser faire. Véritable James Bond au service de Sa Majesté, il va faire entrer Buckingham et l'entourage compassé et poudré de la reine de plain-pied dans le XXIe siècle qui se profile.

Il commence par visiter le palais de fond en comble, se perd dans les dédales. Il pousse ainsi plus de six cents portes. Certaines d'entre elles ne doivent pas avoir été ouvertes depuis Victoria ! Bien plus qu'un grand coup de plumeau, il va modifier des espaces, repenser les lieux, aménager, moderniser. Certains plafonds, très hauts, trop hauts, sont rabaissés. Les pages en livrée chargés de transmettre les informations sont remplacés… par un téléphone. Sous son contrôle, on installe le chauffage central et on déménage les cuisines. Elles seront désormais situées juste en dessous des appartements royaux. Parce que Philip déteste manger froid ! Ces cuisines, justement, il les fait équiper de réfrigérateurs, de fours, de mixeurs et autres gadgets. La presse résume : « Avec Philip est entré à Buckingham tout ce que le XXe siècle a décrété de pratique et de saugrenu ! » Elle a raison. Mais il a vu juste !

Après Buckingham, il modernisera aussi Balmoral et Sandringham. Au fond, il opère comme s'il était sur un navire de guerre. Il s'informe de tous les détails, se renseigne pour savoir comment sont gérés les domaines et trouve des moyens d'améliorer leur rendement. Si c'est Albert qui a introduit l'arbre de Noël en Angleterre, c'est Philip qui va commercialiser ceux de Windsor !

Désormais, pour commander un sandwich, il passe par-dessus toutes les hiérarchies, s'empare d'un téléphone et donne directement ses ordres au chef. Que dit Lilibet ? Elle trouve ça mieux ! Elle admire son pragmatisme, sa vivacité. Philip porte ses valises lui-même et les sort lui-même de sa voiture, prend le volant pour se rendre à Windsor, répond au téléphone s'il sonne, est furieux lorsque les valets se précipitent pour lui ouvrir la porte. Avant ce grand coup de balai, au palais, on sonnait un page pour la moindre bagatelle, comme aller chercher un verre d'eau. Philip, lui, continue à préparer ses cocktails comme il l'a toujours fait. Et si ça ne plaît ni aux serviteurs, tellement conservateurs, ni aux courtisans qui papillonnent autour de la femme la plus royale du monde, qu'importe ! Qu'ils aillent voir ailleurs ! D'ailleurs, le poste de page est supprimé. Envolées, les perruques poudrées. Elles remontaient pourtant à... on ne sait plus trop ! S'il a besoin de sa voiture, de son secrétaire, d'un dossier, d'un café, d'un sandwich ou... de parler à sa femme, Philip décroche son téléphone. Et est bien décidé à ce que sa gracieuse épouse en fasse de même !

Son pouvoir, il l'a saisi, sera dans la sphère privée. Si, en public, protocole oblige, il se tient perpétuellement trois pas derrière elle, lorsque les lumières des projecteurs s'éteignent, c'est lui le maître. Et Lilibet aime ça. Elle se décharge même totalement sur lui, consciente que tout ce tralala tourne à la farce. Puisqu'elle est d'accord justement avec le fait que Buckingham est davantage un théâtre qu'un lieu de pouvoir et qu'à force de jouer la comédie le spectacle de la monarchie pourrait virer à l'opérette, sur proposition de Philip, on supprime la très ringarde cérémonie de présentation des débutantes (les debs !), qualifiée de « ridicule » par le duc. Il va préférer se concentrer sur un concept moins *high society* et plus *green* : les *garden-parties*. Elles feront bientôt fureur !

On l'a compris, si elle porte la couronne, c'est Philip qui porte la culotte ! Qu'il doit être pénible, néanmoins, de changer de rôle en franchissant le simple seuil d'une porte !

Au fond, quand on y pense, sa vie aurait pu n'être qu'une longue suite d'amertumes. Pour un vrai « macho » obligé de laisser le premier rôle à son épouse, on imagine les sentiments de rancune plus ou moins refoulés. Peut-être ! Néanmoins, dans la drôle de fonction qui est la sienne, Philip va réussir à s'accomplir. Jamais il ne sera passif. Il déteste le rôle de spectateur. Son curriculum royal, on l'a évoqué en début de ce chapitre, est inouï. À écœurer les membres de la nouvelle génération ! Si, quelque temps après leur mariage, la presse, qui avait sorti sa machine à calculer, a pointé du doigt Kate et William, estimant, avec raison, qu'ils n'honoraient pas suffisamment d'engagements, en soixante-dix ans de carrière (de 1947, date de son mariage, à 2017, date de son départ en retraite), jamais, *never, never*, ce reproche ne sera fait à Philip !

Dans son entourage immédiat, certains affirment qu'il aurait mieux valu qu'il continue sa carrière dans la marine. C'est faux ! Sans lui, la force de ma Lilibet et son abnégation n'auraient jamais été les mêmes. Premier de ses chevaliers, il est surtout le seul homme qui puisse la traiter, lui parler en femme. Il est son point d'ancrage dans la normalité. Comme le déclarera un jour l'ancien secrétaire privé Martin Charteris : « Le prince Philip est le seul homme au monde qui traite la reine comme un être humain comme les autres. Et, bien sûr, il n'est pas rare que Sa Majesté dise au prince de se taire. Parce qu'elle est la reine, ce n'est pas quelque chose qu'elle peut facilement dire à quelqu'un d'autre. » Et puis, Philip est beau, on l'a vu, Philip est sexy, on l'a compris ! Mais il n'est pas que ça ! Son tempérament, sa pugnacité, son dévouement à l'institution vont en faire, très longtemps, le maillon le plus essentiel de la Couronne. Si Philip n'avait pas été là, notre héroïne et l'histoire de l'Angleterre auraient été bien différentes. Pour preuve, un autre épisode dont se souviendra encore Martin Charteris. Il survient à bord du *Britannia*, le yacht royal. Le couple vient de se disputer. Lilibet déclare : « Je ne sortirai pas de ma cabine tant qu'il ne sera pas de meilleure humeur. Je vais m'asseoir ici, sur mon lit, jusqu'à ce que cela lui passe. Peu importe le temps que ça prendra ! » Indépendamment d'être drôle, cet écho démontre à quel point elle a besoin de lui à ses côtés ! Peut-être davantage, d'ailleurs, que lui n'a besoin d'elle !

Un constat est amer, toutefois : malgré cette carrière royale incroyable, unique, sa rudesse toute germanique, son humour caustique et son franc-parler feront qu'il sera plus estimé que véritablement aimé. C'est peut-être parce que le personnage est un peu trop complexe.

Homme intelligent à l'esprit terriblement pratique, il est susceptible des pires incartades. Sa carrière de gaffeur est d'ailleurs inégalée ! Capable de maîtriser ses émotions, il peut aussi exploser à tout moment. Brutal, voire cruel parfois, il peut tout autant se montrer chaleureux et bon à l'égard de personnes dans l'embarras. Courtois à l'occasion, il peut aussi être arrogant, grossier et impérieux, surtout vis-à-vis des hommes politiques, auxquels il voue un certain mépris. En réalité, sous des manières affables en public, il cache une personnalité imprévisible, et souvent intransigeante.

Mais ce sont justement ce caractère entier et cette énergie virile qui faisaient de mon héroïne une si grande amoureuse. À mes yeux d'éternel romantique, Philip est surtout le grand amour de Lilibet. Le seul homme qu'elle ait aimé. Un sentiment si puissant, une passion si touchante, du premier jour jusqu'à sa disparition, qu'il abolit toute réserve, balaye toute nuance. C'est un torrent d'amour, quasiment du Scarlett O'Hara et Rhett Butler… Je suis ému quand, au matin de sa mort, elle déclare : « Il a tout simplement été ma force et mon soutien durant toutes ces années. Je lui dois ainsi que toute ma famille, ce pays et bien d'autres, une dette plus grande qu'il ne la réclamera et que nous ne la connaîtrons jamais. » Barbara Cartland (que je n'aime pas !) n'a rien inventé.

Alors, certes, le personnage a été infidèle. Trop beau, trop viril, trop séducteur. Un côté viking, conquérant. N'oublions pas que son père, le prince André de Grèce, qui termina ses jours à Monte-Carlo, vivait avec la comtesse Andrée de La Bigne, sa maîtresse. La situation n'a jamais choqué Philip, qui la rencontra d'ailleurs à plusieurs reprises.

L'un de ses anciens flirts, Hélène Cordet, lui a consacré un livre. On dit que « le mari de la reine » eut souvent des coups de cœur pour des femmes de joueurs de polo. L'actrice Merle Oberon et une vedette de comédies musicales, Pat Kirkwood, sans oublier la duchesse d'Abercorn, feraient également partie de ses conquêtes. Des conquêtes, on lui en a d'ailleurs attribué une fameuse brochette, mais le prince n'a jamais répondu aux rumeurs. Quand on l'accusait d'infidélité, il invoquait toujours pour sa défense l'impossibilité d'échapper à ses gardes du corps et le fait d'avoir constamment quelqu'un collé à ses basques. Toutefois, les séances de gymnastique, fréquentes et assidues, du prince Charles avec Camilla Parker Bowles pendant les années Diana affaiblissent cet argument !

Assurément, la discrétion a été son meilleur bouclier. Il a appris à choisir ses flirts dans des milieux suffisamment riches et haut placés pour lui procurer une protection contre la presse à scandale. Elizabeth n'était pas aveugle, elle est même une grande observatrice. Mais, comme à toute femme de sa génération et de son milieu, on ne lui a pas inculqué d'exiger la fidélité. Pour elle, ce qui est important, c'est la loyauté ! Aussi serait-il faux de brosser un portrait rose bonbon. Je ne dis pas que ce fut toujours facile, qu'il n'y a pas eu de larmes, de cris, de reproches aussi, mais, d'emblée, elle a saisi le besoin d'indépendance de son mari et a eu l'intelligence d'en tenir compte !

Le 8 février 1960, onze jours avant la naissance du prince Andrew, la reine publiait un décret stipulant que sa progéniture prendrait le nom de Mountbatten-Windsor. Elle corrigeait ainsi ce que, huit ans auparavant, Philip avait ressenti comme un énorme camouflet personnel, lorsqu'elle avait confirmé qu'elle et ses descendants seraient connus sous le nom de « Maison de Windsor », décret qui empêchait Philip de donner son nom de famille à ses propres enfants et éventuels petits-enfants. Elle réparait donc un épisode qui avait profondément blessé le prince et été la source de nombreux conflits au sein de leur couple.

Et en soixante-quatorze ans de mariage, les conflits n'ont pas concerné que la sphère privée. Lors de visites officielles à l'étranger, Philip s'est plusieurs fois mis en colère, tant il était excédé par le zèle d'Elizabeth face à son devoir. Peter Jordan, ancien photographe du *Time*, n'a jamais oublié son éclat, en 1985, alors que le couple royal se trouvait dans l'île de Grenade : « Vous et votre fichue manie de serrer les mains de tout le monde ! À quoi ça vous sert ? Partons ! » Jordan raconte que la reine ne s'est pas même retournée et l'a fait attendre jusqu'à ce qu'elle ait fini de saluer toute l'assistance. On l'a vu, il est le maître et son pouvoir est absolu. Mais uniquement dans le privé !

Évidemment, comme tout Windsor, il n'a pas été épargné par les médias. La presse britannique ne s'est jamais gênée pour se montrer peu courtoise envers lui. Au fil des ans, les journalistes se sont délectés de le tourner en dérision et l'ont harcelé délibérément, sachant qu'il réagirait immanquablement.

Mais, au bout du compte, la seule façon de le juger est de se demander s'il a bien rempli le rôle qu'il a accepté de jouer en épousant Elizabeth. Non en qualité de mari, mais, et c'est plus important, en qualité d'époux de la reine d'Angleterre. Depuis le couronnement, il s'est toujours trouvé à ses côtés. À des milliers de reprises, resplendissant dans son uniforme de la *Royal Navy* comme dans d'élégants costumes ou smokings noirs à la coupe parfaite. Jamais il n'a cherché à échapper à son devoir, toujours il a abattu une prodigieuse quantité de travail, remplissant, on l'a vu, une multitude d'engagements et fonctions. En bref, il a honoré bien plus que sa part du contrat. Parce que, entre Lilibet et Philip, c'était un peu d'un contrat qu'il s'agissait. Entre une femme puissante et amoureuse et un jeune homme appelé par le destin. Comme elle l'a reconnu, il fut, en effet, son plus grand soutien. Son roc. Un diamant noir. Rare. La pierre la plus précieuse de sa couronne.

I love her Kate
Touche pas à ma Kate

Ce matin, j'ai décroché un rendez-vous des plus importants. Ce matin, à Boulogne, au siège de la maison de production H2O[1], moi, le petit Belge fan de la reine, je vais tenter de convaincre C8 et son présentateur vedette, Cyril Hanouna, de consacrer un loooooong documentaire à Kate Middleton, alors duchesse de Cambridge. Je vous avoue que, juste après ma Lilibet (qui est hors concours), la duchesse Catherine est une autre de mes *little darlings*.

Vous commencez à me connaître ! Vous savez que, forcément, j'ai longuement préparé cet entretien. Cyril vient de recevoir une lettre de Buckingham Palace le remerciant pour ses bons vœux à l'occasion du Jubilé de platine, un courrier que j'avais moi-même rédigé de sa part. Et depuis, le cœur du roi du PAF ne bat plus que pour la reine d'Angleterre ! Au fond, ce joyeux drille est un incorrigible romantique qui s'ignore ! Pour lui vendre ma Kate à moi, il me semble donc important de passer par le prisme élisabéthain. Stratégie, stratégie !

— Je pars du constat qu'Elizabeth II a tiré les leçons de l'épisode Charles et Diana. Du coup, elle a passé beaucoup de temps et mis énormément d'énergie à soutenir activement le mariage de William avec Kate. Ce fut vraiment une priorité pour elle. Et là, comme par hasard, ils viennent de s'installer tout près de Windsor, à Adelaide Cottage. C'est Lilibet qui leur a offert la maison.

1. H2O Productions est la société de Cyril Hanouna, créée en 2010.

Cyril pige instantanément. Ou, pour être tout à fait exact, il pige… à sa façon !

— Malins, ces Oxford ! En gros, pas de frais de déménagement, un loyer gratos, pas de taxe d'habitation et des petits plats le dimanche qu'ils vont aller piquer dans les cuisines du château.

— Euh… Cambridge, Cyril, Cambridge ! *Will and Kate* sont ducs de Cambridge ! Pas ducs d'Oxford. Cette pairie n'existe pas. Il n'y a que des comtes d'Oxford !

« Oxford », « pairie »… Mais qu'est-ce qui me prend ? Mon rendez-vous tant rêvé vire au cauchemar. Il faut que j'axe sur le couple. Il faut que je dramatise aussi. Un bon doc est toujours un peu larmoyant !

— À Londres, pléthore de spécialistes… Euh, pardon, beaucoup de spécialistes assurent que la reine considère le duc et la duchesse de Cambridge comme le véritable avenir de l'Angleterre. Honnêtement, Lilibet, elle, pense que Charles ne fera qu'assurer un interrègne. Euh… un petit règne de transition, un trait d'union. Tu comprends ? Ce sont William et Kate, les vrais successeurs de la *Queen*. Et la tâche est immense. Le fardeau, infini. On pourrait vraiment faire quelque chose d'un peu mélo. Une musique dramatique, l'opposition des générations. Peut-être des images en noir et blanc pour Charles et Camilla. Et je rédige un texte très Frédéric Mitterrand : « Et c'est ainsi que le destin imposa sa loi implacable. Parce que le destin des têtes qui portent couronne a toujours quelque chose d'implacable. Dans les méandres du sang Windsor coule un goût de tragédie… » On se la joue force du destin. Le père sacrifié. Le fils couronné. La grand-mère qui a tout deviné, peut-être même manigancé. Une Lilibet qui tire des fils. Et notre Kate apparaît en héroïne. Toujours ultra-élégante : chapeau Philip Tracy, gants de suédine, collants couleur chair. Avec elle, jamais de faux plis, jamais de faux pas !

— Tu crois que ça peut faire de l'audimat, ça ? Une grand-mère *ferrala*[1], un père quasi giclé du jeu. Mouais. À voir…

Ai-je bien entendu ? Il a marmonné un « mouais » ! C'est le début d'un consentement. Il faut que j'enchaîne.

— Pour la reine, ce qu'elle trouve génial avec Kate, et qui l'impressionne, c'est qu'elle aime William pour lui-même, pas pour

1. « Souffrante » en arabe tunisien.

son titre. Elle voit en eux la projection de son propre couple avec Philip. Je pense que ça doit l'émouvoir.

Bon, OK, j'y vais peut-être un peu fort et, sur ce coup-là, je ne suis pas certain de mon analyse, mais je sens que mon récit doit maintenant revêtir un côté Hollywood.

— Au départ, personne dans la Maison royale ne s'attendait une seconde à ce que la romance universitaire de Catherine et William se poursuive. Mais je t'assure que, dès le début, la reine a été une grande fan de Kate. Elle a pratiquement sauté de joie le jour de l'annonce des fiançailles. Leur mariage en 2011 était, pour elle, une véritable oasis lumineuse après des années de *royal weddings* catastrophiques et la mort de la princesse Diana. Son tailleur jaune poussin le jour de la cérémonie voulait tout dire. Elle avait le sentiment que l'avenir de la famille royale, de l'institution, mais de sa propre famille aussi, de son clan, était désormais assuré. Kate et William ont rendu à la monarchie admiration et affection.

Cyril ne dit plus rien. En réalité, il est plongé dans son téléphone.

— Intéressante, ton idée de l'oasis, même si… des chameaux et des palmiers pour un sujet sur l'Angleterre…

« Des chameaux et des palmiers » ? *Rassrah*[1], je l'ai perdu ! On m'avait prévenu chez H2O, avec Cyril, en réunion, tu as douze secondes pour convaincre. « Après, c'est la *tanasse*[2]. » Il faut que je réveille son attention. Tout compte fait, c'est beaucoup plus stressant d'être dans son bureau qu'en bas, sous les caméras du plateau.

— Tu sais, quand la reine rencontre Kate, elle l'embrasse sur la joue. Elle a fait installer une ligne privée au château de Windsor où Kate peut la joindre directement, sans passer par un quelconque collaborateur. Elle lui prête des tas de bijoux. Et pour lui faire plaisir, elle invite régulièrement ses parents à Sandringham. Euh, Sandringham, c'est… dans le Norfolk. C'est un grand château !

1. Terme judéo-arabe, très usité par les Tunisiens, et par Cyril, synonyme d'angoisse, de panique.

2. Néologisme inventé par Cyril Hanouna lui-même. Ce mot est un dérivé de « tannée », qui signifie une défaite humiliante. La *tanasse* définit une activité déplaisante, rébarbative, que l'on préférerait ne pas faire.

Je suis cuit. Il ne bronche toujours pas. Je ne vais quand même pas lui dire « T'imagines de la part de la *Queen* ce que ça signifie de confier ses cailloux de collection ? C'est comme si toi, tu prêtais ta Rolex ! » Après tout, peut-être que je pourrais tenter...

— Mouais, je vois.

Mais tu vois quoi, exactement ? Moi, en tout cas, je ne vois plus rien. Rien du tout ! Je ne vais tout de même pas enchaîner avec le fait que Lilibet a décerné à Kate, en 2017, une décoration d'un ordre rare : *The Royal Family Order of Elizabeth II* ? Ce geste est incroyablement révélateur de l'estime que la reine porte à l'épouse de son petit-fils, puisque seules sept femmes aujourd'hui ont le privilège d'arborer cette distinction !

Au fait, Hanouna a-t-il déjà reçu une décoration ? J'avoue ne pas avoir vérifié. Après tout, il pourrait peut-être prétendre à la Légion d'honneur avec tout le mal qu'il s'est donné pour inciter les jeunes à voter. Toutes ces heures à préparer « Face à Baba », afin de redonner le goût de la politique aux Français. Au moins, ma reine, elle, fait les choses bien. Si Cyril était anglais, elle l'aurait déjà élevé au rang de sir !

— Tu sais, Cyril, Kate rencontre William en 2001, les fiançailles sont annoncées en 2010, le mariage n'a lieu qu'en 2011. Tu imagines la force mentale qu'il lui a fallu pour tenir la distance ? « *Waitie Katie* » (je mime les guillemets avec mes doigts), c'est pas du pipeau !

Intrigué, soudain, il relève la tête de son portable.

— « *Waitie Katie* » ? On l'appelait vraiment « *waitie Katie* » ? (À son tour, il mime les guillemets avec ses doigts.)

Mes douze secondes sont écoulées depuis longtemps. Face au pur-sang arabe, le *yearling* parfois fougueux que je suis (un tempérament qui m'a fait gagner quelques courses) doit maintenant tout donner. C'est le dernier galop.

— Tu sais, Cyril, au fond, Kate Middleton... c'est toi ! Vous avez la même histoire. Vous avez le même parcours. Toi aussi, pendant de longues années, tu as attendu, tu as douté, tu as espéré le moment où, enfin, on allait te faire confiance. Toi aussi, le soir, en te couchant, tu as rêvé d'un mariage en grande pompe avec l'audimat. Comme Kate, tu as dû, toi aussi, ignorer les remarques perfides, rester mince malgré les tentations de la cantine et les traversées du désert. Mais aujourd'hui, enfin, « *waity Cyril* » est devenu populaire. Il est apprécié, il est aimé de tout un peuple. Il a réussi à épouser le public. Il est monté sur le trône de présentateur préféré des téléspectateurs français. Toi seul peux vraiment comprendre Kate Middleton. Parce que vous êtes du même sang. Vous êtes de la même race. La race des vainqueurs. Toi seul peux vraiment produire ce documentaire, Cyril.

Pendant quinze secondes montre en main, pas une seule fois il n'a regardé son téléphone. Je crois bien que je viens de réussir un exploit. Grisé par une soudaine assurance, au lieu de profiter de l'instant, au lieu de le laisser réagir, de le laisser venir, je choisis alors d'abattre ma toute dernière carte. Celle-là, je n'avais prévu de la sortir qu'en cas d'extrême péril. Mais là, je sens que c'est l'instant !

— Et puis, tu sais, Cyril, Kate parle arabe.

Cette fois, son mobile à la main, ses yeux rivés dans les miens, Baba ouvre la bouche.

— Peut-être pas couramment, certes, mais elle parle arabe. De mai 1984 à septembre 1986, les Middleton ont passé un peu plus de deux ans à Amman, en Jordanie.

Merci à ces biographies un peu poussiéreuses, mais toujours très richement documentées ! En replongeant dans une bio de Kate, j'ai su, tout de suite, que l'argument ferait mouche. Je vous avoue même que c'est cet argument-là qui m'a poussé à décrocher ce rendez-vous. Au jardin d'enfants, on raconte que la petite Kate apprenait des comptines orientales. Je n'irai peut-être pas jusqu'à les interpréter, mais j'en ai appris quelques mots par cœur : « *Nina ya mouno, mama eamaneha gaya...* » En réalité, durant leur séjour à Amman, toutes les activités des Middleton se déroulaient en arabe ou en anglais. Kate était donc quasiment bilingue.

À nouveau, il ne me répond pas. Mais, cette fois, il me semble bien que j'ai visé juste. Quelle excitation ! Je me vois déjà en reportage sur les traces de l'enfance perdue de celle qui, un jour, bientôt peut-être, sera la prochaine grande reine consort d'Angleterre. Je vais m'envoler moi aussi pour Amman. Le soir, après les prises de vues, il faudra que je pense à m'entourer de citronnelle afin d'échapper aux insectes. Cyril continue de me regarder de ses grands yeux noirs, hébété. Et il ne dit toujours rien. C'est vrai que c'est plutôt rare. C'est inédit, même. Mais... ça ne va pas tarder. Je vais l'obtenir, mon documentaire en *prime time* sur la duchesse de Cambridge, c'est presque une certitude ! Et vous, qu'en pensez-vous ? Je suis sûr que, vous aussi, vous le savez, vous le sentez. Je le connais, mon Cyril. Il est touché. Il est ému. C'est pour ça qu'il ne dit rien. C'est un grand sensible, je vous l'ai dit. Ce documentaire, nous pourrions l'appeler *I love Kate Middleton*. Vous aimez ? Moi, j'adoooore. Et, pour finir, pourquoi ne pas tenter de faire d'une pierre deux coups ? Je pourrais peut-être aussi proposer le projet aux éditions Robert Laffont. Ça serait un peu la suite logique du livre que vous tenez entre les mains !

À ce jour, le roi Baba ne m'a toujours pas donné de réponse. Les éditions Robert Laffont non plus. Mais ça ne saurait plus tarder[1]...

---

1. Bien que tous les éléments concernant la nouvelle princesse de Galles soient parfaitement véridiques, ce chapitre pourrait aussi s'intituler : « Ce n'était qu'un rêve. »

LES *I LOVE*
QUI ME RENDENT *HAPPY*

I love her corgis
Royal canins

Certes, la conception de ses derniers modèles pour la reine lui a pris des mois. Mais ce matin, à Buckingham Palace, dans un petit salon lumineux du premier étage, le couturier Norman Hartnell semble euphorique. Cela fait déjà deux heures qu'il officie et, particulièrement de bonne humeur, Sa Majesté continue à se prêter, de bonne grâce, aux interminables essayages.

Hormis les corgis, indifférents, qui vont et qui viennent, approchent leurs truffes dédaigneuses de la faille, du taffetas, du crêpe romain, du satin… tout se passe au mieux. Norman guette déjà le moment béni où, enfin, il va pouvoir se retirer et griller une cigarette.

— Monsieur, ne trouvez-vous pas que la ceinture fait un peu trop de volume ? lance une assistante. Je la trouve fort épaisse.

Face à un long miroir en pied, instinctivement, la reine tente de la renouer autrement. Norman, un peu trop brusque peut-être, se lève et provoque l'aboiement d'un des chiens. Pas question qu'un accessoire lui donne du fil à retordre. Une paire de ciseaux à la main, en deux temps, trois mouvements, il résout le problème.

— Votre assistante avait raison, Norman. Cette ceinture était trop volumineuse. Merci, mademoiselle.

Alléluia ! C'était le dernier modèle. Le couturier et son équipe vont enfin pouvoir se retirer. C'est compter sans le petit sourire de malice qu'arbore Elizabeth II, un sourire qu'elle ne réserve qu'aux surprises. D'un joli secrétaire en bois de rose, elle extrait quatre petits paquets joliment enrubannés. Le premier pour Norman, les trois autres pour ses assistantes. Le styliste les appelle « mes *girls* ».

— Ce sont de petits cadeaux. Allez-y, allez-y, ouvrez-les…

Bruissements de papier. Bientôt, Norman et ses « *girls* » se retrouvent avec un coffret entre les mains. Fébrilement, ils ouvrent l'écrin. Sur un papier de soie noir brille un petit fer à cheval.

— Il s'agit en fait d'un aimant, explique la reine. Ainsi, mon cher Norman, désormais, en partant, d'un coup de fer à cheval, vous récupérerez vos aiguilles. Toutes vos aiguilles ! Je pense que vous allez faire de belles économies ! Et moi… j'épargnerai les coussinets de mes adorables corgis ! Leurs petits doigts ne supportent plus vos coups d'épingle. N'est-il pas malin, Norman, mon cadeau ? Ça s'appelle faire d'une pierre deux coups[1] !

Reine des cygnes, des esturgeons, des baleines, des marsouins et des dauphins qui nagent dans les eaux royales (un apanage accordé au monarque depuis un décret de 1324, sous Edward II), Elizabeth était surtout la reine des corgis. Plus précisément, des *Welsh Corgis Pembroke*, une race originaire, comme son nom l'indique, du pays de Galles. Avant l'amour immodéré que va bientôt leur porter notre Lilibet, en dehors de leur Pembrokeshire, ils étaient relativement peu connus du grand public. Mais, au fil des décennies, les Anglais ont fini par se familiariser avec eux, et leur apparition auprès de Daniel Craig, lors du clip présenté en ouverture des JO de Londres en 2012, en a fait de véritables coqueluches du palais.

Au royaume de Sa Gracieuse Majesté, posséder un Welsh Corgi était devenu très tendance[2]. La publicité et le marketing l'ont mis à toutes les sauces. Il existe même un juteux *corgi-business*. Dans les boutiques des palais, les visiteurs retrouvent les toutous favoris de la reine sur des chaussettes, des mugs, des trousses, des pyjamas… Cette *corgimania* est, on s'en doute, sur-

1. Cette anecdote est on ne peut plus vraie.
2. Depuis la mort de la reine, on estime que la valeur d'un Welsh Corgi a doublé.

tout appréciée par les plus petits. Moi-même, quand j'enregistre une chronique royale avec l'un de ses chiens en peluche, tous les techniciens se l'arrachent !

Les riches heures des corgis de la reine relèvent aujourd'hui presque du passé. Quelques années avant sa disparition, Elizabeth a décidé de n'en posséder plus que deux. Plus un dorgi, croisement entre un teckel et un corgi. Et un cocker espagnol. Ce n'est pas du tout qu'elle les aimait moins. Au contraire. Mais, devenue moins alerte, elle se méfiait davantage de ces toutous particulièrement remuants.

Avez-vous déjà vu l'un de ces spécimens de près ? C'est une curieuse petite chose montée sur pattes, peu élancée (dix kilos pour trente centimètres), au crâne plat et large et aux poils de longueur moyenne. Leur robe peut être rouge, sable, fauve, noire et brune, avec, parfois, de petites taches blanches que tolèrent les généalogistes les plus sourcilleux. Mais leur côté fripon et malicieux est assez irrésistible. Victoria mit les Scottish Terrier à la mode, Elizabeth leur préféra cette race plus délurée.

La future reine en tombe amoureuse alors qu'elle est encore enfant, en 1933, en jouant avec le chiot du vicomte Weymouth. C'est l'éleveuse Thelma Grey qui va lui fournir son premier corgi. D'emblée, Elizabeth l'adore. Il s'agit d'une femelle. Elle la baptise Dookie. Évidemment, Margaret l'imite et veut également son propre chien.

Dookie, première de la lignée, va, très vite, être suivie de Jane, puis de Crackers et de Carol. Pour ses dix-huit ans, sa mère, Elizabeth, qui est alors reine, lui offre une petite Susan. L'amusante chienne a été couchée dans un panier en osier. En la découvrant, Lilibet ressent comme un coup de foudre. Susan sera son animal favori et donnera bientôt naissance à Sugar et à Honey. Tout au long de son très long règne, huit générations de chiens vont accompagner la reine. Il est facile de se perdre dans la généalogique canine, car aux corgis s'ajouteront bientôt, comme nous l'avons évoqué, des dorgis. Mais Susan occupera toujours une place à part dans le cœur de mon héroïne. Lorsque Elizabeth II travaillait, elle se couchait au pied du bureau de sa maîtresse. Même chose sous les tables de salle à manger lors des déjeuners et des dîners. Susan et Lilibet ne se quittaient que rarement. Aujourd'hui, lors d'une balade dans le parc de Sandringham, sur une pierre tombale blanche, on peut lire que Susan fut « la compagne bien-aimée de la reine ». Et, lors de séjours dans le Norfolk, il n'était pas rare de voir Elizabeth s'y recueillir.

Depuis ses quatre-vingt-treize ans, elle avait pris la décision d'en arrêter l'élevage mais, en mars 2021, le prince Andrew, qui connaissait son talon d'Achille, lui avait offert deux nouveaux pensionnaires. Messieurs les généalogistes, ils sont les trente-troisième et trente-quatrième corgis d'Elizabeth II[1] !

Les visiteurs qui tentaient d'entrer dans ses bonnes grâces en caressant les chiens se voyaient répondre vertement : « Ne faites pas ça, s'il vous plaît. Ils n'aiment pas ça. »

La reine nourrissait ses chiens elle-même avec une alimentation préparée dans les cuisines royales. Jamais de leur existence ils n'ont mangé de boîtes de conserve et encore moins des croquettes industrielles. Pour eux, c'est la vie de château tous les jours ! Chacun a sa propre gamelle, et, une fois que le valet de pied a apporté la nourriture et distribué chaque repas, les chiens attendent le feu vert de leur maîtresse royale pour manger. Elizabeth II prend un véritable plaisir à s'occuper elle-même de leur bien-être. Il lui arrive aussi de les soigner. En cas de blessure, elle plonge dans sa propre pharmacie et leur administre des médicaments homéopathiques. À plus d'une reprise, on l'a entendue dire : « Si c'est bon pour moi, ça devrait être bon pour eux. »

1. À la mort de la reine, Muick et Sandy seront confiés aux bons soins de Sarah Ferguson, l'ex-belle-fille d'Elizabeth II.

Certains membres de la Maison royale n'éprouvent pas tous le même sentiment d'affection pour les corgis. Ainsi, la princesse Marie-Christine de Kent, par exemple, qui n'aime que les chats, n'a pas craint, un jour, d'oser avouer : « Je ne dis pas que, dans la famille, personne n'a jamais été tenté de leur donner un bon coup de pied, en cachette, surtout quand ils viennent vous mordiller les chevilles. Ce qui est plutôt fréquent. » La blondissime princesse n'est jamais partie en séjour à la tour de Londres, mais elle aurait dû se méfier. Un crime de corgi-majesté aurait pu vite arriver !

Évidemment, les chiens ont l'habitude de « lever les pattes » où bon leur semble. Le personnel a donc, en permanence, une réserve d'eau gazeuse et de papier buvard (ce qui est apparemment la meilleure façon de régler les « petits accidents »). À Buckingham, côté jardin, on remarque aussi des piles de serviettes posées sur un radiateur. Les valets de pied les utilisent pour nettoyer les pattes crottées après la promenade.

Depuis la mort de Willow, en avril 2018, les *dog sitters* n'avaient plus la charge que de deux dorgis. Comme nous l'avons évoqué, en mars 2021, alors que le prince Philip était hospitalisé, Andrew offrit à sa mère, « comme distraction », dira-t-il, deux nouveaux corgis. Quelle fut la réaction de la vieille reine ? Il semble qu'elle les adopta immédiatement. Elle les baptisa Muick (prononcez « Mick ») et Fergus, en référence à son grand-oncle, Fergus Bowes-Lyon, tué lors de la bataille de Loss, en 1914. Malheureusement, Fergus décède au mois de mai. Il n'avait que cinq mois. Face à la tristesse de la souveraine, Andrew et sa fille Eugenie le remplaceront par un autre corgi mâle âgé de six semaines. Petit geste poignant, ils l'offrent à la reine le 10 juin, jour qui aurait dû célébrer le centième anniversaire du prince Philip.

Certains jugent excessif l'amour qu'Elizabeth II vouait à ses chiens. Et n'hésitaient pas à y voir une explication très freudienne : elle aurait reporté sur eux le trop-plein d'affection qu'elle n'a pas su manifester à ses enfants lorsqu'ils étaient petits. Quoi qu'il en soit, ce qui est beaucoup plus certain, c'est que ses toutous royaux ont été des acteurs déterminants de son incroyable popularité. Ces petits chiens qui la menaient par le bout de la truffe font désormais partie de son mythe. Ils sont également un talisman qui lui a permis de ne pas basculer entièrement hors de la vie courante. Et soulignons qu'ils ont eu la délicatesse de ne pas écrire de mémoires et de ne vendre aucun scoop aux tabloïds !

Ce chapitre « Royal canin » ne serait complet, pas entièrement du moins, si je ne soulignais le fait que, dans les chenils de Sandringham, Sa Majesté élevait aussi des labradors noirs vendus dans le monde entier. Leur prix avoisine les 1 000 livres. Les chenils de Sandringham sont parmi les plus réputés du royaume, et la reine y portait un grand intérêt. Non seulement parce qu'elle aimait les chiens, mais aussi parce que l'activité s'avère lucrative ! Il n'y a pas longtemps, elle baptisait encore elle-même tous les chiots, dont les noms officiels enregistrés au Kennel Club portent le préfixe « Sandringham ». En juin 1976, à l'issue d'un voyage officiel, le président de la République française, Valéry Giscard d'Estaing, se vit d'ailleurs offrir un chien de la reine. Ce labrador noir portant le nom de Samba était un magnifique symbole de l'Entente cordiale !

Les corgis, on vient de le voir, ont accompagné la reine depuis toujours. Et en toute occasion. En novembre 1947 déjà, à peine ma Lilibet avait-elle retiré sa belle robe de dentelle blanche et embarqué, sous les flashs des photographes, à bord d'un train, en gare de Waterloo, pour son voyage de noces, qu'elle retrouvait sa fidèle Susan. Enveloppée dans un plaid écossais, la plus proche confidente de la jeune mariée était montée à bord du Train royal, quelques minutes auparavant. Dans la plus grande discrétion. Au palais, pesonne n'ignore que les fidèles toutous de Sa Majesté ont la dent dure contre les meutes de journalistes.

I love her dada
Henniii soit qui mal y pense !

Dans l'un des salons de Clarence House, sa résidence officielle à deux pas du palais de Buckingham, *Queen Mum* reçoit Bill Curling. Le journaliste de soixante-huit ans est le spécialiste hippique du *Daily Telegraph*. Il est l'un des rares hommes de presse à être proche de la reine mère. Au cours de sa longue carrière, il a eu l'occasion de l'interviewer à de nombreuses reprises. Mais, aujourd'hui, c'est un peu différent. Sa Majesté a accepté d'accorder une série d'entretiens en vue d'un livre que Curling va consacrer à la passion de la famille royale pour les chevaux[1]. Et, à tout seigneur, tout honneur, il a proposé que cette première rencontre porte sur l'actuelle souveraine. Ce chapitre qui figurera probablement en ouverture de son livre, il aimerait l'intituler : « Elizabeth II, reine des cavalières ».

Bill Curling sait qu'en matière de chevaux, *Queen Mum* est intarissable. Dans sa robe vaporeuse, devant son thé fumant, un Twining Assam noir, le dos droit, les deux mains parfaitement posées sur sa mousseline rose tyrien, elle guette la première question.

— Majesté, si l'on évoque l'amour de votre fille, Sa Majesté la reine Elizabeth deuxième, pour le monde hippique, quelle est l'image, quel est le souvenir, qui vous vient à l'esprit ?

1. *Royal Champion, Story of Steeple Chasing's First Lady* (« Champion royal, l'histoire du steeple-chase de la Première Dame »), livre consacré à la passion hippique de la reine mère, sera publié aux éditions Michael Joseph, en août 1980.

D'emblée, la réponse fuse :

— Il est évident. Mon souvenir remonte à 1950. Ceux qui ont vu ma Lilibet passer en revue les grenadiers de la Garde à cheval ne peuvent pas, ne pourront jamais oublier cette image ! Je la revois encore. Droite, aisée, arborant la tunique écarlate et or et le tricorne à plume blanche[1]. Elle reçut le salut des troupes magnifiquement. Lilibet est une écuyère accomplie. Elle monte à cheval avec une dignité exemplaire. Vous savez, Bill, je sais que vous le savez, normalement, ma fille, notre reine, monte en « cavalier ». Mais, pour cette occasion solennelle, elle a estimé plus seyant de le tenter en amazone. Nous étions en voyage en Afrique du Sud, si je me souviens bien, lorsqu'elle fut informée qu'elle paraderait pour la première fois au *Trooping the Colour*. Elle ne possédait pas de selle appropriée pour monter en amazone. Il fallut en commander une.

Soudain, les hautes portes du salon s'entrouvrent. Curling ne sait pas trop si… il doit se lever, ne pas se lever, s'incliner, ne pas s'incliner. Ouf, c'est un valet de pied portant un plateau avec des gâteaux. Ses gants blancs déposent un cake sur la petite table, et l'homme de presse s'aperçoit que la reine mère… ne s'est même pas arrêtée de parler. Pas une seule seconde.

— Avec cette conscience qui la caractérise, dès son retour, Lilibet s'entraîna à monter en amazone. Elle voulait être parfaite. Et elle le fut ! Mon regretté époux, feu le roi George VI, son père, était présent à la cérémonie. Il a guidé ses pas. L'année suivante, en 1951, souffrant déjà, il ne put être auprès d'elle : mais, une fois de plus, elle s'acquitta de son rôle avec perfection.

Curling pourrait peut-être changer de titre. Et pourquoi pas *Mon royaume pour un cheval* ? Du coin de l'œil, il lorgne le cake aux fruits confits posé devant lui. Mais Sa Majesté ne semble pas du tout (mais alors pas du tout) décidée à s'interrompre.

— Dès son enfance, elle fut comme ça, ma Lilibet, férue, passionnée. L'équitation fait partie de son éducation, de sa vie, partie d'elle-même. À Balmoral, les poneys étaient synonymes de liberté. Mes filles avaient le droit de chevaucher seules à travers les

1. La tenue des colonels de grenadiers de la Garde fut créée en 1754.

marécages. Ces virées galopantes leur permirent, j'en suis persuadée, de se sentir comme tous les autres enfants.

Soudain, sans prévenir, la vieille dame se penche légèrement et, d'un geste très mesuré, saisit sa tasse. Le silence tombe sur le salon. S'il en profitait pour poser l'une de ses questions ? Il cherche son calepin du regard, mais… trop tard.

— Voyez-vous, Bill, pendant la guerre, la main-d'œuvre manquait dans les étables, comme partout ailleurs, vous le savez. De ce fait, mes filles avaient ordre de panser leurs chevaux elles-mêmes. Elles se familiarisèrent avec l'organisation d'une écurie. C'est important. Ainsi, en 1942, lorsque Lilibet aborda le monde des courses, elle connaissait déjà tous les aspects du métier. Elle avait seize ans quand son père l'emmena à Beckhampton, dans les collines du Wiltshire, pour voir Bis Game et Sun Chariot, deux chevaux que mon mari louait aux haras nationaux, courir la dernière fois avant le Derby et les Oaks d'avant-guerre. Fred Darling, leur entraîneur, avait installé ses écuries là-bas. Vous vous souvenez de Fred Darling, Bill ?

Un instant, Curling est un peu perdu. Fred Darling, Fred Darling… mais, déjà, la voix de la reine retentit de nouveau.

— Je suis sûre que vous vous en souvenez, Bill. Darling était un génie de la piste. Un astre de la course…

La voix de Sa Majesté enchaîne, encore et encore. L'élevage, les paris sportifs, le contact avec les entraîneurs, les jockeys, les rapports avec les vétérinaires… Impossible de l'interrompre. Ses mots coulent comme de l'eau. Et la source à laquelle s'abreuve Sa Majesté est intarissable.

Bill saisit une tranche de cake et s'assied un peu plus mollement dans le profond canapé fleuri. Face à lui, avec une gestuelle d'une précision un rien déconcertante, *Queen Mum* détaille maintenant l'anatomie chevaline. Discrètement, il jette un coup d'œil sur son magnéto. A-t-il emporté suffisamment de bandes[1] ?

1. Tout est vrai dans cette reconstitution du royal entretien, hormis – mais qui sait – la mise en scène.

L'anecdote est assez folle. Selon Léon Zitrone, autre grand spécialiste hippique, un jour, ma Lilibet aurait avoué : « Si je ne craignais pas les foudres de mon archevêque de Cantorbéry, à la belle saison, je serais à Longchamp tous les dimanches. »

Vous l'avez compris, chez elle, les chevaux étaient une passion, sans doute aussi sa principale distraction. Tous les professionnels qui l'ont rencontrée comparent sa connaissance du métier à celle d'un authentique expert. Je n'en doute pas un seul instant ! À plusieurs reprises, ma Lilibet a confié que, si le destin avait été différent, si elle n'était pas devenue reine, elle se serait certainement consacrée tout entière à l'élevage de chevaux.

Chez les Windsor, ce n'est un secret pour personne. La plus grande joie de la reine était lorsque l'un de ses jockeys (portant casaque pourpre, manche amarante, brandebourgs d'or et toque de velours noir à gland d'or) franchissait la ligne en vainqueur. À cet instant précis, elle ne se contrôlait plus. Assister au triomphe de ses couleurs la rendait terriblement euphorique. Adieu étiquette, adieu protocole ! Plus rien ne comptait, seul ce goût de victoire. Sur YouTube, dans certaines vidéos, lorsqu'un de ses chevaux arrive en dernière ligne droite, en passe de remporter la course, on la voit trépigner comme une écolière. Ma Lilibet était une mordue !

En soixante-dix ans de règne, elle a ainsi remporté quatre des cinq classiques anglais. Le seul qu'elle n'a pas gagné, c'est le Derby, une ambition non réalisée, on l'a compris.

Cet amour inconditionnel est le fruit d'une longue éducation. On l'a vu, sa nursery était encombrée de quadrupèdes à bascule qu'elle pansait et sellait tous les jours. Sa première prière, lorsque ses parents s'installent à Buckingham, fut de demander à voir les écuries. Elle a reçu son premier cheval de selle pour son douzième anniversaire, et les vraies parenthèses enchantées de son enfance sont les week-ends à Windsor, lorsqu'elle accompagne son père dans les allées cavalières qui quadrillent Great Forrest.

Très tôt, elle confie à son professeur d'équitation qu'elle aspire à être une femme vivant à la campagne, entourée de chevaux et de chiens. Au fond, elle est une paysanne dans l'âme. En anglais chic, on dirait une *gentlewoman farmer*. Ses principaux centres d'intérêt sont des activités de plein air : équitation, promenade avec ses corgis, courses de chevaux, travail de chien de dressage…

En 1938 – elle a alors douze ans –, c'est Horace Smith, un brillant professeur d'équitation, qui fut choisi pour améliorer ses compétences et lui apprendre à monter en amazone. Cet exercice s'avérera particulièrement utile lorsque, plus tard, elle aura à passer les troupes en revue. Smith lui enseigne également les bases de la conduite d'une calèche. En 1943 et 1944, elle remportera d'ailleurs le premier prix au *Royal Windsor Horse Show* pour avoir conduit une charrette tirée par l'un de ses propres poneys noirs. C'est dire si, vieille reine, elle était fière de voir sa petite-fille Louise de Wessex (fille du prince Edward) s'imposer dans cette discipline, où brilla d'ailleurs Philip.

En 1946, à l'âge de vingt ans, la reine Elizabeth devint avec sa mère copropriétaire d'un cheval appelé Monaveen. À nous les victoires, ce sera champagne à chaque fois ! L'année suivante, à l'occasion de son mariage, l'Aga Khan lui offre également une pouliche nommée Astrakhan. Ça tient peut-être moins chaud que de la fourrure, mais ça rapporte davantage !

En 1952, à la mort de son père, la jeune reine hérite des haras royaux. Pour cette propriétaire un peu différente, ces premières années vont être particulièrement fructueuses. En 1953, son Aureole est le favori pour remporter le célèbre Derby d'Epsom, course qui se court le lendemain du sacre. Mais, raté, il ne termine que deuxième. Plus tard, sa pouliche Almeria triomphe sur plusieurs courses mémorables, et, en 1958, Pall Mall, autre de ses poulains filants, s'impose sur les 2 000 guinées classiques.

Les années 1970 vont également constituer une période dorée pour les chevaux de la reine. En 1974, elle s'envole pour

Chantilly et, au prestigieux Prix de Diane, elle assiste à la victoire de Highclere. Lord Carnarvon, son directeur de course, racontera plus tard l'excitation de la foule disant : « Quand son cheval a gagné, ils sont devenus fous. Ils criaient "Vive la reine. Vive la reine !". »

Pendant de nombreuses années, ma Lilibet a figuré sur la liste très enviée des vingt meilleurs propriétaires, soulignant à la fois ses succès et ses gains. À l'époque, à Sandringham, mais également dans deux haras du Kentucky (aux États-Unis), elle affiche simultanément entre vingt et trente chevaux à l'entraînement. Soulignons que chaque livre sterling qu'elle débourse alors dans ce domaine est prélevée exclusivement sur ses deniers personnels !

Lilibet est une chanceuse ! Récemment, le *Times* a avancé qu'en soixante-dix ans de règne, les courses hippiques lui auraient fait gagner la coquette somme de 8 millions d'euros. Et elle aurait remporté la mise quatre cent cinquante et une fois. Sur deux mille huit cent quinze courses.

Il n'y a pas vraiment de secret : si elle gagnait régulièrement, c'est que ses chevaux étaient bons, voire très bons. Pour tenter d'obtenir des croisements plus originaux, elle n'hésitait pas à envoyer certaines de ses juments se faire saillir par des étalons réputés outre-Manche, et même aux États-Unis. Les Français savent que Sa Majesté souhaitait garder l'anonymat lorsqu'elle visitait, à titre privé, les haras normands. Comme j'aurais aimé être du voyage, ou tout au moins du cortège !

Lors de l'une de ces virées normandes, certains badauds particulièrement érudits la saluèrent en levant leur béret et en criant : « Vive la duchesse ! » Le préfet (quel plouc !) accompagnant la souveraine s'en étonna et demanda des explications à sa suite :

— Pourquoi donc appellent-ils Sa Majesté « duchesse » ?

Un rien amusée, c'est la reine elle-même qui avança l'explication :

— Eh bien, duchesse, je pense que je le suis aussi d'une certaine façon !

Évidemment, ma Lilibet, qui connaissait son arbre généalogique par cœur, faisait référence au fait que les rois d'Angleterre descendent des ducs de Normandie. Même dans la langue de Molière, elle restait très prince sans rire !

Avec l'expérience, les aptitudes de la reine se sont de plus en plus affirmées. Elle a un sens exceptionnel de l'observation et une mémoire extraordinaire. En me plongeant dans les ouvrages qui analysent sa passion hippique, j'ai trouvé ce témoignage éloquent du responsable de son haras. Avec beaucoup de pertinence, il remarque : « Elle s'occupe des chevaux et s'intéresse à eux depuis si longtemps qu'elle comprend réellement les pedigrees et qu'elle sait exactement ce qu'elle veut. Elle possède ensuite un excellent jugement. Elle peut remarquer au premier coup d'œil qu'un cheval a de bonnes épaules, des canons courts, un bon pied, de jolis yeux ou une belle tête. Ses connaissances et son jugement sont en outre soutenus par une excellente mémoire visuelle. Enfin, elle connaît les courses de fond en comble. Elle est capable de dire : "Je n'aime pas l'allure de ce cheval. L'avez-vous vu se dérober ? Sa façon de rabattre les oreilles en arrière ne me plaît pas. En revanche, il accélère très bien. À mon avis, il virera mieux à gauche qu'à droite." » Dont acte ! Son jugement était infaillible.

Au fond, Lilibet s'intéressait autant aux victoires qu'au caractère et à l'élevage d'une pouliche. Et chacun savait qu'elle n'était jamais aussi heureuse que lorsqu'elle se retrouvait à Ascot ou à Epsom.

Jusqu'à son décès, cette heureuse propriétaire royale possédait encore vingt-cinq chevaux de course qu'elle bichonnait jusque dans le choix de leur nom de baptême, à chaque fois très créatif : Atteindre la lune, Éducateur, Idée générale… C'est le très efficace John Warren qui dirigeait ses écuries. Parce que ses devoirs et sa santé chancelante l'empêchaient d'assister à l'entraînement de ses chevaux, elle lui téléphonait quotidiennement. Souvent, pour satisfaire sa curiosité, Warren allait même jusqu'à faire réaliser des enregistrements vidéo.

À quatre-vingt-seize ans, il semblait évident au commun des mortels qu'Elizabeth II ne monterait plus à cheval. C'était plus prudent ! Et voilà qu'après le Jubilé de platine, Sa Majesté s'était remise en selle sur sa brave jument écossaise Emma, vingt-quatre ans et toutes ses dents[1] ! À observer son assiette, son allure, à coup sûr, la cavalière émérite avait gardé tous ses réflexes de jeunesse. Et ne portait toujours pas de bombe !

Aux yeux de la reine, l'équitation était donc un mode de vie, pas uniquement un sport ! Une éthique. Pour reprendre la formule malicieuse d'un ambassadeur : « Elizabeth aime, dans l'ordre, ses chevaux, ses chiens et ses châteaux. » À coup sûr, elle aurait donné toutes les cérémonies de Buckingham ou de Windsor pour participer, plus souvent, au culte du cheval. Alors, Sa Majesté en a-t-elle fait un peu trop pour la plus noble conquête de l'Homme ? *Henniii* soit qui mal y pense !

1. Le monde entier a été ému par sa présence lors des funérailles de sa maîtresse, au château de Windsor.

I love the geek Queen
Techno Queen

Printemps 1998. Nous sommes à Buckingham Palace. Il est 10 h 30. Assise face à son bureau Chippendale, qui fut celui de son père, Sa Majesté contemple avec inquiétude le curieux écran qui lui fait face, cette nouvelle boîte magique qu'on appelle « ordinateur ». Derrière elle, sir Robert Fellowes, son secrétaire privé. D'un seul coup, un mini-gong retentit.

— Majesté, s'écrie l'homme en gris à ses côtés, vous devez cliquer sur « reçu ».

— À l'aide de la souris ? demande la reine.

— Oui, Majesté.

Sur l'écran, la boîte de réception de la souveraine affiche un pictogramme en forme d'enveloppe avec le chiffre « 1 ». Elizabeth II vient de recevoir son premier e-mail et ne l'a pas encore lu.

— Majesté, maintenant, avec votre souris, cliquez sur l'enveloppe.

Pour la reine, cette reine qui a connu la guerre et dont Churchill guida les premiers pas de jeune monarque, c'est presque le *D-Day*, le débarquement des technologies nouvelles *at home*.

Comme la proue d'un navire sur laquelle elle a tant de fois brisé un magnum de champagne, elle déclenche le processus fatidique. Ce premier message, qui prélude à des milliards d'autres messages chez tous les Anglais du royaume, provient d'un certain « HRH The Prince of Wales ».

— *Oh, dear,* c'est Charles, s'écrie-t-elle, avant d'ajuster ses lunettes et de se rapprocher de l'écran.

« *Your Majesty,* maman, je vous adresse toutes mes félicitations. Vous êtes devenue la femme la plus branchée du royaume. Recevez mes sentiments les plus admiratifs. Votre dévoué fils, Charles, prince de Galles. »

— *Oh Bob, it's Charles. It's fantastic !* Je crois que je vais finir par aimer cette petite boîte infernale[1].

Tout au long de son règne, la reine demeurera la femme la plus mystérieuse du monde. Jamais d'interview. Elle dévoile rarement ses états d'âme. Encore moins ses pensées intimes au public. Non, non, elle ne tient pas de blog ! On ignore son courriel personnel et elle fuit les caméras autant que faire se peut. Dans notre société du spectacle, où l'on se doit d'occuper le devant de la scène et de multiplier les *followers*, ce qu'elle apprécie par-dessus tout, c'est le silence.

En 1997, après la mort de la princesse Diana, un fossé évident entre la souveraine et ses sujets a obligé Buckingham à se remettre en question. Grâce à l'engagement d'experts en communication, le palais va moderniser son approche des médias. La stratégie mise au point ? Ne pas démystifier la famille royale, mais expliquer aux gens, avec des mots simples et des images fortes, ce qu'elle fait concrètement.

Les réseaux sociaux vont ainsi devenir les alliés des Windsor. Outils merveilleux, avec plus de précision qu'une secrétaire, moins de vagues que la presse tabloïd (mais avec tout autant de retentissement !), ils servent, comme personne, à communiquer sur l'agenda royal et à montrer le professionnalisme et l'efficacité des actions entreprises.

1. Cette scène très théâtrale est néanmoins on ne peut plus authentique.

N'en doutez pas un seul instant : la reine était une véritable *geek*. En utilisant le système Arpanet, l'ancêtre de notre Internet, n'a-t-elle pas été l'une des premières femmes à envoyer un e-mail ? C'était le 26 mars 1976, lors d'une visite au Royal Signals and Radar Establishement, un centre de recherche en télécommunications. Peter T. Kirsten, qui l'a aidée à envoyer son message, lui avait choisi comme nom d'utilisatrice « HME2 » pour *Her Majesty Elizabeth II*.

En 2001, le prince Andrew offrait à sa mère son premier téléphone mobile, un Siemens C35i. Elle avait alors soixante-quinze ans. Ravie, elle ordonna d'emblée d'y faire enregistrer tous les numéros de sa famille. Mais... Sa Gracieuse Majesté utilisa-t-elle ce portable ? Eh bien, oui, sur son Siemens C35i, ma Lilibet a pianoté. En 2003, après la Coupe du monde de rugby, elle rédige ainsi un message au prince Harry et lui demande de transmettre ses félicitations à l'équipe d'Angleterre. En 2005, après sa victoire au championnat européen de concours complet d'équitation, c'est à sa petite-fille Zara Phillips qu'elle s'adresse.

Quelques mois plus tard, lors d'une rencontre avec Bill Gates, cofondateur de la société Microsoft, on apprend (par l'une de ses rares confidences) qu'elle n'a toujours pas d'ordinateur, mais qu'en revanche le duc d'Édimbourg, lui, en possède un depuis plus de vingt ans ! Toujours en 2005, le prince William lui achète un mini-iPod d'une mémoire de six giga-octets. Particulièrement attentionné, le désormais prince de Galles y aurait enregistré *Last Night* des Proms, la soirée vedette des concerts d'été du Royal Albert Hall.

En 2007, au cours d'un rendez-vous avec Elizabeth Saltzman, alors rédactrice en chef de *Vanity Fair*, Elizabeth II révèle qu'elle a bel et bien une adresse électronique, précisant : « Mais vous savez, je n'écris pas vraiment mes messages. Je les dicte plutôt. » On s'en doutait un peu !

La même année, la famille royale met en place une chaîne royale sur YouTube. Fidèle à son sens aigu du professionnalisme, la reine demande à ses petites-filles Beatrice et Eugenie de lui en expliquer le concept !

En juillet 2009, les Windsor débarquent sur Twitter. Trois ans après la création de la célèbre plateforme de microblogging, la famille royale dispose d'une page permettant à ses fans de suivre les fonctions officielles de chacun de ses membres. Le compte « Windsor Twitter » provoque d'emblée une véritable vague d'enthousiasme. « La reine a été informée que cette page est accessible, mais aucun membre de la famille royale n'écrira de tweets », indique une porte-parole du palais, refroidissant un rien l'ardeur du public. Elle précise également que cette page fait office de service d'actualités et d'informations sur les activités des *royals*. Parmi les premiers messages figure un lien vers des photographies de la reine rencontrant Carol Ann Duffy, nommée poétesse officielle du Royaume-Uni. C'est d'ailleurs la première fois, en plus de trois siècles, que le « barde royal » est une femme. Un autre post renvoie vers un lien YouTube où les internautes peuvent visualiser la relève de la Garde devant les grilles de Buckingham. Ce dernier précise que le « royal Twitter » sera mis à jour par des équipes du palais ainsi que de Clarence House, résidence londonienne du prince Charles. Tout juste lancée, la page compte plus de deux mille *followers*.

En cette année 2009 encore, Barack Obama et son épouse sont en visite officielle à Londres. Leur cadeau à la souveraine est un lecteur MP3 sur lequel figurent des séquences de sa visite aux États-Unis deux ans plus tôt. Connaissant l'amour de la reine pour la musique, ils y ont également fait enregistrer de nombreuses chansons de Broadway.

On passe bientôt à la vitesse supérieure. Après avoir ouvert une chaîne sur YouTube, un compte Flickr et un fil Twitter, la reine s'apprête, en novembre 2010, à lancer sa propre page Facebook. Mais quelle témérité, Votre Majesté !

Impossible toutefois pour les utilisateurs de poster des commentaires ni d'entrer en contact ou de devenir « ami » avec la souveraine.

Régulièrement, les conseillers image de la famille royale y postent des photos, des vidéos, des actualités et publient même des discours de la reine, de l'héritier du trône et des princes William et Harry. Le succès est évidemment au rendez-vous. Quatre mois après son lancement, la page Facebook de Sa Majesté totalise plus de trois cent mille *likes*. La mayonnaise royale prend au-delà de toute espérance ! Cette assiette anglaise plaît aux internautes. Même les observateurs les plus blasés conviennent que la monarchie reprend des couleurs. Aussi surprenant que vrai : sur YouTube, la reine fait jeu égal avec les Rolling Stones et les Beatles. La moindre vidéo royale cartonne. On se passe en boucle les exploits des corgis, le message de la *super Queen* à Noël. Elizabeth deuxième du nom est aussi une reine 2.0[1].

Il y a un tel contraste entre le bulletin de la cour – le très chic, mais aussi (il faut bien l'avouer) très corseté *Court Circular* –, actif depuis la reine Victoria (et que le palais fait publier tous les jours dans *The Times, The Daily Telegraph, The Independant* et *The Scotsman*), et la modernité audiovisuelle de sa présence sur les réseaux sociaux qu'on a souvent l'impression d'un fossé sidérant.

Avec la crise sanitaire, comme des millions de sujets aux quatre coins du globe, Elizabeth II s'est également mise à la visioconférence. Son premier appel avec la plateforme Zoom remonte au mois de juillet 2020. Pendant la période de confinement, sans quitter la quiétude (et le confort) de ses appartements du château de Windsor, elle a pu « rencontrer » des gens de tous horizons.

Surfant sur les avancées technologiques, il ne fait aucun

1. Le 8 septembre 2022, c'est par tweet, posté à 19 h 30 – heure anglaise –, que la Maison royale annonce le décès de la reine.

doute que la souveraine et la famille royale ont su évoluer avec leur temps. N'en déplaise aux conservateurs, en cette deuxième décennie du XXIe siècle, l'adage *Never complain, never explain* est de moins en moins d'actualité. Il ne le sera bientôt plus du tout ! Pour que rien ne change, mieux que quiconque, les Windsor ont compris qu'il fallait justement que tout change ! Et, on vient de le voir, Buckingham communique désormais. Et ses messages sont reçus cinq sur cinq. Il suffit de regarder les chiffres, à l'automne 2022. Ils donnent le tournis : le Twitter @RoyalFamily affiche cinq millions sept cent mille abonnés, le compte Facebook @TheRoyalFamily, six millions et demi et Instagram, @theroyalfamily, plus de treize millions. Pas mal pour une institution millénaire ! Avant le décès de la reine, le site du prince de Galles, de son épouse et du duc de Cambridge était déjà remarquablement bien conçu. Et, depuis le Jubilé de platine, sur le Web, la Windsormania tourne à la folie. Le site marchand *The Royal Collection*, qui vend les différents produits estampillés Buckingham Palace, a vu ses ventes doublées, triplées, quadruplées… Timbres, médailles, mugs, assiettes, torchons, tee-shirts, couverts… à l'effigie d'Elizabeth, de Charles, de Camilla, de William, de Kate. Aimants en forme de couronne, porte-clés corgi, tabliers, étiquettes à bagages, carnets de notes, stylos, sachets de thé… Chaque mariage, naissance, anniversaire… a été l'occasion pour le *Royal Collection Trust* de produire des souvenirs commémoratifs destinés aux millions de touristes qui visitent chaque année les résidences royales.

Au moment du récent Jubilé, le site marchand annonçait même d'emblée la couleur : un délai de vingt-huit jours pour l'envoi des commandes, tant il était débordé par l'afflux des internautes du monde entier. En somme, ma Lilibet encaissait les chèques, et ses petites mains verraient, plus tard, quand elles auraient le temps pour expédier les colis ! « *My Queen is rich !* » était sa mélodie du bonheur. Et le Web son chef d'orchestre, la première des vitrines, le seul et véritable intendant des finances royales.

I love her jokes
Humour oblige !

Nous sommes à Buckingham Palace. Au premier étage. Dans la salle à manger d'apparat de l'aile ouest. À l'heure du dîner. Ce soir, un nouveau valet de pied, un certain John Whitaker (quel joli nom !), est sur le point de servir, pour la première fois de sa carrière, un repas en présence de la reine. Aussi raide qu'un parapluie, les mains moites, malgré ses gants blancs, il attend, presque momifié. Le plateau d'argent qu'il porte fièrement est chargé de huit magnifiques assiettes à dessert. On lui a dit – mais est-ce vrai ? – qu'elles datent du règne de l'illustre Victoria ! Quelle fierté ! Quelle responsabilité !

Les invités sont déjà présents. Seul manque encore le couple royal. Ça ne saurait tarder. Et... en effet ! Un bruit de pas se fait entendre. À l'heure dite, sans une minute de retard, les deux hautes portes grincent sur leurs gonds. Une belle voix de stentor éclate sous la voûte de plafond : « *Her Majesty the Queen and the Prince Philip.* » Il se produit comme un flash, un éblouissement. Parée de bijoux, Sa Majesté scintille. Mieux qu'un arbre de Noël. Arbore-t-elle des diamants, ses pierres favorites ? Des saphirs ? Des émeraudes ? Des rubis ? Whitaker ne sait pas, il n'y connaît rien en cailloux précieux, mais, face à un tel enchantement – on dirait une toile de maître qui bouge, qui vit –, il ouvre grand la bouche. Et desserre les mains ! Une seconde plus tard, le lourd plateau d'argent et les huit assiettes victoriennes se fracassent sur le sol.

Dans le salon aux murs cramoisis, c'est soudain le silence. Assourdissant. Au loin, très, très loin, on n'entend que le chant de quelques oiseaux. Whitaker apprendra plus tard qu'ici, après une chaude journée d'été, on ouvre les hautes fenêtres qui donnent sur le parc aux arbres séculaires : elles laissent entrer une odeur de gazon fraîchement coupé, fragrance idyllique au cœur de la ville. Pauvre Whitaker ! Il est décomposé. Plus blanc encore que ses gants de coton. Ce grand roux aux bras de trapéziste va-t-il être emmené *illico prestissimo* à la tour de Londres ? Être renvoyé sur-le-champ et condamné à rembourser toute une vie durant cette porcelaine de collection ? À moins que, particulièrement clémente, la souveraine ne se contente de le désigner, *ad vitam aeternam*, responsable des séances pipi de ses corgis ?

Tu te trompes, Whitaker ! Cesse donc de trembler, de divaguer ! Ma Lilibet est habituée à ce... « phénomène domestique ». Dans sa robe longue, parée, elle avance de quelques pas. Et lâche :

— Ce n'est rien. Continuez !

Whitaker est abasourdi. Mais... continuer quoi ? À casser d'autres assiettes ? À aller en quérir de nouvelles pour remplacer celles qu'il vient de briser ? À courir chercher une balayette ou un aspirateur (Hoover *of course*, fournisseur du palais) pour faire disparaître toute preuve du crime accablant ? Réduire en morceaux huit assiettes ayant appartenu à la reine Victoria doit être passible de châtiment. Il va se voir gratifier d'un casier judiciaire, c'est sûr. Dans sa livrée rouge et or, Whitaker retient ses larmes. Lilibet, elle, a du mal à contenir son rire.

— Ce n'est rien, je vous ai dit. Vous pouvez continuer. Nous en avons plein les armoires !

Depuis la scène des assiettes de Victoria, dans les offices de Buckingham, on est formel : à ce jour, John Whitaker n'a plus rien laissé tomber. Pas même la moindre petite cuillère.

Si l'on en croit Rowan Williams, ancien archevêque de Cantorbéry, la reine était «chaleureuse», «humaine» et «dotée d'un grand sens de l'humour». Mais l'ancien primat de l'Église de toute l'Angleterre irait-il jusqu'à dire qu'elle était une *funny girl* ? Ça tombe bien, le journaliste chargé de l'entretien a un jour posé la question à Monseigneur ! Et le doute n'est plus permis ! « *Funny ? Yes, funny !* J'ai trouvé en Sa Majesté quelqu'un sachant être informel et extrêmement drôle en privé. Tout le monde ne mesure pas à quel point elle est parfaitement disposée à brocarder et à être brocardée [...] si elle conserve toujours sa dignité, dans la conversation, elle se garde de toute solennité. »

George VI, ce père tant adoré, lui a appris que chacun de ses mots et chacun de ses actes resteront gravés dans les mémoires. Aussi, Elizabeth II ne s'épanche-t-elle jamais en public, ne parle-t-elle que très peu d'elle-même : elle maîtrise, comme personne, l'art, ô combien délicat, de « tenir sa langue », même si, parfois, cela la démange vraiment.

Donc, jamais langue de vipère, ma Lilibet ? Ne nous avançons pas trop, tout de même ! Parmi mille anecdotes, j'ai envie de vous conter celle-ci : en 2005, enfin, Elizabeth II donnait sa bénédiction pour que son héritier – accessoirement son fils – épouse la femme qu'il avait toujours aimée, Camilla Parker Bowles. Chez les Windsor, Camilla fut longtemps un sujet orageux. L'eau ayant coulé sous les ponts, les passions s'étant apaisées, Sa Majesté finit par revoir ses exigences. Songeant à l'abdication de son oncle Edward VIII, elle ne pouvait laisser courir le risque d'abandonner le prince Charles dans semblable situation. En 2005, donc, après trente-cinq ans d'amours controversées, la chef suprême de l'Église accorde son aval. L'héritier du trône épouse enfin la femme qu'il aime. Ainsi soit-il ! Ainsi soit-elle ! Néanmoins... et nous y voilà... l'annonce de cette union tant différée n'échappa pas à sa sagacité. Lors d'un déjeuner, son cercle intime eut droit à une salve de saillies des plus inattendues. Avec le plus grand sérieux du monde, elle compara les futurs mariés à des chevaux en lice pour le derby d'Epsom, déclarant : « Ils ont franchi des rivières, des haies et toutes sortes d'obstacles. » Dans son récit, soudainement, le prince de Galles se métamorphose en étalon : « Il a enjambé la ligne d'arrivée.

Maintenant, il peut rentrer aux écuries avec la jument qu'il aime. » Et d'ajouter : « Je leur souhaite la bienvenue dans le paddock des vainqueurs. » Notre regretté Léon Zitrone, qui commenta si brillamment tant d'événements royaux (et de courses hippiques), n'aurait pu mieux dire !

Chez elle, les références en matière d'équidés ne datent pas d'hier. Enfant, déjà, Lilibet ne manquait pas de s'inquiéter du bien-être de ses chevaux : « Si un jour je deviens reine, je ferai une loi qui interdira aux gens de monter le dimanche. Les chevaux ont le droit, eux aussi, à du repos. » Et lorsqu'elle ne voulait pas répondre à une question, elle répliquait : « Je ne peux pas vous parler, je suis un poney. » Plus tard, comme le conseilla en son temps lord Melbourne, Premier ministre de la reine Victoria, à sa jeune élève royale, lorsqu'elle ne voudra pas répondre à une question, on lui recommandera de trouver une pirouette en parlant du temps. « Qu'il fait beau, sir Winston, aujourd'hui, ne trouvez-vous pas ? »

Tradition anglaise par excellence, dans la famille royale, l'humour se pratique depuis des lustres. George V, surnommé « grand-père Angleterre » par sa petite-fille, était un joyeux plaisantin. *Queen Mum* lui emboîta le pas. Décédée à l'âge de cent un ans, elle eut sur sa fille une forte influence en ce domaine. Un jour, lors d'un déjeuner à Buckingham Palace, Elizabeth hésitait à prendre un second verre de vin lorsque sa mère lui souffla ce conseil avisé : « N'oublie pas, ma chérie, que tu dois encore régner tout l'après-midi ! »

Privilège de respectabilité, sans doute, *Queen Mum*, chef suprême des quolibets, s'autorisait volontiers de petites piques bien senties. Alors qu'on l'avait transportée par hélicoptère (ce qu'elle détestait), une fois son auguste pied posé sur la terre ferme, elle commenta la qualité du vol : « L'hélicoptère ? Je m'en serais volontiers passée… tout comme Anne Boleyn se serait passée de la hache ! » Assurément, l'acidulée *Queen Mum* décroche également la palme des remarques les plus *spicy*[1]. Un jour, à l'issue d'un concert à Clarence House, elle fit la connaissance de l'harmoniciste Larry Adler et lui demanda... de voir son instrument. Elle l'examina avec attention et, lorsqu'elle eut terminé, lui murmura : « Personne ne me croira quand je dirai que j'ai tenu le bel instrument de Larry Adler au creux de ma main. » *Dear, dear, dear !*

Le prince Philip est peut-être le seul autre Windsor qui, tout au long de sa carrière royale, fit preuve d'autant d'humour que sa belle-mère. Il faudrait un ouvrage entier pour recenser les *jokes* de cet iconoclaste.

Régulièrement, il a aimé tourner en dérision sa position d'« infériorité » par rapport à son épouse. Comme chacun le sait, selon le protocole, le duc d'Édimbourg a dû s'astreindre toute sa vie à marcher deux pas derrière la reine, dont il était devenu l'« obligé ». À l'occasion d'une cérémonie, un jeune Australien lui expliqua que son épouse, médecin, était quelqu'un de beaucoup plus important que lui. Amusé, Philip rétorqua : « Ah oui, vous aussi ? Nous avons le même problème dans ma famille ! »

Roi du politiquement incorrect, le prince consort était, il faut bien l'avouer, doté d'un sens de la repartie qui, lorsqu'il ne s'avérait pas grinçant, le rendait souvent gaffeur. En 2002, en Australie, dans le Queensland plus précisément, visitant un parc culturel aborigène, il s'adressa au chef William Brin le plus sérieusement du monde pour demander : « Vous vous battez toujours à la lance ? » En 2003, changement de pays, le Nigeria, mais même tonalité lorsqu'il dit au président Olusegun Obasanjo, revêtu de la tenue traditionnelle : « C'est drôle, votre costume, on dirait que vous êtes prêt à aller au lit ! »

À maintes reprises, il affirmera, bien volontiers : « La podoplatologie est l'art de mettre les pieds dans le plat, et je pratique cet art depuis de nombreuses années. » Au grand dam de Sa Majesté, ses plaisanteries douteuses n'ont jamais manqué d'être relayées dans les médias. « Vous avez des moustiques, et moi,

1. Épicées.

j'ai la presse», expliqua-t-il ainsi à la directrice d'un hôpital aux Antilles. On imagine l'ambiance dans le carré réservé aux journalistes! Un autre jour, la reine se trouve face à un certain Stephen Menary, un jeune homme de quatorze ans rendu malvoyant par une bombe de l'IRA. Elle souhaite savoir à quel point sa vue a été diminuée quand Philip lui coupe la parole : «Pas qu'un peu, à en juger par la cravate qu'il porte.» Silence dans l'assemblée!

Ses nombreuses gaffes lui valurent ainsi le surnom de *Wince Philip* («Philip la grimace»). Au soir de sa vie, alors qu'on lui suggérait de ralentir ses activités, il lançait : «Lever le pied? Mais je peux à peine tenir sur mes deux jambes, maintenant.»

A contrario de la reine, les courses hippiques ennuyaient terriblement Philip. Une fois, dans un hippodrome, il dissimula un transistor sous son haut-de-forme, «pour pouvoir écouter la retransmission d'un match de cricket». Qu'en dit sa royale épouse? Pas sûr qu'elle en ait été informée! En revanche, elle le fut de ce mot qu'il adressa à leur fille, Anne, la princesse royale, en 1970 : «Tout ce qui ne mange pas de foin ou ne produit pas de crottin n'a aucun intérêt pour toi.»

Juste retour des choses, sans doute, la princesse, championne olympique de jumping, et légèrement obsédée par ses entraînements quotidiens, expliquera des années plus tard : «Quand je fais une apparition publique, les gens s'attendent à ce que je hennisse, que je grince des dents, que je piaffe et cingle l'air avec ma queue!»

Qu'ils sont *fun*, ces Windsor! Même le prince Charles, que l'on connaît davantage pour ses prises de position constitutionnellement très controversées. Un jour, interrogé sur les difficultés de sa préparation aux fonctions de monarque, le nouveau Charles III rétorque : «On s'y met au fur et à mesure. On regarde et on apprend sur le tas. J'ai appris comme un petit singe : en observant mes parents.» Et tac!

Entre l'ancien prince de Galles et la princesse royale, comme tout frère et sœur en somme, les facéties ne manquent pas.

En attendant que son aîné ne se pose sur le trône, une année, au moment des fêtes de Noël, Anne choisit de lui offrir… une lunette de WC en cuir blanc ! Elle est, paraît-il, si confortable que le souverain l'emporte souvent lorsqu'il voyage à l'étranger !

Mais revenons à notre héroïne. À l'heure la plus solennelle de son règne, le jour de son couronnement, malgré la pression incroyable qui pesait sur ses épaules de jeune reine, elle démontra aussi qu'elle était capable d'humour. Avant de s'élancer dans la nef de Westminster, sa tenue de sacre était si lourde qu'elle demanda à l'archevêque de Cantorbéry de la pousser pour l'aider à démarrer : « S'il vous plaît, aidez-moi. Donnez-moi un peu d'élan… »

Vingt-cinq ans plus tard, lors de son Jubilé d'argent fêté en 1977, elle n'a rien perdu de son humour. Alors que les festivités battent leur plein, pour les artificiers, la soirée vire au cauchemar. Le feu de joie qui achève les cérémonies s'embrase avant que la reine ne l'allume officiellement, et une monstrueuse explosion déclenche prématurément plusieurs tirs censés clôturer le spectacle… Une catastrophe ! Sir Michael Parker, responsable de l'organisation du show, demande à être conduit dans la loge royale, pour s'excuser : « Votre Majesté, tout s'en va à vau-l'eau, j'en ai bien peur… » La reine lui sourit : « Ooooh ! Tant mieux. On va enfin s'amuser… »

Durant soixante-dix ans de règne, quantité d'autres petits couacs firent (on s'en doute) la joie d'Elizabeth II. Au cours d'un voyage officiel, lors d'une réception qu'elle offrait à la presse, elle s'entretenait avec un photographe britannique lorsque celui-ci, troublé peut-être, laissa tomber son verre à ses pieds. *Shocking!* Plus tard dans la soirée, le même homme sortit des rangs pour prendre un cliché important. *Damned!* Son flash ne fonctionnait pas. Cette seconde calamité amusa fortement la souveraine : « Ce n'est vraiment pas votre jour ! » lui lança-t-elle, un rien fataliste. Et d'ajouter : « Cela vous apprendra à renverser mon whisky ! »

Durant un dîner, une autre fois, un député s'inquiéta de la fatigue ressentie par Sa Majesté, « contrainte de rencontrer tant et tant d'inconnus ». Touchée, elle lui répondit fort gentiment : « C'est moins dur que cela ne paraît, vous savez. Je ne dois pas me présenter. Ils savent qui je suis ! » Cependant… un jour, dans un petit village d'Écosse où elle se promenait, un homme s'approcha d'elle et lui confia : « C'est dingue, vous êtes le portrait craché de la reine. » Ce à quoi elle répondit : « Voilà qui me rassure ! »

En mars 1983, en visite en Californie, le couple passe six jours dans le ranch du président Ronald Reagan. La météo est mauvaise, il tombe des torrents d'eau. Lors d'un discours, elle se moque gentiment : « Je savais avant de venir que nous avions exporté de nombreuses coutumes aux États-Unis, mais j'ignorais que le temps en faisait partie. » Un peu plus tard, face aux chutes du Niagara, elle fera remarquer : « Ça m'a l'air très humide. »

Côté américain toujours. Lors de son second mandat, George Bush père se rend au palais de Buckingham. Il s'entretient avec la reine quand il remarque, ostensiblement exposé, un plat en argent à trois pieds. Le président l'interroge : « Mais… à quoi sert-il, Votre Majesté ? » Malicieuse, la reine attend quelques instants et se redresse sur son siège : « J'espérais l'apprendre. C'est vous qui me l'avez offert ! »

Selon son entourage, elle n'était jamais plus comique que lorsqu'elle singeait Margaret Thatcher, Tony Blair ou Boris Eltsine. Les rendez-vous hebdomadaires, dans le petit salon cosy du palais, *The Audience Room*, avec la « Dame de fer » n'étaient pas exempts de tension. « Son accent tient de la prononciation standard au sein de la *Royal Shakespeare Company* dans les années 50 », ironisait ainsi Elizabeth II, à propos du phrasé très snob adopté par son interlocutrice pour masquer ses origines modestes. Les révérences de sa Première ministre n'échappèrent pas non plus à ses foudres : « Elles sont si appuyées qu'elles plongent jusqu'en Australie ! » Experte hors catégorie de l'art du baisemain ou de la génuflexion, elle ne manqua pas non plus de foudroyer Meghan Markle concernant cet exercice très aristocratique. « C'est drôle, quelque chose ne va pas. Elle ressemble… à une grue ! » Évoquer la duchesse de Sussex me fait penser à une autre *Windsor girl* qui posa quelques soucis à ma *Queen* : Diana. À l'époque où celle qui était encore princesse de Galles s'évertuait à faire la une de tous les magazines, un matin, face aux journaux, excédée certes, mais le plus sérieusement du monde, la reine confia à son secrétaire particulier : « Ma mère est une star. Ma bru est une star. Quelle place me reste-t-il ? »

Mais revenons, un instant encore, à la Dame de fer. Ce sont surtout ses séjours à Balmoral qui procurèrent aux Windsor quantité de fous rires. « Madame le Premier ministre se joindra-t-elle aux autres invités pour une randonnée dans la campagne ? » demanda un jour un valet qui préparait la sortie. Sourire en coin de Sa Majesté : « À mon avis, vous allez vite constater que Mrs Thatcher ne marche que dans la rue ! » Entre les deux femmes, l'atmosphère se détériora vite. Au lieu de prendre en compte les conseils d'Elizabeth, « miss Maggy » la noyait sous un flot de paroles, sur un ton souvent autoritaire et doucereux, ce qui horripilait la reine.

Arrivée à une cérémonie où toutes les deux portaient une robe très similaire, en plongeant en révérence, la Dame de fer s'excusa auprès de Sa Majesté. « Je suis vraiment désolée. La prochaine fois que nous assisterons ensemble à un événement, il faudra que nos équipes se coordonnent à l'avance sur nos choix vestimentaires. » À sa manière, la reine la rassura : « Ne vous inquiétez donc pas. Je ne remarque jamais la tenue des autres ! »

En 2016, au lendemain du vote du *Brexit*, le Premier ministre nord-irlandais demanda à la reine comment elle se portait. « Je suis encore en vie, en tout cas ! » dit-elle, accompagnant son commentaire d'un éclair de désapprobation glaciale. Devoir de réserve n'implique pas acquiescement de commande ! Ma Lilibet n'était pas une potiche ! Au contraire, elle se montrait la subtilité même. En plein débat à propos du *Brexit*, justement, lors de son discours d'ouverture au Parlement en juin 2017, elle avait revêtu une robe et un chapeau bleu de couleur identique à celle du drapeau européen. Sur sa veste, elle arborait des étoiles dorées, signe évident de son soutien aux pro-européens.

Ah, l'autodérision de Sa Majesté ! Inégalable ! L'un de ses moments favoris en famille était de parcourir les albums photo. Lorsqu'elle tombait sur des clichés de William, très souvent, elle s'exclamait : « Heureusement qu'il n'a pas les oreilles de son père ! » Mais ce qu'elle recherchait particulièrement, ce qui l'amusait le plus, c'étaient les images d'elle où elle n'avait pas sa tête des bons jours. Alors, elle disait : « Oh regardez, j'ai ma tête de miss Piggy ! » Et de reconnaître, bien sincèrement : « C'est absolument terrible. Si je ne souris pas, j'ai un visage ronchon. » Dans le même ordre d'idées, en pleines années 1960, Richard Crossman (1907-1974), ministre dans le gouvernement de Harold Wilson, remarqua à quel point elle était timide en déclarant : « Elle rit avec tout le visage. Elle ne peut pas se contenter de sourire, car elle est trop spontanée. [...] Lorsqu'elle est profondément touchée et qu'elle essaie de maîtriser son émotion, elle paraît bouillir de colère. Du coup, très souvent, quand les ovations de la foule la bouleversent, eh bien... on dirait qu'elle est d'une humeur de dogue ! »

En 2003, l'actrice britannique Prunella Scales interprète le rôle d'Elizabeth II dans l'adaptation télévisuelle de la pièce d'Alan Bennett, *Un problème d'attribution*. Peu après, la comédienne, qui commença, elle aussi, sa carrière sous le feu des projecteurs en 1952, fut présentée à la reine. Prunella s'incline en une révérence parfaite. Alors que les micros se tendent, d'un ton pince-sans-rire des plus maîtrisés, sa *joke signed*, Elizabeth II, ne put s'empêcher de lui demander : « Peut-être trouveriez-vous plus opportun que ce soit moi qui m'incline ? » Gênée, l'actrice ne sut que répondre, baissa les yeux. La voix de Sa Majesté, elle, monta encore d'un ton : « Mais je vous préviens... ça fait précisément cinquante et un ans que je ne l'ai plus fait ! »

Sacrée Lilibet !

I love her five o'clock tea
Tea for two

Chère lectrice, cher lecteur, vous n'en revenez pas ! Vous tenez entre les mains, arrivé par le courrier de ce matin, un carton d'invitation gaufré aux armes de notre héroïne, un « E » pour « Elizabeth », et un « R » pour « *Regina* », surmontés d'une couronne. Vous avez été convié à un *tea time* donné au château de Windsor. Après une consultation attentive de votre précieux carton, vous remarquerez que ce n'est pas la reine qui vous invite, mais son *Master of the Household*, son maître de maison, poste occupé jusqu'à la fin du règne par sir Michael Stevens. Comme l'ours Paddington lors du Jubilé de platine, vous allez donc, vous aussi, vivre un tête-à-tête d'exception. Je vous jalouse !

Pour un *tea time* qui débutera à 17 heures précises comme tout *tea time*, le sésame mentionne que vous devez arriver entre 16 h 30 et 16 h 45. Dans l'excitation, n'oubliez pas de remonter les aiguilles de votre montre. Nous sommes en Angleterre. Il y a un décalage d'une heure !

Interdiction formelle de vous présenter en retard ! En général, les heureux invités de feu Elizabeth II redoutaient tellement de louper ce rendez-vous parmi les plus attendus de leur vie qu'ils arrivaient à Windsor des heures à l'avance. Que faisaient-ils ? Pour ne pas risquer de se tacher, de se froisser, de se perdre, ils restaient à bord de leur véhicule et ne s'éloignaient pas, préférant, tels des poneys sous une toile de cirque, tourner, encore et encore, autour du château.

À partir de 16 h 30, enfin, votre voiture peut franchir le portail Saint-Georges. Vous allez contourner la haute cour et vous stationner le long de la terrasse nord. Vous pénétrerez à l'intérieur de la forteresse par l'entrée d'apparat. Vos mains sont moites et votre cœur bat la chamade, mais prenez le temps d'admirer, sur votre gauche, la tour du roi Jean. Windsor est le plus vieux et le plus vaste château encore habité du monde : plus de mille pièces ! Inutile, donc, de préciser que Sa Majesté avait l'embarras du choix quant au salon dans lequel se tiendrait votre rencontre. Selon le nombre de convives, la saison, selon son humeur du jour, la réception pouvait se tenir dans le Salon vert du troisième étage, dans le Salon blanc, le Salon cramoisi, dans le Salon de la reine, le Salon du roi... Pas d'inquiétude, dès votre arrivée, un valet de pied vous guidera.

Admirez les différentes salles traversées. Peut-être allez-vous longer le hall Saint-Georges ; c'est ici, entre autres, que s'est tenu le petit déjeuner de mariage du prince Harry et de Meghan. Peut-être traverserez-vous les appartements d'État, remonterez-vous le grand escalier de pierre, l'immense vestibule, la Galerie des lanternes... Les styles varient : gothique, néogothique, géorgien, victorien, moderne même, suite à l'incendie de 1992. Seule la partie nord est ouverte au public. Chaque année, cette forteresse du XIIe siècle, berceau de la royauté, reçoit plus d'un million de visiteurs.

Mesdames, soyez chics et élégantes. Mais n'en faites pas trop ! Il s'agit d'un *tea*, pas d'un dîner de gala. Optez pour une robe ni trop longue ni trop courte. Elle devra, au minimum, couvrir vos genoux. Comme toute Anglaise respectable (et très respectée), sachez que la monarque apprécie – enfin appréciait – les tons pastel et les motifs fleuris. Surtout, pas de décolleté trop prononcé ni de bijoux ostentatoires. Évitez aussi les colliers, bracelets ou bagues fantaisie. Optez plutôt pour le charme efficace de la discrétion ! Je suis prêt à parier que ma reine portera – aurait porté – ses trois rangs de perles ! Si vraiment vous souhaitez laisser libre cours à votre originalité, profitez de cette occasion pour arborer un bibi. Au pays de Philip Treacy, toutes les singularités sont permises. Elles seront même les bienvenues ! Osez la couleur, osez les fleurs, les mailles, les voilettes, les violettes, coiffez-vous d'aigrettes, de cerises, de petits nœuds...

Messieurs, glissez-vous dans un costume de ville et dites-vous qu'il n'est pas obligé d'être gris et ennuyeux ! Nous sommes en Angleterre, pays du chapeau melon, des pantalons lignés, quadrillés, des chemises à fleurs, des petits et des gros pois... La cravate est obligatoire. Si vous êtes militaire, privilégiez l'uniforme. Elizabeth II adore ça !

Vous voilà en place. À tout seigneur tout honneur, la reine sera la dernière à apparaître. En général, son entrée est précédée de ses corgis. Tendez l'oreille ! Le plus vif d'entre eux s'appelle Muick.

Lors d'un *tea time* à Windsor, il va de soi que vous serez présenté personnellement à mon héroïne. Restez calme. Respirez. Lorsque Sa Majesté sera à votre hauteur, ne soyez pas surpris qu'elle vous appelle par votre nom, il vient de lui être soufflé par l'un de ses aides de camp. Peut-être le lieutenant-colonel Nana Kofi Twumasi-Ankrah. Vous le reconnaîtrez facilement. Il s'agit d'un Ghanéen. S'il vous plaît, dans le stress qui est le vôtre, ne le confondez pas avec le personnel de service ! Dans un royaume souvent accusé de discriminations, sa reine mettait un point d'honneur à honorer le talent des minorités. Si, ce jour-là, le lieutenant-colonel n'est pas en fonction, votre petit nom sera soufflé aux oreilles royales par un autre écuyer.

Quand, enfin, votre tour vient, surtout, ne dites rien : vous risqueriez, en un seul mot, de vous retrouver enfermée dans la tour de Londres. Comme Anne Boleyn ! C'est la reine qui vous adresse la parole la première. Arrive maintenant le moment le plus périlleux : la révérence pour les dames, le baisemain pour les hommes. Si ce geste de respect n'est pas obligatoire, il est particulièrement recommandé !

Pour vous, mesdames, l'important va être de garder un équilibre et une posture parfaits. Telle une ballerine, glissez votre pied droit derrière le gauche et, avec votre pied arrière, formez une demi-pointe. Rien de trop marqué ! Baissez ensuite légèrement la tête et, en ouvrant vos genoux (légèrement) vers l'extérieur en formant un petit V, inclinez-vous en veillant à garder le dos très droit. L'exercice doit être rapide. Quand vous vous relèverez, Sa Majesté sera déjà probablement à la hauteur de votre mari. À vous de jouer, messieurs. Pliez la nuque et courbez-vous de façon appuyée. Il se peut que la femme qui règne sur cent cinquante millions de sujets aux quatre coins du globe vous tende la main. Dans ce cas – et dans ce cas uniquement ! –, saisissez-la. Attention, à aucun moment vous ne devez lever la main tendue vers vous. C'est vous qui vous penchez vers elle. Et mesurez vos distances ! Pas question que vos lèvres touchent ma Lilibet. Vous ne devez même pas l'effleurer !

Il se peut que la reine vous interroge. Ne soyez pas inquiet. Les réponses fournies à ses questions on ne peut plus classiques sont souvent… abracadabrantesques ! Dans la nervosité, on en oublie son latin, on inverse les mots, on confond les termes, on ne sait plus trop le métier que l'on exerce, la ville que l'on habite… Les plus grands experts des domaines les plus pointus – des mathématiciens, des physiciens, des historiens, des astronautes… – sont restés bouche bée, cherchant désespérément les prénoms de leurs enfants ! La première fois que vous vous adressez à la reine, commencez par un cérémonieux « *Your Majesty* ». Poursuivez la conversation avec un « *Ma'am* », contraction de « Madame ». Dans le pire des cas, pour vous rassurer, sachez qu'elle parle et comprend très bien le français !

Désormais, détendez-vous ! Et profitez de l'instant. Face à vous, une impressionnante sélection de thés. Thés noirs, thés blancs, thés verts… Thés de Chine, thés d'Inde, thés d'Angleterre… Il y a le *Mélange royal*, le *Thé du couronnemen*t, le *Thé du plus long règne*, le *Thé du Jubilé*… Le *Buckingham Palace Green Tea With Lemon*, Le *Russian Earl Grey*… La plupart d'entre eux sont vendus dans les boutiques des palais. Celles du château de Windsor se situent au rez-de-chaussée, dans la *middle ward* !

Si le thé n'est pas votre *cup of tea*, pas d'inquiétude, on vous proposera du café noir et une série de boissons fraîches ou glacées. Si vous voulez la jouer très royale, faites comme la reine en optant pour un Earl Grey (thé noir de Chine aromatisé à la bergamote) avec un nuage de lait. Sachez que le lait qui vous est servi arrive directement de la laiterie royale et provient des vaches

Jersey qui paissent dans les pâturages des domaines agricoles du château !

Faites attention, à Windsor, les boissons chaudes ont la réputation d'être brûlantes ! Patientez autant qu'il le faudra, mais, par pitié, ne soufflez jamais sur votre tasse. Et n'utilisez la petite cuillère qui a été posée sur votre soucoupe que dans le sens des aiguilles d'une montre. Votre soucoupe, justement, veillez à la laisser sur la table. Ne soulevez que votre tasse. Bien entendu (mais effectuons tout de même une petite piqûre de rappel), c'est la tasse que vous portez à vos lèvres, et non l'inverse ! Buvez uniquement par petites gorgées !

Concernant canapés et petits fours, vous aurez également l'embarras du choix. Côté salé : sandwichs au concombre, à l'œuf et au cresson, au saumon fumé et à l'aneth, au bœuf et à la ciboulette... Côté sucré : mini-éclairs au café, tartelettes aux pommes, à l'orange meringuée, cheese-cake au citron et aux raisins secs, scones à la marmelade de whisky... Je vous conseille les crêpes suzette – une tuerie ! –, c'est la spécialité de Kathrin Cuthbertson, la chef de la pâtisserie royale. Elle accompagnait ma Lilibet dans chacun de ses châteaux.

L'idéal sera de vous servir à deux reprises. Une seule pourrait vouloir dire que vous n'avez pas apprécié ce qui vous a été offert. Et trois... seraient *too much* !

Que faire de votre serviette ? Vous la dépliez et la posez sur vos genoux. Si vous devez vous lever ou lorsque vous aurez terminé, vous la rangerez sur la gauche de votre tasse. Pourquoi pas sur la droite ? Parce que vous êtes en Angleterre. On roule à gauche !

Une dernière petite recommandation, pour la route : si vous n'aimez pas ce qui vient de vous être servi, plutôt que de le laisser ostensiblement sur votre assiette, soyez rusé, pensez à Muick. Le corgi de ma Lilibet est terriblement gourmand. Il aime autant les sandwichs que les gâteaux. C'est à coups de biscuits prince de Galles, dit-on – de petits croquants secs très peu sucrés frappés d'une plume, emblème du prince héritier –, que, lors de sa première entrevue avec la *Queen*, Meghan a discrètement couché son plus proche confident à ses pieds et a, par la même occasion, amadoué le cœur de mon héroïne. Si, ce jour-là, Lilibet avait choisi de servir des mini-burgers, l'Histoire, avec un grand H, aurait, à coup sûr, été bien différente !

Retrouvons notre sérieux ! Et soyons honnêtes : à l'inverse de l'ours Paddington qui, au soir du grand concert du Jubilé de platine, prenait le thé avec la reine au château de Windsor, en soixante-dix ans de règne, très peu de sujets de Sa Majesté ont eu cette chance. La saynète humoristique, diffusée sur écrans géants devant le palais de Buckingham, a enchanté les Anglais, petits et grands, et a fait le tour de la planète en quelques heures. Si Paddington, espiègle, confie qu'il a toujours sur lui de quoi se faire un petit sandwich à la confiture, tout aussi malicieuse, la reine lui répond qu'elle en fait de même et sort, sous l'œil amusé de la caméra, deux tranches de pain de mie de son célèbre sac à main Launer. Mais, en réalité, chez les *royals,* qu'en est-il du *five o'clock tea*, ce moment si particulier, cher à tous Britanniques ?

Vers 1840, c'est la jeune reine Victoria qui institua ce nouveau rendez-vous – très vite baptisé *five o'clock tea* – au palais de Buckingham. La monarque savourait d'ailleurs son thé en lisant le *Times* ! *So british* ! Et depuis lors, à l'occasion du *high tea* (instant traditionnel anglais que l'on pourrait traduire par goûter dînatoire), on verse le thé en l'honneur de la famille royale ! Au château de Windsor, sous ma souveraine préférée, le *high tea* était servi tous les jours à 17 heures précises.

Le thé Earl Grey de Sa Majesté était concocté « sur mesure » par la maison Twinings. Il se compose d'un mélange de thé de Chine et de Darjeeling, aromatisé à la bergamote, infusé dans de l'eau minérale de Hildon ou Malvern. La reine l'appréciait avec un nuage de lait, mais sans sucre. Il lui arrivait parfois d'avoir recours à son propre édulcorant.

Lors du service à l'anglaise, soulignons que le lait sera toujours versé avant le thé. Une explication ? Bien sûr ! Et, au pays de la porcelaine, elle revêt toute son importance. À l'origine, les tasses étaient fabriquées dans une porcelaine très fine, provenant souvent de Chine, donc précieuse ! Il était d'usage de procéder de la sorte pour les tempérer ! Un écart trop important de température aurait risqué de fissurer la fragile matière. La tradition est demeurée. Et vous savez que les Windsor sont les gardiens de la tradition.

La reine d'Angleterre cultivait, à sa manière, la simplicité du goût. Bien plus frugale que ses prédécesseurs, Elizabeth II avouait une nette préférence pour les toasts de pain de mie blanc et les biscuits à l'avoine. Comme elle n'aimait pas les coins, les chefs de Buckingham Palace veillaient donc à ne lui servir que des sandwichs aux bouts arrondis ou en forme de *pennies*. Il leur arrivait aussi de privilégier la forme triangulaire. Dans la vaste et vieille forteresse, quand les horloges sonnent 5 heures, immanquablement, les hautes portes s'entrouvrent. Sur des *cakes stands*, présentoirs à gâteaux souvent composés de plusieurs étages, Sa Majesté avait le choix entre deux ou trois paliers de douceurs sucrées et salées, de petits éclairs aux fruits ou au chocolat, des tartelettes à la framboise, différents types de sandwichs. On y découvrait également des *jam pennies*, petits sandwichs en pain de mie de forme ronde réalisés avec du pain complet ou du pain aux céréales maltées. Tradition royale séculaire particulièrement appréciée pour le thé des enfants, ils peuvent être fourrés avec de la confiture de votre choix ou du *lemon curd*, cette délicieuse crème de citron si calorique.

Elizabeth II trouvait aussi, sur des présentoirs en porcelaine, des *scones* nature ou aux raisins, des *muffins*, des *buns*, des *shortbreads* typiquement écossais, du cake au gingembre, aux deux citrons, aux framboises... Ils voisinaient avec des coupelles de *lemon curd*, de marmelade (parfois parfumée au whisky), de crème fouettée, de *pickles*, de *cheddar*, de confitures de fruits rouges, de mûres, de gelée de groseilles...

À chaque fois que j'en parle, j'ai le palais qui frémit. Vous aussi ? Un *royal high tea* vous tenterait ? Suivez les petites recettes (et les conseils *so chic*) de Kathryn Cuthbertson, la chef pâtissière de la reine. N'hésitez pas, les préparations que j'ai retenues (couronnées de quelques nouvelles anecdotes) sont ultra-simples. Vous les réussirez à coup sûr !

Sandwichs au poulet et aux noix de cajou

Pour 12 pièces :

♛ 6 tranches fines de pain de mie de très bonne qualité,
♛ 150 g de poulet cuit émincé,
♛ 50 g de noix de cajou écrasées,
♛ beurre de qualité,
♛ 1 cuillère à soupe d'échalote finement hachée,
♛ 3/4 de cuillère à soupe de mayonnaise maison, sel et poivre.

Mélanger dans un saladier le poulet, l'échalote, la mayonnaise, une pincée de sel et de poivre et les noix de cajou écrasées.

Beurrer légèrement les tranches de mie de pain, répartir le mélange sur trois d'entre elles.

Recouvrir avec les tranches restantes et presser légèrement.

Enlever au couteau la croûte du pain.

Couper chaque sandwich en quatre carrés ou triangles.

N'oubliez pas : pour être royaux, vos petits pains doivent être arrondis[1] !

Sandwichs à l'aneth et au concombre

Pour 12 pièces :

♛ 1 cuillère à café d'aneth frais haché,
♛ 2 cuillères à soupe de beurre mou,
♛ 1 moitié de concombre pelé et coupé en tranches très fines,
♛ 6 tranches fines de pain de mie de très bonne qualité,
♛ sel et poivre.

Préparer un beurre malaxé avec l'aneth.

Tartiner les tranches de pain avec le beurre à l'aneth.

Répartir le concombre sur trois tranches de pain.

---

1. L'auteur remercie Laurence Catinot-Crost pour l'adaptation française de ces recettes *made in* Windsor.

Saler et poivrer.

Recouvrir avec le pain restant.

Enlever au couteau la croûte du pain et découper chaque sandwich en quatre carrés ou triangles.

Seule exigence de Sa Majesté : que les sandwichs au concombre qui lui étaient destinés ne contiennent aucun pépin !

Scones

Pour réaliser 8 *scones* :

- 300 g de farine,
- 1 cuillère à café de levure,
- 50 g de sucre,
- 1 œuf,
- 75 g de beurre coupé en petits dés,
- 100 ml de lait.

Préchauffer le four à 220 °C (th. 7).

Graisser la plaque à gâteaux.

Mélanger la farine et la levure dans un saladier, ajouter le beurre en l'incorporant avec les doigts afin d'obtenir une pâte à crumble, puis ajouter le sucre.

Casser l'œuf entier dans un verre mesureur, le battre en y ajoutant le lait pour obtenir 150 ml de liquide.

Verser la préparation au centre du mélange farine + sucre puis mélanger.

Étaler la pâte obtenue en un rectangle de 1 cm d'épaisseur et de 15 × 25 cm.

Découper la pâte en huit parts.

Disposer les *scones* sur la plaque du four, passer au pinceau un peu de lait sur le dessus puis enfourner durant quinze à vingt minutes.

Attention au crime de lèse-majesté : il n'est pas question d'ouvrir son *scone* au couteau pour le tartiner de crème ou de marmelade ! En présence de la souveraine, comme dans les salons de thé les plus chics d'Angleterre, on détachait un petit morceau de *scone* que l'on posait sur son assiette et que l'on enduisait alors de la garniture de son choix. Afin de procéder comme il se doit, déposer d'abord de la confiture sur le *scone*, avant d'y placer une cuillère de crème. Et non l'inverse. Les *scones* se dégustent tièdes. Beurrés et recouverts de *lemon curd*, un délice suprême ! Surtout, ne trempez pas le morceau de *scone* dans votre tasse, vous risqueriez d'être poursuivi par Scotland Yard !

Chocolate biscuit cake

Pour réaliser ce divin gâteau royal, prévoir :

♛ un cercle à gâteau en métal de 15 cm de diamètre,
♛ du papier sulfurisé,
♛ du beurre doux,
♛ 250 g de biscuits Rich Tea (*digestive biscuits*),
♛ 115 g de sucre,
♛ 250 g de chocolat noir (minimum 50 % de cacao),
♛ 125 g de crème liquide,
♛ du brandy.

Graisser le cercle avec du beurre.

Tapisser les côtés et le fond avec du papier sulfurisé.

Casser grossièrement en morceaux les biscuits Rich Tea.

Dans un bol, mélanger 115 g de beurre ramolli et 115 g de sucre jusqu'à obtenir une consistance mousseuse.

Faire fondre 115 g de chocolat dans une casserole au bain-marie, le verser sur le mélange beurre-sucre. Bien mélanger.

Ajouter deux cuillères à soupe de brandy, les morceaux de biscuits cassés, et mélanger de nouveau. Verser l'ensemble dans le cercle.

Placer le gâteau au réfrigérateur trente minutes.

Préparer la ganache.

Placer 125 g de chocolat haché dans un bol.

Porter 125 g de crème liquide à ébullition dans une casserole, puis verser sur le chocolat et mélanger.

Répartir la préparation sur le gâteau de manière à l'enrober complètement.

Laisser reposer pour que le glaçage durcisse avant de servir.

Le chef Darren McGrady, qui officia durant onze ans dans les cuisines d'Elizabeth II, assurait que le gâteau préféré de la reine, qui est également celui du prince William, était le *chocolate biscuit cake.* Lilibet en savourait une part tous les jours. Dans un entretien au *Daily Telegraph,* Darren McGrady précisa : « Parfois, par volonté de garder la ligne, elle ne mangeait pas beaucoup. Sa Majesté est très disciplinée, donc généralement elle ne prenait qu'une bouchée de gâteau avant de le renvoyer en cuisine. Si c'était un gâteau qui ne se gardait pas longtemps, il était servi au personnel, à l'heure du thé. Il y avait toutefois un dessert qui échappait à ce traitement parcimonieux et qui était mangé jusqu'à la dernière miette, le *chocolate biscuit cake.* »

En 2017, plus loquace encore, l'ancien chef des cuisines de Buckingham révélait que la reine avait imaginé tout spécialement une *travel box* métallique pour pouvoir transporter, de château en château, tout *chocolate biscuit cake* entamé, mais pas terminé, en toute sécurité !

Je ne résiste pas à l'envie de vous livrer une dernière *tea time story* : généralement, lorsque le plateau de Sa Majesté était avancé, il était accompagné de biscuits destinés à ses corgis. Selon l'usage, les hôtes de la souveraine, tout comme ses quatre chiens (qui étaient les mieux éduqués du royaume), devaient attendre qu'elle commence à manger avant de pouvoir se servir. L'un de ses invités l'apprit à ses dépens ! Lors du *high tea*, un jour, Elizabeth II reçut un groupe d'ecclésiastiques. Sur un plateau, un valet apporta une assiette contenant de petits gâteaux secs. Sans doute troublé par ce moment privilégié avec sa souveraine, sans attendre le signal de sa chef suprême, un homme d'Église fit péché de gourmandise et piocha dans les biscuits. Elizabeth II le laissa mâcher sa bouchée avant de lui annoncer, sur un ton quelque peu espiègle, qu'il était en train d'avaler une gourmandise pour ses chiens. La messe était dite. *Dog Save the Queen !*

I love her portraits
Une reine en boîte

— M. Deckers, c'est gentil de faire le siège de mon assistante depuis des semaines, mais, comme Hannah vous l'a déjà mentionné (à de nombreuses reprises je crois), je ne tiens pas à parler de ce portrait que j'ai réalisé de la reine. Il est devenu un peu trop célèbre. Il occulte tout le reste de mon travail d'artiste. Je ne veux pas qu'on me réduise à un seul cliché, aussi original soit-il !

Un instant, la voix de Chris Levine resta en suspens.

— Vous aimez beaucoup mon style ! C'est très gentil ! Mes happenings aussi ?

— ...

— Vous pensez « très sincèrement » que j'ai réussi un coup de maître. Qu'il restera pour toujours ! Que je suis un mélange de Cecil Beaton et d'Andy Warhol ! Que... j'ai la classe du premier et la créativité du second ! Merci, merci, mais...

— ...

— Vous consacrez un chapitre de votre livre aux portraits de la reine et vous avez choisi de mettre le mien en avant ? Merci. Vous avez raison, ce cliché de la reine les yeux fermés est unique.

— ...

— Vous savez, je suis canadien. En 2004, j'avais quarante-quatre ans quand l'île de Jersey, qui célébrait ses huit cents ans d'allégeance à la Couronne britannique, m'a demandé de marquer l'événement par un nouveau portrait d'Elizabeth II. Évidemment, je n'ai pas hésité une seconde, mais j'ai annoncé, d'emblée, que mon intention n'était pas de faire un énième portrait classique de la souveraine. Je voulais, au contraire, en donner une image moderne. Après maintes et maintes recherches, j'ai donc opté pour un hologramme.

— ...

— Vous connaissez déjà tous ces détails ! Vous vous êtes abondamment documenté ! C'est très bien, bravo. J'avais pourtant dit que je ne parlerais plus jamais de ce portrait...

— ...

— Vos informations sont exactes, en effet : j'ai fait installer sur un rail une caméra scanner 3D qui prend deux cents images en huit secondes. La séance de pose a duré quatre-vingt-dix minutes dans le fameux Salon jaune de Buckingham Palace, la pièce où se font la plupart des portraits d'Elizabeth II.

— ...

— Je n'ai rien imposé du tout ! La reine a choisi elle-même de se vêtir de blanc et de se coiffer de la couronne en perles et diamants qu'elle ne porte que pour l'ouverture du Parlement, m'a-t-on dit. J'ai été frappé par sa sérénité. Elle avait à l'époque...

— ...

— Oui, c'est cela, elle avait soixante-dix-huit ans.

— ...

— Du fait de la technique de l'hologramme, elle a dû rester immobile pendant huit secondes. J'ai enregistré beaucoup de séquences entre lesquelles Sa Majesté fermait les yeux pour se reposer. J'ai été frappé par cette sérénité que j'ai évoquée. Je n'ai évidemment édité que les meilleures photos et les lui ai soumises. Cet instant un peu en suspens est devenu une icône qui a fait le tour du monde.

— ...

— Dans le Salon jaune, je me souviens d'une ambiance très feutrée, très paisible. Le soleil illuminait la statue ailée du Mémorial de Victoria. Par la fenêtre, elle regardait quelques personnes en train de se faire photographier devant les grilles du palais. À travers les hautes portes, son habilleuse passait régulièrement une tête pour vérifier que tout était OK pour moi. Un valet nous approvisionnait en tasses de thé, du Darjeeling, si je me souviens bien. Il y avait aussi de petits biscuits secs.

— ...

— J'ai peur de ne pas bien saisir votre demande, M. Deckers. Vous aimeriez obtenir un exemplaire de ma photo ?

— ...
— Un exemplaire dédicacé ?
— ...
— Au revoir, M. Deckers. Et bonne chance pour votre livre !

Chris Levine raccrocha et, dans la foulée, demanda à Hannah, sa secrétaire, de blacklister mon numéro. Dans l'excitation de mes recherches, je n'avais pas vu que l'un de ses tout derniers tirages – édité pour le Jubilé de platine – était parti à 187 500 livres, soit 219 066 euros ! Je fus un peu gêné, mais, après tout, sur un coup de cœur, un coup de chance, un malentendu, il aurait pu accepter. Les yeux fermés[1] !

Une fois n'est pas coutume, commençons par un peu d'Histoire : durant de longues années, on conçut les portraits officiels dans un style très conventionnel où devaient impérativement figurer les symboles du pouvoir royal : couronne, sceptre, manteau de cour… Peu à peu, l'art du portrait va s'écarter de la tradition et offrir des résultats parfois très lèse-majesté. En soixante-dix ans de règne, Elizabeth II a ainsi pris la pose (officiellement du moins) à plus de cent trente reprises. Et, depuis 1952, elle avait pris l'habitude de s'asseoir plusieurs heures par mois (ça fait partie du job !) devant des peintres mandatés par de hautes instances, municipalités ou intendants militaires.

En général, durant son règne, l'heureux photographe chargé du portrait bénéficie d'une séance qui dure entre vingt minutes et une heure. Tout ceci a été âprement négocié au préalable. Un peintre, lui, dispose de davantage de temps et se voit

1. La scène que je décris est fictive, hélas, mais les propos de Chris Levine reproduits ici sont issus d'une interview donnée par l'artiste au mensuel *Wallpaper*, en mai 2022. Hannah est bien l'assistante-secrétaire de l'artiste. À noter que Levine est très généreux avec ses tirages. Il en a notamment offert plusieurs pour des ventes aux enchères organisées par la Fondation Elton John qui lutte contre le sida.

généralement proposer plusieurs séances de quatre-vingt-dix minutes. L'iconoclaste Lucian Freud avait demandé soixante-douze rendez-vous avec la reine, il en obtint finalement nettement moins ! Elizabeth II l'avait d'ailleurs prévenu avec diplomatie : « Je vous interdis de mentionner le nombre de séances exact que vous avez obtenu, car les autres n'en obtiennent que deux ou trois ! » Sous-entendu : Je n'ai pas que ça à faire !

La majorité de ces « rencontres artistiques » se tenaient lorsque Sa Majesté séjournait à Londres et avaient pour cadre (vous l'avez vu) le Salon jaune de Buckingham. En regardant la façade est du palais, on observe que la pièce se trouve dans le coin gauche, au premier étage. Pourquoi le choix de ce Salon jaune ? Parce que ses hautes fenêtres à guillotine offrent une excellente lumière naturelle. À Lilibet, elles procuraient surtout une sublime lucarne pour observer les allées et venues des touristes en contrebas. Très souvent, elle prenait l'artiste (qu'elle connaissait à peine, voire pas du tout) à témoin et lui commentait ce qu'elle voyait. On imagine que ça a dû en troubler plus d'un ! Pauvre Lilibet ! Il faut admettre que ces séances étaient parfois si longues et si ennuyeuses ! Si elle n'aimait pas particulièrement prendre la pose (on la comprend), en revanche, elle appréciait beaucoup l'occasion qui lui était donnée de pouvoir observer… sans être vue ! En temps normal, elle était la personne que tout le monde regardait. C'était amusant de changer les règles d'un jeu ! Mais l'Alice au Pays des merveilles de Buckingham se méfiait des miroirs qui réfléchissaient.

La première à s'en rendre compte est Dame Laura Knight, qui l'a immortalisée en peinture alors qu'elle n'était encore que princesse héritière : « Cette vue depuis la fenêtre l'a enchantée », déclarera l'artiste questionnée sur la séance de pose. Et d'ajouter : « Elle m'a confié qu'elle aime regarder les foules qui se rassemblent alors qu'elle est elle-même hors de tout champ de vision. »

Fin 1954, l'artiste australien William Dargi décroche sept sessions dans le Salon jaune. Il trouve la reine bavarde et s'émerveille de « sa posture si droite », mais note qu'elle a « une bouche difficile à peindre ». Cette année 1954 marque surtout l'entrée en scène du peintre italien Pietro Annigoni. Son tableau va être mythique. Un portrait de trois quarts saisissant d'Elizabeth II, tête nue, vêtue de l'immense robe bleu foncé de l'ordre de la Jarretière. D'octobre 1954 à février 1955, elle accepte de prendre la pose à seize reprises. Pour Annigoni, la reine est devenue une muse, elle l'inspire. Il lui explique sans détour son idée : « Je vois Votre Majesté condamnée à la solitude en raison de sa position. En tant qu'épouse et mère, vous êtes différente, mais en tant que souveraine, je perçois votre isolement. C'est ainsi que je veux vous représenter. Je dois faire émerger à la fois la femme, la reine et la solitude. » Vaste programme ! Alors que l'artiste est plongé dans son art, au cours d'une séance, cette reine qui l'inspire tant remarque qu'à l'extérieur (là où le spectacle est beaucoup plus palpitant) deux voitures viennent d'entrer en collision. Une file se forme, dans laquelle figurent plusieurs taxis. « Vous vous imaginez ! Toutes ces paperasses. Toutes ces discussions. Et, en attendant, dans les taxis, les compteurs, eux, continuent de tourner. Pauvres clients quand ils vont devoir payer la facture ! »

En 1974, face à l'artiste Norman Hepple, la reine confie une autre histoire plutôt détonante : « Un jour, en sortant, la voiture s'est arrêtée juste devant le portail. Une vieille dame m'a observée avec insistance en disant (Lilibet se mit soudain à imiter une voix rocailleuse) : "Eh bien, elle ne ressemble pas vraiment à ses photos !" »

Durant les séances de pose, les personnes qui s'arrêtent pour regarder à travers les grilles du palais et tenter de percevoir quelque chose représentent, pour elle, une source inépuisable de fascination. En 1973, lorsque Michael Noakes lui demande de se tenir debout sur une estrade, au cœur du Salon jaune, elle devient soudain visible pour le commun des mortels. À l'extérieur, les touristes commencent à s'agglutiner face aux grilles du palais. L'artiste révélera : « Elle faisait des commentaires très amusants sur les réactions des gens qui l'apercevaient. En réalité, la foule était perdue. Certains levaient les mains au ciel avec stupéfaction, persuadés d'avoir surpris la reine chez elle, d'autres se montraient beaucoup plus dubitatifs, refusaient d'y croire. »

Lorsqu'une séance se tenait en hiver, les lumières étaient allumées, la rendant plus visible encore. Mais pas sûr que ça la gêne vraiment ! Quand un couple s'arrête et lève les yeux du trottoir en contrebas, elle s'amuse à imiter la conversation qu'ils sont probablement en train de tenir. À l'artiste face à elle, elle raconte : « Un Américain vient de s'arrêter. Il nous a vus. Il est sans doute en train de dire à sa femme : "Regarde, ce n'est pas possible !" » Ce bavardage incessant de la reine a peut-être un effet positif sur les artistes stressés. Mais sur les autres ? Lorsqu'elle pose pour Lucian Freud, monstre sacré de la peinture, elle comprend vite qu'il vaut mieux rester aussi silencieuse que possible, « parce que, quand il parle, il arrête de peindre ! ». Je vous avoue que, le temps de quelques poses, j'aurais adoré me glisser dans la peau de l'assistant de ce Freud. Il aurait pu œuvrer à sa guise, colorer, peaufiner, modifier, affiner… c'est à moi qu'elle aurait parlé. Elle n'aurait parlé qu'à moi. Chose plus rare encore, peut-être aurais-je aussi réussi à lui parler. Car, au fond, cette héroïne qui est la mienne, que savait-elle de moi ? Que savait-elle de ce métier que j'exerce grâce à elle, pour elle ? Que savait-elle de mes peines, de mes joies ? Je vois très bien la scène. Je ne regarde qu'elle. Elle regarde par la fenêtre. Et tandis que Freud peint, je lui parle. Et elle m'écoute : « Vous ne me connaissez pas, Votre Majesté, moi, je vous connais par cœur… »

Entre deux séances de travail, l'Italien Annigoni (vous savez, celui qui réalisa le portrait de la femme, la reine et la solitude) accorda quelques interviews à la presse. Au cours de l'une d'elles, un journaliste lui demanda si, pendant qu'il travaillait, Sa Majesté parlait. Il répondit avec une franchise désarmante : « Oui, peut-être même trop. » L'information ne tomba pas dans l'oreille d'une sourde, car les quatre dernières séances se déroulèrent dans un silence pesant. Le salon des confessions s'était transformé en église !

Lorsqu'il revint quinze ans plus tard pour réaliser un second portrait, Lilibet était redevenue incroyablement volubile. Dans ses mémoires, il remarque : « À chaque séance, la reine me parlait de la manière la plus naturelle qui soit, et sa franchise désarmante ne manquait jamais de me surprendre et de me fasciner, même dans les moments où, pour les besoins du portrait, il aurait mieux valu qu'elle se taise. » Arrivé aux dernières séances, il « aspirai[t] au silence, mais la reine voulait parler et, à la fin, je me suis laissé aller à la conversation ».

Ce discours animé conduisait à un autre problème : la bougeotte royale. John Wonnacott, qui a immortalisé les Windsor en 2000, a fait remarquer : « Tous les artistes vous diront que Sa Majesté ne reste pas assise », ce qui entraînait inévitablement un dilemme protocolaire : « Vous ne pouvez vraiment pas dire : "Madame, pourriez-vous rester assise, s'il vous plaît ?" »

Les millions de clichés de la reine n'ont guère diminué l'importance du photographe de la cour. Le plus grand portraitiste du règne d'Elizabeth II reste évidemment Cecil Beaton. Photographe, écrivain, décorateur, Beaton demeure une personnalité majeure en Grande-Bretagne. Il immortalise la famille royale britannique de 1930 à 1979. Ce grand romantique, profondément royaliste dans le cœur, dans le corps, dans l'âme vaporise mystère et glamour autour de la monarchie, l'idéalise, lui insuffle faste et mysticisme. La reine n'a pas hésité à reconnaître officiellement son talent. Pour moi, il reste surtout, restera à tout jamais, le photographe du couronnement. J'applaudis ces clichés. Je vous avoue même que je les collectionne ! Ceux pris au retour de la cérémonie à Westminster, dans les salons, les couloirs, les escaliers de Buckingham véhiculèrent à travers le monde l'image d'une jeune femme belle, fragile, très ordinaire en somme, dans le costume trop lourd, dans les atours trop somptueux d'une monarchie un peu trop grandiose.

Dans les années 1960, l'image de la monarchie a subi un changement radical. De façon parfois abrupte, Elizabeth II n'a cessé de découvrir le décalage spectaculaire qui s'était glissé entre elle et sa nation. Peu à peu, la famille royale s'est donc efforcée d'abandonner une certaine pompe officielle pour donner d'elle-même une image moins compassée. Cette évolution se retrouve dans les photographies plus intimistes que Beaton réalise alors de la reine et de ses jeunes enfants. Les successeurs de sir Cecil vont se nommer Snowdon (qui épousera Margaret), Lichfield et Norman Parkinson. Lord Snowdon est peut-être celui qui se rapproche le plus de Beaton. De Karsh à Annie Leibovitz, la femme la plus photographiée du monde a connu les artistes les plus renommés, les plus adulés. Leur mission était toujours la même : tenter de percer un mystère, mettre en lumière un visage moins connu. Mais ma Lilibet ne se laissait pas si facilement mettre en boîte. Certains sont parvenus à saisir la femme, d'autres, à saisir la reine. À mon sens, personne encore – sauf, peut-être, Levine, que j'ai souhaité mettre en lumière en début de ce chapitre – n'a réussi la délicate combinaison des deux. Une alliance subtile, sensible, un mélange, comme une fusion. Personne n'a véritablement réussi, parce que Lilibet n'a pas décidé de se donner. Parce que régner est un exercice qui se fait loin de tout regard. Parce qu'elle se cachait. Comme le font les oiseaux à l'heure de mourir. J'ai tout de même adressé un exemplaire de mon livre à Chris Levine. Un exemplaire dédicacé. Sait-on jamais !

LES *I LOVE*
QUI ME RENDENT *SORRY*

Wallis et Edward
Les brûlés de Buckingham…

31 mai 1972. L'arrivée du VC10 de la Royal Air Force *en provenance du Bourget à la base aérienne de Benson a été un peu secouée, ce mercredi. L'Histoire a souvent été faite de vents contraires à notre égard. Sur le tarmac, la dépouille mortelle de David*[1]*, mon époux, le duc de Windsor, n'a eu droit qu'au salut du duc et de la duchesse de Kent. Je ne m'attendais pas non plus à un accueil avec tambours et trompettes.*

Je suis arrivée le surlendemain. Lord Mountbatten a jugé utile de faire le déplacement, m'accompagnant à Buckingham Palace. J'en comprendrais vite le vrai motif.

Je séjourne dans une confortable suite du palais jusqu'aux funérailles du lundi 5 juin, qui auront lieu à Windsor. Trois nuits ici m'apparaissent comme le maximum que je puisse supporter. Après tant d'années d'exil et d'humiliation, tant d'espoirs déçus, tant d'attentes douchées, je n'ai plus guère d'illusions sur la froideur de cette famille envers nous.

Certes, le prince Charles m'a donné du « tante Wallis » par-ci, « tante Wallis » par-là, mais mon déjeuner avec son oncle Dickie et sa mère a tellement manqué de bienveillance. Mountbatten s'est montré soucieux. Il veut savoir ce que mes trésors vont devenir après ma mort. Il espère évidemment récupérer quelques bijoux de famille. J'ai botté en

1. Edward Albert Christian George Andrew Patrick David, qui deviendra l'éphémère roi Edward VIII, sera toujours, dans l'intimité, appelé « David », dernier de ses prénoms de baptême.

touche et n'ai pu m'empêcher d'être un rien cinglante : « Ne vous inquiétez pas. Je ne vais pas revenir ici. »

La reine a été plus subtile. Elle s'est contentée de me demander poliment de quand datait ma première venue au palais. Elle n'avait que cinq ans. Elle était encore une gamine. J'ai répondu prudemment que rien n'avait changé. Et c'est vrai ! Le décor en tout cas. Durant le déjeuner auquel j'ai à peine touché, du coin de l'œil, je l'ai observée, cette reine. Elle est ma nièce par alliance. On dit qu'elle n'aime pas sa vie. Pas vraiment ! Une vie de devoir et de sacrifices. C'est ma faute, j'en conviens.

Rien ne me prédestinait à croiser le chemin d'un prince, un futur roi d'Angleterre. Rien, sinon un coup de foudre. David était le célibataire le plus couru de la Terre, l'héritier de la plus illustre des dynasties. L'un de ses oncles était tsar de Russie, un autre régnait sur la Belgique, son grand-père était le roi du Danemark. Nous sommes tombés amoureux au premier coup d'œil. C'était en janvier 1931. Il quitta sa maîtresse, la richissime Thelma Furness, sœur jumelle de Gloria Vanderbilt. J'ai divorcé de mon deuxième mari. J'étais au Pays des merveilles, je l'avoue. Mais notre idylle est devenue affaire d'État. Le 10 décembre 1936, David renonçait à la couronne. J'entends encore ses mots : « parce qu'il m'est impossible de régner sans l'aide et le soutien de la femme que j'aime ». Elizabeth devait avoir… quel âge précisément ? Dix ans, je crois. En cet hiver 1936, elle avait dix ans en effet. Et elle rentrait dans l'Histoire. Un jour, après son père (propulsé roi en un paraphe), c'est elle qui allait ceindre la lourde couronne. Je comprends parfois qu'elle me déteste. C'est peut-être la seule chose de vraiment humain qu'elle porte en elle. En cet hiver 1936, moi, je venais d'obtenir la plus belle des déclarations d'amour. La plus émouvante. Et je devenais la femme la plus haïe du monde[1].

1. Cette lettre, à nouveau, est une œuvre de fiction, mais aux détails en tous points véridiques.

Si Wallis Simpson n'avait pas existé, le destin de la reine aurait été bien différent, on vient de le voir.

Le 20 janvier 1936, David, le prince charmant de tout un royaume, succède à son père, le roi George V. Dans le sillage du nouveau souverain – qui choisit de régner sous le nom d'Edward VIII –, depuis plusieurs années déjà, une femme a commencé à bouleverser sa vie.

Wallis Simpson est une Américaine intelligente et pleine d'esprit. Sa première rencontre avec celui qui est encore prince de Galles remonte à 1931, à Melton Mowbray, dans le Leicestershire, où Son Altesse Royale a l'habitude de chasser le renard. D'emblée, elle est séduite par sa minceur, un côté nonchalant savamment étudié, une expression mélancolique, indéfinissable. De son côté, tout de suite, le prince est loin d'être insensible à cette Américaine qui ose tout, paraît n'avoir peur de rien. Mrs Simpson l'amuse, sa façon directe de lui parler le fascine. Ils se recroisent lors d'un bal à la cour.

— Je serais ravi de venir un jour chez vous, Mrs Simpson. Tout le monde me dit que votre intérieur est charmant. J'y puiserai peut-être des idées pour embellir le fort.

Le fort dont parle le jeune homme, c'est Belvédère, la résidence particulière du prince de Galles depuis 1930. Wallis va y être conviée de plus en plus souvent.

À sa manière, David est un « jeune premier » dont les vedettes masculines de cinéma pourraient être jalouses. La coupe de ses vestons, le nœud de ses cravates, la couleur de ses chemises, de ses pull-overs font et défont les modes. Sa présence à Biarritz, au Touquet ou à Cannes provoque l'affluence des reporters et galvanise la presse étrangère.

« Wallis, écrit Edward, avait le sens inné des problèmes et des idées que rencontre la société. Elle était au courant de tout et lisait les journaux anglais les plus sérieux. Sa conversation était vive et amusante. »

Le duc et la duchesse d'York, les parents de notre héroïne, ne partagent guère cet enthousiasme et voient d'un mauvais œil l'omniprésence de cette *Yankee girl* dans l'entourage royal. D'ailleurs, depuis son accession au trône, le roi a des rapports tendus avec son frère et sa belle-sœur. Le prince Albert est désormais héritier présomptif, et sa fille aînée, la princesse Elizabeth, se trouve numéro deux dans l'ordre de succession.

Dotée d'un bon sens typiquement écossais, de façon instinctive, Elizabeth d'York – deuxième dame du royaume – n'aime pas Wallis. Elle méprise cette femme, cette « Américaine ». Elle n'apprécie pas – et le mot est faible ! – de la voir s'afficher si ouvertement comme maîtresse en titre. Deux soirs de suite, alors qu'Edward et Wallis dînent en leur présence, la duchesse reste « de bout en bout froide et distante ». À la fin de l'été, le roi et Mrs Simpson partent en croisière et sillonnent la Méditerranée. Si, pour l'instant, l'idylle était encore assez discrète, la *love story* du jeune souverain et de sa bergère s'imprime maintenant dans les journaux du monde entier.

Dès leur retour en Angleterre, les événements se précipitent. La presse américaine, qui a eu vent de son récent divorce, se dit persuadée que Wallis épousera bientôt le roi. Certains avancent l'hypothèse d'un mariage morganatique. Immédiatement, Stanley Baldwin, Premier ministre, monte au créneau. Haut et fort, il clame que « l'élue de Sa Majesté ne sera jamais acceptée par ses sujets, qu'ils soient catholiques ou protestants ». Pas besoin d'être grand clerc, en effet, pour s'apercevoir que Wallis est loin de posséder le profil d'une reine. Américaine et roturière, passe encore. Deux mariages et deux divorces, c'est déjà plus fâcheux !

Le 3 décembre, la presse révèle les projets matrimoniaux d'Edward VIII. La Bourse s'effondre. C'est ensuite au tour du clergé de manifester ouvertement sa désapprobation. « Mariage interdit ! » « Miss Bessie Wallis Warfield est divorcée et non veuve ! » De plus, en tant que roi, Edward VIII est également le chef de l'Église anglicane, une religion qui interdit le remariage. La situation n'est plus complexe, elle devient impossible.

Vous connaissez la suite. Le 10 décembre, il appose sa signature sur sept exemplaires de la déclaration d'abdication et, le lendemain, prend la parole, en direct, sur les ondes de la BBC. Adieu couronne, palais royal et châteaux à tourelles. Edward laisse la vieille Angleterre à ses principes, les pauvres à leur sort. Il n'est plus roi, il est désormais duc de Windsor. L'exil va être éternel.

Dans la villa de Cannes où elle a trouvé refuge, la tête entre les mains, Wallis a écouté le discours d'Edward. Ses larmes ont coulé comme de l'eau. Cet homme qui l'aime vient de déposer à ses pieds plus de mille ans d'histoire. Pauvre Wallis !

Du côté de Buckingham, la rancœur est gravée dans le marbre, à tout jamais. Pourtant, le prestige de la Couronne va sortir grandi de cette crise constitutionnelle. Après un séjour de six mois en Autriche, où il a trouvé refuge chez le baron Rothschild, dans la matinée du 3 juin 1937, le duc de Windsor épouse son Américaine. Les noces se tiennent en France, au château de Candé. Seuls seize invités entourent le marié, en jaquette noire, et l'heureuse épousée, en robe de satin bleu pâle, une création griffée Mainbocher. Bien entendu, la famille royale a refusé d'assister au mariage. Pas même un télégramme de félicitations ! Pire encore, sous cape, le palais a fait savoir qu'il tiendrait rigueur à tous ceux qui, de près ou de loin, manifesteraient leur enthousiasme.

Les années qui suivent (toutes les années) vont être une vie d'errance, de palaces, de villégiatures dorées. Ils promènent à travers le monde l'image d'un coup de foudre plus fort que la tradition. Dans les fêtes les plus brillantes, ils restent le point de mire de l'actualité, mais, en catimini, on ne se prive pas d'évoquer certains traits désagréables de leur personnalité.

En perpétuelle représentation, mieux que personne, la duchesse de Windsor sait allier sophistication et sobriété. Retourner en Grande-Bretagne ? L'idée effleure souvent le couple. Mais Elizabeth II, une fois reine, se montrera intransigeante, suivant en cela l'exemple de sa propre mère. Un faible espoir subsiste : en 1951, le duc de Windsor se rend au chevet de George VI gravement atteint. Il était censé ne plus jamais revoir son frère.

En fait, les obsèques du monarque vont permettre au duc de revoir sa mère, l'intraitable reine Mary. C'est leur première rencontre depuis quinze ans. Mais cette reprise des contacts et l'avènement d'une nouvelle génération royale ne changent rien au fond du problème : quelle place et quel rang protocolaire pourraient être faits à la duchesse de Windsor ?

Il faut attendre le 15 mars 1965 pour, enfin, voir la reine Elizabeth prendre une initiative interprétée comme un signe de réconciliation. Tandis que son oncle vient de subir trois opérations successives à la suite d'un décollement de la rétine, la souveraine se rend à son chevet. C'est sa première entrevue avec la duchesse.

Cependant, pour Wallis, une visite ne peut constituer la réhabilitation totale que lui aurait apportée le prédicat d'altesse royale, et qui lui a été refusée près de trente ans plus tôt. Une deuxième rencontre avec le clan couronné se tient en juin 1967. Cette fois, le duc et la duchesse prennent part à une cérémonie officielle pour l'inauguration d'une plaque en la mémoire de la reine Mary. La réconciliation entre les Windsor et Buckingham Palace prend des allures publiques, mais rien ne change concernant les titres de l'épouse de l'ancien roi. La reine mère, cette main de fer dans un gant de velours, y veille, avec rancœur !

Le 19 mai 1972, lorsque Elizabeth II rend visite à son oncle, dans l'immense villa du bois de Boulogne, où il va s'éteindre dix jours plus tard, aucun mot précis n'est prononcé par la souveraine concernant Wallis, geste que le duc espère encore avant de mourir.

Elle trouve son oncle dans un salon du premier étage. Trop faible, le visage émacié, très amaigri, il n'a pu descendre au rez-de-chaussée. Vêtue d'un strict tailleur noir, c'est Wallis qui a accueilli la reine. Dans un service de vermeil, on verse du thé de Chine. Que se dit-il exactement sous les stucs d'or et les rideaux de brocart de l'hôtel particulier ? À un moment, y a-t-il eu un geste, un mot tendre ? Ma Lilibet a-t-elle laissé le vernis se craqueler ? Secret de cour ! En tout cas, lorsque Wallis raccompagne la souveraine à sa voiture, son visage a rarement paru aussi grave.

Le film va bientôt se terminer, sans *happy end*. Si l'on devait décider d'un arrêt sur image, on garderait cet ultime face-à-face d'un vieux roi exilé et d'une reine en service minimum. Dans la longue lignée des rois d'Angleterre, la passion amoureuse a bien souvent provoqué drames et scandales. Edward, duc de Windsor, qui proclama que l'amour était son droit, et la vertueuse et intransigeante Elizabeth sont de ceux qui n'ont rien concédé d'eux-mêmes. L'exilé du bois de Boulogne et la reine d'Angleterre sont bâtis du même bois. Ce qui les unit les sépare aussi.

Le duc de Windsor s'éteint le dimanche 28 mai, aux toutes premières heures de l'aube. Âgé de soixante-dix-sept ans, il souffrait depuis un moment d'une grave maladie de la gorge qui l'empêchait de s'alimenter. Wallis a tout juste eu le temps de l'embrasser une dernière fois. Anéantie, épuisée, elle est incapable de la moindre réaction. Déjà, le protocole reprend ses droits. La dépouille mortelle de l'ancien roi est transportée en Angleterre le mercredi 31 mai. Le cercueil est exposé les vendredi et samedi en la chapelle Saint-Georges de Windsor. Les funérailles suivies de l'inhumation dans le mausolée de Frogmore, à huit cents mètres du château, se tiennent le lundi 5 juin, en privé. Durant trois nuits, la duchesse de Windsor, qui accompagne la dépouille de son mari, réside, on l'a vu, à Buckingham Palace. Rien n'a changé, surtout pas la froideur ! Pour ce dernier adieu, Hubert de Givenchy, pas le couturier, l'ami, a dessiné, en vingt-quatre heures, une tenue de deuil des plus élégantes. Ultime touche de frivolité dans la tragédie.

Les obsèques du roi devenu duc se déroulent en présence de presque toute la famille royale. Le cercueil, déposé la veille au Mémorial du prince Albert, est porté par une escorte du premier bataillon des Gardes gallois. Wallis ferme les yeux. Comme pour mieux affronter le choc, la gifle qui lui est imposée. Cet hommage est tellement hypocrite, lui est tellement insupportable, qu'elle a été placée sous sédatifs !

À son retour en France, le silence de la villa Windsor semble hurler. L'absence du duc est partout. Son ombre plane, permanente. La santé de Wallis se fragilise. Elle perd la mémoire, mais s'accroche. Elle est encore suffisamment lucide pour décider qu'après sa mort, ses plus belles parures, ses joyaux de légende, reviendront à l'Institut Pasteur. Une façon élégante de remercier la France, qui l'a si bien accueillie. Et de faire un ultime pied de nez à la famille royale. Elle ne souffre plus vraiment, elle attend l'inéluctable.

Elle s'éteint le 24 avril 1986, un jeudi, à l'âge de quatre-vingt-six ans. Le cercueil de chêne est rapatrié en Angleterre dans un avion de la reine. Le duc de Gloucester accueille la dépouille de la duchesse sur la base militaire de Benson et l'accompagne jusqu'au château de Windsor. Le 29 avril, à 16 h 30, dans ce lieu, berceau et symbole de la pérennité monarchique, un tome de l'histoire d'Angleterre se ferme définitivement.

Wallis a les funérailles qu'elle souhaitait : un service religieux de vingt-huit minutes, simple et dénué de pompe, qui la conduit jusqu'à Frogmore rejoindre Edward, pour l'éternité. En tenue de deuil, les Windsor sont là, respectant plus qu'à la lettre ses vœux de discrétion. Le sermon ne fait jamais allusion à leur histoire. Un seul hymne est chanté par les chœurs : « Tu l'établiras dans la paix parfaite. » Une seule couronne de lys a été déposée sur le cercueil de bois clair. Ils sont blancs et orangés. C'est un don de la reine. Étrangement, en haut des marches de la chapelle, la chef de l'Église apparaît le regard humide. Elle est émue. Se sent-elle coupable ? Touchée ? A-t-elle des regrets ? A-t-elle déjà songé que, si la vie avait été autre, si, en 1947, elle n'avait pas pu épouser Philip, elle aussi aurait eu à faire un choix ? Et, qui sait, ma Lilibet aurait peut-être – car je l'en sais capable – fait celui de partir, elle aussi, sur les chemins de l'exil. Le choix d'aimer. Quitte à en perdre un empire !

Margaret
L'âme sœur

15 février 2002. Chapelle Saint-Georges du château de Windsor. Ce matin, à quelques jours du début des festivités qui vont marquer ses cinquante ans de règne, Elizabeth II enterre sa sœur, la princesse Margaret. En ces minutes graves, ces minutes noires, malgré les voûtes millénaires, les petits chanteurs de la chapelle, les couronnes de roses et le recueillement d'un royaume tout entier, il serait plus vrai de dire que c'est Lilibet qui enterre Margot.

Comme l'exige la tradition, cette tradition qui, depuis toujours, a guidé les deux sœurs, le cercueil posé dans le chœur de l'édifice a été couvert de l'étendard royal. Et, sous cet étendard, mon héroïne a fait glisser une enveloppe scellée. Puisque, dans un livre, tout est permis, cette enveloppe qui reposait sur le bois froid, je l'ai décachetée[1].

Cette nuit, j'ai rêvé que je retournais au château de Glamis, la demeure de mes grands-parents maternels. J'étais debout, près de la grille, devant la grande allée... C'est drôle, je me prends pour Daphné du Maurier. Il y a cinquante ans, on disait qu'elle était l'une des maîtresses de Philip.

Mais, à mes yeux, Glamis Castle, c'est toi, Margaret. Tu y es née par une nuit d'orage, un 21 août 1930. Quelle idée de venir au monde dans la demeure où Shakespeare situe son macabre Macbeth *! Avant la guerre, j'y ai séjourné à plusieurs reprises. Et, aux heures bleutées de*

1. Virtuellement et fictivement, vous l'avez compris !

l'aube, il m'a bien semblé apercevoir le spectre de lady Jane qui périt sur le bûcher, hurlant son innocence jusqu'à vous glacer le sang.

Dans une poignée de jours, ce dernier message et toi ne serez plus que cendres. Ces quelques mots sont la trace de l'importance que tu as eue dans ma vie. Ce n'est pas un plaidoyer. Mais je veux que tu comprennes mon attitude. Que tu ne juges pas sans comprendre mes raisons. Pas toi !

Laisse-moi, je t'en prie, plaider non coupable. Tu as été l'artisane de ton propre malheur. Le commandant Townsend était un modèle d'officier et de gentleman, certes. J'avoue que j'étais sensible à ses qualités. Tu le connaissais depuis tes quatorze ans. Tu l'as ouvertement poursuivi et il est devenu ton chevalier servant. Presque à son corps défendant, d'ailleurs. Tu savais très bien qu'il était divorcé. Qu'il était roturier, aussi ! Tu savais très bien que je ne pouvais pas, que je ne pourrais jamais, tolérer un tel fait. Vous vous retrouviez en cachette près de Windsor, je le sais. Le personnel ne cessait de m'alerter. Tu crois que je m'en souviens avec plaisir ? Tu crois que je n'ai pas souffert, moi aussi ?

En tout cas, je ne voulais pas revivre le traumatisme de 1936 ! Plus jamais ça ! Je te rappelle que je n'étais couronnée que depuis quelques mois. J'avais une autorité à asseoir. Ce fut Philip le plus agacé, le plus vindicatif à ton égard. Il te qualifiait d'égoïste. Je ne lui ai pas donné tort. Évidemment, tu m'as attribué le mauvais rôle. Tu resteras, dans l'Histoire, une amoureuse sacrifiée. Et moi, un mur d'indifférence et de cruauté. De nous deux, les Windsor Sisters, *j'ai toujours été la cruelle, la méchante. Mais c'est injuste, Margaret. Jamais tu n'aurais renoncé à tes titres, à ton rang, à tes serviteurs, à ce style de vie, à ces privilèges qui sont les nôtres depuis l'enfance. Tu étais altesse royale. Et tu étais incapable de jouer à madame Tout-le-monde.*

Alors, quand, au seuil des années 1960, tu as voulu épouser ton photographe, j'ai dit oui. J'ai fermé les yeux, presque abdiqué, acceptant une union qui, d'emblée, m'a paru mal assortie. Je n'ai jamais cru à ton mariage avec Antony. Et je ne me suis pas trompée. Tout ce que j'avais prédit s'est révélé exact. Tu as fini par divorcer. J'ai été une tante attentive et très affectueuse pour tes enfants. J'aime beaucoup David et Sarah. Je regrette de n'être venue qu'une seule fois à l'île Moustique, alors que c'était ton paradis bien-aimé. Le seul endroit où tu étais vraiment toi.

Pardonne-moi, Margot. C'est une supplique. Pardonne-moi d'avoir été si peu présente ces derniers jours. J'aurais dû venir plus souvent. Juste prendre le thé dans ton so chic *appartement de Kensington. Juste te parler, évoquer notre complicité d'avant. T'inonder de ton* Miss Dior *auquel tu restais fidèle. Écouter le ressac de la mer dans les coquillages qui bordaient la baignoire de ta salle de bains. Comprendre que tu allais mal, si mal, que tu haïssais ta chaise roulante, que tu maudissais cette cécité qui te gagnait. J'aurais même pu te faire la lecture.*

Le 8 février, ton ultime AVC m'a semblé inquiétant, certes, mais je n'ai pas pu bousculer mon emploi du temps. Alors, oui, pardonne-moi. Pardonne-nous. Ce matin, je t'ai adressé des roses blanches. Je les ai fait livrer dans tes appartements, pour la dernière fois. Tu resteras mon bouton de rose à moi. Celle que je m'amusais à talquer après avoir assisté à ton bain, cette petite sœur aux yeux couleur océan qui me fascinait. Cette petite sœur que j'aime tendrement.

Lilibet.

Le 2 novembre 1955, à Leicester Square, lorsque la reine descend de voiture et remonte le tapis rouge pour se rendre à une soirée de gala, elle n'est saluée que par des acclamations mesurées, voire hésitantes. Dans la foule, des cris s'élèvent. Une question est sur toutes les lèvres : « Où est Margaret ? »

Aux yeux de tous, l'affaire Peter Townsend qui vient enfin de trouver un dénouement est un sacrifice à la raison d'État. Et il est remarquable que, dans un pays où, en général, les citoyens se targuent de ne pas être « sentimentaux », la fin brutale du roman d'amour d'une héroïne au sang bleu provoque un choc dans la conscience populaire. Ni la monarchie ni l'Église n'en sortiront tout à fait indemnes.

Personne ne met en doute la sincérité de la princesse lorsqu'elle proclame dans son message personnel qu'elle est arrivée « toute seule » à sa décision de ne pas épouser le commandant Peter Townsend. Mais tout le monde sait aussi que la sœur de la souveraine a été pour le moins poussée sur le chemin du renoncement. Par la plus redoutable des coalitions qui unit l'Église, l'État, la cour et le reste de la famille royale.

Si l'héroïne de ce drame sentimental a résolu de faire passer le devoir avant l'amour, sa déclaration ne laisse, en tout cas, pas de doute sur la gravité de son conflit intérieur. Par son appartenance à la famille royale, la trop belle Margot a souvent eu l'impression d'être la victime d'une fatalité. Cette malédiction se cristallise au moment où on lui interdit d'épouser Peter Townsend, « parce qu'il est divorcé ». Toute sa vie, Margaret se sentira jugée, presque immorale, un être contre lequel la vie va s'acharner.

Être la sœur de la reine d'Angleterre ne sera jamais un cadeau. Le rôle n'est pas idéal. En fait, dès l'enfance, Margaret est rêveuse, drôle, plutôt extravertie. Sa sœur Elizabeth ne revendique pas ces qualificatifs. À elle, le devoir, à sa sœur cadette, la frivolité.

Dès le couronnement de leur père, George VI, le 12 mai 1937, le contraste est saisissant. Dans la loge royale, les deux petites princesses : Elizabeth, dix ans – désormais future reine –, et sa sœur Margaret, six ans. Si l'aînée, très grave, suit les fastes de la cérémonie sans ciller et prend déjà toute la mesure du coup de théâtre qui vient de faire basculer sa vie, Margaret, elle, baye aux corneilles et ne comprend pas. Pas encore. Désormais, elle est condamnée à n'être plus que la « sœur de ». Une vie entière à marcher dans l'ombre.

Certes, durant l'enfance, les deux sœurs restent inséparables… D'ailleurs, il suffit de les apercevoir ensemble, côte à côte, pour se convaincre des liens indéfectibles qui les unissent. Sans avoir les mêmes traits, elles se ressemblent beaucoup. Elles possèdent exactement la même voix, fluette et haut perchée, exécutent précisément les mêmes gestes. Lorsque l'une est triste, l'autre le devient, et la joie de l'une est aussitôt partagée par l'autre. Elles se comprennent à demi-mot. Il y a comme de la télépathie entre elles.

Toutefois, leurs relations seront aussi tissées de tensions et de contraintes insoupçonnées, connues seulement de quelques intimes et de quelques personnes aujourd'hui très âgées. Celles-ci se rappellent qu'à l'époque nostalgique des années 1930, l'époque des « petites princesses », Margaret était l'une des deux enfants les plus populaires au monde.

Elle a quatorze ans lorsque, pour la première fois, elle croise le colonel Peter Townsend. Grand et mince, le cheveu noir, épais, l'élégant écuyer de son père est un héros de la *Royal Air Force*. Il a risqué sa vie à plusieurs reprises déjà. D'emblée, les yeux de Margaret ne peuvent s'en détacher. Une force la pousse irrésistiblement vers lui.

Le temps passe. La guerre se termine. Les princesses rejoignent Buckingham. Le 1er février 1947, le roi et la reine quittent l'Angleterre pour un premier déplacement officiel de trois mois qui les conduit en Afrique de Sud, puis en Rhodésie. Elizabeth et Margaret font partie du voyage. Si toute l'attention est rivée, en permanence, sur le couple souverain et sur la princesse héritière, à plusieurs reprises, les regards se tournent vers la cadette. Le charme de la famille royale, c'est elle. Ses yeux bleus, son teint de pêche, ses traits fins, son cou interminable subjuguent les photographes, à commencer par Cecil Beaton. La jeune altesse s'impose par son charme, arme ô combien redoutable ! Qu'Elizabeth se tienne plus droite, soit plus consciencieuse, plus précise, qu'importe, Margaret est la plus jolie !

Le protocole, on le voit, commence quelque peu à creuser une distance entre les deux sœurs, mais c'est le mariage d'Elizabeth qui porte un coup fatal à leur complicité et tire un trait définitif sur les années tendres. Le 20 novembre 1947, en l'abbaye de Westminster, Elizabeth épouse Philip de Grèce et de Danemark, prince aussi fringant que désargenté. En regagnant ses appartements, désormais seule, Margaret se rend compte de la solitude qui va être la sienne. Bien plus qu'une grande sœur, Elizabeth est aussi sa meilleure amie, sa confidente. La plus grande de ses complices.

Lorsque son père s'éteint brusquement dans la nuit du mardi 5 février 1952, elle est désemparée. Margaret fait, pour la première fois, l'expérience du malheur. Son désarroi est à la mesure des liens d'affection et de complicité qu'elle avait tissés avec le roi. De nombreux changements affectent soudain l'organisation de sa vie : Elizabeth et Philip emménagent à Buckingham Palace, elle accompagne la reine mère à Clarence House. Peter Townsend suit le même itinéraire, devenant administrateur de la veuve du souverain. Désemparée, la jeune femme se tourne de plus en plus vers lui.

C'est l'amour avec un grand A. Elle veut l'épouser. Le jour du couronnement de sa sœur, les caméras braquent leurs objectifs sur Margaret et son commandant, un homme divorcé ! Un petit geste tendre trahit leur complicité. Dès le lendemain, le scoop fait l'effet d'une bombe. L'idylle est étalée sur la place publique. La princesse et un homme marié ! Pis, un père de famille divorcé ! Peter Townsend endosse le rôle de l'écuyer qui pervertit une jeune fille.

Elizabeth ne peut accorder son consentement à pareille union. Pas question d'un divorcé dans la famille royale. La société n'est pas prête à un tel tremblement de terre. Dans un premier temps, la souveraine semble pourtant donner son accord. Mais elle se rétracte. Pour Margaret, une seule solution : attendre ses vingt-cinq ans, dans deux ans. Affranchie du consentement de sa royale sœur, elle pourra alors renoncer à son titre et à sa liste civile avant de pouvoir lancer la lourde procédure pour obtenir l'autorisation du Parlement.

Quel choc ! Margaret ne comprend pas. Soudain, son bonheur se transforme en guerre constitutionnelle. Devant le désespoir de sa sœur, la reine convoque son Premier ministre. Les nouvelles sont mauvaises. Winston Churchill informe la souveraine qu'en plus de la condamnation de l'Église, cette union risquerait également d'entraîner la démission d'une partie de la Chambre des lords.

Dans la panique générale, Margaret est envoyée en voyage officiel en Rhodésie. Mais la princesse n'est pas décidée à baisser les bras pour autant. Qu'importe si on lui interdit de le voir. Ils vont se téléphoner, s'écrire. Qu'importent les kilomètres, ils vont s'aimer à distance. L'exil, la punition de Townsend, dure des semaines, des mois.

Entre les murs de Buckingham, le clan Windsor se déchire. « L'affaire Peter et Margaret fait trembler la Couronne. »

Le 26 octobre 1957, à Clarence House, la princesse est assise face à l'homme qu'elle aime. Il ne sera jamais son fiancé. Après un tête-à-tête d'une heure trente, Margaret, glacée, aussi pâle qu'un spectre, annonce à sa mère, puis à sa sœur, que sa décision est prise. Elle renonce définitivement à ce mariage. Cinq jours plus tard, elle déclare : « J'ai décidé de ne pas épouser le colonel Townsend. Je voue une profonde reconnaissance à tous ceux qui ont constamment prié pour mon bonheur. » Dans les minutes qui suivent, son abnégation est applaudie dans le monde entier.

L'éternelle célibataire passe le reste des années 1950 à Clarence House. Margaret s'enferme, Margaret s'isole, devient aigrie, méchante parfois. En 1957, lors d'une fête donnée par Elizabeth et Philip pour leur dixième anniversaire de mariage au palais de Buckingham, la princesse arrive délibérément une heure avant la fin de la soirée. Ambiance ! Ses relations avec le couple royal et les autres Windsor ne s'améliorent qu'avec son mariage. En 1960, elle épouse le photographe Antony Armstrong-Jones, un artiste et un roturier sans doute bisexuel. Malgré deux enfants, l'union est un échec. Très vite, Tony et Margaret s'éloignent. Entre eux, tout devient objet de discussion. Les disputes sont incessantes.

La reine aime beaucoup son beau-frère, qu'elle a anobli en tant que comte de Snowdon en 1961, peu avant la naissance de son fils le vicomte Linley. Dans les lettres qu'elle lui adresse, elle l'appelle « Tony » et signe « Lilibet ». Étrangement, l'artiste demeure scrupuleusement déférent en retour et ne s'adresse à elle qu'en lui adressant du « *Your Majesty* ».

Pendant et après l'échec de son mariage avec Margaret, Elizabeth II continuera à porter respect et admiration au comte de Snowdon. Lorsqu'il écrit à la reine pour lui dire que l'union avec sa sœur est devenue incontrôlable, elle lui répond qu'elle trouve sa lettre « dévastatrice ». Comme sa mère, d'ailleurs, la souveraine sait que Margaret, très tendue, peut être infernale.

Au cours des dernières années de leur mariage, Margaret et Tony auront tous deux des aventures extraconjugales. La romance de la princesse avec Roddy Llewellyn, de dix-sept ans son cadet, est la goutte d'eau qui fait déborder le vase. Lorsqu'un journal du dimanche recadre une photo de groupe pour ne montrer que Margaret et son amoureux en maillot de bain sur une plage de l'île Moustique (où elle possède la villa « Les Jolies Eaux »), le choc fait l'effet d'une bombe. Scandale à la une. Margaret est qualifiée de « *cougar* », Roddy de « *toy-boy* ». La princesse rentre seule à la maison et, après avoir consulté sa sœur, annonce sa séparation avec son époux. Dans la famille royale, plus aucun divorce n'avait été prononcé depuis Henry VIII et Anne de Clèves, en 1540 !

Lorsque la princesse célèbre son cinquantième anniversaire à l'hôtel Ritz, en novembre 1980, les tensions sont visibles, car la reine, un peu trop collet monté, refuse que Roddy, le nouvel homme de sa vie, soit présent durant le dîner. Elles gardent leurs différences, immenses, ne se comprennent pas, mais les liens du sang demeurent. À partir de 1980, les *Royal Sisters* se rapprochent, se parlent au téléphone presque tous les jours.

En juin 1995, elle apprend le décès de Peter Townsend. Il s'est éteint, le 19, à Saint-Léger-en-Yvelines, là où il vivait depuis plus de vingt ans. On dit que, jusqu'à son dernier souffle, il a gardé le même charme, la même décontraction distinguée. D'un tiroir, la princesse ressort trois petits portraits qu'elle a longtemps conservés sur son bureau. Elle avait fini par les ranger, le visage de Peter lui étant devenu trop douloureux. Son doigt caresse la vitre du cadre. Et si, maintenant, la boucle était bouclée ?

Le 23 février 1998, sur sa chère île Moustique, Margaret est victime d'une attaque cérébrale. L'année suivante, toujours sur son île, elle se brûle au troisième degré en entrant dans une eau trop chaude. Lilibet demande à son secrétaire personnel d'affréter un vol privé pour ramener sa sœur, de toute urgence, à Londres. La princesse rebelle – qui avait déjà subi l'ablation partielle d'un poumon, en 1985 – devient une survivante. Elle attend son heure. Victime d'une attaque d'apoplexie, Margaret Rose décède, le 9 février 2002, quelques jours avant les festivités marquant les cinquante ans de règne de sa sœur.

Les funérailles se tiennent six jours plus tard. Dans le froid de l'hiver, Lilibet regarde le corbillard se préparer à emmener au crématorium de Slough le corps de celle qui a partagé les heures roses de son enfance. Cela fait un demi-siècle, jour pour jour, que leur père a été enterré. Dans le mémorial George-VI, aucune place n'a été prévue pour le cercueil. On y glissera donc une urne contenant ses cendres.

En fermant les yeux, on dit que Margaret a prononcé une fois encore, une dernière fois, le prénom du beau Peter. Légende ? Vérité ? Ultime irrévérence, peut-être, d'une princesse dont le seul plaisir était la désobéissance. Mais qui, en s'éloignant du droit chemin, du devoir et de l'abnégation, a toujours conservé une foi et une affection constantes pour son pays. Et pour sa reine !

Diana et Sarah
Châteaux de cartes

En cet été 1987, comme sur toute l'Écosse, la chaleur est excessive au château de Balmoral. Les landes, ordinairement si vertes, si moussues, les fougères d'habitude si brillantes, ont perdu de leur vigueur. Tout est terne. Tout est morne. Comme éteint. Signes évidents d'un dérèglement qui commence à saper l'ordre naturel établi.

Il est près de 16 heures. Elizabeth et Philip ont pris place dans les fauteuils du petit salon. Ils ont hésité avec la terrasse, mais il fait encore trop chaud. Est-ce vraiment la chaleur qui les accable à ce point ? Demain, ils reçoivent Diana, qui a promis à Harry de lui apprendre à pêcher le saumon dans la rivière Dee (bien qu'elle n'y connaisse pas grand-chose), et Sarah, qui, apparemment, débarquera sans son époux, le prince Andrew, affecté, tout récemment, comme officier adjoint de navigation sur le *HMS Edinburgh*.

Depuis quelques jours, inexorablement, la conversation dérive sur les deux jeunes femmes. Quand Lilibet et Philip discutent ensemble de sujets sensibles et qu'ils ne veulent pas être entendus, ou en tout cas compris par le personnel, ils parlent en français. Vous ai-je dit que ma Lilibet parle le français parfaitement ? Et ce, grâce aux leçons reçues dans son adolescence par une préceptrice belge[1]. Vive mon royaume ! Je n'en suis pas peu fier ! La maîtrise

1. À partir de 1937, à Buckingham Palace, des cours de conversation française étaient assurés par Mme Mautaudon-Smith, assistée de Mlle Georgina Guérin. La gouvernante des princesses, Marion Crawford, précise dans ses mémoires que,

du français par Philip est tout aussi parfaite puisque, dès l'âge de cinq ans, il était inscrit dans une école de Saint-Cloud[1]. Ces échanges en version originale non sous-titrée les amusent en général beaucoup. Et, depuis ce matin, que de divertissements puisque toutes les causeries royales sont dans la langue de Molière !

La reine, comme très souvent, prend la défense de Sarah.

— Elle a des explosions de feu, des foucades, des réactions plus vives que Diana, qui, par la force des choses, est contrainte de se freiner. Elles ont connu le même genre d'adolescence. Leurs parents ont divorcé. La mère de Diana est partie en Écosse, celle de Sarah en Argentine, l'une et l'autre avec un second mari. Mais Sarah, au moins, a eu l'expérience de la vie de couple, tandis que Diana n'a eu aucune aventure sentimentale avant le mariage. Et cela explique beaucoup de choses, Philip.

Pour la souveraine, le constat semble évident. Mais il n'est pas partagé du tout par le duc d'Édimbourg. Et elle le sait ! À nouveau, Philip se glisse dans la peau de l'avocat de la princesse de Galles. Ma Lilibet a longtemps réfléchi à la question et en est arrivée à la conclusion que son mari se revoit un peu en Diana. De toute évidence, ils ont connu tous deux la même pression, les mêmes regards, acerbes, pour ne pas dire méchants, à leur arrivée dans la famille royale.

— Lord Spencer jouit d'une fortune considérable, tandis que le père de Sarah, le major Ferguson, est un peu fauché, il faut bien l'avouer. Elles n'ont pas le même genre d'héritage. Si Sarah, vous le savez bien, est un vrai moulin à paroles, Diana, elle, a au moins le mérite de laisser parler les autres, de s'interrompre pour les écouter. Elle a un regard et un sourire très doux, même si elle a trop souvent les épaules penchées en avant à cause de sa grande taille. J'ai eu un peu le même problème, d'ailleurs, moi aussi.

---

pendant les vacances écossaises, une femme de chambre d'origine française était engagée pour soutenir le niveau de français des fillettes. En 1942, au château de Windsor, c'est la comtesse belge Mme Marie-Antoinette de Bellaigue (1904-1966) qui prend le relais. De nos jours, sa belle-fille, Sheila de Bellaigue, est l'une des archivistes royales, au château de Windsor.

1. Philip de Grèce fut inscrit dès l'âge de six ans à Saint-Cloud comme externe à l'école bilingue Jannett Country Day and Brady School.

Elizabeth fait mine d'acquiescer. Ça ne lui déplaît pas que son duc joue les chevaliers servant des causes perdues d'avance. Sa façon d'être galant avec les femmes de la famille l'amuse presque, la rassure. Mais... nous ne sommes qu'à l'été 1987, vous le savez. Pour l'heure, si la façade de ces deux mariages princiers qui ont ébloui le monde et fait rutiler plus fort encore le blason des Windsor commence doucement à se lézarder, Lilibet, la reine des reines, et Philip, son héraut d'armes, sont encore loin de soupçonner que l'édifice va bientôt s'effondrer. Comme deux châteaux de cartes. Et que, dans moins de dix ans, Diana surtout (qui ne va plus tarder à devenir la « princesse des cœurs ») fera trembler dangereusement la Couronne, cette institution (pour ne pas dire cette société presque secrète) pour laquelle ma Lilibet sacrifie sa vie. Le choc va être rude, on le sait. Un séisme d'une magnitude folle pour ce mini-État qu'est la monarchie, secousse inégalée depuis 1936, année de l'abdication. Alors, pour l'heure, laissons notre héroïne jouer aux joyeuses commères. Et se chamailler gentiment avec Philip, le plus fidèle des infidèles maris.

Comme cette vague de chaleur inhabituelle qui plonge cet été 1987 dans la torpeur, en effet, l'ordre établi ne tardera plus à changer. Courage, ma Lilibet !

Deux belles-filles et, hélas, deux beaux échecs ! La vie de la première, la princesse de Galles, va se terminer dans la tragédie, et le parcours royal de la seconde, la duchesse d'York, dans une certaine bouffonnerie. En 1997, avec la disparition de Diana, un fossé entre la reine et son peuple se creuse dangereusement. Avec Sarah, la monarchie va souvent paraître incapable de gérer une personnalité anticonformiste ou, en tout cas, de la conseiller et la guider pour ne pas tomber dans certains pièges. Ces deux divorces à grand retentissement représenteront un échec personnel pour la reine.

Au cours de ses longues années de règne, Elizabeth II a dû affronter des ennuis familiaux qui auraient brisé toute personne un rien trop fragile. De son point de vue de souveraine, dont l'obsession est de préserver la monarchie, la rendre plus belle, plus forte, la rendre exemplaire, que de faux pas, que d'erreurs, que de choix désastreux ! Sa seule consolation dans les tempêtes sera Philip. Malgré son côté rude pour ne pas dire rustre, parfois, il fera toujours tout pour la soutenir, pour manifester son attention et son amour.

En théorie, Diana Spencer et Sarah Ferguson, déjà amies dans la vie avant leur entrée sur la scène Windsor, étaient des choix parfaits pour épouser Charles et Andrew, l'héritier et le numéro deux dans l'ordre de succession.

Lady Diana naît à Park House, sur le domaine de Sandringham, le 1er juillet 1961. Si elle grandit en marge de la vie royale, son père, Johnny Spencer, est un aristocrate fortuné. Il deviendra, plus tard, vicomte Althorp, puis comte Spencer. Ancien écuyer de la reine, il a accompagné Elizabeth et Philip lors de leur célèbre tournée du Commonwealth, en 1953. Les Spencer font partie de l'une des plus illustres familles de la *gentry* britannique, pétrie de médailles et de traditions. Les grands-mères de Diana étaient d'ailleurs toutes deux dames d'honneur et amies proches de la reine mère. Ont-elles conspiré pour ourdir le mariage avec le prince Charles ? Il n'est pas interdit de le croire !

Bien que l'histoire et l'arbre généalogique des Ferguson soient sensiblement différents, la famille de Sarah fréquente également les cercles royaux. Son père, le major « Ron » Ferguson[1], excellent joueur de polo, est un ami de premier ordre de Philip. Il le nomme d'ailleurs à la tête du Guard's Club, le club situé à Smith's Lawn, dans le parc de Windsor. C'est là, en regardant leurs pères disputer des matchs, que les jeunes Sarah et Andrew, nés à quatre mois d'intervalle, vont apprendre à se connaître.

Comme Diana et Camilla Parker Bowles (qui allait jouer le rôle de la méchante dans notre royal casting), « Fergie » (petit

1. Son vrai prénom est Ronald.

nom donné d'emblée par les tabloïds) possède du sang royal dans les veines. Le sang bleu des Stuart.

Avec ses cheveux blonds, ses yeux gris-bleu, sa peau douce et claire, ses jambes longues et fines et une silhouette qui ne va cesser de s'affiner, Diana, on le sait, était d'une beauté authentique. Mais pas seulement ! Sa personnalité timide et peu sûre d'elle, couplée à une ironie particulièrement aiguisée et à un manque de maturité évident, forgera sa légende. La presse adore les princesses fragiles. C'est presque romanesque. C'est terriblement *bankable*. Ça fait vendre les journaux. D'emblée, Diana, ses fiançailles, son mariage, ses premiers pas officiels, ses premiers mal-être... sont propulsés à la une des tabloïds. Ce sont eux qui font naître la star. Ma Lilibet aurait dû descendre de sa tour. Peut-être aurait-elle pris conscience de la dangerosité du phénomène qui était en train de naître !

De son côté, l'arrivée de Sarah dans le sillage royal enchante chacun. Sa joie de vivre débordante, son regard malicieux et son adoration évidente pour son *play-boy* de prince, encore tout auréolé de son statut de héros des Malouines, confèrent à la flamboyante rousse un côté tonique et léger. Si Diana est belle et élégante, mais grave et très aristocratique, Sarah est amusante, frivole, accessible. Elle reste en revanche très roturière.

La reine et le duc réservent aux deux jeunes femmes un accueil identique. Mais il est vrai qu'avec le recul, on sait aujourd'hui que, de façon très instinctive, Elizabeth II fut, d'emblée, moins enthousiaste, moins à l'aise face à la nouvelle princesse de Galles, avec qui elle n'avait aucun atome crochu. Elle admettra même, en privé, ne pas pouvoir saisir sa personnalité. Son constat était juste !

Au sein de la « firme », le prince Philip est celui qui déploiera les efforts les plus considérables pour permettre à Diana de tenter de s'adapter, au mieux, à sa nouvelle vie. Comme personne d'autre à l'époque, il connaît les regards en coin, les sous-entendus, les petites phrases polies, mais insidieuses, de l'entourage royal, de tous ceux qui vous font comprendre parce qu'ils ne sont pas vous, parce qu'ils auraient voulu être vous, que vous n'êtes pas à la hauteur. Il est sensible au mal-être de sa belle-fille. Il est celui qui la devine le mieux. Un soir, lors d'une réunion de famille, il vient même à sa rescousse. Le manque d'assurance de la princesse sur qui, soudain, tous les regards se posent est tellement hurlant qu'il l'invite à danser. La valse sera mémorable. Surtout, le temps de quelques pas, elle permet à la princesse d'échapper à sa nervosité, de tout oublier.

Par son éducation, Diana était habituée au mode de vie de la famille royale : la chasse, les chevaux, la campagne et la pêche ont toujours un peu fait partie de son quotidien, mais elle préférait, de loin, un mode de vie citadin. À la fin de son mariage, elle abrégeait le plus tôt possible les réunions de famille à Balmoral et Sandringham pour rentrer dare-dare faire du shopping (et son footing) dans les rues de Londres. Enfant, elle était tombée de cheval et s'était cassé un bras. Cette chute la marquera toute sa vie et, bien qu'elle soit montée une ou deux fois sur l'un des poneys de la reine, elle vivra ces moments dans la peur. Le fait est peut-être anecdotique ; toutefois, vous qui connaissez la passion de Lilibet pour les chevaux, vous comprenez qu'il sera un élément, un de plus, qui accentuera le fossé, bientôt l'abîme, séparant les deux femmes.

Côté dada, Fergie, elle, campe, les cavalières émérites. Fine mouche, dès le début et dès qu'elle le peut, elle accompagne sa belle-mère à cheval. Elle sait que ces virées galopantes sont des occasions rêvées pour tisser des liens avec la reine. Belle-mère et belle-fille passent même quelques soirées en ville, allant notamment, un soir de février 1988, applaudir Maggie Smith au Théâtre du Globe de Londres, dans la pièce *Lettice and Lovage* de Peter Shaffer. Dans la loge royale, elles s'esclaffent de bon cœur.

On le voit, Elizabeth, et même Philip, ne tarde pas à trouver la nouvelle duchesse d'York plus conciliante que la princesse de

Galles, émotionnellement beaucoup plus instable. Fergie la flamboyante partage d'ailleurs le sens de l'humour irrévérencieux des Windsor et leur goût pour les blagues parfois douteuses. En séjour à Sandringham, lorsque, un matin, autour de la table du petit déjeuner, elle annonce au couple royal qu'elle prend désormais des cours de pilotage pour conduire des avions légers et des hélicoptères, Lilibet et Philip sont ravis. Que Sarah est drôle ! Que Sarah est forte ! Une aventurière ! Une vraie princesse des temps modernes ! En somme, elle est presque sur la même longueur d'onde que ses beaux-parents. Alors, en effet, peut-être vont-ils tiquer lorsque, en 1989, elle signe, contre une somme mirobolante qui tombe directement dans son escarcelle (et non dans celle d'un organisme de charité) un contrat avec la série *Budgie le petit hélicoptère*, où elle imagine une série d'histoires pour enfants, mais elle se rattrapera... en publiant un album sur la reine Victoria !

Un point – et non des moindres – va néanmoins rapprocher les deux belles-filles : très rapidement, leurs mariages commencent à montrer des signes de tension.

Au milieu des années 1980, Charles reprend sa liaison avec Camilla Parker Bowles, et Diana tombe dans les bras de l'ancien officier de cavalerie James Hewitt. Malgré ses appréhensions vis-à-vis de sa belle-mère, Diana a pris l'étrange habitude de se rendre à Buckingham à l'improviste pour se confier. Parfois, l'emploi du temps de Sa Majesté l'oblige à faire tapisserie durant des heures. Assise sur une banquette, elle fond en larmes. Les valets de pied sont consternés. Sitôt devant la reine, elle déverse son fiel par flots entiers. Or Elizabeth II est la femme la moins à même du monde d'entendre ses complaintes ! Je ne dis pas que c'est bien, je ne dis pas que je valide, je dis que c'est ainsi ! Par son éducation, par sa fonction, par son entourage, par son milieu, par son emploi du temps surchargé aussi, elle ne peut recevoir les plaintes de Diana. Elle peut les entendre, mais pas les comprendre ! Ça lui est humainement impossible. Comme interdit ! Autant demander à un aveugle de vous guider dans un dédale de rues sinueuses. Dans l'esprit de ma Lilibet, Diana est princesse de Galles, la deuxième femme la plus titrée du royaume. Elle sera, un jour, reine consort d'Angleterre. Et cette femme-là n'a pas le droit de se plaindre !

Soyons réalistes. Lilibet n'a rien en commun avec Diana. Elle trouve ses sautes d'humeur fatigantes, sa fragilité excessive, affolante. Elizabeth II, qui est la constance même, ne peut concevoir ni comprendre l'instabilité. Peu à peu, il se creuse entre les deux femmes un gouffre que plus rien ni personne n'arrive à combler.

Avec Fergie, le problème est différent : la duchesse supporte très mal la séparation avec son mari, chargé, tout d'abord, d'une mission de six mois en Extrême-Orient dans la marine, puis d'un autre long déploiement dans l'Atlantique Nord. Et dans cette crise que traverse Sarah, ni la reine ni le prince Philip, pour qui de tels devoirs constituent une seconde nature, n'estiment nécessaire de la soutenir. Auprès de sa bru, Philip justifie son point de vue par ce constat d'ordre familial : « Les Mountbatten ont réussi et survécu à ce régime et à tant de séparations, donc, toi aussi, tu peux y arriver ! »

C'est le moment où s'achève la lune de miel de Sarah avec la presse. À la fin des années 1980, les tabloïds vont commencer à la fustiger à la moindre occasion. Sa prise de poids, ses goûts douteux en matière de mode, ses vacances trop onéreuses… La spontanéité de la duchesse, qui, au début, a été applaudie par les médias, passe maintenant pour de l'exubérance. Sarah devient le souffre-douleur des tabloïds. Chaque jour apporte un nouveau lot de photos, de scandales. Dans cet océan de controverses, elle est prise de vertiges, se noie.

Aux yeux d'Elizabeth et de Philip, le vrai problème avec Sarah, c'est surtout l'argent. Puisqu'il lui en faut toujours plus et que la liste civile attribuée aux ducs d'York ne suffit pas à financer les voyages, les sorties, les exubérances du couple, Sarah monnaie son nom et son titre, et bafoue la sacro-sainte règle de discrétion imposée par l'étiquette aux membres de la famille. Dans les boutiques de luxe, elle tente de tout se faire offrir. Quand ça ne marche pas, elle négocie des rabais ! Lorsque Louis

Vuitton lui propose un lot de bagages et Cartier, des montres de luxe contre du placement de produit, elle accepte. *Shocking!* Et quand *Hello Magazine* souhaite l'interviewer, la duchesse vend scoops et photos pour une somme astronomique !

Sarah se montre en outre de plus en plus inconséquente. Un soir, au château de Windsor, avant un dîner, elle salue un majordome en livrée par son prénom. Interloqué, Philip la toise du regard. Et lance, acerbe : «Je présume que vous avez déjà dépassé le stade du flirt ! » La réplique s'élève sous les hauts plafonds, claque comme une gifle. *So hard!* L'ancien secrétaire privé de la reine, lord Charteris, la qualifie de ces trois mots : « vulgaire, vulgaire, vulgaire ». Ils sonnent comme une sentence. Bientôt, les *carrots* seront *cooked* !

Mais le pire reste à venir, lorsque notre *duchess* qui ne doute de rien fait la connaissance d'un fils de milliardaires texan, Steve Wyatt. Évidemment, des photos filtrent dans la presse. Évidemment, c'est un nouveau scandale. Mais rien à voir avec le cataclysme qui va s'abattre au mois d'août 1992. Sarah est maintenant piégée dans une villa du Var, seins nus au bord d'une piscine, se faisant lécher les orteils par un certain John Bryan. À quelques mètres, la princesse Eugenie, âgée de quelques mois seulement. Cette fois-ci, les clichés n'amusent plus, ils choquent. Sarah, qui séjourne à Balmoral lorsque les photos sont publiées, essuie les foudres de la reine. Le rideau vient de tomber. C'est fini, la comédie. Elizabeth II exige le divorce !

Étrange coïncidence : les deux mariages se terminent par une séparation prononcée en 1992. Que fait la reine ? Ce qu'elle peut, ai-je envie de dire. Elle se veut surtout présente pour ses petits-enfants, les princes William et Harry, et les princesses Beatrice et Eugenie.

De son côté, à la suite de sa séparation, Diana reconnaît dans un discours prononcé à l'hôtel Hilton de Londres : «Je voudrais également ajouter que cette décision a été prise avec la pleine compréhension de la reine et du duc d'Édimbourg, qui m'ont toujours témoigné leur gentillesse et leur soutien. » Mais cette « gentillesse » et ce « soutien » sur lesquels peut compter la princesse s'envoleront définitivement deux ans plus tard, au moment où Diana, le regard larmoyant, les yeux cernés de noir, accorde à « Panorama », sur la BBC, une interview pour le moins surréaliste. Même si nous savons maintenant qu'il s'agissait d'une manipulation de la part du journaliste Martin Bashir, l'entretien fait l'effet d'un séisme ! Au-delà de ses commentaires sur le fait que « nous étions trois dans ce mariage » et que « j'aimerais surtout être une reine dans le cœur des gens », elle dégoupille une véritable bombe, déclarant que, selon elle : « Charles n'a pas les capacités pour endosser, un jour, le rôle étouffant de roi. » En authentique stratège, la jeune femme balise son avenir et celui de ses enfants, avec une maturité exemplaire, tout en clouant au pilori son infidèle de mari !

Le décor et le scénario ont quelque peu changé, certes, mais la chute est la même que pour les York. Dévastée, la reine exige le divorce ! Devant la diffusion de l'interview, certains prétendent qu'elle a pleuré de rage. Dieu, que je la comprends ! Jamais cette Couronne pour laquelle elle a tant donné, tant œuvré, n'a été humiliée à ce point. Le discours d'abdication de 1936 avait au moins le mérite d'être élégant. Ces bandes vidéo ignobles, vulgaires, lui glacent le sang. Elle qui s'est battue pour que son clan soit érigé en exemple, pour la toute première fois de son règne, elle a soudain envie de tout larguer. Qu'ils aillent au diable ! À quoi bon continuer de vouloir être digne, forte, exemplaire, alors que le monde entier se gausse ? En un mot comme en cent : sa famille est ridicule !

Le divorce de Charles et Diana est prononcé le 28 août 1996. Et la note est salée pour Sa Majesté, tant Diana a su faire monter les enchères ! Le 9 mars 1997, en la chapelle de Windsor, la reine du monde et la princesse du peuple sont côte à côte pour assister à la confirmation du prince William, alors âgé de quatorze ans. Évidemment, l'ex-épouse du prince Charles fait clan à part, mais offre l'image d'une mère émue et attentive. C'est la dernière fois que se voient la reine d'Angleterre et la princesse des cœurs. Dans moins de six mois, Diana sera morte.

Chacun connaît la suite. La fin, devrait-on dire ! Elle n'est pas tellement de l'ordre du royal, plutôt… du surréaliste. De ces événements que l'on ne peut pas croire. Pas vraiment. Même avec le temps. Une Mercedes aux vitres noires, le tunnel de l'Alma, le pilier numéro treize. Fracas de tôles, explosion de métal, lumières bleues, gyrophares… En cette nuit du 31 août 1997, à Paris, capitale de l'amour, du glamour, la princesse la plus populaire du monde vient de mourir. Une icône vient de naître. Et ma reine ne va pas le comprendre. Pas tout de suite. On devra lui expliquer ce qui se passe dans la rue, dans le cœur de son peuple. Elle mettra du temps pour saisir, pour accepter et pour, enfin, descendre de sa tour.

Au moment où survient le drame, elle est en Écosse. Elle pense d'abord à ses petits-fils, William et Harry, qui finissent leurs vacances d'été en séjournant avec elle au château de Balmoral. Quand l'annonce du décès devient publique, leurs grands-parents conseillent à Charles de les laisser passer la nuit, de retirer les radios et la télévision de leur chambre – qu'on appelle encore la « *nursery* ». Le couple royal estime – à tort ou à raison – qu'il est préférable pour les deux garçons de poursuivre les activités de la journée, en espérant qu'ils trouveront un certain réconfort dans la routine dominicale du domaine, tout en assimilant le choc de l'accident. « Les frères étaient très calmes », se souvient l'un des participants. « Ils ont simplement aidé le prince Philip à préparer la nourriture pour l'habituel pique-nique-barbecue qui ponctue tout séjour sur le domaine. Ils ont même fait montre de bon appétit. » Soulignons ici que, si l'opinion publique avait été informée de la décision de la souveraine de rester avec ses petits-fils à Balmoral, si le palais avait pris la peine d'expliquer les raisons, le choix de Sa Majesté aurait peut-être, sûrement d'ailleurs, été moins critiqué. À ce stade du récit, on pose le doigt sur le vrai talon d'Achille des Windsor : le sens de la communication. Bornés encore à respecter le sacro-saint «*Never complain, never explain*», ils ne comprennent pas que l'ère a changé, que les grilles doivent s'ouvrir et offrir au monde des princes, des princesses, des reines et des rois de chair et de sang. Le peuple a besoin de voir sa reine pleurer.

Alors qu'une vague d'émotion sans précédent déferle sur Londres et la planète entière, retranchés du monde, Elizabeth, Philip et les deux princes demeurent au milieu des deux cent mille mètres carrés de Balmoral. L'entourage royal n'a aucun doute sur le fait que la décision de la reine de rester en Écosse avec William et Harry, plutôt que de regagner la capitale pour partager la peine des Anglais, est définitivement la bonne. Pour Margaret Rhodes, par exemple, la propre cousine de Lilibet, c'était un choix évident : «Sa priorité, c'étaient ses deux petits-fils. Bien sûr, elle voulait être proche d'eux et s'assurer qu'ils allaient bien. Enfin, que pouvait-elle faire d'autre ? Je pense que toutes les critiques l'ont terriblement blessée. Balmoral était l'endroit idéal pour qu'ils se retrouvent tous en famille. C'est un lieu privé, isolé et paisible, et je sais que William et Harry adorent la reine et le prince Philip, et qu'ils voulaient être avec eux.»

Mais la machine médiatique, une machine infernale, vous le savez, une machine dangereuse, incontrôlable, s'est mise en branle. Les titres de presse sont négatifs, accusateurs. Le jeudi, ils deviennent agressifs : «Montrez-nous que vous vous souciez de nous», «Où est notre reine ?», «Parlez-nous, Madame»... Lilibet doit se ressaisir, et vite. Sans quoi, c'est bientôt pour cette institution pour laquelle elle a tout sacrifié, pour la Couronne, que l'on va sonner le glas !

C'est son Premier ministre, Tony Blair, qui la convainc de regagner Londres. On dit que Philip est contre l'idée, qu'il considère que c'est une humiliation publique, la plus grande offense de son règne. Ce n'est qu'en foulant le pavé de la capitale qu'ils vont vraiment prendre conscience de la dimension surnaturelle de ce deuil. En descendant de l'imposante Rolls-Royce qui s'apprête à franchir les grilles du palais, ils vont à la rencontre des gens. Ces minutes sont graves, car elles écrivent l'Histoire, car elles auraient pu tout faire basculer. L'arrivée de la reine et de son mari est retransmise en direct à la télévision. Jamais Lilibet n'a paru aussi hésitante, aussi menue, aussi fragile. De leur bureau de Buckingham, les conseillers poussent un soupir de soulagement quand ils voient que, contre toute attente, la foule traite le couple avec respect plutôt que de s'adonner aux injures. Je connais ma Lilibet par cœur. Je sais qu'elle ne supporte pas d'afficher ses émotions. Elle le fait déjà très peu en privé, alors, en public ! Pour elle, c'est un manque de respect. De l'impudeur. Du voyeurisme. Ce n'est pas son rôle. Elle n'est pas elle-même, pas vraiment, elle a presque l'impression de camper un personnage, de tromper l'opinion. Si elle le fait, c'est parce qu'elle y est obligée. Parce qu'elle a saisi la gravité de la situation. Dans la foule, sans égard, sans protocole, une femme s'adresse à elle, l'exhorte à « s'occuper des garçons, madame ! ». Exaspéré, Philip réagit. « C'est ce que nous avons fait, madame », répond-il. Avant de se répéter : « C'est ce que nous avons fait ! »

Il faut maintenant qu'Elizabeth II affronte la meute ! La veille des funérailles, son discours est diffusé, en direct, depuis Buckingham Palace et délibérément filmé face à une fenêtre restée ouverte, pour montrer le deuil de la population à l'extérieur. Depuis 1952, c'est la deuxième fois qu'elle prend la parole en dehors de sa traditionnelle allocution de Noël. Souveraine de cent cinquante millions de sujets sur la Terre, elle doit maintenant être dotée d'un pouvoir divin, car les mots qu'elle va choisir doivent se métamorphoser en eau, posséder la faculté d'éteindre un incendie. Si elle échoue, si elle ne parvient pas à parler au nom de la nation, à transmettre son admiration pour Diana, à trouver le mot juste, le mot vrai, la bonne expression, à en faire assez sans en faire trop, qui sait ce qui pourrait arriver…

Le 6 septembre 1997, deux milliards de téléspectateurs assistent aux obsèques. « Une cérémonie unique pour une personne unique », a promis Elizabeth II. C'est la plus grande manifestation de chagrin des temps modernes. Sous les voûtes de Westminster, Sarah est là, pas dans le carré réservé aux *royals*, évidemment. Mais elle est là ! Le regard larmoyant, même si les deux femmes étaient en froid – à cause d'une histoire de chaussures[1] ! –, elle se souvient, avec beaucoup de sincérité, de sa copine de jeu des années Windsor. Pendant les quinze ans que Diana a passés au sein de la « firme », la princesse n'aurait sans doute jamais osé imaginer qu'un jour ce mari si lointain, cette reine austère, cette famille esclave du protocole pourraient se comporter comme des êtres presque normaux. Face au catafalque, Lilibet s'incline. Mais tout est-il pardonné ? Pas sûr !

La duchesse d'York, elle, a été évincée de la famille royale après son divorce. Mais elle va continuer de graviter dans l'entourage direct des Windsor. Curieusement, preuve qu'elle peut aussi se montrer humaine, durant de nombreuses années, chaque Noël, la reine lui a rendu visite. Sarah était en effet contrainte de passer les fêtes de fin d'année à Wood Farm, sur le domaine de Sandringham, tandis que ses deux filles et son ex-mari passaient la nuit de la Nativité dans la « grande maison ». La rouquine, qui tente perpétuellement de redorer son blason, a également été invitée à plusieurs reprises à séjourner à Balmoral pendant les vacances d'été annuelles de la reine, mais a toujours préféré s'éclipser avant que le duc d'Édimbourg n'arrive. Pas folle, la guêpe ! Son ex-beau-père ne lui pardonnera jamais ses photos seins nus, les orteils dans la bouche d'un *play-boy*.

Ces dernières années, le mariage de sa fille Eugenie et celui de Beatrice ont permis à Sarah de revenir sur le devant de la scène, et si le prince Andrew, victime de scandales à répétition et désormais *persona non grata* à cause de son inconduite dans l'affaire Epstein, a été contraint d'abandonner toute vie

1. En novembre 1996, aux éditions Simon & Schuster, Sarah Ferguson publie *My Story*, ouvrage dans lequel elle raconte son histoire. Dans l'un des passages consacrés à Diana, elle confie que, chaussant la même pointure que son ex-belle sœur, il arrivait régulièrement aux deux femmes de se prêter des paires de chaussures. L'ex-épouse du prince Andrew affirme qu'à l'occasion de l'un de ces échanges, elle aurait contracté une verrue plantaire. Cette confession va profondément heurter la princesse de Galles, qui cessera tout contact avec la duchesse d'York !

publique, son ancienne épouse est restée à ses côtés. Exemplaire. Presque digne ! Pour l'heure, son objectif semble être de fuir toute polémique. Jouer profil bas n'est pas vraiment sa tasse de thé pourtant, mais elle sait que sa survie dans le sillage royal en dépend. D'autant qu'elle est logée tout près du château de Windsor et qu'elle continue à être très proche d'Andrew ! Alors, certes, son château de cartes s'est effondré. Les feux de l'amour se sont éteints. Mais les espoirs d'un retour en grâce de la *duchess* ne sont pas totalement anéantis. La disparition de la reine va-t-elle changer la donne ? Qui sait. Ne dit-on pas que les vents tournent ? Il suffit parfois d'une simple brise pour qu'un feu reprenne...

Meghan
Gifle à la reine

Il existe un endroit très secret à Buckingham Palace. La porte est blanche et paraît bien anodine. Rien n'indique ce qui se cache derrière. Ni ce qu'elle renferme. Seule Angela Kelly, l'habilleuse de la reine et responsable de sa collection de bijoux, en possédait la clé. Qu'y trouve-t-on ? Une série de coffres-forts ! Particulièrement spacieux, ils renferment la plus éblouissante collection de diamants, émeraudes, rubis, saphirs et perles du monde. Chacune de ces pierres est soigneusement répertoriée dans une série de livres gravés au chiffre E II R. C'est ici que Sa Majesté choisissait ses parures avant d'entrer en scène.

En ce début d'année 2018, Angela attend l'arrivée de Meghan Markle. La future duchesse de Sussex vient choisir le diadème qu'elle coiffera au matin de son mariage. Les noces ont été arrêtées au 19 mai, en la chapelle de Windsor. En son for intérieur, Angela (en qui la reine a toute confiance) ne peut s'empêcher de rire. Si son accent trahit sa naissance à Liverpool, ici, chacun ignore qu'elle est fille de docker. Elle se souvient des années passées à rejoindre son père sur Cunard Stock, au moment où l'arrivée des derniers transatlantiques voyait débarquer, à Liverpool, les riches New-Yorkaises venues passer des vacances en Europe ou découvrir la vieille Angleterre. Elle se rappelle encore les noms qui ont bercé son enfance : le *Saxonia*, le *Majestic*, le *Carinthia*, l'*Ivernia*…

Finalement, Meghan, c'est presque ça : un transatlantique ! Et elle, elle demeure cette petite fille blonde qui attend au bas de la passerelle, à la fois curieuse et un peu rêveuse. Si elle tendait l'oreille, elle pourrait entendre le mélange de bruits faits d'appels, d'annonces de haut-parleurs et du passage de chariots surchargés de bagages. Elle n'a rien oublié. Tout à coup, une sonnerie, comme l'écho d'une sirène, retentit. C'est le téléphone. Il prévient de l'arrivée imminente de miss Markle. Angela inspecte une dernière fois les coffrets qu'elle va lui présenter.

L'Américaine marche d'un pas assuré. Plutôt souriante, elle arbore un air quelque peu blasé. À côté d'Angela qui, jamais, n'est lassée de rien tant elle vit un conte de fées permanent depuis que la reine lui a accordé sa confiance et fait d'elle sa meilleure amie, le contraste est surprenant. Comme elle l'a fait avec Kate Middleton sept ans plus tôt, l'heureuse détentrice des clés des coffres de Sa Majesté commence à présenter à la future duchesse les différents diadèmes. Angela ne précise pas qu'Elizabeth II a déjà pensé à quelques pièces qui siéraient tout particulièrement à la future altesse royale.

Perchée sur de hauts talons (sans doute pour mieux faire oublier son mètre soixante-huit), courbée en deux face aux coffrets, Meghan donne l'impression d'être venue faire son marché. Au fur et à mesure que la jeune femme s'approche des écrins de velours, Angela récite, tel le monsieur Loyal du cirque Barnum :

— La tiare de bonne-maman, montée par la reine Mary à partir de joyaux dépareillés, des volutes de diamants rehaussés de pendants de perles.

Meghan fait la moue. L'habilleuse continue :

— La tiare *Rayon de soleil*, une spirale de diamants qui date de George III.

Toujours la même expression dédaigneuse.

— Le diadème *Greville Emerald Kokoshnik*, réalisé en 1919 par Boucheron.

Pas plus de succès. Ce petit jeu dure pendant la présentation d'une douzaine de pièces, quand, soudain, la star de *Suits* lorgne un diadème, rangé à l'écart, presque caché. Elle retrouve le sourire, lève le bras, pointe le doigt. Sa réplique fuse :

— C'est celui-là que je veux !

Angela frémit. « Celui-là », c'est la tiare de la grande-duchesse Vladimir de Russie ! Il peut se décliner en deux versions : soit avec des pendants de perles, soit avec des émeraudes taillées en forme de poire. Mais, ces derniers temps, le bijou s'est fait particulièrement discret. Il « provient de Russie », un code qui indique une origine sensible. Il a atterri dans les coffres des Windsor après la Révolution russe par des voies « indéfinies », pour ne pas dire fort douteuses, et pour un prix indécemment au rabais. La reine n'autorisera jamais que la future duchesse l'arbore devant plusieurs milliards de téléspectateurs et que les spécialistes du monde entier se mettent à enquêter sur sa provenance.

Angela fait part de sa gêne, mais Meghan insiste, s'entête. Elle ne comprend pas le refus poli et systématique de son interlocutrice. Cette interdiction qui lui est imposée agit sur elle comme un déclic. Elle sort de ses gonds. Le ton monte, prend une tournure très *soap* Hollywood :

— Mais pour qui vous prenez-vous ?

Angela Kelly qui, dès l'âge de quinze ans, travaillait déjà à un poste de filature dans une usine textile préfère ne pas répondre. Question de dignité ! Elle fait une ultime proposition à la vindicative fiancée :

— La reine pense que vous devriez aimer le bandeau en diamant et platine de la reine Mary. Il provient de chez Cartier.

Pour Meghan, c'en est trop. Elle lance :

— La reine, la reine, toujours la reine ! Justement, Harry et moi allons nous rendre chez la reine. Pour nous plaindre !

Et elle sort sur cette exclamation, dont on parle encore dans les couloirs du palais :

— Ce que Meghan veut, elle l'obtient !

Dans l'heure qui suit, Angela rend visite à sa chère Elizabeth II et lui raconte fidèlement la scène. Quand la reine lui demande son opinion, elle réfléchit un instant. Curieusement, les images des transatlantiques de son enfance lui reviennent en mémoire. Le bruit des sirènes, des hélices, l'odeur du bois, la couleur de l'acier.

— Pour moi, cette fille, c'est le *Titanic* !

Je suis prêt à parier que ma *Queen* songea souvent à cette réplique[1].

1. Fille de docker, Angela Kelly est bien née à Liverpool et a travaillé dès l'âge de quinze ans. Dans cette scène du diadème, les propos ont été confirmés

Harry, le *bad boy* des Windsor, a souvent inquiété ma Lilibet. Elle l'a toujours aimé tendrement, en essayant, tant bien que mal, de ne pas s'inquiéter de sa vie sentimentale. Vous souvenez-vous de leur adorable complicité, côte à côte, sur un canapé, en train d'enregistrer un message vidéo hilarant, en réponse à celui des Obama, sur la tenue des *Invictus Games* ?

Mais pouvait-elle, un seul instant, imaginer l'abominable scénario survenu entre 2018 et 2021 du fait de sa *love story* et de son mariage avec l'actrice américaine Meghan Markle ? Assurément, c'est l'un des épisodes les plus lèse-majesté de l'histoire de la monarchie anglaise.

D'emblée, je prends parti et j'accuse l'actrice qui pensait avoir obtenu le rôle de sa vie et qui a préféré filer à l'anglaise avec son mari amoureux et son jeune enfant, faute d'avoir trouvé, selon elle, une superproduction digne de son talent et de sa sensibilité. Des fiançailles éclair en plein hiver, une cérémonie nuptiale très gospel, trois petits tours en landau découvert, un fils un an plus tard. De retour du congé maternité, une subite envie d'indépendance et, dans la foulée, c'est *bye bye England* sans le moindre préavis et le statut de martyrs de la cause monarchique qu'ils vont tenter d'exploiter chez l'oncle Sam, qui adore les aristos anglais.

Depuis Wallis Simpson, on ne se méfie jamais assez des Américaines à la cour. Et c'est ainsi que l'immaturité d'un jeune couple teinté d'un certain égocentrisme a défié l'autorité de Sa Majesté et entaché la fin de son règne. Résultat : on a presque autant parlé du *Brexit* que du *Megxit* – notez le chic des Anglais à toujours finir en *(e) xit* tout ce qui tourne à la catastrophe ! Mais aurait-on pu l'éviter ? Certains signes annonciateurs auraient dû nous avertir que les Windsor couraient au désastre, voire à l'humiliation, que la Meghan-mania – si, si, ça a bien existé – allait

par l'historien Robert Lacey, consultant historique de la série *The Crown* et biographe officiel de reine. Seule l'allusion au *Titanic* est un choix de l'auteur.

faire place à une guerre des nerfs. Chez les Sussex, depuis le début, c'est madame qui porte la culotte, et son prince charmant est bien trop faible pour s'opposer à ses diktats.

Dès son enfance, Meghan se démarque par un caractère bien trempé, sans doute parce qu'elle est issue d'une famille recomposée. Le palais ne sera pas surpris de découvrir une bosseuse ambitieuse qui bombardera les membres de son staff de quatre pages de recommandations chaque matin. Trois d'entre eux démissionneront et la poursuivront pour harcèlement moral, déclenchant même une enquête inédite du palais. Des peccadilles, d'après vous ?

Revenons en 2016. Harry doit convaincre sa grand-mère du bien-fondé de son choix et obtenir son accord pour passer par la case « mariage ». Il suppose bien que la partie va être rude, car, même si Meghan est à ses yeux une parfaite épouse, il est loin d'être certain de l'accord de la reine. Son *curriculum vitae* a en effet de quoi effrayer la Couronne : elle est américaine, actrice de télévision, divorcée, a trois ans de plus que Harry, sa maman est noire, prof de yoga (et porte un piercing), et elle est dotée d'une fratrie et d'un père tapageurs. Un rapport qu'Elizabeth II a demandé souligne à quel point c'est une femme ambitieuse, déterminée, n'hésitant pas à faire sa promotion sur Internet. Vous voulez que je vous fasse un dessin de ce à quoi ma Lilibet a pensé ?

À mes yeux, elle a fait bon cœur contre mauvaise fortune. Lorsque Harry présente sa demande, son aïeule l'accueille avec bienveillance et acquiesce à ce qui, hier encore, aurait été inacceptable. OK, je veux bien le concéder, ayant sans doute eu quelques arrière-pensées, ma Lilibet a décelé le potentiel de cette fille et a souhaité que la cour d'Angleterre arbore une image moderne et non raciste. Dans un pays de plus en plus métissé, Meghan pouvait trouver sa place dans une monarchie ainsi dépoussiérée. Et les Windsor, coller à l'air du temps.

La suite coule de source. Le 12 octobre 2017, à 17 heures, à Buckingham Palace, la souveraine reçoit le jeune couple pour le thé. Ma Lilibet est tout sourire pour cette première rencontre, et les corgis ont le bon goût de ne pas être chiens et d'en faire autant. Le 27 novembre, les fiançailles sont annoncées, et Meghan se distingue déjà en les instagramant elle-même à ses *followers*. Le samedi 19 mai 2018, le mariage du siècle a lieu dans la chapelle Saint-Georges du château de Windsor, devant un peu moins de trois milliards de téléspectateurs. Un record absolu !

La cérémonie est grandiose, les fleurs blanches à foison, la robe haute couture signée Givenchy, une merveille d'élégance et de simplicité. Confidence d'atelier : l'exigeante Meghan a imposé huit séances de retouches. Les petites mains de la maison s'en souviennent encore !

Lorsque la nouvelle duchesse remonte l'allée au bras du prince de Galles et se dirige vers l'homme de sa vie, Harry en a les larmes aux yeux, tout comme Doria, sa future belle-mère. La famille royale est tout sourire, sauf, peut-être, la reine, qui ne se déridera qu'un peu plus tard. Fatiguée ou déjà fataliste ?

Pour ma Lilibet, la scène fut surréaliste. Elle ne ressemblait en rien à ce dont elle avait l'habitude. Ses repères étaient bousculés. Mettez-vous à sa place : un évêque noir tout droit sorti de Harlem qui mélange mariage et évangélisme, des chœurs de gospel déchaînés, entraînés à briser tous les tympans – un peu trop pour une église vieille de cinq siècles ! Quant aux invités *show-biz* et au rôle de bergère que campe ce jour-là Meghan, à qui peut les décrypter, certains regards de la reine furent éminemment éloquents.

Évidemment, on s'interroge aussi sur la nature de la relation entre Meghan et sa royale grand-mère par alliance. Or, en apparence, les choses commencent bien entre ma Lilibet et la nouvelle duchesse. Harry et son épouse font leur première apparition au balcon de Buckingham Palace le samedi 9 juin, pour les quatre-vingt-douze ans de la reine, à la fin du *Trooping the Colour*. Et, cinq jours plus tard, on les sent presque complices lors d'une sortie dans le Merseyside à laquelle participent les deux femmes. Elles descendent ensemble du Train royal, un privilège au regard des dix ans que devra attendre Kate Middleton pour partager un tel honneur ! Particulièrement souriante, la souveraine, en ensemble vert pomme, semble apprécier les remarques de la nouvelle recrue du clan Windsor, à nouveau très chic en Givenchy beige. On imagine qu'avec une certaine dose de stoïcisme, elle fait de son mieux pour que l'épouse de Harry se sente bien et admise, intégrée par sa nouvelle famille.

Le 15 octobre 2018, par un communiqué du palais de Kensington, les jeunes mariés annoncent la venue d'un prochain heureux événement. Cette nouvelle ouvre le champ à des pronostics fâcheux sur sa potentielle pigmentation. C'est, selon moi, Camilla et non pas Charles qui est l'auteure de la fameuse remarque politiquement incorrecte, qui fera le *buzz* avec Oprah Winfrey. Elle voulait probablement lancer une des répliques amusées dont elle a parfois le chic. Mais, entre nous, même dans l'entourage des couples mixtes, on s'interroge souvent sur la couleur d'un enfant à naître. Ce n'est pas forcément du racisme. Juste une curiosité sur ce que réserve la nature.

La naissance d'Archibald Harrison Mountbatten-Windsor a lieu le 6 mai 2019. À la demande des parents, qui veulent ainsi protéger son enfance, le *royal baby* – qui reçoit la double nationalité – ne se voit gratifier d'aucun titre[1]. Là encore, la grand-mère de Harry témoigne sa bienveillance au jeune couple, notamment lors d'un cliché mettant en évidence son admiration à l'égard de son arrière-petit-fils, présenté par sa jolie maman. Curieusement, Meghan et Harry n'ont pas diffusé une seconde photo où la duchesse montre le nourrisson à sa grand-mère et à son arrière-grand-mère, l'une noire, l'autre blanche, sous le regard attendri des princes Harry et Philip au second plan. Bel exemple de mixité raciale !

Mais, bientôt, c'est rififi chez les Windsor. Le 8 janvier 2020 est la date choisie par Meghan et Harry pour annoncer, par

1. Harry et Meghan ont préféré renoncer à donner à leur enfant tout titre royal, lui laissant la possibilité d'en faire la demande ultérieurement.

le biais d'un communiqué de cent quatre-vingt-quinze mots, qu'ils quittent la famille royale pour vivre leur vie ailleurs. La duchesse-caprice nous la joue «Je ne suis pas Windsor-compatible», et Harry, en brave toutou, nous fait croire qu'il s'étiole désormais, lui aussi, en Angleterre. Pas assez *rock'n'roll* à son goût ? Le conte de fées – si *fées* s'applique bel et bien – est sur sa fin. Il n'aura duré que dix-huit mois.

Ma Lilibet, pourtant solide, et qui en a avalé des vertes et des pas mûres en tant d'années de règne, tombe des nues. Le 13 janvier 2020, soit cinq jours après ce coup d'éclat, elle décide d'intervenir : convocation à Sandringham. Un sommet de la dernière chance entre Harry, Charles et William doit tenter de résoudre cette situation explosive. Seule décision logique : « Harry et Meghan ne rempliront plus d'obligations officielles et ne peuvent plus formellement représenter la Couronne. » Très bienveillante, la reine affirme comprendre leur souhait d'une vie plus indépendante.

Les Sussex s'expatrient d'abord au Canada, puis décident de vivre en Californie, où ils acquièrent une maison somptueuse, à Montecito, près de Santa Barbara, à une heure de Los Angeles. La presse anglaise les honnit. Et, pour une fois, je suis au diapason. Mais ce que Harry ignore, c'est qu'il va bientôt revenir en Angleterre sans pouvoir échapper à la vindicte familiale et populaire. En effet, son grand-père, le prince Philip, meurt le 9 avril 2021. Meghan, enceinte de son second enfant, fait savoir qu'elle ne se déplacera pas, ce qui – entre nous – a certainement ravi ma Lilibet.

La venue du prince rebelle aux obsèques engendre un réel souci d'étiquette. Comme William et Harry ne s'adressent plus la parole depuis le départ de ce dernier, il est préférable que la cérémonie se passe sans drame. C'est si tendu que l'on place un cousin « coussin » ou un « coussin » cousin – Peter Phillips, fils de la princesse Anne – entre les deux rivaux, pour qu'ils ne soient pas trop près l'un de l'autre. Ambiance iceberg. À l'issue de la cérémonie, seule Kate essaie de réchauffer l'atmosphère. Le duc de Sussex reprend rapidement le chemin de l'aéroport pour, dit-il, retrouver, au plus vite, sa femme enceinte.

Avec ce *Megxit*, la reine pensait avoir déjà tout supporté. Elle se trompe ! Le nouveau coup de théâtre se nomme Oprah Winfrey, la papesse des interviews TV *made in USA*. Le 7 mars 2021, elle offre aux Sussex une grand-messe cathodique. Un véritable *scud* contre les Windsor ! La duchesse rebelle apparaît tout d'abord seule, en robe fleurie Armani, et nous conte, sans prompteur, son « calvaire » dans la tribu royale : elle fait face à des difficultés pour s'adapter aux caractères des uns et des autres, les chamailleries sont nombreuses, la jalousie s'installe, car son mari et elle-même, étant très populaires auprès des Anglais, font de l'ombre à Kate et William. Regard fragile de la duchesse-biche, noyé de khôl et de mascara. Elle nous la joue très Bambi. Elle dit chercher un peu d'empathie, mais c'est un mot inconnu, semble-t-il, autour d'elle. Puis, changeant de ton, très mélo, elle explique qu'une grande solitude s'installe – vite, vite, le coup de la larme à l'œil ! Atteinte d'une dépression aiguë pendant sa grossesse, elle souhaite se faire aider, car elle se sent au plus mal et n'en peut plus, mais on lui laisse entendre que ce n'est pas possible, car cela va nuire aux *royals*. Un grand numéro d'actrice ! La duchesse fait pleurer dans les chaumières. Jouer les victimes d'une institution aveugle et froide vous permet de bénéficier instantanément d'un capital sympathie.

La suite met à mal la famille royale : l'un des membres s'inquiète de la couleur de peau de l'enfant à naître de la duchesse. Je vous en ai parlé il y a quelques paragraphes et vous ai donné mon analyse. Meghan a voulu semer le doute. Dès le lendemain, chacun (à la maison ou devant la machine à café) joue à « Mais qui est donc le Windsor raciste ? ». Puéril, mais efficace ! D'autant que la bonne vieille copine Oprah appuie son propos en écarquillant de grands yeux choqués derrière ses lunettes cerclées.

Lorsque Harry vient rejoindre son épouse sur le plateau, il règle lui aussi ses comptes, regrettant d'avoir perdu son titre d'altesse, ce qui le prive de soutien financier et de protection royale. Très sympa, il décrit son père et son frère comme deux

« pantins prisonniers du système ». Il joue surtout la carte du pauvre enfant mal aimé, se sentant abandonné. Depuis Hector Malot et son *Sans famille*, on a rarement vu un tel mélo.

Bref, la guerre est déclarée ! Je présume qu'à ce moment-là, ma Lilibet est horrifiée devant un tel déballage. Jamais, de sa vie de souveraine, elle n'a essuyé des propos aussi choquants. Désormais, les Windsor lavent leur linge sale en public. Le retentissement de ce *psy-show* est mondial, l'interview se retrouve à la une de tous les journaux. Quelle ignominie. Et quelle ingratitude !

Ma Lilibet, elle, est toujours partisane du « *Never complain, never explain* ». Là, elle rédige elle-même quelques mots qui sont une merveille d'équilibre entre empathie et distance, entre écoute et dénégation. Face à ces accusations de racisme, Buckingham publie : « De notre côté, les souvenirs diffèrent. » Quelle dignité, quelle classe !

Je ne suis pas primairement anti-Meghan. Je lui trouve un certain chic. Ses choix vestimentaires la mettent en valeur, même si elle devrait faire attention à privilégier des griffes anglaises plutôt que Dior, Chanel, Valentino et Givenchy (qui a perdu sa styliste british). Elle est toujours sublimement maquillée et coiffée. Elle a de la repartie, elle est cultivée, elle a une personnalité ambitieuse, elle est curieuse de la vie. Ce qui me gêne surtout, c'est son ingratitude. Je souligne tout de même que la facture de la restauration de son Frogmore Cottage a été salée : 3 millions d'euros au lieu de 2, en grande partie parce que sa décoratrice, Vicky Charles, a suivi tous ses ruineux caprices. Meghan, pionnière féministe, je veux bien, mais avec un train de vie de diva et autant de bagages Vuitton !

Installés désormais dans une somptueuse demeure à plus de 14 millions de dollars à Montecito, H & M tentent ensuite de s'inventer un nouveau destin. La duchesse américaine, encouragée par la sœur de Joe Biden, espère rejoindre le Parti démocrate et poursuivre ses rêves à la Maison-Blanche. Tout est possible, on l'a vu avec l'élection de Donald Trump, alors pourquoi pas Meghan première femme métisse présidente, et Harry, *first Lord* ? Quand l'actrice œuvrait pour l'Unicef, Audrey Hepburn, l'égérie de Givenchy, était son modèle. Cette fois-ci, elle se voit en Obama *girl* ! La duchesse n'aurait-elle pas un peu la folie des grandeurs, ou, en tout cas, une ambition démesurée ? Je ne vous cache pas que j'ai ma petite opinion là-dessus.

En attendant, il faut bien vivre sous le rude soleil californien, payer ses douze employés de maison et entretenir sa célébrité. Tandis que Harry, le nécessiteux, rédige avec un « écrivain fantôme » (a *ghostwriter*, disent les Anglais), ses mémoires pour l'éditeur Penguin (prélude à trois autres volumes), avec avances sonnantes et trébuchantes, Meghan négocie un contrat avec Spotify. Son premier podcast sur les archétypes féminins (avec la participation en *guest star* de Serena Williams) est un monument de vanité ! Elle s'assure surtout un gros contrat avec Netflix (on parle de 100 millions de dollars, avec un *deal* de versements en trois parties), une sorte de documentaire sur leur palpitante vie, avec comme prétexte les *Invictus Games* d'avril 2022 aux Pays-Bas. Y a-t-il une clause d'audience dans le contrat ou un droit de regard des dirigeants Netflix sur le contenu ? En tout cas, tout cela semble occuper une bonne partie des déplacements et de l'emploi du temps du couple, et ce de longs mois durant.

Et je joue au polo parce que cela fait de belles images, et je me pointe à Londres pour les manifestations du Jubilé, histoire de montrer que je suis quand même duchesse Windsor, même si on me refuse de jouer la scène du balcon. En 2022, on reprend un petit couplet vengeur dans le magazine *The Cut*, en laissant planer la menace de nouvelles révélations, on refait une tournée caritative pour se racheter, un petit tour à Manchester, en Allemagne, pour annoncer les *Invictus Games* 2023. On n'est pas des stars planétaires pour rien ! Le couple se montre également soucieux de l'environnement. Bons princes, H & M partagent toujours leur jet privé avec le maquilleur et le coiffeur attitrés de la duchesse de Netflix, afin de faire baisser leur bilan carbone.

Et en Angleterre, à chaque fois, c'est le même cinéma : leur protection est-elle prise en charge ? Viendront-ils avec les enfants ou sans eux ? Vont-ils snober William et Kate ? Verront-ils la reine ? Pour ma Lilibet, c'est d'accord, mais sans photo ni caméra Netflix, comme pour la présentation de leur fille le jour de son premier anniversaire à Windsor. Pas question d'entrer dans leur jeu !

Il ne faut pas être devin pour affirmer qu'Elizabeth II regretta amèrement jusqu'à son dernier souffle d'avoir admis, accepté et favorisé l'entrée de Meghan au sein de sa famille. Elle n'aurait jamais imaginé un tel scénario. Que la jeune femme ait pu lui manquer autant de respect ! À elle, le plus ancien monarque sur le trône anglais ! À elle, gardienne des traditions ! Qu'une actrice de second rang ose la défier est une situation à laquelle elle n'avait jamais été confrontée auparavant. Elle s'est sentie dépassée. Qu'en plus, elle ait organisé, tel un complot, la rupture royale et la fuite a épouvanté la souveraine. La stratégie sinueuse qui a suivi l'a déconcertée, d'autant que le couple était en manque d'actions concrètes dans l'humanitaire et l'écologie.

Selon moi, la duchesse porte l'entière responsabilité de la situation dramatique que connaissent le prince et sa famille et, par extension, le peuple britannique, qui vécut très mal le départ du prince Harry et sa nouvelle vie américaine avec rodéo, baseball, barbecue et chemise hawaïenne.

Le feuilleton *Suits* a connu son ultime saison en 2019. Les producteurs ont préféré arrêter la série, faute d'audience suffisante. Meghan était en fait une actrice vieillissante, qui a pensé qu'un mariage royal relancerait sa carrière et a trouvé opportun de rebondir avec la marque Sussex Royal. La reine l'a perçu, au terme de sa vie, comme une manipulatrice et s'en est méfiée comme de la peste. Mais elle a voulu protéger Harry et ses enfants, préserver l'avenir. Peut-être, de là-haut, en voyant ses petits-fils se réunir avec leurs épouses devant les hommages de son peuple à Windsor, a-t-elle retrouvé un peu d'espoir ? J'en doute.

En tout cas, à mes yeux, cette duchesse à la Megha-ambition est surtout un Megha-flop ! Mais ce n'est que mon avis !

HIER,
MA REINE
EST MORTE…

London Bridge is down
La reine morte

Souvent, j'osais un rêve : nous étions en 2024, en 2025, nous étions en 2026, l'année de son centenaire. Parfois même au-delà. Je ne le sais plus, plus vraiment. Mais à quoi bon désormais ? Ce n'était qu'un rêve. Une trêve. Je sais maintenant que nous étions en 2022. Au mois de septembre. Le 8, très précisément. Il devait être 15 heures, heure anglaise. Peut-être 15 h 20, pas davantage. Ce dont je suis certain en revanche, c'est qu'en cette fin d'été, moi aussi, mon cœur a cessé de battre.

Aujourd'hui, avec le recul, de cet instant, quel est mon souvenir ? La question est fréquente. Je ne le sais pas encore, pas exactement, mais, étrangement, je ne garde pas le souvenir d'un deuil. Je n'étais pas en deuil. J'étais en guerre. Tant de fois vous l'aviez enterrée déjà, tant de fois je l'ai défendue, je l'ai protégée, j'ai continué à y croire, parce que je la savais forte, je la savais reine, tellement dure, volontaire. Vous connaissiez *Elizabeth II Regina*. Souveraine des hommes, bénie de Dieu. Elle était pour moi *Lilibet*. Et ces dernières années, à la radio, dans les journaux, sur les plateaux télévisés, ce fut souvent Lilibet et moi contre le monde entier.

Pour fermer ses yeux gris-bleu, elle a donc choisi le 8 septembre 2022. Et les landes de Balmoral. Son cœur devenu vieux, devenu faible, trop faible, a cessé de battre. Je ne pleure pas sur la reine aux cent cinquante millions de sujets à travers le monde, seule chef du ciel et de la terre. Je pleure sur une femme. Celle qui me rappelle tellement ma grand-mère. Sur une princesse née dans un monde dont aujourd'hui plus personne ne se souvient. Sur une petite fille blonde dont l'enfance restera marquée à jamais par la prise de conscience d'un destin tellement différent, tellement peu ordinaire, tellement extraordinaire. Un destin un rien trop grand. Je pleure sur l'amoureuse, l'amante d'un seul homme, qu'elle est parvenue à anoblir, à imposer, qu'elle a aimé furieusement. Je pleure sur la mère. Qui a fait de son mieux. Qui a fait ce qu'elle a pu, ce qu'elle a cru. Je pleure sur une page qui se tourne aussi, sur un monde qui s'en va. Car, nous le savons tous, rien, plus rien désormais, ne sera comme avant.

Ma reine est morte le 8 septembre. Et pour répondre à votre question : je me suis senti seul et triste. Oh , je ne me plains pas. Ce serait indécent. Elle m'a déjà tant offert : un début de carrière. Dans la rue, je vous ai entendu, vos mots doux, vos paroles tendres. Derrière mes lunettes noires, je vous ai vu me sourire, j'ai perçu votre affection. Je sais que vous avez raison : les souvenirs sont éternels. Et puisque les rois ne meurent jamais, mon héroïne est immortelle. D'ailleurs, elle est dans les livres d'Histoire, Elizabeth deuxième, Elizabeth la grande, Elizabeth l'immense. Mais à moi, elle me manque. Alors, bien sûr, je ne vous connais pas, mais, avouez-le, dites-le-moi, à vous aussi, elle vous manque.

Durant onze jours, le monde s'est arrêté. Comme figé. Comme glacé. Des images noires ont défilé sous nos yeux. Des funérailles grandioses, planétaires, des funérailles captivantes, comme sorties d'un conte, tirées du fond des âges, mais un peu effrayantes. Parce que inappropriées. Les funérailles de ma reine à moi ne lui ont pas ressemblé. Les voûtes millénaires de Westminster ont ouvert les portes du ciel à la monarque du trône de saint Edward, à la quarantième souveraine de Grande-Bretagne depuis la conquête normande. Pas à la reine que l'on connaît. Pas à la femme que l'on aime. Pas à ma Lilibet, à notre

Lilibet. Celle-là n'avait pas besoin d'archevêque de Cantorbéry, d'évêques, de chanoines, de doyens, pas besoin d'oraison, d'affût de canon, d'officiers marins, de fleurs blanches, de fleurs roses, de quatre milliards de téléspectateurs. Elle n'avait besoin de rien. En partant, elle n'a d'ailleurs rien emporté. Juste son alliance, dit-on. Trois fois rien. Trois fois rien du tout. Juste un peu de nous.

Puisqu'elle a œuvré jusqu'au dernier jour, puisqu'elle s'est donnée tout entière (et puisque je savais qu'elle se donnerait tout entière), quand elle a décidé de partir (puisqu'elle seule l'a décidé), au fond de moi, j'ai senti le besoin d'agir, d'œuvrer moi aussi. Jusqu'à l'épuisement. Durant ces onze jours, durant ces onze nuits qui ont changé le monde, j'ai multiplié les apparitions télévisées, les entretiens, les interviews. Des journées longues, tellement longues, des nuits blanches. J'ai travaillé jusqu'à plus soif, jusqu'aux vertiges, jusqu'à la nausée. Ce fut ma façon à moi de lui dire merci, de repousser l'inéluctable, l'inexorable. Une façon aussi, vous l'avez compris, de ne pas voir, pas encore, la frappante évidence.

Sur C8, sur LCI, sur BFM, sur CNEWS… je vous ai narré mille anecdotes. Longtemps, par exemple, les rois d'Angleterre, impopulaires, ont été enterrés de nuit. Ce sont les funérailles de Victoria, en 1901, qui ont changé la donne et qui firent naître un cérémonial en grande pompe. Je n'aime pas particulièrement les dates. Je trouve qu'elles embrouillent le public. Néanmoins, certaines d'entre elles me revenaient sans avoir à les chercher.

Depuis 1991, c'est la société familiale Leverton & Co. qui a la charge des funérailles royales. La maison funèbre a été fondée en 1769. Et l'homme actuellement responsable de la coordination des arrangements funéraires du clan Windsor, Clive Leverton, est la huitième génération. Basé à Camden, l'établissement jouit d'une réputation de discrétion et de tact absolus, une signature qu'il a eu l'occasion de démontrer au monde entier lorsqu'il dut, à l'aube du 31 août 1997, intervenir de toute urgence sur la princesse de Galles, puis, six jours plus tard, orchestrer les obsèques les plus émouvantes et les plus télévisuelles du siècle dernier.

C'est cet homme que je ne connais pas donc, que je n'ai jamais vu, ce Clive Leverton, qui a couché mon héroïne dans son cercueil. Doublé de plomb, celui-ci a été réalisé en chêne de Sandringham et est parfaitement identique à celui du prince Philip. Son couvercle a fait l'objet d'un travail minutieux puisqu'il a dû supporter les lourds insignes royaux. Ses poignées sont en laiton. Le maître d'ouvrage qui s'est vu confier la réalisation de cette dernière demeure royale, un coffre à l'allure de sarcophage, avait déjà réalisé les cercueils de Freddie Mercury et Jimi Hendrix.

Évidemment, je n'étais pas là. Mais, certains soirs, dans la froideur de Balmoral, j'imagine l'enveloppe de plomb se refermer sur le corps de ma reine à moi, frêle dépouille que des mains habiles, certes, mais étrangères, ont lavée, maquillée, revêtue d'une robe noire. On n'en parle pas mais, évidemment, ma Lilibet a été embaumée. D'autres soirs, dans le silence, j'entends les chevilles pénétrer le bois, je les vois tournoyer, se serrer encore et encore. Pour l'éternité !

C'est peut-être choquant, je le sais, mais je le répète : ma Lilibet était au courant de tout. Et, à aucun moment, elle n'a jugé ces volets préparatoires gênants ou intrusifs. Elle n'a jamais rien vu de déplacé à être parfaitement informée du moindre détail de ses obsèques. Elle savait que ça faisait partie du job ! Celui d'un chef d'État.

En réalité, les arrangements préliminaires concernant la mort de la reine ont commencé avant même que son père, le roi George VI, ne soit enterré, le 16 février 1952. Pour ces préparatifs, tous les membres de la famille royale reçoivent un nom de code. Le monde entier sait désormais que les orchestrations concernant notre *Queen* portaient la référence « *London Bridge* ». Sur les plateaux télévisés, il m'a semblé utile de rappeler que celles du duc d'Édimbourg étaient répertoriées sous le nom de code «*Forth Bridge*», un pont situé… à Édimbourg, que les funérailles de la défunte reine mère, de souche écossaise, ont été célébrées sous le nom de code «*Tay Bridge*», autre aqueduc *made in Scotland*, et que le pont qui a été retenu pour le nouveau roi Charles III est celui de Menai, passerelle suspendue au pays de Galles.

Lors d'une interview, on me demanda pourquoi systématiquement retenir le nom d'un pont. La réponse est simple : parce qu'il symbolise le passage vers une autre rive. Le franchir est un moment de transition. Au temps où c'étaient de jolies opératrices – pour ne pas dire des «demoiselles du téléphone» – qui étaient chargées de transmettre les communications, ces messages codés permettaient aussi de s'assurer que l'information ne soit pas éventée avant que les nombreux rouages de la machine officielle ne se mettent en route.

À de nombreuses reprises, je fus étonné (pour ne pas dire bouleversé) de constater qu'au fond, cette pièce qui se jouait sous les yeux du monde, je la connaissais presque par cœur. Je pouvais en donner de nombreuses et de nombreuses répliques. Pourquoi? Parce que les funérailles d'un souverain d'Angleterre ne laissent pas une seule seconde à l'improvisation et que, chaque année, un groupe de travail de six personnes issues du bureau du lord-chambellan et du Collège des armes se réunit pour mettre le dossier à jour. Ce cénacle a œuvré sous la présidence du duc de Norfolk. Vous le connaissez déjà un peu. Souvenez-vous, c'est lui qui, en 1953, avait opéré aux préparatifs du couronnement. Enfin, quand je dis «lui», c'était son prédécesseur, en réalité! Comme tous ses aïeux, en sa qualité de premier duc du Royaume-Uni, Edward Fitzalan-Howard, actuel dix-huitième détenteur de ce titre créé en 1397, s'est vu, en même temps que son duché, confier la lourde responsabilité de tous les arrangements inhérents aux sacres ou aux funérailles d'un monarque.

En 1952, lorsque la reine accéda au trône, la BBC (on l'a vu) fut autorisée à placer quatre caméras sous les voûtes de Westminster. Le 19 septembre 2022, il aurait été impensable que les funérailles de la femme la plus célèbre du monde ne soient pas retransmises en direct. Pendant onze jours, tous les regards du globe se sont tournés vers Londres. La capitale fut en état de siège. Des dizaines de studios télé mobiles, des centaines d'envoyés spéciaux, autant de techniciens, des milliers d'heures d'images, des kilomètres de câbles, des millions de silhouettes noires massées aux abords de Westminster. Les tours de la vieille abbaye furent un point de ralliement. Comme ce fut le cas pour les funérailles de Victoria en 1901, d'Edward VII en 1910, de George V en 1936 et de George VI en 1952, le temps d'une funeste parenthèse, la présence de cinq cents chefs d'État fit de Londres le premier (et le plus aristocratique) hôtel de la planète.

Les funérailles de Lilibet furent aussi l'occasion de rappeler que ce n'est qu'en 1936, lors des obsèques de George V, le grand-père de la reine, que la BBC a été autorisée à diffuser le son des marcheurs et le battement solennel des tambours, le long du Mall. Mais, à l'époque, il était inconcevable d'imaginer la présence de microphones à l'intérieur de l'abbaye pour une captation du service funèbre.

Une partie importante du *London Bridge Book* était consacrée à la composition des troupes militaires qui formèrent le cortège funèbre. Un souverain étant un chef de guerre, ce chapitre est essentiel. Le privilège de véhiculer l'affût de canon sur lequel était posé le cercueil a été, on l'a vu, octroyé à la *Royal Navy*. Cet honneur remonte aux funérailles de la reine Victoria. Durant la procession, les chevaux de tête de l'artillerie royale ont soudain été pris de panique. La garde d'honneur navale a dû intervenir d'urgence et prendre physiquement en charge la tâche de tirer le char funèbre. Ils étaient cent quarante-deux. Une tradition venait de naître !

Souvent, on me demande l'image que je retiens. Elle me vient spontanément. Sous l'immense voûte d'ogive de Westminster Hall, sur le lion, le léopard et la harpe royale : la grande couronne impériale avec ses 2 868 diamants, 273 perles, 17 saphirs, 11 émeraudes et 5 rubis. Le sceptre, symbole d'autorité royale. Et l'orbe, représentation de la domination du monde chrétien. Cette image, c'est la magie des rois qui ont fait, qui font, qui feront l'Angleterre. C'est l'image de l'éternité.

Mais plus qu'une image, c'est le silence que j'entends. Un silence qui frappe, qui hurle, qui a pétrifié la Grande-Bretagne et le monde. Du nord au sud, du Canada à l'Australie, des îles Grenades à la Jamaïque, de la Nouvelle-Zélande à la Papouasie, le pouls de la planète s'est arrêté de battre.

Pour moi, c'est ici, c'est ainsi, pas en la nécropole de Windsor (bien trop triste), que s'achève la saga la plus longue et la plus royale de l'Histoire. Je trouve trop facile, trop commun, d'écrire ici le mot « *The End* ». Je préfère un « *Thank You* ».

Ultime confidence : « *Thank You* » sont les deux seuls mots que j'ai adressés à l'héroïne de mon cœur. Mon dernier message. Je l'ai rédigé le lendemain de sa mort, dans un silence frissonnant. Je l'ai glissé dans une belle enveloppe blanche. Mais ces deux mots, je ne les ai pas écrits au feutre noir. J'ai plongé une vieille plume d'oie dans de l'encre bleue. La couleur de sa correspondance personnelle. Celle qu'elle lisait avec le plus de plaisir. Le bleu était aussi la couleur des confidences qu'elle couchait chaque soir dans son journal intime. La couleur de la femme. Pas celle de la reine. Sa couleur favorite.

Ce bleu qu'elle aimait tant est aujourd'hui la couleur de mon âme.

ANNEXES
WHO'S WHO

Tête d'affiche
ELIZABETH II

TITRES : Sa Majesté la reine Elizabeth II, par la grâce de Dieu, reine du Royaume-Uni de Grande-Bretagne et d'Irlande du Nord et de ses autres royaumes et territoires, chef du Commonwealth, défenseur de la foi.

NOMS : Elizabeth Alexandra Mary Windsor.

SURNOMS : « Lilibet », diminutif d'Elizabeth : utilisé par son père George VI, par sa mère, la reine Elizabeth, puis, plus tard, par la princesse Margaret et le prince Philip. « Gary », inspiré de *granny* (mamie) : utilisé essentiellement par William et Harry. « Gan-Gan », autre diminutif de *granny*, inventé par George. Également utilisé par Louis et Charlotte.

TAILLE : 1,63 m (même si, avec l'âge, elle s'est tassée).

NAISSANCE : 21 avril 1926, à 2 h 40, au 17 Bruton Street, à Mayfair.

DÉCÈS : 8 septembre 2022, au château de Balmoral (96 ans).

PARENTS : le roi George VI (1895-1952) et la reine Elizabeth (1900-2002).

SŒUR : princesse Margaret Rose (1930-2002).

MARIAGE : 20 novembre 1947, abbaye de Westminster, prince Philip, duc d'Édimbourg (1921-2021).

A ACCÉDÉ AU TRÔNE : le 6 février 1952.

COURONNEMENT : 2 juin 1953.

ENFANTS : SAR le prince de Galles (14 novembre 1948) Charles Philip Arthur George, devenu le roi Charles III ; SAR la princesse royale (15 août 1950) Anne Elizabeth Alice Louise ;

SAR le duc d'York (19 février 1960) Andrew Albert Christian Edward; SAR le comte de Wessex (10 mars 1964) Edward Antony Richard Louis.

ADRESSES :

♛ Buckingham Palace, London SW1A 1AA.

♛ Windsor Castle, Berkshire, SL4 1NJ.

♛ Balmoral Castle, Ballater, Aberdeenshire, AB35 5TB.

♛ Sandringham House, Norfolk, PE35 6EN… jusqu'au 8 septembre 2022. Elle est enterrée au château de Windsor, dans une crypte de la chapelle saint-Georges.

Rôles principaux
PHILIP

TITRES : à sa naissance, prince de Grèce et de Danemark. Par mariage, SAR le duc d'Édimbourg, comte de Merioneth et baron Greenwich. Dès l'accession au trône d'Elizabeth II, prince consort du Royaume-Uni.

NOMS : Philip de Battenberg (Mountbatten).

SURNOMS : « Mon Roc », aux yeux de son épouse.

TAILLE : 1,80 m.

NAISSANCE : 10 juin 1921, palais de Mon Repos, à Corfou.

DÉCÈS : 9 avril 2021, château de Windsor (99 ans).

PARENTS : cinquième enfant (et seul fils) du prince André de Grèce (1882-1944) et de la princesse Alice de Battenberg (1885-1969). Petit-fils de George Ier, roi des Hellènes (1845-1913).

SŒURS : Marguerite (1905-1981), Théodora (1906-1969), Cécile (1911-1937), Sophie (1914-2001).

ADRESSE : Wood Farm, Sandringham Estate, RFF4 + 59, King's Lynn, Norfolk, PE31 6HD.

CHARLES[1]

TITRES : à sa naissance, SAR le prince Charles d'Édimbourg. Dès 1952, duc de Cornouailles, duc de Rothesay, baron Renfrew, prince et grand steward d'Écosse. Dès 1958, prince de Galles. Dès 2022, Sa Majesté le roi Charles III.

NOMS : Charles Philip Arthur George.

SURNOMS : « Fred », petit nom affectueux donné par Camilla pendant leur liaison pour être plus discret. « Grandpa Wales », donné par George, Charlotte et Louis.

TAILLE : 1,75 m.

NAISSANCE : 14 novembre 1948, palais de Buckingham.

PARENTS : prince Philip, duc d'Édimbourg, et Elizabeth II.

MARIAGES : 29 juillet 1981, cathédrale Saint-Paul, Lady Diana Spencer (1961-1997).

9 avril 2005, Chapelle Saint-Georges du château de Windsor, Camilla Shand.

A ACCÉDÉ AU TRÔNE : le 8 septembre 2022.

COURONNEMENT : 6 mai 2023.

ENFANTS : William, duc de Cambridge, devenu prince de Galles, et Henry, duc de Sussex.

FRÈRES/SŒUR : Anne, princesse royale, Andrew, duc d'York, et Edward, comte de Wessex.

ADRESSES :

♛ Clarence House, London SW1 A1BA.

♛ Highgrove, Doughton, Tetbury, GL8 8TN.

♛ Birkhall, Ballater, Aberdeenshire, AB35 5ST.

♛ Buckingham Palace, London SW1A 1AA.

---

1. Ça déménage chez les Windsor. Depuis la mort de la reine, on sait que le parc immobilier de la Couronne va fortement évoluer. À l'heure où vous lisez ces lignes, certaines de ces adresses sont susceptibles de changer.

CAMILLA

TITRES : depuis son mariage, SAR la princesse de Galles, duchesse de Cornouailles, duchesse de Rothesay et duchesse d'Édimbourg. Depuis le 8 septembre 2022, reine consort.

NOMS : Camilla Rosemary Shand.

SURNOMS : « Gladys », petit nom affectueux donné par le prince Charles pendant leur liaison pour être plus discret.

TAILLE : 1,73 m.

NAISSANCE : 17 juillet 1947, à Londres.

PARENTS : Bruce Shand (1917-2006) et Rosalind Cubitt (1921-1994).

MARIAGES : de 1973 à 1995, Andrew Parker Bowles.

9 avril 2005, chapelle Saint-Georges du château de Windsor, prince Charles.

ENFANTS : Thomas (1974) et Laura Parker Bowles (1978).

FRÈRE/SŒUR : Annabel Elliot (1949) et Mark Shand (1951-2014).

ADRESSES :

♕ Clarence House, London SW1 A1BA.

♕ Highgrove, Doughton, Tetbury, GL8 8TN.

♕ Birkhall, Ballater, Aberdeenshire, AB35 5ST.

♕ Buckingham Palace, London SW1A 1AA.

WILLIAM

TITRES : à sa naissance, SAR, prince du Royaume-Uni, de Grande-Bretagne et d'Irlande du Nord. Depuis son mariage, duc de Cambridge, comte de Strathearn, baron Carrickfergus. Dès 2022, prince de Galles, duc de Cornouailles, duc de Rothesay, baron Renfrew, prince et grand steward d'Écosse.

NOMS : William Arthur Philip Louis.

SURNOMS : « Wombat », référence au Marsupilami, donné par la princesse Diana suite à un voyage en Australie alors que le prince avait deux ans. « Steve », pour passer inaperçu lors de ses études à Saint-Andrews. « Pops », donné par le prince George.

TAILLE : 1,91 m.

NAISSANCE : 21 juin 1982, St Mary's Hospital, Londres.

PARENTS : SAR le prince Charles et SAR la princesse Diana.

MARIAGE : 29 avril 2011, abbaye de Westminster, Catherine Middleton.

ENFANTS : le prince George (2013), la princesse Charlotte (2015) et le prince Louis (2018).

FRÈRE : prince Henry, duc de Sussex.

ADRESSES :

♛ Kensington Palace, Kensington Gardens, London W8 4PX.

♛ Adelaide Cottage, Windsor Great Park, Berkshire, SL4 2AG.

♛ Anmer Hall, King's Lynn, Norfolk, PE31 6RP.

CATHERINE
(KATE)

TITRES : depuis son mariage, SAR la duchesse de Cambridge, comtesse de Strathearn, baronne Carrickfergus. Dès 2022, princesse de Galles, duchesse de Cornouailles, duchesse de Rothesay, baronnne Renfrew, princesse d'Écosse.

NOMS : Catherine Elizabeth Middleton.

SURNOMS : « Babykins », « Poppet » ou encore « Darling », donné par le prince William. Dans son enfance, sa famille l'avait baptisée « Squeak », comme mon cochon d'Inde.

TAILLE : 1,75 m.

NAISSANCE : 9 janvier 1982, au Royal Berkshire Hospital.

PARENTS : Michael Francis Middleton (1949) et Carole Elizabeth Goldsmith (1955).

MARIAGE : 29 avril 2011, abbaye de Westminster, prince William, duc de Cambridge.

ENFANTS : le prince George (2013), la princesse Charlotte (2015) et le prince Louis (2018).

FRÈRE/SŒUR : Philippa Middleton, dite Pippa (1983) et James Middleton (1987).

ADRESSES :

♛ Kensington Palace, Kensington Gardens, London W8 4PX.

♛ Adelaide Cottage, Windsor Great Park, Berkshire, SL4 2AG.

♛ Anmer Hall, King's Lynn, Norfolk, PE31 6RP.

GEORGE, CHARLOTTE ET LOUIS

TITRES : princes et princesse du Royaume-Uni.

NOMS : George Alexander Louis de Cambridge.

Charlotte Elizabeth Diana de Cambridge.

Louis Arthur Charles de Cambridge.

NAISSANCE : 22 juillet 2013, St Mary's Hospital, Londres.

2 mai 2015, St Mary's Hospital, Londres.

23 avril 2018, St Mary's Hospital, Londres.

PARENTS : William et Catherine, duc et duchesse de Cambridge.

ADRESSES :

♛ Kensington Palace, Kensington Gardens, London W8 4PX.

♛ Adelaide Cottage, Windsor Great Park, Berkshire, SL4 2AG.

♛ Anmer Hall, King's Lynn, Norfolk, PE31 6RP.

Rôles secondaires
ANNE

TITRES : à sa naissance, SAR, princesse du Royaume-Uni, de Grande-Bretagne et d'Irlande du Nord, princesse royale.

NOMS : Anne Elizabeth Alice Louise.

SURNOMS : « Mme Wallis », lors de sa relation avec Peter Cross.

TAILLE : 1,68 m.

NAISSANCE : 15 août 1950, palais de Clarence House, Londres.

PARENTS : prince Philip, duc d'Édimbourg, et Elizabeth II.

MARIAGES : 14 novembre 1973, abbaye de Westminster, capitaine Mark Phillips (1948). Divorce prononcé en 1992. 12 décembre 1992, église paroissiale de Crathie, commandant Timothy Laurence (1955).

ENFANTS : Peter Phillips (1977) et Zara Phillips (1981).

FRÈRES : Charles, prince de Galles, devenu le roi Charles III. Andrew, duc d'York. Edward, comte de Wessex.

ADRESSE : Gatcombe Park, Stroud, GL6 9B6.

ANDREW

TITRES : à sa naissance, SAR, prince du Royaume-Uni, de Grande-Bretagne et d'Irlande du Nord. À son mariage, duc d'York, comte d'Inverness, baron Killyleagh.

NOMS : Andrew Albert Christian Edward.

SURNOMS : « Bébé grognon », par Mabel Anderson, sa nourrice. « Airmiles Andy », pour sa passion à prendre l'avion. « SAB », soit « Son Altesse Bouffonne », donné par les membres du palais de Buckingham.

TAILLE : 1,83 m.

NAISSANCE : 19 février 1960, palais de Buckingham.

PARENTS : prince Philip, duc d'Édimbourg, et Elizabeth II.

MARIAGE : 23 juillet 1986, abbaye de Westminster, Sarah Ferguson.

ENFANTS : la princesse Beatrice d'York (1988) et la princesse Eugenie d'York (1990).

FRÈRES/SŒUR : Charles, prince de Galles devenu le roi Charles III, Anne, princesse royale, et Edward, comte de Wessex.

ADRESSE : Royal Lodge, Windsor Great Park, Berkshire, SL4 2HW.

EDWARD

TITRES : à sa naissance, SAR, prince du Royaume-Uni, de Grande-Bretagne et d'Irlande du Nord. À son mariage, comte de Wessex, vicomte Severn.

NOMS : Edward Antony Richard Louis.

SURNOMS : « Ed » ou « Eddie » pour ses très proches.

TAILLE : 1,85 m.

NAISSANCE : 10 mars 1964, palais de Buckingham.

PARENTS : prince Philip, duc d'Édimbourg, et Elizabeth II.

MARIAGE : 19 juin 1999, chapelle Saint-Georges du château de Windsor, Sophie Rhys-Jones (1965).

ENFANTS : Louise Alice Elizabeth Mary Mountbatten-Windsor (2003) et James Alexander Philip Theo Mountbatten-Windsor, vicomte Severn (2007).

FRÈRES/SŒUR : Charles, prince de Galles devenu le roi Charles III, Anne, princesse royale, et Andrew, duc d'York.

ADRESSE : Baghshot Park, London Road, Surrey, GU195PJ.

GEORGE VI

TITRES : SAR le duc d'York et, à partir du 11 décembre 1936, « George VI, par la grâce de Dieu, de Grande-Bretagne, d'Irlande et des Dominions britanniques au-delà des mers, roi, défenseur de la foi, empereur d'Inde ».

NOMS : Albert Frederick Arthur George.

SURNOMS : « Bertie », diminutif d'Albert, son prénom de baptême.

TAILLE : 1,75 m.

NAISSANCE : 14 décembre 1895, château de Sandringham.

DÉCÈS : 6 février 1952, château de Sandringham (56 ans).

PARENTS : roi George V et reine Mary.

MARIAGE : 26 avril 1923, abbaye de Westminster, lady Elizabeth Bowes-Lyon.

A ACCÉDÉ AU TRÔNE : 11 décembre 1936.

COURONNEMENT : 12 mai 1937, abbaye de Westminster.

ENFANTS : Elizabeth Alexandra Mary, future Elizabeth II (1926), et Margaret Rose (1930).

FRÈRES/SŒUR : Edward VIII, duc de Windsor (1894-1972), Mary du Royaume-Uni (1897-1965), Henry de Gloucester (1900-1974), George de Kent (1902-1942) et John du Royaume-Uni (1905-1919).

ADRESSES :

♛ Buckingham Palace, London SW1A 1AA.

♛ Windsor Castle, Berkshire, SL4 1NJ.

♛ Balmoral Castle, Ballater, Aberdeenshire, AB35 5TB.

♛ Sandringham House, Norfolk, PE35 6EN.

ELIZABETH BOWES-LYON
(QUEEN MUM)

TITRES : SAR la duchesse d'York et, à partir du 11 décembre 1936, reine consort du Royaume-Uni.

NOMS : Elizabeth Angela Marguerite Bowes-Lyon.

SURNOMS : « Queen Mum », surnom affectueux donné par la presse et le peuple après le décès de son mari.

TAILLE : 1,57 m.

NAISSANCE : 4 août 1900, Londres.

DÉCÈS : 30 mars 2002, château de Windsor (101 ans).

PARENTS : Claude Bowes-Lyon et Cecilia Cavendish-Bentinck.

MARIAGE : 26 avril 1923, abbaye de Westminster, prince Albert, duc d'York, futur George VI.

ENFANTS : Elizabeth Alexandra Mary, future Elizabeth II (1926), et Margaret Rose (1930).

FRÈRES/SŒURS : Violet Jacinthe Bowes-Lyon (1882-1893), Mary Bowes-Lyon (1883-1961), Patrick Bowes-Lyon (1884-1949), John Bowes-Lyon (1886-1930), Alexander Francis Bowes-Lyon (1887-1911), Fergus Bowes-Lyon (1889-1915), Rose Bowes-Lyon (1890-1967), Michael Hamilton Claude Bowes-Lyon (1893-1953), David Bowes-Lyon (1902-1961).

ADRESSE : Clarence House, London SW1 A1BA.

MARGARET

TITRES : à sa naissance, SAR, princesse du Royaume-Uni. Dès le 6 mai 1960, comtesse de Snowdon et vicomtesse Linley.

NOMS : Margaret Rose Windsor.

SURNOMS : « Margot », « Bud » (bouton), donné par sa sœur lorsqu'elles étaient enfants.

TAILLE : 1,55 m.

NAISSANCE : 21 août 1930, château de Glamis, Écosse.

DÉCÈS : 9 février 2002, Londres (71 ans).

PARENTS : le roi George VI (1895-1952) et la reine Elizabeth (1900-2002).

SŒUR : Elizabeth Alexandra Mary, future Elizabeth II (1926).

MARIAGE : 6 mai 1960, abbaye de Westminster, Antony Armstrong-Jones. Divorce en 1978.

ENFANTS : David Armstrong-Jones, deuxième comte de Snowdon, vicomte Linley (1961), et Sarah Armstrong-Jones (1964).

ADRESSE : Kensington Palace, Kensington Gardens, London W8 4PX, Apt 1A.

DIANA

TITRES : à sa naissance, l'Honorable Diana Frances Spencer. À son mariage, SAR la princesse de Galles. Dès son divorce, Diana, princesse de Galles.

NOMS : Diana Frances Spencer.

SURNOMS : « Lady Di, princesse des cœurs ». Donné par la presse et le peuple britannique.

TAILLE : 1,78 m.

NAISSANCE : 1er juillet 1961, Sandringham.

DÉCÈS : 31 août 1997, Paris (36 ans).

PARENTS : Edward Spencer, vicomte Althorp, 8e comte Spencer (1924-1992), et Frances Burke-Roche (1936-2004).

FRÈRE/SŒURS : Sarah (1955), Jane (1957), John (1960-1960) et Charles, 9e comte Spencer (1964).

MARIAGE : 29 juillet 1981, cathédrale Saint-Paul, Charles, prince de Galles. Divorce en 1996.

ENFANTS : William, prince de Galles, et Henry, duc de Sussex.

ADRESSE : Kensington Palace, Kensington Gardens, London W8 4PX, Apt 8 et 9.

SARAH FERGUSON

TITRES : à son mariage, SAR la duchesse d'York. Dès son divorce, Sarah, duchesse d'York.

NOMS : Sarah Margaret Ferguson.

SURNOMS : « Duchess of pork », surnom donné par la presse tabloïd faisant référence à ses variations de poids.

TAILLE : 1,72 m.

NAISSANCE : 15 octobre 1959, Londres.

PARENTS : Ronald Ferguson (1931-2003) et Susan Mary Wright (1937-1998).

MARIAGE : 23 juillet 1986, abbaye de Westminster, prince Andrew, duc d'York. Divorce en 1996.

ENFANTS : princesse Beatrice d'York (1988) et princesse Eugenie d'York (1990).

FRÈRE/SŒURS : Jane (1957), Andrew (demi-frère, 1978), Alice (demi-sœur, 1980), Elizabeth (demi-sœur, 1985).

ADRESSE : Royal Lodge, Windsor Great Park, Berkshire, SL4 2HW.

EDWARD VIII

TITRES : à sa naissance, prince Edward d'York. Devenu héritier du trône : prince Edward de Galles. Devenu roi, « Edward VIII, par la grâce de Dieu, de Grande-Bretagne, d'Irlande et des Dominions britanniques au-delà des mers, roi, défenseur de la foi, empereur d'Inde ». Après l'abdication : duc de Windsor.

NOMS : Edward Albert Christian George Andrew Patrick David.

SURNOMS : « David », seule Wallis l'appelait par son nom de baptême.

TAILLE : 1,65 m.

NAISSANCE : 23 juin 1894, White Lodge, Londres.

DÉCÈS : 28 mai 1972, Villa Windsor, Paris (77 ans).

PARENTS : roi George V et reine Mary.

A ACCEDÉ AU TRÔNE : 20 janvier 1936.

ABDICATION : 11 décembre 1936.

MARIAGE : 3 juin 1937, château de Candé, Wallis Simpson.

ENFANT : aucun.

FRÈRE/SŒUR : George VI (1895-1952), Mary du Royaume-Uni (1897-1965), Henry de Gloucester (1900-1974), George de Kent (1902-1942) et John du Royaume-Uni (1905-1919).

ADRESSE : 4, route du Champ-d'Entraînement, 75016 Paris.

WALLIS SIMPSON

TITRES : dès son troisième mariage, Sa Grâce la duchesse de Windsor.

NOMS : Bessie Wallis Warfield.

SURNOMS : « Yankee », petit nom donné par Edward.

« Duchess Difficult », donné par les membres de son personnel.

TAILLE : 1,65 m.

NAISSANCE : 19 juin 1896, Blue Ridge Summit, Pennsylvanie, USA.

DÉCÈS : 24 avril 1986, Villa Windsor, Paris (89 ans).

PARENTS : Teackle Wallis Warfield (1869-1896) et Alice Montague (1869-1929).

MARIAGE : 1916, Earl Winfield Spencer. 1928, Ernest Aldrich Simpson. 1937, château de Candé, duc de Windsor.

ENFANT : aucun.

FRÈRE/SŒUR : aucun.

ADRESSE : 4, route du Champ-d'Entraînement, 75016 Paris.

Les figurants
HARRY

TITRES : à sa naissance, SAR, prince du Royaume-Uni, de Grande-Bretagne et d'Irlande du Nord. À son mariage, duc de Sussex, comte de Dumbarton et baron Kilkeel. Depuis mars 2020, prédicat d'altesse royale retiré.

NOMS : Henry Charles Albert David, dit Harry.

SURNOMS : « Ginger » – « roux », diminutif donné par Diana. « Amour » (en français) et « Haz », donné par Meghan.

TAILLE : 1,86 m.

NAISSANCE : 15 septembre 1984, St Mary's Hospital, Londres.

PARENTS : SAR le prince Charles et SAR la princesse Diana.

MARIAGE : 19 mai 2018, chapelle Saint-George du château de Windsor, Meghan Markle.

ENFANTS : Archibald Harrison Mountbatten-Windsor (2019) et Lilibet Diana Mountbatten-Windsor (2021).

FRÈRE : prince William, duc de Cambridge (1982).

ADRESSES :

♛ 765 Rockbridge Rd, Montecito, CA 93108, USA.

♛ Frogmore Cottage, Windsor Great Park, Windsor, SL4 2JG.

MEGHAN

TITRES : depuis son mariage, SAR la duchesse de Sussex, comtesse de Dumbarton, baronne Kilkeel. Depuis mars 2020, prédicat d'altesse royale retiré.

NOMS : Rachel Meghan Markle.

SURNOMS : « Tungstène », aussi solide et inflexible que le métal. Surnom donné par le prince Charles.

TAILLE : 1,68 m.

NAISSANCE : 4 août 1981, hôpital West Park de Canoga Park, Los Angeles.

PARENTS : Thomas Wayne Markle (1944) et Doria Loyce Ragland (1956).

MARIAGES : 16 août 2011, Ocho Rios, Jamaïque, Trevor Engelson. 19 mai 2018, chapelle Saint-George du château de Windsor, prince Harry, duc de Sussex.

ENFANTS : Archibald Harrison Mountbatten-Windsor (2019) et Lilibet Diana Mountbatten-Windsor (2021).

FRÈRE/SŒUR : Yvonne Markle, dite Samantha (demi-sœur, 1964), et Thomas Markle Junior (demi-frère, 1966).

ADRESSES :

♕ 765 Rockbridge Rd, Montecito, CA 93108, USA.

♕ Frogmore Cottage, Windsor Great Park, Windsor, SL4 2JG.

Repères chronologiques

1926 : naissance de la jeune Elizabeth, à Londres, le 21 avril.
1930 : naissance de la princesse Margaret Rose, au château de Glamis, le 21 août.
1936 : mort du roi George V, le 20 janvier. Le prince de Galles devient roi sous le nom d'Edward VIII. Il abdique (le 11 décembre).
1937 : Edward VIII épouse, le 3 juin, Mrs Wallis Simpson et devient duc de Windsor. George VI est couronné (12 mai) et sa fille Elizabeth devient princesse héritière.
1947 : mariage, le 20 novembre, avec le prince Philip de Grèce et de Danemark.
1948 : naissance du prince Charles, 14 novembre.
1950 : naissance de la princesse Anne, 15 août.
1952 : mort du roi George VI, le 6 février. Sa fille aînée devient reine sous le titre d'Elizabeth II.
1953 : couronnement en l'abbaye de Westminster, le 2 juin.
1955 : affaire Peter Townsend.
1960 : naissance du prince Andrew, 19 février.
1964 : naissance du prince Edward, 10 mars.
1965 : mort de Winston Churchill, 24 janvier.
1972 : mort du duc de Windsor, 28 mai.
1977 : Jubilé d'argent (25 ans de règne).
1979 : assassinat de lord Mountbatten.
1981 : le prince Charles épouse lady Diana Spencer, le 29 juillet.
1982 : naissance du prince William, le 21 juin.

1984 : naissance du prince Harry, le 15 septembre.
1992 : *annus horribilis* pour la souveraine.
1996 : divorce de Charles et Diana.
1997 : mort de Diana dans un accident de voiture, à Paris, le 31 août.
2002 : mort de la princesse Margaret (9 février) puis de la reine mère (30 mars).
2005 : mariage de Charles et Camilla, le 9 avril, à Windsor.
2006 : célébration des 80 ans de la souveraine.
2011 : mariage, le 29 avril, du prince William avec Catherine Middleton.
2012 : Jubilé de diamant de la reine (60 ans de règne).
2013 : naissance, le 22 juillet, du prince George de Cambridge.
2015 : naissance, le 12 mai, de la princesse Charlotte.
2017 : annonce que le prince Philip prend sa retraite. Fiançailles, le 27 novembre, du prince Harry avec Meghan.
2018 : naissance, le 23 avril, du prince Louis de Cambridge. Mariage, le 19 mai, du prince Harry avec Meghan Markle.
2019 : naissance, le 6 mai, d'Archibald Mountbatten-Windsor.
2020 : annonce du *Megxit*.
2021 : mort, le 9 avril, du prince Philip. Naissance, le 4 juin, de Lilibet Mountbatten-Windsor.
2022 : Jubilé de platine (soixante-dix ans de règne). Mort, le 8 septembre, de la reine Elizabeth II.

Repères bibliographiques

Huit livres ont « boosté » ma créativité. Les voici :

Crawford (Marion), *The Little Princesses*, Cassel & Co., 1950.

Gouslan (Elizabeth), *Meghan ou le désespoir des princesses*, L'Archipel, 2022.

Hoey (Brian), *At Home with the Queen*, Harper Collins, 2002.

Hoey (Brian), *Royalty Revealed*, Biteback Publishing, 2020.

Lacey (Robert), *Guerre royale*, Albin Michel, 2022.

L'Hour (Marion), *My Diary*, Flammarion, 2021.

Lloyd (Ian), *The Queen*, The History Press, 2022.

Et, *last but not least*, cet ouvrage, dont j'ai d'ailleurs, en toute modestie, rédigé la postface :

Meyer-Stabley (Bertrand), *Majesté*, Pygmalion, 2022.

Remerciements

Je remercie Donal McCabe, secrétaire de presse de Sa Majesté la Reine, pour sa bienveillance à l'égard de mon projet. À St James's Palace, ma gratitude va à Katie Buckhalter, qui dirige les relations presse du *Royal Collection Trust*. Toute l'équipe du service de presse de Buckingham Palace a été au diapason et m'a permis de retrouver de nombreux détails sur le fonctionnement de la monarchie.

J'exprime ma gratitude à Laura Hutchison, aux *Historic Royal Palaces*. Sur le *Britannia*, merci à Laura McCallum et Jennifer Campbell de leur accueil. Merci à la maison Cornelia James, la gantière de la reine, et à sa fille Genevieve. Je remercie l'équipe des documentalistes du département photo de la *National Portrait Gallery* (Anna, Charlotte, Lisa et Mark ainsi que Gudrun Muller-Wells).

Parmi mes confrères dont les connaissances m'ont été précieuses, j'adresse, en France, un salut amical à la blogueuse Lynda Maache et, en Belgique, à ma consœur Régine Salens.

Je tiens à exprimer ma reconnaissance à l'érudite Laurence Catinot-Crost, à la fidèle Françoise Lamy, à l'infatigable Anne Davis et à la si précieuse Nathalie Leducq pour leur aide inestimable. Je n'oublie pas Marc Morera pour ses recherches sur les voitures de la reine. Je remercie également Emma Rickett et la firme Rolls-Royce, pour l'aide iconographique.

Je suis redevable envers Frédéric Mitterrand, dont la passion des reines et des rois a bercé mon enfance et, sans doute, a inspiré certaines des pages les plus lyriques de cet ouvrage.

Merci à l'homme de mon cœur (qui se reconnaîtra) pour toute la logistique mise en œuvre.

J'exprime enfin ma reconnaissance éternelle envers Thierry Billard, chez Robert Laffont, dont la confiance et l'enthousiasme infatigable ont permis l'édition de ce livre.

Quelle aventure !

Table des matières

Thank you, Lilibet 9
Bienvenue chez les Windsor 19

Demain, Lilibet, tu seras reine…

I love baby Elizabeth
Une enfance très *toffee pudding* 23
I love the young princess
Quand le destin bascule 39
I love the Windsor Sisters
Guerre et Paix 49
I love her marriage
Pour le meilleur. Et pour l'empire ! 65
I love the new queen
Aux marches du palais 83
I love the coronation
Velours de coton, crin de cheval et lapin blanc 97

Les *I love*
qui me rendent *crazy*

I love her look
Fashion Queen 113
I love her money
My Queen is rich 127

I love her Rolls-Royce
Miss Lilibet et ses chauffeurs ! 135
I love her castles
Homes, sweet homes ! 149
Windsor 155
Balmoral 165
Sandringham 171
I love her diamonds
Les ferrets de la reine 177

Les *I love*
qui me fascinent

I love her travels
Des transports hors du commun 189
En train 191
En avion 195
En hélicoptère 197
En tournée 199
Buckingham Palace
Côté balcon 203
I love her bodyguards
James Bond Boys 221
I love the Britannia
Vague à l'âme 235
I love her collections
La caverne d'*Ali Bebet* 241
I love her garden-parties
Pic-nic chic 249

Les *I love*
qui me rendent Windsor

I love her granny
Une *granny* pas du tout confiture 259
I love her mum
Granny de folie 267

I love Philip
Au service de Sa Majesté 275
I love her Kate
Touche pas à ma Kate 287

Les *I Love*
qui me rendent *happy*

I love her corgis
Royal canins 295
I love her dada
Henniii soit qui mal y pense ! 303
I love the geek Queen
Techno Queen 311
I love her jokes
Humour oblige ! 317
I love her five o'clock tea
Tea for two 327
I love her portraits
Une reine en boîte 339

Les *I love*
qui me rendent *sorry*

Wallis et Edward
Les brûlés de Buckingham… 349
Margaret
L'âme sœur 359
Diana et Sarah
Châteaux de cartes 369
Meghan
Gifle à la reine 385

Hier,
ma reine,
est morte…

London Bridge is down
La reine morte 397

I love Elizabeth II

Annexes
Who's Who

Tête d'affiche
ELIZABETH II 409

Rôles principaux
PHILIP 411
CHARLES 412
CAMILLA 413
WILLIAM 414
CATHERINE (KATE) 415
GEORGE, CHARLOTTE ET LOUIS 416

Rôles secondaires
ANNE 417
ANDREW 418
EDWARD 419
GEORGE VI 420
ELIZABETH BOWES-LYON (QUEEN MUM) 421
MARGARET 422
DIANA 423
SARAH FERGUSON 424
EDWARD VIII 425
WALLIS SIMPSON 426

Les figurants
HARRY 427
MEGHAN 428

Repères chronologiques 429
Repères bibliographiques 431
Remerciements 433

Ce livre existe grâce au travail de toute une équipe.

Communication : Caroline Babulle, Sandrine Perrier-Replein, Typhaine Maison, Inès Paulin, Adélaïde Yvert.

Coordination administrative : Martine Rivierre.

Studio : Pascaline Bressan, Barbara Cassouto-Lhenry, Joël Renaudat.

Fabrication : Muriel Le Ménez, Céline Ducournau, Bernadette Cristini, Sophia Paroussoglou, Isabelle Goulhot.

Commercial, relation libraires et marketing : Laetitia Beauvillain, Perrine Therond, Ombeline Ermeneux, Élise Iwasinta, Morgane Rissel, Arthur Rossi, Aurélie Scart.

Cessions de droits : Isabelle Votier, Benita Edzard, Lucile Besse, Sonia Guerreiro, Costanza Corri.

Gestion : Sophie Veisseyre, Chloé Hocquet, Isabelle Déxès, Camille Douin.

Services auteurs : Viviane Ouadenni, Jean-François Rechtman, Catherine Reimbold.

Ressources humaines : Mylène Bourreau.

Juridique : Laëtitia Doré, Anaïs Rebouh, Valérie Robe, Lucie Bergeras, Julia Crosnier.

Avec le soutien des équipes d'Interforum et d'Editis qui participent à la création, la diffusion et la distribution de ce livre.

Canoros Vehit Canentes

La photocomposition de cet ouvrage
a été réalisée par
GRAPHIC HAINAUT
76, rue de Nancy
59100 Roubaix

Imprimé en France par CPI
en octobre 2022

FSC
www.fsc.org
MIXTE
Papier issu de sources responsables
FSC® C003309

L'éditeur de cet ouvrage s'engage dans une démarche de certification FSC® qui contribue à la préservation des forêts pour les générations futures.

Pour en savoir plus :
www.editis.com/engagement-rse/

N° d'édition : 64498/01 – N° d'impression : 3049668